# 1900

## 庚子剧变

晚清陈卿美 /著

郑州大学出版社

**图书在版编目（CIP）数据**

庚子剧变 /晚清陈卿美著. — 郑州 : 郑州大学出
版社, 2023.3
　　ISBN 978-7-5645-9396-4

　　Ⅰ. ①庚… Ⅱ. ①晚… Ⅲ. ①中国历史—1900 Ⅳ.
①K252

中国国家版本馆CIP数据核字(2023)第019793号

## 庚子剧变
## GENGZI JU BIAN

| 策划编辑 | 郜　毅 | 封面设计 | 李爱雪 |
| 责任编辑 | 席静雅 | 版式设计 | 刘宇航 |
| 责任校对 | 王晓鸽 | 责任监制 | 李瑞卿 |

| 出版发行 | 郑州大学出版社 | 地　　址 | 郑州市大学路40号（450052） |
| 出 版 人 | 孙保营 | 网　　址 | http:// www. zzup. cn |
| 经　　销 | 全国新华书店 | 发行电话 | 0371-66966070 |
| 印　　刷 | 中煤（北京）印务有限公司 | | |
| 开　　本 | 710 mm × 960 mm　1/16 | | |
| 印　　张 | 24.5 | 字　　数 | 403千字 |
| 版　　次 | 2023年3月第 1 版 | 印　　次 | 2023年3月第1次印刷 |

| 书　　号 | ISBN 978-7-5645-9396-4 | 定　　价 | 65.00元 |

# 自序

1900年4月14日，万国博览会在法国巴黎开幕。这是一场世界工业文明的盛会，向全世界展示着19世纪人类社会的工业成就。各国参观者络绎不绝，惊艳的环幕电影让人们备感新奇。科技改变社会，是参观者的最大感受。

在展厅的一个角落里，中国的展馆，外形犹如一座"中国宫殿"，但参观者寥寥。观众驻足一会儿后，大都摇头而去，让中国的官员非常尴尬。

中国带到巴黎展览的产品是烟枪、烟灯、长刀、刑枷等器具实物，知县衙门、城隍庙、魁星楼等微缩建筑，以及众多官员、缠足妇女、绿营兵、翰林学士、举人、秀才打扮的人物泥塑。另外，还有药王、财神的神像照片、杀人的照片。

同样是1900年，仅仅一个月后，第二届奥运会在巴黎隆重举行，20多个国家和地区的1000名左右的运动员同场竞技。这次奥运会第一次出现了女性运动员，女性矫健、靓丽的身影让世界瞩目。

遗憾的是，直到1932年，奥运会上才第一次出现中国人的身影。

1900年，是世纪更替的一年。有人说这是19世纪的最后一年，也有人说是20世纪开始的一年。

不过，可以确定的是，全世界的人都对新世纪充满了期待。

未来会变得更美好吗？至少参观过世博会的观众是肯定的。

在古老的东方，一个帝国的命运吸引了全世界的目光。

这一年，以英国为首的八个国家发动了侵华战争，在西方列强的铁蹄蹂躏下，中国饱尝了屈辱。这就是庚子国变，也是大清帝国的一场国难。

国之殇、民之痛。我们有必要对此重新做出思考。

对待历史问题，人们往往喜欢用历史的必然性来解释。庚子国难，是历史的必然吗？答案是肯定的。

从国内来讲，在经历了两次鸦片战争后，清政府试图奋发自强，坚持"中学为体、西学为用"的核心思想，洋务运动开展得如火如荼。然而，这并不彻底的改革却又遭遇了甲午战争，导致帝国体制危机彻底暴露。戊戌变法又因太过激进被慈禧按下了紧急停止键。经济改革不成功，政治改革走不通，清廷内保守势力抬头，政治急速左转，与列强的冲突不可避免。

与此同时，西方列强仍在加紧向中国渗透，以传教为主的文化渗透、以通商为主的经济渗透，都在逐渐冲击着帝国的秩序，加重着帝国的危机。民教冲突导致义和团兴起、壮大。义和团的壮大又对西方列强产生了重大威胁，加速八国联军侵华战争爆发。帝国的京城在新世纪的风雨中泣血。

从国际来讲，源于英国的工业革命，迅速壮大了资本主义的力量，工业化浪潮冲击着全球，中国自然不可能置身事外。西方列强迫切需要打开中国这片广阔的市场，进行资本输出。一直固守传统农业文明的中国显然还无法适应这种全球巨变，对全球工业化的发展大趋势本能的抗拒、排斥，由此引发了一系列冲突。庚子国难正是这种冲突的集中爆发与具体体现。

作为世纪大事件，庚子国难的发生有历史的偶然性吗？答案也是肯定的。

英国传教士卜克斯与德国公使克林德的偶然遇害，让冲突陡然加剧。慈禧的各种摇摆、任性，也在无形中左右着西方列强的态度。慈禧不顾劝阻，悍然对外"宣战"，更是成了诱发国难的重要因素。

或许一切偶然都是历史的必然，但庚子国难似乎应该是一场可以避免的国难。纵观整个庚子国难的发生过程，我们发现，有两个事件在这场国难中呈现出一抹亮色。首先是东南互保，即刘坤一、张之洞等人联合东南各省秘密与西方列强达成的约定，为半个中国赢得了安全、稳定。其次是袁世凯主政山东。作为义和团的发源地、与直隶相邻的地区，山东竟然在袁世凯的治理下，没有出现大规模的动乱。

由此可以看出，义和团不是无法治理，动乱不是一定会发生，与西方列强不是无法沟通，战争也不是不可避免。这场国难的主要动乱地区都在华北，以北京、天津为最甚，尤其是北京最为动荡，被八国联军占领，两宫被迫出逃。列强的目标直指清廷，这说明清廷的决策机制出现了严重错误，而清廷以慈禧为核心，慈禧个人政治素养的欠缺又加剧了冲突。

不受制约、独断专行的权力害了国家，也害了慈禧自己。为什么这片土地总有权力肆虐？究其原因，是权力没有被关进笼子里。

在同时期的英国，也有一位女性统治者，即维多利亚女王。对这个遥远的西方女君主，慈禧也是知道的。据说慈禧对维多利亚女王很不屑，她认为，维多利亚女王的权力还不如自己的一半大。

维多利亚女王当然没有慈禧的权力大，因为英国的君主立宪制结束了封建君主专制，极大削弱了君主的权力。君主统而不治，真正实现了把权力关进笼子里。也正是这种较为优越的政治制度，为大英帝国成为世界头号强国提供了有力保障。

德龄公主在回忆录《清宫二年记》里，记载了慈禧的一段话："英国是世界上的列强之一，但这并不是维多利亚女王独断的功劳。她总是有议会里的那些能人帮助她，凡事都替她想得非常周全。她其实对国家的方针政策无话可说，只需要文件上签个字而已。再看看我吧，我的四亿臣民，都是依仗着我的判断。虽然我也有军机大臣一起商议国家大事，但这些人主要负责官职任命之类的事情。遇到大事，还得我亲自作主。"慈禧或许忘了，在她西逃前，正是她杀了劝她不要与洋人开战的五个大臣。

这场世纪国难还源自两种文明的冲突：一个是海洋文明，一个是农耕文明。在诸多列强中，除了俄国来自陆路外，其余国家全部来自海路。海洋文明的特征是开放性、侵略性，农耕文明的特征是封闭性、保守性。而中国还处于传统的农耕文明时期。两种文明的对垒，让清廷根本无法抵挡住列强们海外扩张的脚步。

庚子国难，是一个震动世界的重大国际事件，并不是中国一国之事，也可看作是"第0次世界大战"。看待这段历史，应具有广阔的视野、开阔的心胸，需从世界看晚清，从世界看中国。笔者一直提倡"睁眼看晚清"，因为晚清的历史就是一部改革史，与全球化息息相关。当西方列强用坚船利炮敲开中国大门后，中国的发展必须接受世界的审视，不能再做文明的孤岛。

自1840年鸦片战争后，至1900年，中国仍与世界进行着割裂、对抗，这是不应该的。在不知不觉中，我们与现代世界文明渐行渐远。

这一年的6月，当慈禧颁布宣战诏书，命清军攻打各国驻京大使馆时，瑞典设置了诺贝尔奖，向为人类做出杰出贡献的科学家提供奖励。

12月，当清廷向列强提交议和大纲时，德国著名物理学家创立了量子理论，世界物理学进入新纪元。

这一年，京城生灵涂炭，中国在慌乱不安中迎来新世纪。

这一年，美国莱特兄弟开始了飞机的滑翔试飞。

这一年，刚刚发现甲骨文的国子监祭酒王懿荣为清廷殉节，投井自杀。

这一年，美国可口可乐公司、强生公司成立14周年，柯达胶卷诞生20周年，宝洁公司迎来创立63周年庆典。

这一年，敦煌发现了藏经洞，无数文化瑰宝却流失海外。

截至1900年，美国用了35年时间，产生了64万多种发明专利。

璀璨的人类文明在西方发出了耀眼的光芒，此时的大清帝国还在迷茫中徘徊。

李大钊曾在其《东西文明根本之异点》中说："时至近日，吾人所当努力者，惟在如何吸取西洋文明之长，以济吾东洋文明之穷。断不许以义和团的思想，欲以吾陈死寂灭之气象腐化世界。"

著名学者任剑涛曾指出，区分文明和野蛮，比区分古代和近代、区分中西方重要得多。

同一个世界，不同的时空。缺乏国际视野、政治远见的清朝统治者阻碍了中国融入全球的脚步，他们也因此付出了惨重的代价。

八国联军统帅瓦德西在中国遇到一位长者，长者告诉瓦德西："四百年来，我们一直在沉睡，但我们深感安适至极。而你们这些白种人必欲将我们从沉睡中唤醒。将来终有一日，你们将会为你们的行为扼腕叹息。"

我们常说，以史为镜，但庚子国难的惨痛教训告诉我们，不仅要以史为镜，还要以西方为镜。以史为镜，是纵向对比；以西方为镜，是横向对比。当中西进行同时空对照时，西方国家或许就是我们一个很好的镜鉴。

开放、包容，弥足珍贵。

由于笔者学识有限，创作匆忙，书中难免有错误之处，恳请读者批评指正。

晚清陈卿美

2022年10月

# 目录

# 第一章 己亥建储

# 一

# 慈禧与光绪

1900年1月24日，光绪二十五年腊月二十四。岁在己亥，猪年。小年刚过，紫禁城已经挂满了红灯笼，京城的百姓也沉浸在迎接新年的喜悦中。

丑时，凌晨3点，大学士孙家鼐突然醒了。而后，又辗转反侧，无法睡去。他披衣坐起，望着漆黑的窗外，暗自思忖：莫非今天要发生什么事情？

孙家鼐坐到了天亮。窗外，北方阴冷的冬天，寒气逼人。

就在吃早餐的时候，孙家鼐突然接到通知，慈禧太后要召集大臣紧急议事。

孙家鼐立即赶赴仪鸾殿。

到了仪鸾殿，孙家鼐发现王公贝勒等皇亲贵族、御前大臣、内务府大臣等都悉数到齐，有30余人。慈禧一脸严肃。孙家鼐预感这次会议不同寻常。

人到齐后，慈禧向大家宣布，今天要行立储大事。

闻此消息，大家顿时面面相觑，惊愕不已，仪鸾殿内变得异常安静。就在大家交头接耳、窃窃私语之时，孙家鼐大声提出反对意见，他说："立储大事关乎全国政局稳定，此时立储，恐怕南方生变，当慎重权衡。"

慈禧面露愠色，说："立储本是我们一家人的事情，今天叫来汉臣，不过是为了皇家体面。"孙家鼐刚要说什么，顿时停住了。

片刻后，慈禧命众臣到勤政殿听候谕旨。大家迅速起身，匆匆赶往勤政殿。

随后，慈禧乘轿而至，众臣在殿外跪倒一片。慈禧吩咐李莲英去请光绪皇帝。很快，光绪也乘轿而来，下轿，向太后跪安。

孙家鼐注意到，皇帝面色发白，似身体有恙。

慈禧让光绪进入殿内，同时吩咐众臣全部进殿听旨。

殿内，众臣再次跪下。慈禧向大家重申，立储关乎清廷大统承继，事关重大。慈禧问光绪的意见，光绪回答说："太后所言极是，儿臣是同意的。"

慈禧命领班军机大臣荣禄将事先拟好的谕旨呈上，在给光绪过目后，自己又审阅了一遍，然后正式颁旨。

《大清德宗景皇帝实录》卷457中记载，谕旨如下：

> 朕冲龄入承大统，仰承皇太后垂帘听政，殷勤教诲，巨细无遗。迨亲政后，正际时艰，亟思振奋图强，敬报慈恩，即以仰副穆宗毅皇帝付托之重。乃自上年以来，气体违和，庶政殷繁，时虞丛脞。惟念宗社至重，前已吁恳皇太后训政。

慈禧皇太后（裕勋龄摄于1903年）

> 一年有余，朕躬总未康复，郊坛宗庙诸大祀，不克亲行。值兹时事艰难，仰见深宫宵旰忧劳，不遑暇逸，抚躬循省，寝食难安。敬溯祖宗缔造之艰难，深恐勿克负荷。且入继之初，曾奉皇太后懿旨，俟朕生有皇子，即承继穆宗毅皇帝为嗣。统系所关，至为重大，忧思及此，无地自容，诸病何能望愈。因再叩恳圣慈，就近于宗室中慎简贤良，为穆宗毅皇帝立嗣，以为将来大统之畀。再四恳求，始蒙俯允，以端郡王载漪之子溥儁继承穆宗毅皇帝为子。钦承懿旨，欣幸莫名，谨敬仰遵慈训，封载漪之子为皇子，将此通谕知之。

谕旨很简单，意思就是皇帝身体欠佳，要立端王载漪的儿子溥儁（jùn），承继穆宗毅皇帝（同治皇帝）为嗣，为大阿哥。大阿哥，为满语，即皇长子。鉴于甲午海战和戊戌变法以来形成的政治局势，众臣都明白，这不是单纯的立储，实是废帝的前兆。

接旨后，众臣都沉默不语，随后便全部退下了。

京城的百姓不会意识到，帝国的巨轮已经在1月24日这一天的早晨悄悄偏转

了航向。

23天前，也就是1900年的1月1日，即新世纪的第一天。慈禧召集多位皇亲国戚与军机大臣，就废立一事进行秘密商议。那一次，孙家鼐因病没有参与。

在这次会上，慈禧指责光绪背叛自己，她说："我立之为帝，自幼抚养，以至于今，不知感恩，反对我种种不孝，甚至与南方奸人同谋陷我，故我起意废之，选立新帝。"

这是慈禧第一次小范围公开自己的计划。慈禧又问："皇帝废掉后，应该加何等封号？"

大学士徐桐建议："明景泰帝在其兄复位后，被封为昏德公。今上若被废，也可降封此封号。"

慈禧对此表示了肯定。

慈禧对众人说："新皇帝已经选定端王的次子溥儁，年号为'保庆'，具体何时登基，以后再议。"

此时的光绪正在殿外候着，他并不知道屋里在讨论什么，但他已经有了预感。

慈禧命荣禄拟旨，很快《立储谕》被拟好。慈禧看后命光绪进殿，慈禧告知光绪，要选立新的皇帝，并问光绪有何意见。

屋里都说半天了，圣旨也拟好了，最后才问自己的意见，这明摆着就是走过场。光绪忙叩首，说了一句："此素愿也。"

既然是素愿，那正好，皆大欢喜。

此时的光绪深知，无力反抗，只能屈从。也正是从此刻起，光绪与慈禧即两宫的关系开始进入最敏感的时期。光绪即将被废的消息已经公开，还有可能随时被杀。

晚清帝国的权力结构与走向，始终与两人的关系密切相关。光绪虽贵为大清国的皇帝，但权力在慈禧手里。他们两人的关系正不断地撕裂着大清帝国的朝廷和国政。清末实业家、政治家张謇曾这样评价，"晚清朝政之乱，表病在新旧，本病在后帝，始于宫廷一二人离异之心，成于朝列大小臣向背之口，因异生误，因误生猜，因猜生嫌，因嫌生恶，因恶生仇"。"一二人离异之心"就是指光绪和慈禧两人之间的紧张对立。

光绪的不幸，从他即位的第一天就已经开始。

1875年，年仅4岁的爱新觉罗·载湉被慈禧拥立为皇帝，继同治皇帝后即位。此时慈禧正是四十不惑的年纪。她原本是咸丰的贵妃，在同治年间发动宫廷政变，实质上控制了权力，于此时掌控帝国权力已达14年。

光绪和慈禧的关系很复杂：

伯母与侄子的关系。光绪是醇亲王的儿子，而醇亲王则是咸丰的弟弟，慈禧是咸丰的懿贵妃，所以，光绪算是慈禧的侄子。

姨妈与外甥的关系。光绪的生母是慈禧的亲妹妹婉贞，所以，慈禧是光绪的亲姨妈。

母与子的关系。为了让光绪即位，慈禧指令载湉过继给咸丰当儿子，这样光绪与慈禧借着咸丰这一层关系，又有了母子关系。

当然，两人之间还有"君臣关系"。只不过，光绪更像是臣子，而慈禧更像是皇帝。有意思的是，光绪给慈禧请安时，经常喊慈禧为"亲爸爸"，虽然光绪不乐意，但是架不住慈禧爱听。"爸爸"是男性的称谓，在封建帝国中代表的是男权、父权，它延伸出来的最高形式就是皇权。这一称呼中充满了吊诡的成分。

光绪亲政，慈禧训政，台前幕后别有一番光景。

冰冻三尺，绝非一日之寒。

两人的关系以甲午战争为分水岭。

1894年，朝鲜爆发东学党起义，朝鲜政府军节节败退，被迫向宗主国清朝乞援。彼时日本明治维新后国力渐长，早有侵犯亚洲大陆之心，所以乘机派兵到朝鲜，蓄意挑起战争。7月，日本海军在朝鲜牙山湾口丰岛西南海域袭击中国海军军舰，甲午海战爆发。面对蓄谋已久的日军，清廷派出北洋水师仓促应战，最后全军覆没。

光绪帝像

战后，清廷签下了屈辱的《马关条约》，割让辽东半岛、台湾岛及其附属各岛屿、澎湖列岛给日本，赔偿日本2亿两白银，还需开放商埠，允许日本开设工厂。

北洋水师的完败和《马关条约》的签订，使举国震动，清廷朝局也乱象丛生。世界列强加紧瓜分中国，光绪与慈禧两人夹在家事与国事之间，产生难以弥补的情感裂痕。

很多变化都是从宫闱之事开始的。首先是光绪的瑾妃、珍妃干政令慈禧大为不满。瑾妃、珍妃本是一对姐妹，同时入宫成为光绪的嫔妃。光绪新政后，两人"闻有暗通声气事"，与太监、部分官员勾连，干起了买官卖官的勾当。慈禧不能忍，尤其是不懂事的珍妃，甚至还会顶撞慈禧。

1894年11月21日，帝师翁同龢在日记中记载："皇太后召见枢臣于仪鸾殿，先问旅顺事，次及宫闱事。谓瑾、珍二妃有祈请干预种种劣迹，即着缮旨降为贵人等……"这一天，恰好也是震惊中华的日军"旅顺大屠杀"开始的那一天。

甲午海战的完败，还加剧了原本就嫌隙丛生的两个派别的进一步分裂：以光绪为首的帝党主战派，也称变法派；以慈禧为首的后党议和派，也称守旧派。两党的政见分歧逐渐扩大，吵得不可开交，矛盾聚焦到光绪与慈禧两人身上，他们对彼此的嫌恶感更是难以消除。

当时的《纽约时报》曾捕捉到这样一个细节：一次光绪在慈禧身边，让慈禧很心烦。她对手下人发脾气说："把那个东西赶紧给我带走！"这句话无意中让光绪听到了，光绪回到自己房间后大发雷霆，将屋里的东西一阵猛摔。

1895年4月，《马关条约》商议定谳后，光绪在殿上急步来回，迟迟不肯签字。但架不住慈禧等人的压力，在最后落笔的时刻，光绪奋笔一书，痛哭流涕。"皇上日夜忧愤，益明中国致败之故，若不变法图强，社稷难资保守。"光绪已经意识到帝国面临危亡时刻，改革势在必行。

《马关条约》签订的消息不胫而走。康有为、梁启超等人随即和全国603名举人联名上书光绪，反对签约，倡导变法图强。全国有识之士的改革呼声日益高涨。

光绪也深受鼓舞。他于几年后在颐和园接见康有为时表达了改革的心情。他誓言"不做亡国之君"。年轻的光绪壮志满怀："吾欲救中国耳，若能救国，则朕虽无权何碍？"要是能救中国，没有了皇权有什么关系？但光绪缺的不是改革的决心和放不放皇权的容忍心，光绪绕不开的是，改革首先要经过慈禧的批准，这堵铜墙铁壁没那么容易对付。

正式变法之前，光绪在颐和园向慈禧请示。英国人濮兰德、白克好司合著的《慈禧外纪》一书中，记载了慈禧对光绪变法的态度："凡所施行之新政，但不违祖宗大法，无损满洲权势，即不阻止。"

这也是慈禧为光绪划定的变法红线。慈禧看起来好像并不反对变法，而是支持有条件变法。慈禧后来还曾表示："苟可致富强者，儿自为之，吾不内制也。"

慈禧还说："若师日人之更衣冠，易正朔，则是得罪祖宗，断不可行。"意思是让光绪别学日本，更衣冠就是违反祖制，是犯大忌的事。

慈禧划定的红线并不新鲜。自洋务运动时起，晚清在新政改革中不管如何向洋人学习，都不能违背祖宗之法。所谓祖宗之法，也就是清室皇权政治的安全。

但于此时，最大的政治其实是慈禧的权力，这一点光绪和他那些年轻的维新派人士，都天真地放松了警觉。慈禧没有明说的是，在她眼里，自己的权力就是所谓祖宗大法的切实体现。而且她的权力系统不是一个人，而是由众多的朝中大臣集体构成的派系集团。

光绪的变法推行下去，注定会撞上慈禧权力系统的铜墙铁壁。

虽说甲午海战是刺激变法的一个原因，但变法的施行却是经过数年波折之后的事。1898年6月10日，经慈禧批准，光绪颁布《明定国是诏》，第二天正式施行，变法开始。由于这一年是戊戌年，所以此次变法也被称为"戊戌变法"。

光绪的变法犹如疾风骤雨。一件事足以证明光绪变法的狂飙突进。

礼部主事王照上疏，希望光绪与慈禧一起游历日本等国，以学习他国的改革经验。礼部尚书怀塔布等人将其奏折扣押。扣押的公开理由是"日本多刺客"，实际上则是怀塔布等人对本部属下的奏议不以为然，深以为荒唐。光绪知晓后，认为怀塔布等人阻挠新政，将礼部六堂官全部革职，同时对王照连升四级以示嘉奖，此即历史上的"礼部六堂官事件"。

光绪将礼部高官一窝端，够豪迈，也够莽撞。更深一层的纠葛是，这几个高官都是慈禧的宠臣，是后党的重要势力。光绪如此行为，无疑是向慈禧开刀。

此事件之后，帝党与后党之争开始白热化，光绪与慈禧的矛盾进一步加剧。

变法期间，光绪一面铲除后党旧臣，一面任用帝党新人。康有为、梁启超、谭嗣同等人先后得到重用、提拔。慈禧方面也不示弱。变法还不到一周，翁同龢就被革职并驱逐出京。翁同龢可是光绪的老师、帝党的中枢。也有说法是，因翁同龢在拟定《明定国是诏》时夹带私货，引起光绪的不满。总之，变法开始仅仅五天，变法失败的命运就已隐约出现。

姜还是老的辣，慈禧出手非同一般。她让光绪下旨，命所有授新职的

军机大臣荣禄

二品以上大臣到自己面前谢恩。慈禧就是要让大臣们知道，谁才是帝国的最高领导者。慈禧又任命荣禄为直隶总督，且统帅甘福祥、聂士成、袁世凯三军。后党势力是要军政大权一把抓。

到这时候，光绪的变法新政全在慈禧的监控下。1898年的秋天，在紫禁城通往颐和园的路上，经常可以看到皇帝的往返队伍，光绪要经常去颐和园向慈禧请安，其实就是请示、汇报。据统计，在戊戌变法期间，光绪曾十二次赴颐和园面见慈禧。

彼时，还有消息传来，后党的人连连向慈禧控诉光绪，要求停止变法，甚至密谋发动政变推翻光绪。危难之际，光绪一面向康有为等人发出密诏筹划应对之策，一面拉拢袁世凯，试图掌握军权，以便能够控制局势。

1898年9月18日夜，紫禁城东侧的法华寺大门紧闭，寂静无声。一个黑影轻轻叩开门，悄悄进入寺内。这个人就是谭嗣同，他要见的人是从天津进京的袁世凯。变法之时，袁世凯和荣禄等人都在天津，那里是清廷训练新军之处。数日前，袁世凯曾受光绪诏令进京议事。

谭嗣同夜会袁世凯，目的是希望袁世凯出兵勤王。他把"诛杀荣禄，包围颐和园，强迫慈禧交权"的计划向袁世凯全盘托出。光绪对谭嗣同的计划并不知情。维新人士之所以如此相信袁世凯，主要是因为就在前两天，光绪在颐和园乐寿堂召见了袁世凯，擢升他为二品兵部侍郎，并暗示他不必受荣禄节制。

袁世凯没有明确答应谭嗣同。他于两天后向光绪告别，返回天津。此次见面，袁世凯婉言提醒光绪，维新人士过于激进，牵扯甚众，会累及皇上。光绪沉默。

山雨欲来，风暴将至。

白天，康有为拜访来华的日本前首相伊藤博文。

深夜，慈禧突然从颐和园返回宫中，于次日凌晨时分先下手为强。

凌晨的紫禁城内，已经有了浓浓寒意。灯火通明的大殿内，各大臣与光绪跪在慈禧面前。慈禧怒斥众臣听信康有为等人谗言，光绪和众臣静默不敢言。

两天后，荣禄连夜进京，慈禧方知康有为等人居然还要"围园杀后"。慈禧震怒。在《崇陵传信录》中记载，慈禧指责光绪说：

"我抚养汝二十余年，乃听小人之言谋我乎？

"痴儿，今日无我，明日安有汝乎？"

《慈禧传信录》中也有相同记载，慈禧怒骂光绪：

"汝以旁支，吾特授以大统，自四岁入宫，调护教诲，耗尽心力，尔始得成婚亲政。试问何负尔，尔竟欲囚我颐和园，尔真禽兽不若矣！"

康有为等人没有将慈禧囚住，反而让慈禧囚了光绪，这即是"戊戌政变"。

中南海瀛台涵元殿——27岁的光绪皇帝从此被软禁。

波光粼粼的湖水围绕着一个小岛，景色秀丽，如诗如画。光绪的心情却跌入冰谷。

# 二

# 戊戌余波

康有为、梁启超是清末戊戌变法的主要推动人，两人本是师徒。参与变法的还有谭嗣同、康广仁、林旭、杨深秀、杨锐、刘光第，他们即是著名的"戊戌六君子"。

9月21日，慈禧下令抓捕维新派人士。康有为、梁启超先后逃出京城，流亡国外。

梁启超出逃前规劝谭嗣同一起逃跑，遭谭嗣同拒绝。他坦言："各国变法无不从流血而成，今日中国未闻有因变法而流血者，此国之所以不昌也。"并毅然题诗："我自横刀向天笑，去留肝胆两昆仑。"

被捕前，谭嗣同与妻子诀别时说："告诉后来的人们，我为了什么而死。"

1898年9月28日，北京菜市口。

四周街巷，万众聚集，人头攒动。下午4时，缓缓押来六辆囚车。囚车上的"戊戌六君子"，随后即被处斩。

据晚清武术名家胡致廷回忆，谭嗣同被处斩时，由于使用的是钝刀，脖子被砍了30多刀才断气。谭嗣同的死，悲壮又凄凉，为晚清变法的历史涂上了至暗的一抹血色。

光绪和康有为的第一次见面在颐和园，应当是1898年6月16日，那正是翁同龢被贬职的第二天，正值变法初始阶段。

不过，由于康有为在之前组织过公车上书，且先后七次上书光绪，所以，光绪对康有为的政治理想并不陌生。自然，这其中还有光绪的老师翁同龢以及一帮拥护变法的臣子们对康有为等人的大力引荐。

他们的见面很愉快，洋溢着相见恨晚、只愿来日共同大展宏图的氛围。

这次见面后，光绪赐康有为"总理衙门章京上行走"一职，给了他专折奏事的权力，也就是可以直接给皇帝写信。作为康有为的学生，梁启超也脱颖而出。7月3日，光绪召见梁启超，同样赏赐了六品衔。

在康有为与梁启超等人的策动下，变法如疾风骤雨般兴起。变法内容包括改革军队，训练新式陆海军；改革政府机构，裁撤多余的衙门和无用的官职（仅京师就被裁撤数万人）；废八股，开办新式学校；办报馆，传播新思想，开放言论；开放民办企业。变法的皇旨从京城飞向全国各地，让人眼花缭乱的同时，也让保守派深感恐惧。

稍后，有伊藤博文访华一事。伊藤博文正是日本明治维新的主要推动者，此时他已卸任日本首相一职。康有为鼓动光绪聘请伊藤博文当中国改革的总顾问。

听闻此信的慈禧怒不可遏。"大清的江山岂能拱手让给一个东洋人？"要知道，甲午的战败是何等屈辱。

慈禧的红线已经被踩得脚印斑斑，光绪与康有为、梁启超还沉浸在变法图强的美梦中。

戊戌变法仅进行了103天，所以，它还有另一个名字——百日维新。但就是这103天，光绪密集发布了上百道除旧布新的诏令，涉及政治、经济、军事、文教等多个方面。年轻的光绪恨不得让中国迅速脱胎换骨。

在所有新政中，废除八股别有一番景象。彼时，八股取士与普通百姓息息相关，是普通人进入仕途的途径。废除八股，意味着让普天下埋头苦读八股的学子们断了出路。

梁启超对八股恨之入骨，他在《中国近十年史论》书中说："民之愚国之弱皆由于此。昔人谓八股之害甚于焚书坑儒，实非过激之言也。故深知中国实情者，莫不谓八股为致弱之根源，盖学问立国之基础，而八股者乃率天下之人使不学者也。"

废除八股，兴办新学，就是一场划时代的启蒙运动，希望以此摆脱封建思想观念的束缚。变法失败后，八股取士恢复。梁启超同样痛心疾首，斥责道："八股取士，为中国锢蔽文明之一大根源……是使四百兆人民永陷于黑暗地狱而不复能拔也。"

变法维新虽只进行了百日，但在某些领域还是取得了实质性的进步，如新式学校的开办，以京师大学堂的兴办最为典型，这件事就是光绪交给孙家鼐办的。

兴办京师大学堂是写进了《明定国是诏》的。作为现今北京大学的前身，京师大学堂为中国现代的高等教育开辟了一条崭新的道路。京师大学堂倡导西学，比如开设了数学、物理、化学、法律等现代课程，为国家培养了现代人才。

这场剧烈的改革，实际上可看作是洋务运动的延续。鸦片战争以降，大清帝国内忧外患，变法图强成了最迫切的需要。洋务运动推崇"师夷长技以制夷"，但主要还是以器物层面的改革为主。在一定程度上，戊戌变法则是为洋务运动做了补充，它从政治、文教等多个方面为帝国进行了一次精神手术。

只是，变法百日而夭。

戊戌政变是慈禧集团的一次反攻清算。慈禧除了杀害"戊戌六君子"以外，还处理了大批维新派重臣。如举荐康有为有功的总理衙门大臣张荫桓、礼部尚书李端棻均被革职，流放新疆。

张荫桓在戊戌变法中的作用非同小可。此人原本深受慈禧赏识，长期从事外交工作，出使欧美多国，是真正睁眼看世界的晚清外交官。光绪对外国的了解，很多来自张荫桓。他每次回国，都要给皇帝讲述国外的各种见闻。光绪爱听，张荫桓爱讲。可以说，张荫桓就是光绪变法的启蒙老师。

变法期间，光绪任命张荫桓为矿务铁路总局主事。由于光绪与康有为等人的特殊关系，张荫桓成为他们之间的沟通桥梁，这也是保守派忌恨张荫桓的一个重要原因。让慈禧愤怒的是，张荫桓还引见伊藤博文让光绪会见。

在慈禧等人看来，张荫桓大有蛊惑皇帝的嫌疑，政变后以"居心巧诈"为名将其流放新疆。慈禧原本没有处死张荫桓的意思，但到了1900年，八国联军步步紧逼，慈禧恨洋人又恨长期与洋人打交道的张荫桓，新仇旧怨一起算，就将在新疆的张荫桓处死。

张荫桓成为遇难的"戊戌第七君子"。

与张荫桓一起流放新疆的还有李端棻。若论人才举荐之功，李端棻厥功至伟。他对康有为、梁启超、谭嗣同等人的欣赏一如既往，长期向光绪举荐。慈禧给他定的罪名就有"滥保匪人"。

不过，李端棻比张荫桓幸运的是，他并没有真的被远放新疆，而是停留在甘肃治病。最终他还被特赦回贵州老家，算是得以善终。

同样有"滥保匪人"罪名，被革职的高官还有湖南巡抚陈宝箴。陈宝箴本是地方封疆大吏，关键时刻举荐了"戊戌六君子"中的杨锐、刘光第。另外，陈宝箴的儿子陈三立在吏部任主事，父子二人在京城内外联手维新，深为慈禧恨之。最终，父子二人同被革职。陈宝箴与张荫桓相同，也是在1900年间被慈禧下令处死的。不同的是，张荫桓是被公开处死，而陈宝箴则是赐其自尽。

礼部侍郎徐致靖本应是"戊戌第七君子"，因为耳背，光绪没有经常召见，得以免死，被终身监禁。刑部主事张元济、工部员外郎李岳瑞、御史宋伯鲁及黄遵宪、熊希龄等人均被革职。那个导致光绪罢免礼部六堂官的礼部主事王照自然也是严惩的对象，但他同梁启超一起逃到了日本。

随着维新派的倒下，各项新政迅速被废除，旧政逐一恢复。

原本被裁并的詹事府、通政司、大理寺、光禄寺、太仆寺、鸿胪寺仍按旧制办公，被裁撤的大小官员陆续回来上班。八股取士照常举行，天下举子一片欢呼。武举考试继续考核弓马骑射。变法期间涌现出的多个报馆被严厉查禁，主笔被通缉。

一番折腾过后，清廷还是那个清廷。

一批政治对手倒下，就意味着另一批亲信宠臣的崛起。

原本强烈反对变法、备受排挤的重臣陆续得到慈禧重用、提拔。首先是满族大臣，如刚毅、启秀、荣禄、崇礼、裕禄、怀塔布等人；其次是汉族大臣，如徐桐、廖寿恒、赵舒翘等人。不过，满族大臣明显要多于汉族大臣。

其中，刚毅、启秀、徐桐等人有一个共同特点，他们都强烈反对变法。

刚毅，在变法期间为兵部尚书、协办大学士。他反对变法，对新政反应消极，屡遭光绪呵斥。但光绪也无法撤掉他，因为他是慈禧的人。政变后刚毅成为军机大臣。

怀塔布正是光绪罢免的礼部六堂官之一，在变法期间，他同样消极应对，压制下属上疏言事。政变后，慈禧命其为都察院左都御史兼总管内务府大臣。

在所有慈禧重用的大臣中，似乎只有荣禄是个例外。荣禄既是支持变法，又是带兵协助慈禧发动政变的重臣。支持变法又发动政变，看似矛盾，其实并不冲突。

荣禄支持帝国变法自强，但并不认同康、梁等人的变法思路。荣禄曾给伊藤博文写过一封信，在信中谈了自己对变法的认识。他认为"积习相仍，骤难移易。譬之起虚弱而仁痿痹，辅以善药，效虽缓而有功；投以猛剂，病未除而增剧"。荣禄的意思很明显，变法要循序渐进，不能过猛过快。康、梁指责荣禄是顽固守旧派。其实，荣禄真的不是守旧派，准确来说，他应该是善于左右逢源的"骑墙派"。

在这些大臣中，还有一个共同特点，那就是很多人在变法期间都曾掌管过军权。如荣禄为直隶总督兼北洋大臣，统领三军；刚毅为兵部尚书；崇礼为刑部尚书兼总理衙门大臣，领步军统领；刚毅曾统领健锐营；怀塔布统领圆明园八旗、包衣三旗及鸟枪营。

自然的，戊戌政变后，慈禧回到了前台，重新开始训政。尽管慈禧自始至终也没有丧失大权，但康、梁等人的大胆变革，多少有点让慈禧心有余悸。一想到自己差点成了"围园杀后"的牺牲品，慈禧就没有那么淡定了。

变法前，慈禧或许以为这次改革无非只是洋务运动的2.0版。到后来才看明白，变法到后期，康、梁等人的矛头已经对准了自己。变法，原来就是要变掉自己，要变掉自己的权力，甚至还要革掉自己的身家性命。

慈禧恍然大悟。原来变法并不像她想象的那样，既可以"不违祖制"，还能救亡图强。

维新派人士到此大概也回过味来：他们曾把自己看成是拥护皇权体制的人，他们的变法也是在为清廷效力。但是清廷不是国家的清廷，也不是光绪的清廷，而是慈禧权力的遮羞布，这就是当时所谓"祖宗大法"的本质。

不揭开慈禧的这块遮羞布，变法难以进行；揭开它，就是生死对决。

重新回到前台的慈禧，比此前更坚定自己的立场。继续牢牢掌控最高权力，成为慈禧最大的心思。

由此，经过戊戌政变后，国内政治形势迅速紧缩，专制、守旧、排外回潮。

大清帝国又成了一潭死水。

# 三

# 给光绪看病

戊戌政变后第五天，即1898年9月25日，清廷下发了一道千古罕见的谕旨，据《上谕档》，内容是这样的：

> 朕躬自四月以来，屡有不适，调治日久，尚无大效。京外如有精通医理之人，及著内外臣工，切实保荐候旨。其现在外省者，即日驰送来京，毋稍延缓。

皇帝病了，还广泛寻觅良医，还向全国公开了，这道非同寻常的谕旨引发了坊间各种猜测。皇帝的健康历来是国家的高度机密，保密还来不及。此番突然对外公开，史上罕有，这背后隐藏着什么秘密？

就在大家纷纷猜测之际，9月28日，京城集中处斩了谭嗣同等"戊戌六君子"。戊戌变法彻底宣告失败，一股肃杀之气弥漫着京城。

在这个当口，光绪皇帝公开说自己患重病，鬼才相信。光绪只有27岁，作为皇帝，正当青春年少。虽然他自小身体有些弱，但是还不至于糟糕到如此地步。是光绪主动对外宣布自己的病情，还是迫于慈禧的指令呢？从二人的关系来看，光绪无疑是受到了慈禧的逼迫。也就是说，这道谕旨很可能是慈禧以光绪的名义发的。

光绪病情公布后，流言四起，甚至纷纷传言光绪已经死了。时任两江总督的刘坤一为此痛哭流涕，他说："上一片热心，惜无老成主持之，故致蹶败，此大臣之过也。"

那些西方列强由于有利益在华，对光绪公布病情也高度关注，英国驻华公使还向本国政府发出了中国皇帝已死的电报，让英国方面顿感不安。

北京城的十月，枫叶飘零，有一种秋天的宁静美。

但紫禁城里传来的阵阵惨叫声打破了这种宁静。

惨叫的正是光绪与珍妃身边的太监，一共14名。他们被抓捕的罪名分别是"干预国政，搅乱大内，来往串通是非"，其中五名太监被活活打死。身边太监的一声声惨叫让光绪听着不寒而栗。

打狗不看主人，慈禧的目的很明显。

光绪居住的瀛台外面，陆续出现了很多施工人员。有人在搭建板房，有人在瀛台两旁的楼梯砌砖，还有人在清理周边湖里的淤泥。

光绪望着窗外，面无表情。

这是慈禧幽禁光绪的开始。瀛台周围搭建板房，以供监视人员居住。瀛台两旁楼梯砌砖进行封堵，以防光绪逃跑；周边湖里清理淤泥，是想让湖水更深。

稍后的隆冬时节，平静的湖面开始结冰。慈禧立即吩咐内务府管理园林的部门——奉宸苑，派人尽快将瀛台周围的冰面凿开一丈余，必须见到亮水。平日要增加人手，绝对不能冰冻。奉宸苑不敢怠慢，立即派十余人拿着冰镩凿冰。

还有更夸张的。慈禧曾专门下达懿旨："皇上若要响器家伙等，先请旨后传。"光绪想要锣鼓乐器，娱乐消遣，都必须得到慈禧的批准。

1900 年的瀛台

被幽禁的光绪连娱乐消遣的权利都被控制了。

一次，他看到水面上有鸟飞来飞去，便突发奇想，要用弹弓打鸟。有小太监便给光绪制作了一个弹弓，光绪玩得不亦乐乎。

谁知，此事很快被慈禧知道了。慈禧认为，是有人在引导皇上淫乐。追问之下，那个小太监跳湖自杀了。

后来，光绪又迷上了西洋钟表。西洋钟表个个精美，玲珑小巧，钟表的奥妙对光绪有很大的吸引力，"嘀嗒嘀嗒"的声音让他非常着迷。由于好奇心的驱使，他常常会把钟表拆卸后，再装上。时间一长，光绪竟也可以修理钟表了。

光绪痴迷钟表，在慈禧看来，是皇上与自己拼时间。慈禧比光绪大36岁，正常来说，慈禧会死在光绪前边。

不过，对光绪的严密控制并不影响慈禧对外秀和谐。

社会上流传着两宫关系不睦、光绪已经死亡的各种传闻，慈禧择机进行了辟谣。在接见外国使节时，慈禧特意让光绪出席，且在外国人面前营造一种两宫和谐的氛围。

11月5日，日本公使矢野文雄在仪鸾殿拜见慈禧。慈禧让光绪一同出席，并为光绪与矢野文雄提供对话机会。矢野文雄注意到，慈禧笑容可掬，光绪笑得比较勉强。

12月13日，慈禧接见各国驻京公使夫人，光绪依然隆重出席。场面盛大，气氛活跃，光绪与各公使夫人一一握手、问候。公使夫人们发现，光绪精神状态不错，根本不像患有重病的样子。

两宫和谐，政治稳定，是慈禧极力对外展示的清廷局面。但慈禧精心打造的两宫形象显然不那么让人信服。

外界慢慢意识到，"光绪患病"只是慈禧废除皇帝的第一步。慈禧毕竟老谋深算，在走出这一步前，也还要观察各界的反应。

不主张废除皇帝的荣禄向慈禧建议，可以通过自己的名义试探一下各地督抚的口风。荣禄秘密致电各地督抚，委婉打探对废除光绪的想法。果然，有人立即跳出来反对。这个人就是为光绪哭泣的两江总督刘坤一。他本来想与朝廷重臣张之洞联合上奏的，结果张之洞因为顾虑太多，最终放弃了。

虽有人反对，慈禧却不动声色。

帝国各地的权臣们大概都了解慈禧的心思，纷纷推荐名医，如山东巡抚张汝梅上奏，推荐山西汾州府张兰镇同知朱焜；两广总督谭忠麟上奏，推荐惠州知府卢秉政；广州将军寿荫上奏，推荐广东驻防汉军监生门定鳌。然而不是每个督抚都肯积极行动，江苏、湖北、山西、陕西等地督抚就选择观望。山西督抚就说，自己本想举荐的名医已被山东官员举荐了；陕西督抚说，经过大量走访，虽觅得良医，但无奈其已年过八旬，身体欠佳，无法进京。

奇怪的是，各地大员推荐的名医都是官员。名为医生，实则更是眼线。可以借机观察宫中的虚实，了解清廷的动向，也只有官员才具备这种敏锐的观察力。

10月15日，卢秉政、庄守和、朱焜、李德昌、陈秉钧、范绍相等六位名医在军机处报到完毕。他们在总管内务大臣的带领下正式进宫诊病。这一日，光绪居住的瀛台涵元殿内，既热闹又安静。热闹的是，六位名医排队给皇帝看病。安静的是，所有大臣、太监、宫女都小心谨慎，生怕惊扰了皇帝，更怕影响名医诊病。

名医们一个一个轮番进入光绪房间，每人诊病时间大约半个小时。如此这般，每个名医均要连诊数日。一个名医诊病出来后，根据规定，当即独立写下诊断结果，并给出治疗方案。各自诊断完，再集中会诊，给出统一意见，由此形成最终诊断结果，呈报慈禧。诊病完毕，全体名医出宫候命。

名医集体会诊，光绪到底得了什么病呢？清廷将光绪的脉案秘密下发给各衙门主要官员传阅。据清内务府史料《奉宸苑值宿档》，内容是这样的：

> 左右寸细软，左关微弦而数，右关虚数，左尺细数，右尺数而无力。症属肝肾久亏，脾胃均弱。昨夜前半夜未眠，后半夜眠不甚沉。昨晚大便一次溏溏，今早大便二次稀溏，色白兼有糟粕未化。少腹气坠，有时头晕眼涩，耳鸣而塞，口渴咽干，时或作痒，咳嗽少痰，腰疼，腿膝无力，麻木空疼。神倦喜卧，小便频数，色白而少。气怯微言，语多则牵引少腹作抽。时或牙疼口疮，手指作胀，常常恶寒，有时胸满嘈杂作呕。面色晄白，左颧色青而滞，右颧淡白。下部潮湿寒凉，夜梦闻金声则遗精或滑精，有时似滑未滑。躺卧难于转侧，不能久坐久立，不耐劳累。总由心肾不交，肝气郁结，阴不潜阳，虚热上蒸于肺，中气不足，升降失司。至于梦闻金声遗精，此心不藏

神、肾不藏精、肺不藏魄所致。

总之，皇帝病得不轻，后果很严重。西方列强对中国皇帝病情的关注也在意料之中。在光绪公开病情的前两天，也就是9月23日，英国驻上海总领事白利南向英国政府报告说，光绪死了。英国政府责成驻华公使窦纳乐立即了解详细情况。当光绪广泛征集名医时，窦纳乐就觉得其中有蹊跷，便向总理衙门询问皇帝的病情。

外国人为啥这么关心中国皇帝的病情呢？因为事关其在华的巨大利益。如果光绪死了，保守势力上台，难保列强们的利益不受损。另外，清廷的政治一向是神秘而不透明的，列强们也非常不放心。

就在全国名医进京为光绪看病的同一天（10月15日），庆亲王奕劻带领总理衙门的大臣主动拜会窦纳乐并解释情况。窦纳乐立即建议，希望外国医生能参与光绪疾病的诊治。慈禧多多少少是醉翁之意不在酒，自然也不希望外国干预。但反复衡量过后，也只好答应此要求。

拖延了三天。10月18日，一个金发碧眼的洋人，带着药箱进入了戒备森严的宫中。这个人就是法国医生多德福。

经过大约一个小时的诊病，多德福走了出来。内务府大臣迫切地想知道诊断结果，多德福只是报以微笑，回答说要等化验结果出来才能答复。

据清内务府史料《奉宸苑值宿档》，两天后，根据多德福的诊断结果，光绪的身体状况是这样的：

> 体质衰弱、明显消瘦、精神不振、面色苍白。食欲尚好，但消化缓慢，轻度腹泻。排泄物呈白色，且未完全消化，频繁呕吐。气闷导致呼吸不均匀，发作时更显焦虑。肺部听诊未见异常。血循环不好，常出现紊乱。脉弱而频数，头痛，胸闷热。耳鸣、头晕，站立困难。腿、膝部明显发凉，手指触觉不明显，小腿痉挛，全身发痒，轻度耳聋、目光迟钝。腰痛，尿频。尿液白而透明，尿量不大。化验未见蛋白，尿浓度减淡。陛下尿频，量少，24小时内尿量低于正常尿量。陛下强调遗精常发生在夜间，之后出现快感。这类梦遗，多由白日自觉勃起功能减退所致。

最终，多德福认为，光绪皇帝的病是"慢性肾炎"。

慢性肾炎，当时的中国人根本没听说过。肾炎是什么鬼？多德福同时给出了治疗方案，他认为，此病问题不大，只需进行调养即可。他开出的方子是，喝牛奶。多德福要求，每天要喝3~4升牛奶，牛奶中加50克乳糖，如此坚持数月。同时，辅以洋地黄粉。一旦身体好转，遗精问题自然会消失。

就在多德福公布诊断结果的时候，中国的名医们仍然每天进宫中为光绪诊治。他们也为光绪开出了药方："治拟中培脾胃，下固肾真，上清肺气，滋养肝阴之方，以图缓效。今议用八珍麦味地黄汤加减调理。"

当中外两份不同诊断结果全部呈到慈禧案前时，慈禧沉默了很久。窦纳乐致电英国政府，称中国皇帝的身体只是微恙，并不影响治国理政。但慈禧对这个结果并不满意，她没有采纳西医的方案，而是选择了继续让光绪"大病在床"。

与此同时，慈禧多次在仪鸾殿秘密召见"溥"字辈幼童，开始物色皇储。慈禧废帝立储的计划仍在加紧推进。1900年1月24日的立储事件，只不过是慈禧这一计划的最新进展。


# 四

## 浮上水面的派系


慈禧政变，谋求废帝，一举使得天下惊。帝国政治格局大幅异动，大清的政治版图发生了裂变。各怀心思的诸多派系正在不断撕扯着大清帝国的统治秩序。

1899年4月中旬的一天，一艘轮船抵达加拿大域多利港（今维多利亚）。一个中年男人提着皮箱满脸疲惫地走下轮船，茫然地观察着四周。这是他第一次来到加拿大。一位华人模样的男子靠近他，与他交谈了几句，让中年男人稍加等待。一个小时后，码头热闹起来，大批华人赶来欢迎这位中年男人。在掌声与欢笑声中，中年男人忘记了疲劳，露出了久违的笑容。

这位中年男人就是流亡的康有为。

在众人的前呼后拥下，康有为来到中华会馆，这里聚集了数百名华人。大家的热情似乎也点燃了康有为的激情，旅途的疲劳一扫而光。康有为面对众多海外华人，慷慨激昂，再次发挥能言善辩的本事，向华人进行宣讲。

康有为痛陈慈禧一人专权之罪恶，"三十年来之积弱，我四百兆同胞兄弟之涂炭，皆由西后一人不愿变法之故"。康有为为此呼吁，保华侨就要保中国，保中国就要保皇上。

台上台下，一片热血沸腾。康有为振臂高呼："外之合海外五百万人为一人，内之合四万万人为一人，其孰能凌之？"华人热烈鼓掌，气氛爆棚。

康有为在加拿大的第一次演讲非常成功，这让康有为信心更足。随后，康有为又赴温哥华。他的激情再次感染了当地华人，"今中国虽危弱，而篡后权臣一二之故耳。皇上复位，则吾四万万同胞之兄弟皆可救矣！"

康有为在加拿大的目的只有一个，即鼓动华人救光绪："齐心发愤，救我皇上！"

7月20日，在康有为的筹划下，当地侨领李福基、叶恩等人出钱出力，共同成立保皇会。这是康有为在海外流亡期间取得的一个重大成就。

保皇会也叫中国维新会，目的就是保救光绪，忠君爱国。保皇会的会例就是《保救大清皇帝会例》，里面特别提到，"专以救皇上，以变法救中国，救黄种为主"，"凡我四万万同胞，有忠君爱国救种之心者，皆为会中同志"。

或许是方便向内地渗透宣传，也或许是故意恶心清廷，保皇会的总部没有设在遥远的加拿大，也没有设在一水之隔的日本，而是设立于澳门。同时，保皇会誓言要把分部开到美国、日本、东南亚。

保皇，不是康有为突然冒出来的想法。逃亡日本后，康有为与梁启超宣传的并不是"保皇"，而是"勤王"。所谓"勤王"，就是君主有难，要起兵救主。梁启超在日本横滨创办《清议报》时，宣传的也同样是"勤王"。

康、梁二人在日本没少费口舌，即便说破嘴、跑断腿，宣传的效果仍不尽如人意，这令二人很失望。或许根本原因就在于"勤王"二字。

"勤王"的性质是起兵救主，这无异于造反。起兵，对抗性质明显，很多华人并不希望推翻清廷。再者，华人手里哪有什么兵？康、梁二人也没有起兵的本事。如果说让日本起兵，日本为何要冒这样大的风险？答案很明显，日本绝不会这样做。

所以，"勤王"不如"保皇"，"勤王"是革命，而"保皇"是改良。

康有为选择了改良，而革命者另有其人，这便是孙中山。

孙中山同样是清廷的通缉犯，同样被迫流亡海外。

孙中山一直推崇革命，戊戌政变后，以孙中山为代表的革命派乐见其成，甚至还有些幸灾乐祸。因为这是他们希望看到的结果，康有为的改良想法是行不通的，必须通过革命才能救中国。当时，也确有一批人对改良失望，进而投身革命队伍。

康有为、梁启超先后逃到日本时，孙中山也在日本，他正在忙活兴中会的事。都是救中国，都是流亡海外，彼此联手是最好的结果。孙中山也是这种想法，希望能团结一切可以团结的力量。

在康有为逃到日本的第二天，孙中山委托日本志士宫崎滔天撮合，希望与康有为联合。康有为拒绝与孙中山见面，更别提联手了。道不同，不相为谋。

日本文部大臣犬养毅也曾在两派中积极斡旋，希望大家坐下来好好谈谈。

犬养毅在家里搞了一个小型酒会，邀请了孙中山、陈少白、康有为、梁启超。但康有为拒绝出席，不想见孙中山。究其原因，表面上是革命派与改良派的理念不同，实则还有其对自身地位的顾虑。康有为认为自己有光绪的密诏，而且还以皇帝的老师自居，不方便与朝廷通缉犯孙中山见面，也不愿屈就去见一个文部大臣。

随后，孙中山派自己的战友陈少白去拜见康有为。陈少白与康有为见面后，劝其放弃改良的想法，与孙中山一起革命。康有为当即拒绝。二人的见面，从温和的交流逐渐变成激烈的辩论，长达两个多小时。康有为坚持认为，光绪只是暂时被囚，早晚能复辟，新的变法一定会重来。陈少白也坚持自己的意见，不革命没希望。最终，二人不欢而散。

陈少白不服。经过与孙中山的秘密商议后，为扩大革命声势，1899年10月，陈少白从日本购买了一批印刷机器与铅字等设备运到香港。3个月后，他创办了《中国日报》。陈少白化名服部次郎，亲自任社长和总编辑。这份报纸就是孙中山等人革命的宣传武器，除了宣传革命思想外，还常与康有为等人辩论。康有为也办有报纸，如在日本创办的《清议报》。双方时常进行隔空论战。

孙中山等人还挖了康有为等人的墙脚。1899年，谭嗣同的同乡与同学唐才常抵达日本，同样有意"勤王"。康有为大喜，给其三万元表示支持。康有为指示其回国后，联络长江各省起兵"勤王"，并驱除义和团。

谁知，唐才常经朋友介绍，又认识了孙中山。孙中山当即向其讲述了各种革命思想与美好蓝图。孙中山也是演说家，他的宣传同样鼓舞人心。唐才常转而投靠了孙中山。孙中山挖墙脚成功。

戊戌政变后，孙中山革命势力迅速发展壮大，堪称发展的黄金期。义和团的崛起与八国联军的威胁，又让革命派踌躇满志。

1898年10月25日上午10点，山东冠县蒋家庄发生了一件大事。

这天，蒋家庄旌旗招展，热闹非凡。镶着黑边，写有"顺清灭洋"四个大字的黄旗迎风飘扬。1000余名义和拳成员集聚蒋家庄村头，每个义和拳成员头裹红巾，脚蹬长靴，手持快枪和长矛，个个英姿飒爽。

首领赵三多气宇轩昂，带头高呼口号，誓言要消灭信奉洋教的教民。3000余人齐声附和，振臂高呼。这是一场动员会，更是一场起义。这天的活动是梅花拳头领赵三多将派别名称改为"义和拳"后组织的首次大规模起事。

正在附近村庄传教的法国神父伊索勒记录下这历史性的一刻。

随后，义和拳对蒋家庄及附近红桃园、小里固的教堂进行了袭击。在围攻红桃园村的教堂时，义和拳纵火焚烧教堂，当场烧死两名教民。火烧教堂逐渐成为攻打教民的主要进攻方式。一时间，冠县、邱县、曲周县、临清县等地常有教堂被烧。

义和拳的起事引起了地方官府的警觉，地方官府迅速派出重兵进行弹压。11月4日，双方在侯魏村交火。清兵派出步兵与骑兵，步兵与义和拳正面对攻，骑兵进行包抄围剿。义和团实力不济，死亡4人，15人被抓，其他人溃散而逃。头领姚文起被捕，被枭首示众。赵三多侥幸逃脱。

赵三多也同康有为、孙中山一样，被通缉后流亡。只不过，赵三多流亡的地方在国内且仅限于山东与直隶交界的部分县。他辗转直隶枣强、武邑、晋州、正定等地，四处宣讲，且广泛收徒。各地徒弟继续开枝散叶，星火燎原，逐渐在直隶北部扩大势力范围。各县义和拳坛口林立，喊打喊杀声不绝。

赵三多最初打出的口号是"顺清灭洋"，后来又改成了"助清灭洋"。这明显是为了避免官府镇压，讨好清廷的一种策略。

义和拳迅速发展壮大，如何能凝聚这么多农民、流民？或许只有增加神秘感。1899年5月17日，赵三多等人将义和拳改名为"神助义和团"。

叫义和团的并不只赵三多一家，赵三多也不是义和团的最高领袖。在山东平原县，朱红灯也有一支义和团队伍。

同样是1899年，9月17日，因平原县杠子李庄的大户李金榜信奉天主教，遭到朱红灯的义和拳抢劫。李金榜报官，官府派人抓捕拳民。此事惹恼了朱红灯，他率领数百名拳民攻击清兵，清兵因为人数较少而大败。

10月12日，济南知府卢昌诒、统领袁世敦亲率重兵进行镇压。袁世敦是袁世凯的哥哥，来头不小。清兵与义和拳在平原县城西面18里的森罗殿展开激战。

森罗殿是一处古建筑，在马颊河东侧，地势较高，殿宇高大耸立，巍峨不凡。清兵规模为步兵一个营，骑兵20名，加上恩县的部分马队，而义和拳的规模有近千人。此时，朱红灯打出了"兴清灭洋"的大旗，并将义和拳正式改名为"义和团"。

义和团摆出罗圈阵迎敌，冲锋的团民非常勇猛，让清兵难以招架。清兵中的骑兵与马队两面夹击，让罗圈阵"后腰"位置的义和团团民难以抵挡，继而溃败。关键部位一败，其他人也跟着逃。最终，义和团大败。

这一年，华北地区大旱，土地干枯，庄稼绝收，饥荒蔓延。但义和团却开始了最疯狂的野蛮生长。整个华北农村几乎都沉浸在义和团的狂热中。

农民在躁动，列强也开始萌动。戊戌政变刚刚发生不久，北京马家堡车站就发生了一起骚乱。

1898年9月30日，一伙洋人乘坐火车从天津抵达北京城南的马家堡车站。洋人换乘马车进城，当马车队伍经过天桥时，出现了摩擦。

天桥是京城最热闹的地方，三教九流，各方杂处。快速行进的马车队伍剐碰了沿街商家，商家不服，便进行理论。洋人有些傲慢无礼，一副满不在乎的样子。双方逐渐恶语相向，最后大打出手。围观百姓也参与了斗殴，规模进而扩大。双方不仅拳脚相加，还互相投掷瓦砾、石块。天桥街头上演了一场中外大混战。

马车被破坏，很多外国人被打伤，一个美国传教士被石头砸成肋骨骨折。

或许这只是一个偶发事件，却让西方各列强有了威胁中国的借口。

第二天，英国驻华公使窦纳乐便联合各国公使召开会议。会议进行期间，英国、德国下令，命渤海湾的军舰驶入大沽口水域，准备进入海河。会议最终决定，让清政府设法保护好洋人，同时提出要让卫兵进京保护使馆。

10月2日，英国48名士兵欲从天津进京，被直隶总督袁世凯派兵拦截。俄军也有大约100人欲从塘沽进京，还携带了三门炮，德国士兵同样有此举动。袁世凯向京城连发了五封加急电报，总理衙门头都大了。

这时，各国也都动了强烈的侵华念头，要派兵进京，或联合派兵进京。顿时，京城乌云压城。

10月5日，各国公使再次召开会议，口气异常强硬，天津的外国士兵坚持要进京，而且还要清廷提供火车。列强要强行派兵进京，清廷既气愤又恐慌。

奕劻代表清廷与窦纳乐协商，希望不要让外国军队进京，被窦纳乐严词拒绝。

无奈，自10月7日起，到11月5日，英国、德国、俄国、意大利、法国、美国、日本、奥匈帝国等国家陆续派兵进京，每个国家的队伍不少于30人。进京后，他们驻扎在东交民巷的使馆区。

八国联军进京正式拉开序幕。

以前列强入侵各地，虽然矛盾重重，但是毕竟距离京城遥远，慈禧与清廷看不见。如今列强的军队就在卧榻旁，慈禧再也睡不好觉了。

与此同时，列强内部也在

庆亲王奕劻

进行着激烈的博弈。中国是块大肥肉，大家都想多吃一口，有些国家就开始动了心思。

　　自1898年9月始，美国国务卿海约翰命美国驻英、俄、德、法、意、日等六国大使向各驻在国政府递交一项照会。大意就是，美国要在瓜分中国的过程中与其他列强享受同等待遇，利益共享，雨露均沾。除了俄国拒绝接受外，意大利无条件接受，其他各国有保留地接受。

　　逐渐强大起来的美国，腰杆越来越硬，开始与英国抗衡。这项政策被称为美国的第一次门户开放政策。

　　美国的雄起，进一步加剧了列强对中国的控制与争夺。

　　列强的虎视眈眈，让清廷的政治风向急剧转向，排外逐渐成为主旋律。

　　慈禧始终憋着一口气。


# 五

# 天下扰动


　　改良派在海外预谋勤王保皇，革命派计划颠覆封建统治，外国列强步步紧逼。然而，不管外部形势多么艰难，慈禧依然强行废帝立储，慈禧就是这么霸道。

　　1900年1月26日，农历己亥年腊月二十六，也就是慈禧宣布立储的第三天。

　　上海外白渡桥上人来人往，苏州河水静静流淌，冰冷刺骨。

　　这天一大早，上海电报局大楼前人声嘈杂，大家都在议论着一个传闻。

　　"听说了吗？慈禧好像把光绪给废了！

　　"不得了哟，听说慈禧老太婆又立新的皇太子啦！"

　　宫廷八卦最能吸引人，何况又是废立皇帝的大事。市民越聚越多，把电报局大楼围得水泄不通，人们急切想知道真相。

京城的消息是通过电报传到上海的，想获得最新的信息，到电报局大楼来打探虚实是人们获取第一手信息的最快途径。

电报局的总办经元善这天正常上班，他费力穿过拥挤的人群，方才进入大楼内。眺望窗外，阳光刺眼。

经元善是上海第一个知道慈禧立储消息的人。就在昨天下午，经元善接到京城电报，获悉此事。

经元善刚刚坐定，就有三五个洋人来找他，原来也是打探京城消息的。经元善无奈告知，慈禧立储消息是真的，但其他的事情自己也不知道。洋人们个个表情严肃，忧虑不已。经元善好奇地询问缘由，洋人们说，如果立储一事属实，外国一定会派兵干预。经元善大吃一惊，不由得倒吸一口凉气。

慈禧立储的消息迅速传遍上海。这个消息也成了上海各大茶楼的热议话题。茶楼向来是人们交流信息、议论时政的地方。上海茶楼生意顿时爆火。

经元善根本没有喝茶的雅兴，甚至连中午饭都没有吃下去。凭借敏锐的政治嗅觉，经元善意识到，形势非常危险，要出大乱子。

经元善何许人也？为何他对慈禧立储一事如此敏感呢？

经元善，1840年生，浙江上虞人。经元善的父亲经芳洲早年到上海做钱庄生意，随着生意越做越大，经芳洲开始热衷慈善事业，创办有清节堂、育婴堂等慈善机构。1857年，18岁的经元善也从老家来到了上海，子承父业。经元善非常好学，或许是受父亲经商基因的影响，经元善管理有方，生意蒸蒸日上。经元善对慈善事业也钟爱有加。

经元善首创成立"协赈公所"，时常组织江浙沪的绅商进行社会赈灾、筹集善款等活动。十余年来，他筹集善款数百万，救济灾民达上百万。经元善逐渐成为江浙沪绅商的一个领导者，号召力很强。

经元善所做之事本是为官府分忧的好事，朝廷自然会大加鼓励。上海地方官府将经元善的事迹上报清廷，清廷连续对经元善进行嘉奖，还赏给他一个江苏候补知府的虚职。

1881年，鉴于经元善的影响力，李鸿章委任41岁的经元善为上海电报局的会办，负责创立上海电报事业。次年，经元善正式出任上海电报局总办一职。

经元善还是一个维新人士，一直忧心国家与民族的进步。康有为、梁启超等人在上海期间，与经元善相识。经元善积极主张变法图强，并亲手创办了上海经正女学，成为开创中国女学的鼻祖。

戊戌变法期间，经元善多次建言，还曾上书张之洞，希望"扶圣教而正人心"。经元善心忧天下，变法的失败、保守势力的回归、列强的不断蚕食，都让他心急如焚。

上海人心浮动。经元善如坐针毡。

1900年1月25日晚上，躺在床上的他辗转反侧，无法入眠。经过不断的思想斗争，经元善认为自己应该做点什么。他半夜披衣下床，给上司盛宣怀发了一封紧急电报。经元善在电报中坦承了上海的形势，并对国内未来的形势表示担忧。最后，他希望盛宣怀能行动起来，联合军机大臣阻止慈禧的立储行动。

再次上床，经元善仍难以合眼。

26日清晨7点左右，经元善收到盛宣怀的电报。盛宣怀在电报上说："大厦将倾，非竹头木屑所能支。"

盛宣怀的态度非常坦诚，简直是赤裸裸。他把自己比喻成"竹头木屑"，认为凭一己之力根本无法挽救清廷。清廷气数将尽，谁也阻挡不了。

或许盛宣怀是想以此为借口拒绝经元善，毕竟谁也不愿意蹚这个浑水。

攥着上司的电报，经元善心情沉重。

此时，上海电报局还没有开门上班，但门外已经挤满了人。在这些人中，有很多是志在维新的进步人士，他们听到清廷立储的消息后，纷纷赶来电报局，想要上书北京，劝阻清廷，停止立储。

有些关系要好的洋人直接来到上海电报局，向经元善透露，清廷很可能会在明年把年号更改为"保庆"。

一个人的力量太过渺小，经元善决定将这些人联合起来，以联名的方式致电清廷。经元善紧急联系上海绅商名流，号召大家联合起来，各绅商纷纷赞同、支持。经过紧急筹划运作，经元善共联系了1231名江浙沪的绅商，包括叶瀚、章太炎、蔡元培、唐才常、黄炎培等人。

后来，经元善在澳门躲避时，在其著作《居易初集》中回忆了此事的经过。


我看到局面危急，社稷危险，不得不有所行动。考虑到自己地位卑微，不能议论立储这类问题，我于半夜时分致电北京某位大臣，恳请他联合朝中士大夫尽力劝谏。次日清晨，我看到这位大臣的回电。

既然大臣不说话，那只有小臣来说，何况我曾经十一次得到传旨嘉奖，受朝廷恩泽深厚，怎么能沉默不管呢？恰恰在这个时候，寓居上海的维新志士联名到电报局发电，与我的想法不谋而合，于是决定采取一致行动。事情急迫，来不及周全考虑。当时我要是不在电报局，恐怕也不会发生这样的事情。

经过慈善事业的长期历练，经元善有组织领导能力，也有为国家而呼的热情，但他当时的想法未免有些幼稚，他以为自己做慈善屡受朝廷嘉奖就是政治资本，以此便可向朝廷上书劝谏，其实是犯了大忌。

最主要的一条大忌，便是联名上书。经元善联名了1231人，而且还都是商界名流，千人的规模，影响力非同小可。这种事不仅在清朝的历史上从来没有发生过，即使在中国的历史上，也是罕见的。

下午，一封千人联名的加急电报自上海发出，传向两千里外的京城。

这次，轮到京城大震。

经元善等人的联名电报是这样的：

昨日阜局奉到二十四日电旨，沪上人心沸腾，探闻各国有调兵干预之说，务求王爷、中堂大人公忠体国，奏请皇上力疾临御，勿存退位之思，上以慰皇太后之忧勤，下以弭中外之反侧。宗社幸甚，天下幸甚。

在经元善看来，这份意见不仅代表着上海1231位绅商的心声，更是全国有识之士共同的心愿。

新年临近，京城的很多官员已经无暇工作。上海的联名通电在当天并未大范围扩散。

当日在总理衙门值班的章京唐文治率先看到电文，大为惊讶，他立即将电文呈给军机大臣王文韶过目。王文韶也颇感吃惊，面对电文，他沉思了很久。因为王文韶不仅是经元善的老乡，还是故友。王文韶意识到经元善闯了大祸。

王文韶本想暂时先将电文压下来，没想到，荣禄很快就知道了此事。

荣禄大怒，厉声说："这经元善是何等人，胆敢妄言干政，一定要把为首的杀几个，看他们怕不怕。"

关键时刻，王文韶不忘替老朋友辩解，他说："经元善在电报局，或许是有人假冒他的名，也没准想是免电报费。"

这个解释根本无法让荣禄信服，荣禄反问王文韶："千人联名通电，只为不交电报费，而且还是冒用电信局总办的大名，这可能吗？"

荣禄坚持明天要向慈禧面奏此事。

身为铁路公司督办大臣的盛宣怀，在第一时间得到汇报。他立即密电郑观应，要求他设法让经元善辞职，远离上海躲避。

1月27日，腊月二十七。已经依稀听到爆竹声。

军机大臣照例上朝，荣禄首先向慈禧汇报了上海经元善联名通电，阻止立储一事。慈禧震怒，还打碎了手边的茶碗。

荣禄建议道："经元善这个事，必须要杀几个领头者，以儆效尤。"

王文韶连忙劝解："庚子立嗣，本是大清幸事、喜事，杀人流血，忌讳过深，实在太不吉利。"

经王文韶一番劝解，慈禧消了一些怒气，下发懿旨"饬地方官拘捕监禁，以为儆戒"，责令上海方面立即逮捕经元善。

没想到，一个爆炸性新闻又从上海传来，京城的喜庆气氛被彻底打破。

上海《苏报》将经元善的联名通电全文刊出，并在评论中指出，"名为立嗣，实则废立"。此消息经媒体披露后，举国皆知。

几乎与此同时，一封加紧电报，也就是一纸重大通缉令从京城秘密发往上海。这份通缉令，共列出50余人，是这

军机大臣王文韶

次联名通电中最重要的人物。例如《中外日报》的主笔汪诒年、绍兴中西学堂监督蔡元培等人。

当然，通缉令的首犯就是经元善。

上海气氛骤然紧张，街头巡捕明显多了起来。上海道台余联沅不敢怠慢，命令手下全力展开缉捕。

郑观应、赵昌友等人紧急商议，立即劝经元善去澳门躲避。经过一番精心乔装打扮，经元善与家人连夜秘密逃离了上海，坐船南下，转道香港，奔赴澳门。

经元善觉得香港并不安全，因为英国与中国联系紧密，搞不好可能会被当作交换筹码。而葡萄牙与中国关系一般，澳门或许才是避难天堂。

上海方面没有抓到经元善，大为恼火。余联沅只得向各国驻上海领事进行逐一拜会，希望各国领事能积极协助。但各国领事对此表示很遗憾，不愿配合清政府。

获悉经元善已经逃离上海，清政府下发谕旨，立即命盛宣怀交人，据《上谕档》，内容如下。

> 纵千余人，危词要挟。论其居心，与叛逆何异。正在查挐闲。闻经元善即于二十八日挈眷潜逃。难保非有人暗通消息。喉使远遁。盛宣怀督办各省电报。受国厚恩。经元善为多年任用之人。自必熟其踪迹。著勒限一个月。将经元善交出治罪。以伸国法而靖人心。傥不认真查挐。一经畏罪远扬。定惟盛宣怀是问。

经元善是盛宣怀部门的员工，盛宣怀作为一把手，必须负责。盛宣怀虽知躲不过，但他仍想保护经元善。盛宣怀以经元善侵占、挪用电信局公款逃走为由，上报清政府。

清政府致电澳门总督，要求引渡经元善。澳门当时仍由葡萄牙管辖，只能用引渡的方法。澳门当局早已拘捕了经元善，并关押在大炮台。但澳门方面认为，经元善是"政治犯"，拒绝引渡。清政府仍不罢休，又以经元善挪用公款为由，希望按刑事犯引渡。

就在澳门当局为难之际，上海、香港及海外侨胞纷纷致电澳门当局，要求不要引渡经元善。澳门保皇会会长何廷光出面，愿意花重金保释。随即，澳门当局照会清政府，认为对经元善的经济犯罪指控不实，经元善仍属"政治犯"。

虽然还是"政治犯"，但是澳门当局有了保释金，很快就释放了经元善，不过将其列为监禁状态。正是澳门当局对经元善的政治避难保护，才让他逃过一劫。

经元善在澳门一直躲避到1902年5月才回到上海。经过此番折腾，经元善的身体每况愈下，回到上海仅一年便病死家中，终年63岁。

慈禧立储震动天下，抓捕众多联名通电的绅商这一行为也产生了极其恶劣的影响。1900年4月，近代启蒙思想家宋恕致信廖仲恺，特别谈到此事。

> 清政府上海方面派密差抓人……据说五十人之外还要抓捕二百人，上海道几天前拜会各国领事，请求协助捉拿这些人，被外国领事拒绝，这二百人的性命才得以保全。在电报上列名的五十人则境遇凄惨，他们连家乡也回不去了……另外，听说各省要捉拿的名士有三百人之多，只是不知那些地方的大员是不是真的落实。唉，情形已与明代末年无异。

"与明代末年无异"，说的就是明廷大肆抓捕东林党一事。宋恕在此将经元善等人类比东林党。宋恕也因此认为，大清要亡。

<br>

# 六

# 大阿哥党

废帝立储，并不是慈禧一个人的主意，而是慈禧与保守势力的不谋而合。为了共同的利益，这些保守势力就形成了"大阿哥党"。

1900年2月的一天，"大阿哥"溥儁闲来无事，在宫中四处溜达，恰巧碰见光绪，光绪正站在一个长廊下，低头沉思。溥儁蹑手蹑脚，绕到光绪后面，突然给了光绪重重的一拳。光绪站立不稳，倒在了地上，脸上满是痛苦。溥儁看着光绪的狼狈样，哈哈大笑，然后扬长而去。总之，溥儁是张狂的，光绪是窝囊的。溥儁经常称呼光绪是"洋鬼子的徒弟"。

光绪敢怒不敢言，一是自己失势，犹如虎落平川，人人敢欺。二是因为溥儁已经是慈禧钦点的"大阿哥"，正是大红人，背后势力非同小可。无奈，受了委屈的光绪只好向慈禧哭诉遭遇。

慈禧自然也很生气，溥儁如此张狂，简直没有体统，竟然这样欺负皇帝，实在是给自己丢脸。慈禧命人唤来溥儁，让其当面给光绪道歉，同时对溥儁一顿狠批。溥儁吓得不敢出声。这还不算完，慈禧命太监把溥儁拉出去，按家法论处，责打二十大棍。

溥儁，1885年生，是道光皇帝的曾孙、端郡王载漪的二儿子。母亲为和硕阿拉善亲王贡桑朱尔默特的女儿。载漪并没有娶慈禧的弟弟叶赫那拉·桂祥之女为妻，溥儁也就不是慈禧的侄女所生。溥儁比光绪小14岁，此时刚刚15岁。溥儁矮胖粗野，年少张狂，从小性情顽劣，是典型的八旗纨绔子弟。

据宫中太监后来回忆，溥儁从小讨厌读书，只喜欢吹拉弹唱、提笼架鸟，或是骑马射箭、舞枪弄棒。看戏是溥儁的重要爱好，几乎是每天的必修课。他时常带着三五个太监到戏园子看戏。演员稍有唱错，他便立席大骂，或者自己直接登台，完全不顾其他演员的感受。溥儁还有一套典型的打扮，头戴金边毡帽，一身青色紧身皮袄，领褂是枣红色的巴图鲁。

根据规定，溥儁成为"大阿哥"后，需要进入宫中居住，在弘德殿读

大阿哥溥儁

书，或在颐和园万善殿读书。三等承恩公、户部尚书崇绮为其老师，对其进行授读，大学士徐桐等人对其照料。同时，溥儁还要在正月初一至大高殿、奉先殿、寿皇殿，正式开始代皇帝行礼。

但这些约束让溥儁很不适应，没老实几天，溥儁又逐渐恢复了原来的样子。溥儁做事根本不顾皇家体统，总是一副横行霸道的样子，走路都能走出六亲不认的样子。尤其是立储以来，入得宫中，溥儁更是目中无人，行为放荡，让人颇多微词。说起这个"大阿哥"，闻者无不摇头。

慈禧的贴身宫女荣儿对溥儁的印象也很差，她回忆说："大阿哥溥儁，提起他来，咳，真没法说他，说他傻吧，不，他绝顶聪明，学谭鑫培（京剧名角）、汪大头，一张口，学谁像谁，打武场面，腕子一甩，把单皮打得又爆又脆。对精巧的玩具，能拆能卸能装，手艺十分精巧。说他机灵吧，不，人情上的事他一点儿不通。在宫里，一不如意，就会对着天长嚎，谁哄也不听。"

据说溥儁有次在皇帝的龙椅上踢毽子，被太监瞧见。太监立即阻止，溥儁却满不在乎地说"这宝座还不早晚是我的"。据说有一件事情刺激了慈禧，溥儁进宫三个月，竟然同两个宫女发生了性关系。这样的一个大阿哥，让慈禧有点失望，她似乎觉得自己的决策有些草率。

其实，溥儁只不过是一个前台的演员，他的嚣张跋扈，实则是"大阿哥党"的集体缩影。"大阿哥党"是一个集团，其核心人物包括刚毅、徐桐、崇绮、启秀，当然还包括溥儁的父亲载漪。

先说刚毅。刚毅，1837年生，是满洲镶蓝旗人，早年因为平反杨乃武与小白菜一案而扬名。刚毅能做出正确裁判，缘于他对大清刑律的熟稔精通，这是一般旗人做不到的。正因为他这个优势，刚毅奉命调任总办秋审处，专门负责全国死刑复核。这或许是刚毅最过人之处。

刚毅出身寒微，精通满文，也曾任过满文翻译，但对汉文却不甚精通，经常闹白字笑话。如在刑部任职时，经常把犯人"瘐毙"读成"瘦死"。在广东任道台时，还把"民不聊生"读成"民不耶生"。在谈到别人对自己的评价时，常把"刚愎自用"说成"刚复自用"。

白字也只是文学修养的小事，在大事上刚毅则"不糊涂"，他始终紧抱慈禧大腿。

慈禧过六十大寿，正在广东的刚毅命广东造币厂的总办，制币三万圆（元）。刚毅携巨款进京后，先给李莲英一万圆（元），让其在慈禧面前美言两句。

慈禧收到刚毅的银币，非常高兴，加上李莲英的吹捧，让慈禧对刚毅刮目相看。随后不久，刚毅就被调到北京，先是进入户部。因他极力反对变法，主张打压汉人，因此备受慈禧赏识，又获任兵部尚书。变法期间，光绪每提及变法，刚毅必极力反对。光绪常痛斥刚毅，刚毅则对光绪非常痛恨。

直到刚毅进入军机处，他才真正开始郁闷。

同在军机处的荣禄十分看不起刚毅，尤其对他的汉文水平。但刚毅有他的自信，他常说，"读书人能说，不能治事。能治事还需不识字者"。这里的"读书人"就是暗指荣禄。

二人逐渐成了军机处的仇敌，彼此看谁都不顺眼。某日中午，军机大臣在一起吃饭。席间，刚毅用酒杯不断敲桌，并用挑衅的目光看着荣禄。

荣禄问："刚大人，有何事？"

刚毅微微一笑说："没啥事情，就是自己常常在想，您荣大人一直占着大学士的位置，而我在军机处也很多年，进步实在太慢，不知道何时才能赶上您啊。每当想起这事，我心里就犯堵。"

荣禄没有发怒，而是指着酒杯说："您干脆在酒杯里下点毒药，把我毒死后，您的愿望就实现了。"

刚毅先怒了，他摔了酒杯，说："你等着，不是没有这一天！"

刚毅站队慈禧，在慈禧实行废立计划时，他果断选择向载漪、溥儁靠拢。他知道，一旦溥儁登基，自己才有可能干掉荣禄。

刚毅是"大阿哥党"的核心，大学士徐桐、礼部尚书启秀、户部尚书崇绮则是重要的依附者。

徐桐，1820年生，汉军正蓝旗人。徐桐属于彻头彻尾的保守主义者，他同样强烈反对变法，非常顽固。人们评价他是"崇宋儒说，甚守旧，恶西学如仇"。

徐桐的家在东交民巷，周围就是各国公使馆。他对洋人非常憎恶，大门口贴上"望洋兴叹、与鬼为邻"八个大字，直接将洋人比喻成鬼。出门时，一旦遇到洋人或洋建筑，直接以扇掩面，侧目而过。

徐桐对维新者非常厌恶，谁要在他面前提新政，他一脸鄙夷。京师大学堂提调李家驹与学部侍郎严修曾想求见徐桐，徐桐根本没把这二位所谓的改革者放在眼里，直接将二人的名字与逐客令贴在了门上，拒绝见面。

由于徐桐极力仇视西学，导致这位清廷高官竟然不知道西班牙、葡萄牙是两个国家。一次，他偶然看到《瀛寰志略》一书，《瀛寰志略》是全面介绍世界各国地理历史的一本百科全书。徐桐对书中提到的西班牙与葡萄牙两个国家非常不屑，说"西班有牙，葡萄有牙，牙而成国，史所未闻"。

再说崇绮。崇绮，1829年生，满洲镶黄旗人，是首席军机大臣赛尚阿的儿子。满人在学识方面出类拔萃的不多，但崇绮却是有清一代唯一的一个旗人状元。崇绮是同治皇帝的岳父。光绪即位后，女儿阿鲁特氏自杀，崇绮因此备受打击，长期称病在家，低调行事。

慈禧立储后，他与徐桐一起，成为溥儁的老师。崇绮负责教授溥儁读书。为此，崇绮很是扬扬得意，大有翻身之感。

最后说启秀。启秀，1839年生，满洲正白旗人。启秀同样是顽固的保守派，极力反对变法。徐桐追随刚毅，启秀则追随徐桐。

几个人因为共同的政治立场逐渐走到一起，形成政治联盟。

"大阿哥党"的几个核心人物有很多共同点。首先他们全部是顽固的守旧派，都备受慈禧赏识。几人都极力反对变法，都对积极变法的光绪有很大成见，甚至有人还非常痛恨光绪。比如，刚毅因在戊戌变法期间常遭光绪痛斥，而对光绪产生忌恨；崇绮因为女儿自杀，也迁怒光绪。

他们除了痛恨光绪之外，更怕遭到光绪的清算。废掉甚至杀掉光绪，就成了"大阿哥党"的最佳选择。

1899年11月12日，刚毅巡视江南结束回京。此次出行，刚毅有很多意外的收获。尤其在广州，关于康、梁等人保皇的消息不绝于耳，报纸上各种消息满天飞。刚毅把康、梁创办的《清议报》带回北京，特别呈给慈禧看。

《清议报》是康、梁等人的宣传武器，大多以保皇上、救中国、攻击慈禧为主。当慈禧看到这样一份报纸，心情可想而知。慈禧拿着报纸的手都在颤抖，一怒之下撕碎了报纸。据《拳变余闻》一书记载，当时慈禧的状态是"愤外国之庇康、梁，必欲报此仇，益恨德宗，思废之"。慈禧忌恨光绪，预谋废掉。这也正是刚毅等人的想法，但刚毅没有明说。

11月18日，天津《国闻报》突然刊登了一条消息，让刚毅等人惊出一身冷汗。翰林院编修沈鹏投书新闻媒体，建议诛杀荣禄、刚毅与李莲英。沈鹏认为，三人是祸国殃民之首。

沈鹏原本想上书朝廷，希望徐桐代递奏折。徐桐看罢内容大惊，斥沈鹏是吃了豹子胆。沈鹏不服，立即选择让媒体公开。一石激起千层浪。

最愤怒的是刚毅，他知道沈鹏的背后一定是帝党的人在主使。他不断向慈禧建议，废掉光绪刻不容缓。慈禧预感到事态严重。

徐桐、崇绮等人也开始四下加紧活动，二人准备以内外大臣联名上奏的形式，建议朝廷尽快废掉光绪。12月初，二人找到荣禄，商议此事，并希望荣禄署名。荣禄以拉肚子为借口推掉了。随后，启秀再次找到荣禄，向其施加压力。无奈，荣禄只好答应与徐桐等人商议废立之事。

荣禄是不赞成废立的，但迫于徐桐等人的压力，也只好硬着头皮筹划此事。据《崇陵传信录》记载，当荣禄面见慈禧时，曾有一段著名的对话：

> 荣相问太后曰："传闻将有废立之事，信乎？"
>
> 太后曰："无有也，事果可行乎？"
>
> 荣曰："太后行之，谁敢谓其不可者？顾上罪不明，外国公使将起而干涉，此不可不慎也。"
>
> 太后曰："事且露，奈何？"
>
> 荣曰："无妨也，上春秋已盛，无皇子，不如择宗室近支子，建为大阿哥，为上嗣，兼祧穆宗，育之宫中，徐篡大统，则此举为有名矣。"
>
> 太后沉吟久之曰："汝言是也。"

荣禄其实给出了一个折中方案，废立改为建储。即在近支中挑选一子，封为大阿哥，作为光绪的后嗣，同时继承同治皇帝，以慢慢培育。荣禄的意思是，建储为先行过渡，而不是废了光绪，立马让新皇帝登基。

不直接废掉光绪，先给光绪找个接班人，慈禧认为这种方法更好。

陈夔龙在《梦蕉亭杂记》中对刚毅等人密谋废立之事有过一段评价："一班

熏心富贵之徒，致有非常举动之议。东朝惑之，嘱荣文忠从速办理。此己亥冬间事业。"

慈禧采纳了荣禄的建议，就相当于没有达到大阿哥党们预期的目的。为了尽快将光绪废掉，让溥儁上位，"大阿哥党"在朝中施展各种政治手腕，不达目的不罢休。其中，最明显的手段便是利用义和团。

义和团运动在华北地区风起云涌，他们打着"扶清灭洋"的旗号，砸教堂、杀洋人，让各地教民闻风丧胆。这本身是重大的群体事件，朝廷一直忧虑该如何处置。"大阿哥党"从中看到了绝佳的机会，只要能利用好义和团，既能打击帝党，又能对付洋人，可谓一举两得。

1899年12月，被撤职的山东巡抚毓贤向载漪、刚毅等人汇报："当今国势日堕，由于民志未伸，今如再杀拳民，无异自剪羽翼，而开门揖盗也。"载漪、刚毅等人被打动。

春节过后，京城陆续出现了义和团。4月底，北京东单出现了第一个义和团坛口。刚毅等人意识到，京城将会有大动静，刚毅私下派人接触义和团，了解他们的政治诉求。

5月27日，涿州城内狼烟四起，义和团成功占领涿州城。慈禧先后与载漪、刚毅、徐桐、赵舒翘等人密商招抚一事。奉慈禧之命，刚毅、赵舒翘、何乃莹先后赶赴涿州，对义和团进行招抚。

时人柴萼在《庚辛纪事》中记载：

> 自刚（刚毅）回京未数日，即有拳匪数万人到京，某城门守者坚不肯纳。方争持间，忽有人持辅国公载澜令箭至，令开门，守者不敢违。由是风声所播，相继而来者，日以千计。

为了招抚义和团，载漪更是想出了一个妙招。他将自己的端王府设为义和团总坛口，相当于义和团全国总部。朝廷下令，京城各路义和团必须到此来报到，其实就是让义和团接受招安，否则就将视为非法组织。此举就是将义和团由"民办"正式转为"公办"。

义和团纷纷向"大阿哥党"靠拢，"大阿哥党"气焰熏天。从此，义和团在京城的各种打砸抢烧都有了合法庇护。"大阿哥党"就是义和团的保护伞。

6月16日，前门大栅栏火光冲天，义和团拳民排洋达到高峰。前门沿街各商铺凡是与"洋"沾边的，一律砸毁、烧掉。最后火海连成片，火烧一条街。据统计，前门被烧店铺1800余家，烧毁房屋7000余间。

大栅栏的浓烟飘进了宫中。此时，慈禧正在仪鸾殿内与众多大臣进行第一次"御前会议"。双方就"对义和团是剿是抚，对洋人是战是和"的问题展开激烈辩论。"大阿哥党"气势逼人，刚毅认为"义民可恃，其术甚神，可以报雪仇耻"；载漪的大哥载濂非常凶恶，放出狠话说："时不可失，敢阻挠者请斩之。"

义和团是"大阿哥党"手里最重要的一个砝码，也算是其重要的一股军事力量。为了实现他们的政治野心，"大阿哥党"无所不用其极。在这些人中，最急迫的当属载漪，为了让自己的儿子尽快上位，他费尽了心思。

# 七

## 端王的小动作

1900年1月24日下午，端王府内的人紧张地忙碌着。有的仆人在打扫庭院，有的仆人在铺地毯，有的仆人在装饰房间。忙碌的身影里，有一人进进出出，不停地指挥着。这个人就是端王府的主人——载漪。

载漪，1856年8月生，道光皇帝的孙子，惇亲王奕誴的儿子。嘉庆的四子绵忻被封为瑞怀亲王，他唯一的儿子瑞郡王奕志却没有子嗣，载漪便被过继到他的名下，被封为贝勒。有说法是，载漪娶了慈禧的侄女，才获得高升，被封瑞郡王。但实际上，这个说法并不成立。载漪的三个福晋中，根本没有慈禧的侄女。他本应是瑞郡王，结果草拟谕旨的人因为笔误，写成了"端郡王"。搞笑的是，光绪也没看出来，谕旨便公开发布了。随后，将错就错，载漪便成为端郡王。

慈禧宣布立溥儁为大阿哥，是端王全家上下的大喜事。从载漪到仆人，大家无不沉浸在巨大的喜悦中。很快，端王府内张灯结彩，一片喜气洋洋。载漪特地换上了一身新衣服，人逢喜事精神爽，载漪荣光满面，仿佛年轻了十岁。儿子被立为皇储，自己"太上皇"的梦想指日可待。每想到此，载漪都感觉前所未有的痛快。

"溥儁立为大阿哥，各国公使今天要来祝贺。洋人们来道喜，我们要多预备些茶点。拿出最好的茶叶、最好的糕点，让洋人们也享受一下我们大清的美味。"载漪大声向仆人们吩咐着。仆人们欢快地答应了。

一个时辰后，一切准备完毕，端王府像换了样子。

载漪再次召集仆人们开会，主要内容是：如何迎接各国公使，要注意哪些礼仪，如何做到不卑不亢。仆人们点头称是。

载漪坐在太师椅上，静静地等待着洋人们的到来。载漪欣喜之余还是有点小紧张。因为各国公使集中到端王府来，是开天辟地第一次，这可不是小事。既关乎大清的尊严，也关乎端王的面子。

载漪不放心，让仆人们四处检查下，看看还有哪些疏漏。仆人们立即照办。

时钟滴答作响，庄严的端王府静候着客人们的到来。

洋人还没来，刚毅首先来了。几个随从提着一个大盒子，显然是重礼。刚毅满脸堆笑，对载漪拱手作揖，祝贺喜事。

随后，徐桐、启秀等人接踵而至，各路京官也纷纷前来。端王府热闹非凡，大大小小的礼物堆满了房间。载漪心满意足，但仍有遗憾，就是洋人还没有来道贺。又过一个时辰，已近傍晚时分，仍没有洋人的任何动静。载漪坐不住了，起身来到大门口查看，四周街道冷冷清清，车少人稀。载漪难免有些失落。

端郡王载漪（居中坐者）

载漪吩咐仆人，今日暂且作罢，洋人们或许还没有得到消息，可能明天才会来。夜深人静时分，载漪打开刚毅送来的礼物，发现是一个大大的如意。载漪大喜，因为这样的礼物是儿子登基后才能送的。

躺在床上的载漪回想着白天的一幕幕，嘴角一直泛着微笑。不管是刚毅、徐桐、启秀、赵舒翘等人，还是其他一些京官，都纷纷向他表忠心，这是站队的表现，自己的势力陡然增大，"太上皇"之权仿佛已经在手。

第二天，载漪早早吃完早餐，又亲自检查了一番。仆人们全都换上了新衣服，个个精神抖擞，春风满面。谁知，这一天依然不见各国公使的踪影。载漪满腹狐疑，难道公使们都不知道立储的消息吗？不可能啊，因为这种大事，总理衙门肯定已经告知了各国驻华使馆。等到下午，载漪尴尬又失落。仆人们的高兴劲儿也逐渐散了去，大家都不敢看端王。有些仆人开始私下议论。一天无动静，落寂的载漪躺在床上，思忖很久。

第三天，一切照旧。

载漪终于憋不住了，在屋内大发雷霆，把茶点桌子都掀翻了，地上一片狼藉。载漪痛骂洋鬼子不识抬举，要与洋鬼子势不两立。

这件事让载漪大受刺激，各国公使竟然全部不给自己面子，让自己威严扫地。载漪最受不了这个。

其实，各国公使并没有置若罔闻。早在清廷公布光绪患病后，公使团便照会过总理衙门，称如果皇帝被废，将在列强中造成不良影响，不会有好结果。

在听闻慈禧建储后，英国公使窦纳乐便询问李鸿章，是否需要祝贺。李鸿章回复说，只是建储而已，不需要。窦纳乐非常严肃地告诉李鸿章，如果以后有外交上的交涉，英国只承认光绪皇帝，其他任何人，英国一概不认。

窦纳乐是个对华鹰派，他曾说过一句非常狠的话："治疗中国这个病夫，只有一个办法，得用刀子，其他办法都不能奏效。"

对于皇帝的废立一事，各国一直都在密切关注。《古红梅阁笔记》中记载：某日李鸿章到总理衙门开会，各国使臣纷纷询问，是否有废立皇帝之事。李鸿章笑答，没有此事。况且这只是中国内政。李鸿章又转而问各国公使，如果真的有呢？各国又有何意见？结果，各国公使同声反对。

载漪与李鸿章根本就是两路人，所以，各国拒绝祝贺的事情，载漪应该并不清楚。

载漪很好面子，也是非常仗义之人。这要从载漪的爱好说起。

载漪是一个多才多艺的人，从小就迷恋武术，梦想将来自己成为一个武功高强的绝世高手。他尤其喜欢太极拳，以柔克刚、以静制动、以弱克强，可以后发制人。为了学得太极拳的真功，载漪不惜重金聘请国内太极拳名家杨露禅、杨班侯到自己府上教授武功。一招一式，载漪练得特别认真。

动中有静，载漪在练武之余还经常操弄乐器、练练嗓子，如拉京胡、唱京剧。同样，载漪也花钱请京剧名角来家里当老师，如谭鑫培、孙菊仙等名家都是端王府上的常客。

有其父必有其子，受载漪的影响，溥儁也有同样的爱好。

北京天桥是京城艺人聚集的场所，每天这里都无比热闹，说书的、唱戏的、演杂耍的，三教九流，什么人都有。载漪也是这里的常客。

德龄公主曾有评价，她说按当时满洲人的风俗，朝廷的高级官员是不允许看江湖艺人卖艺的，更不用说亲自表演了。满族高官连到汉族人的饭馆里吃饭都是不允许的。

按说载漪贵为皇亲国戚，应该不会去天桥这种不上档次的地方。但载漪偏不，他喜欢热闹，喜欢这种山呼海啸的感觉。

天桥上的人并不知道载漪的真实身份。所以只有在天桥这里，载漪似乎才能体会到人生的快意。与江湖同行切磋比武，同场竞技，观众大声叫好、喝彩，让载漪非常陶醉。这种欢快淋漓的感觉是他在宫中体会不到的。更夸张的是，载漪有时还会将京城的一些乞丐邀请到自己的端王府上做客。

由于载漪有着与底层群众打成一片的天然基因，加上他极端仇外，对各国

李鸿章

不给自己面子的事情耿耿于怀，当义和团进京时，载漪仿佛看到了知音。义和团拳民都是来自底层，也喜欢舞枪弄棒，这正是载漪所擅长的。

被罢官的山东巡抚毓贤回京时，拜会载漪。毓贤告诉他，要想杀光外国人，只有依靠义和团。重要的是，载漪与刚毅等人也意识到义和团是一股不容忽视的政治力量。利用好义和团，既能打击帝党，还能对付洋人。载漪知道，报复洋人的时候到了。

6月初的一天，位于祖家街的端王府大门紧闭。府内旌旗飘扬，正在进行一项神秘的活动。

这次不是迎接各国公使来道喜，而是载漪的一个大手笔。义和团全国总坛口在端王府悄然成立。京城部分义和团头领被秘请到场。

这天的载漪同许多义和团拳民的打扮一样，红巾包头。载漪口念咒语，亲手将神灵摆上大堂的桌案。然后烧香跪拜，非常虔诚。载漪向义和团的其他头领宣布，端王府就是全国义和团的总坛口，没有向总坛口报告备案的义和团将被视为非法，是朝廷严厉打击的对象。他呼吁大家，凝心聚力，保家卫国。

有德龄公主《御苑兰馨记》记载："他从不关心他同级人士的一切，他喜欢与这班拳民称兄道弟。"

载漪不光自己加入了义和团，还怂恿儿子溥儁积极向义和团学习。载漪告诉溥儁，作为皇储，要想顺利上位，必须要有自己可操控的政治力量，而义和团正是不二选择，实在是天赐良机。

溥儁本来就不喜欢读书，他发觉义和团的玩法正对自己的心思。溥儁从此又多了一项工作，就是每天练习拳脚、诵念咒语、祭拜神灵，想要练得一身刀枪不入的神功。

载漪不仅自己练习拳术，还让自己统率的虎神营全体官兵大练拳术。虎神营是京城的禁卫军，负责京城治安、巡逻等任务。由于与京城百姓接触较多，虎神营的个别官兵甚至早已秘密加入了义和团。这次，有了端王的命令，开始正大光明练习拳术。

6月的北京，骄阳似火，炎热的京城到处弥漫着狂热的情绪。

在慈禧面对义和团摇摆不定的时候，载漪多次在慈禧面前吹风，吹捧义和团刀枪不入的神功，力主用义和团来对付嚣张的洋人。

左起：德龄公主、四格格（庆亲王奕劻第四女）、慈禧太后、元大奶奶（慈禧内侄媳）、
　　　容龄

架不住载漪的蛊惑，慈禧倒是真的想看看义和团如何刀枪不入了。载漪立即命人让义和团选拔精通表演的拳民进宫，为慈禧表演。

为慈禧表演，阵势要做足，气氛要做好。紫禁城内，太和殿前，旌旗猎猎，烟雾缭绕。慈禧与众文武大臣一起坐看义和团表演。

义和团拳民口念咒语，焚香上贡，祭拜神灵，拜天拜地。然后，拳民开始大练拳脚及刀枪棍术。拳民忽而倒地不起，忽而浑身抖动，举动非常怪异，犹如神魂附体。其实这就是为了迷惑人，故意制造的神秘气氛。至于刀枪不入的神功，根本难不住擅长表演的拳民。比如大刀砍肚皮，两人只要配合好，肚皮上只会留下一条白线，身体毫发无损。拿枪射击拳民，枪里只装火药，不装子弹，就会出现打不死的神奇效果。

看完表演，慈禧跟载漪说，我相信了，你看着办吧。载漪心中大喜。有了太后的支持，后面的事情就好办了。

载漪动了除掉光绪的念头！

6月25日一大早，宁寿宫外突然传来一片嘈杂声。光绪顺窗外望去，载漪、载勋、载濂、载滢四兄弟率领一伙义和团拳民挥舞着大刀、长枪，气势汹汹而来。就在昨天，慈禧嫌京城的义和团太吵闹，刚刚与光绪一起从西苑移居到紫禁城的宁寿宫。

太监见状，立即阻拦，太后、皇上在此，岂能随便进？

载漪一脚踹倒了这个太监，大喊大叫，像喝醉酒一样发狂，他大骂光绪是洋鬼子，让其出来受死。

光绪听得很真切，没敢出去，躲在屋里，说不害怕是假的。

正在吃早餐的慈禧突然挑帘出来，站立于台阶前，对载漪等人怒目而视。载漪顿时愣在了那里。

仅仅十多秒的凝视，载漪四兄弟与义和团拳民齐刷刷跪下。慈禧呵斥载漪，擅自闯入宫中，欲谋害皇上，如此胡闹，实在不成体统。

且慈禧说了一句让载漪冒汗的话："你以为你的儿子马上要当皇帝了，就可以胡闹吗？我可以把你的儿子立为储君，也可以把你的儿子立即废掉。你要是再敢自不量力，连你一块废了。"

载漪跪在地上，冷汗直流。

最后，慈禧对载漪罚俸一年，以示惩戒。

义和团公然闯进宫中谋杀皇上，这让慈禧既震惊又害怕。慈禧后来回忆此事时说："当时，我的心里也在打鼓哩。我想，我要是撑不住了，那后果还能想吗？"

虽然慈禧要废掉光绪，但也只是解除权力而已，根本没想到要杀害光绪。如今，载漪等人居然来杀害皇上，这实在是无法无天了。

载漪的胆子不是今天才这么大，在几天前，他还曾用假照会吓唬过慈禧。

6月17日，慈禧在仪鸾殿召开御前会议，就义和团问题再次展开讨论。参会的恽毓鼎在《崇陵传信录》中记载，就在争论间，慈禧突然拿出列强给清廷的一份照会。慈禧当众宣读：

指明一地令中国皇帝居住；

代收各省钱粮；

代掌天下兵权；

勒令皇太后归政。

慈禧只读了三条，最后一条并没有读。即便如此，众大臣已经感到了慈禧的愤怒。

"洋人欺我太甚，干预我大清国是，是可忍孰不可忍！"

这份让慈禧动怒的照会正是载漪搞的伎俩。

坊间认为，是载漪联系到江苏粮道罗嘉杰，让其起草一份假照会，目的就是要激怒慈禧。两人经过密谋，认为只有让慈禧交出权力，归政皇上才是最能刺激慈禧的。不过，这份照会内容也不是完全无中生有，有点算捕风捉影。在当时的形势下，列强当然希望让光绪继续执政。

这份照会据说是罗嘉杰写好后，交由儿子并由其连夜送到荣禄府上的。荣禄看后，大惊，犹豫是否要交给慈禧。第二天，也就是6月17日，荣禄还是将这份照会交给了慈禧。荣禄担心若隐瞒不报，会耽误大事，恐慈禧怪罪。

不过事情的蹊跷是，正常的照会，应该是各国使馆将照会递交给总理衙门，然后再由总理衙门呈送慈禧。为何荣禄会相信这份莫名其妙的照会呢？

其实，说是照会，还不如说是秘密报告更准确。正式照会必须有各国使馆的公章、公使的签名等，而这份照会完全没有这些。

这份假照会就像是官员秘密递交给朝廷的奏折，也像一份秘密小报。总之，就是要把风闻的紧急情况迅速告知朝廷，让统治者引起重视。

后来证明，在天津城破的前一天，荣禄调查发现，所谓的归政照会，是载漪秘密让军机章京连文冲伪造的。后来，慈禧得知后大怒，对载漪说："假如洋兵入京，你的头必不保。"

载漪搞这种动作，无非出于两个目的。一是用洋人激怒慈禧，让慈禧利用义和团与洋人展开决战。而义和团的控制权在自己手中，自己的政治地位将会提高。二是报复各方阻挠立储的势力，如帝党、洋人。扫清障碍，以尽快扶自己的儿子上位，早日实现自己太上皇的梦想。

实际上，以载漪为首的"大阿哥党"是把慈禧往火坑里推。极端仇外的他们又何尝不是把大清帝国往火坑里推呢？

在他们的纵容、煽动下，义和团根本无法控制。

1900年的京城，一场血雨腥风已经无法避免。

# 第二章　华北的狂热

# 一

# 张德成的崛起

1899年10月，深秋的华北没有了往昔宜人的秋色。"光绪二十五年（1899年）春天至冬，未得下雨，汗（旱），春麦未种，……直隶三省未下透雨。"华北大地持续干旱，土地干涸，庄稼绝收。自春天以来，没有下透过一场雨。

直隶高碑店的赵张村，一个男人绝望得要自杀。

这个男人就是53岁的张德成，他的家坐落在村口，他在家门口就能看见自己家的庄稼。望着干裂的土地、枯死的禾苗，张德成一筹莫展。

这样的旱灾已经持续了快一年，去年刚刚闹了水灾，今年又闹旱灾，连续两年，张德成家里都没有收到多少粮食。维持生计的唯一方法就是靠张德成做船夫的收入。

赵张村在白沟河畔，与白洋淀紧密相连，这里一直漕运兴旺，往来天津的货运商品不断。靠山吃山，靠水吃水，张德成一直为商船做船夫，时常往返于杨柳青、天津等地。

由于持续大旱，白沟河的水位大幅下降，很多货船已经无法行驶，平日货船云集的场面不见了，张德成也就失业了。

地里没有收成，家里没有收入，沉重的压力让张德成苍老了很多。夜晚妻子躲在被窝里的哭声让这个庄稼汉子痛苦不堪。

尽管去年闹了水灾，但漕运不断，甚至还会更兴旺，而且水灾早晚都会过去，顶多持续两三个月。但旱灾不同，张德成不知道这场旱灾还要持续多久。因为马上进入冬天，就更不可能下雨了。盼老天爷下雨，无异于等死。

赵张村的哭声不止张德成一家，有的家庭已经空无一人，全家逃荒而去。有的家庭已经饿死了人，哭声更惨烈。张德成家还算好一些的。

为什么会闹灾荒呢？是上天在惩罚我们吗？张德成搞不明白。

粮食绝收，饥荒盛行，十里八村，人心浮动。人们纷纷盛传，是洋人、洋教触怒了老天爷，让大家没饭吃。在周围乡村，有人开始发传单揭帖，上面有这样一句话："天无雨，地焦干，只因鬼子止住天。"这种揭帖，正是义和团的一种宣传方式。

人们传言，只有"扫平洋人，才有下雨之期"。张德成认为很有道理。

其实，张德成早就听说过义和团。随着义和团在各村陆续设立坛口，张德成也动了心思。他与本村的张姓家族兄弟一起，在赵张村设立义和团坛口。张德成建立的是坎卦义和团，本人被推举为首领。他立志要消灭洋人。

所谓的义和团坛口，就是一块习武的空旷场地，也是义和团拳民活动的根据地。拳民集中于坛口练习拳脚、沟通交流、开会议事。通常情况下，普通的坛口都要插满旗子，还要摆上几座香炉或是神灵牌位。坛口旌旗招展，香烟缭绕，拳民们祭拜神灵，烧香磕头，然后口念咒语，练习各种拳术。

张德成建立义和团坛口后，大肆招募拳民。新拳民的加入必须遵循一套程序，比如先要在神灵雕像前跪拜磕头发誓，并要新拳民不停诵念"团规"——不贪财、不抢掠、不近女色等。

然后还要"上法"，在新拳民的头巾里有一张纸条，法师告诉他，这是"神"的符咒，想请哪位神仙，就把神仙的名字写在符咒上。法师会让新拳民跪倒在地，然后向各个拳民分发纸符，发到谁，法师就在谁的头顶上念咒语。

在法师念完咒语后，很多新拳民都会感到身体似乎有一种神秘的力量在操控着自己。新拳民相信，这就是神的力量，将是杀死洋人的制胜法宝。

作为一名新拳民，还要学习各种技能。

比如武术表演。义和团的武术表演与其他的武术不同，但拳民的武术套路与普通武术并没有什么两样，不管是赤手空拳，还是舞刀弄枪，都要得很卖力：蹲马步，大吼出拳，身形变换迅速，脚下生烟。

为什么说义和团的武术表演不一般呢？首先是表情怪异，时而嬉笑，时而怒吼，时而狂喊，时而大叫。双眼瞪大，脑袋摇晃，口念咒语。最搞怪的是，有时会突然一动不动，或是倒地不起，或是口吐白沫，或是浑身抽搐。当围观人群发出阵阵惊呼，以为拳民要死的时候，拳民又会如鲤鱼打挺，突然跃起，再次生龙活虎起来。

最搞笑的是"神灵附体"，上百拳民排队走步前进，步态夸张，就像戏剧舞台上的小丑表演。每个人都口念咒语，振振有词，每个人都仿佛神仙在世。

据《义和团档案史料》，神灵附体是群众性表演，张德成还会单独请神。他上场后，闭眼打坐，口中大声诵念：

> 天灵灵、地灵灵，奉旨祖师来显灵。一请唐僧猪八戒，二请沙僧孙悟空，三请二郎来显圣，四请马超黄汉升，五请济颠我佛祖，六请江湖柳树精，七请飞镖黄三太，八请前朝冷于冰，九请华佗来治病，十请哪吒三太子，统领天上十万兵……

经过一番"神灵附体"仪式后，义和团拳民号称已经具有"刀枪不入"的神功。"刀枪不入"的表演最能吸引人，也是最惊心动魄的。一个赤裸着上身的拳民进入场地，另一个拳民距离十米外向其果断开枪。众人一片惊呼，担心会把人打死。但奇怪的是，赤身的拳民丝毫没有损伤，还耍了一通把式。

一些新拳民惊讶得张大嘴巴，简直不敢相信自己的眼睛。他们往往会佩服得五体投地。他们相信，只有这种方法才能消灭洋人，恢复风调雨顺。

《义和团档案史料》记载，有些时候，拳民还会集体打快板，唱快板书：

> 今年是咱光绪二十五年，五禅老祖下了老虎高山。第八封仙衣的叫罗盘，来到赵张地，就把那场子安。老的学艺三天整，少的学艺就在眼前。学会了艺，避枪炮，不怕刀剁斧砍。拳民们，起来吧，来了救命的活神仙。起来吧，杀洋人，保住咱大清好江山。

义和团的种种表演，除了花拳绣腿以外，并没有多少真功夫。所谓的"神灵附体"，纯粹是愚昧迷信的行为。一是迷惑百姓，故意给义和团披上神秘的外衣，增加义和团的神秘感。二是给自己壮胆，尤其是加入义和团的很多拳民都是农民、流民，他们真的相信自己会神灵附体。三是吓唬教民和非拳民。信奉基督教的人心中有"神灵"耶稣，义和团就想仿照也请一个"神灵"出来。他们认为，只有"神灵"附体，才能对付敌人。当然，这样也可以震慑敌人。

义和团正是利用这种"神术"的宣传，迅速席卷山东、直隶等地。加上旱灾的持续影响，大量农民、流民加入义和团。根据后来直隶总督署提供的一份报告，1900年，直隶90%的州县都有义和团分布，各地拳民总数可达数十万。义和团在华北等地烽烟四起，伴随此起彼伏的各种民教冲突，义和团闹出的动静越来越大。

义和团"刀枪不入"的神功其实完全就是江湖骗术。直隶一名叫邹谓三的县令在《榆关纪事》中写道："数名拳民坦腹立于百步之外，任火枪射击，子弹不进身体半厘，竟亦能如数接在手里示众，众人皆称奇，奔坛求教者如归市。"

人们喜欢看义和团的表演，大都信以为真。

但表演多了，总有人不相信，尤其是徒手接子弹，太过夸张。有几个围观者不服，拆穿了义和团的把戏。原来接子弹的拳民，提前将子弹藏在手中，只不过等枪响以后，迅速亮出子弹而已。至于这所谓的子弹也是假的，只是表面滚上铁砂的面团而已。

张德成领导的坎卦义和团发展迅速，他俨然成了一位农民领袖。这点和他常年行走江湖分不开。张德成见识广，交际能力非常强。仅仅三个多月，张德成手下拳民就达300多人。

张德成自然知道，义和团的各种法术很多都是假的。但他需要义和团，除了吃饱饭以外，他还体验到了号令三军的快感。

在赵张村东北部有一处法国传教士设立的教堂。很多村民近年来纷纷信奉基督教，教民的势力越来越大，与其他村民矛盾日益加深。一次，教民与村民因为宅基地问题发生争吵直至打架斗殴。受了欺负的村民找到张德成，希望他能帮忙出气。

张德成立即带领几十名拳民赶过去，痛打对方多名教民，还把教堂的几处雕像给毁了。当地官府做缩头乌龟，知县没敢出面。

类似这样的小型战斗，张德成指挥了很多，他的经验越来越丰富，地位渐高。就在张德成准备在老家大干一场的时候，一则消息让他陷入了沉思——一个英国传教士在山东被杀了。

1899年12月30日，驻山东平阴的英国传教士卜克斯打算由泰安返回平阴。泰安官员得知后，努力规劝卜克斯，鉴于平阴局势混乱，希望他改期再回去。但30岁的卜克斯是一个狂热的宗教分子，他不惜为传教事业牺牲一切。他根本不在乎这些，雇了一头驴，就大摇大摆地上路了。泰安官员愿意为卜克斯提供保护，也被他拒绝了。

此时的平阴县及周边地区，义和团势力非常活跃，各种骚乱不止。卜克斯没有丝毫畏惧。这就是中国人所讲的：明知山有虎，偏向虎山行。

中午时分，当卜克斯行至肥城张店村时，与肥城、茌平、长清的一伙义和团偶遇。这伙义和团共13人，多人手持长刀，带头的是吴方城。

这伙人看到卜克斯骑着毛驴优哉游哉的样子，气不打一处来。尤其是今年，发生了前所未有的旱灾，加上各地教民的冲突，他们恨洋人恨得牙痒痒。

吴方城等人拦住卜克斯的去路，用长刀指着他大吼，让卜克斯赶紧滚下来。

卜克斯没有一丝惊慌。卜克斯身高一米九，高大威猛，不仅桀骜不驯，还擅长搏击。说白了，卜克斯也是浑不懔的主儿。

卜克斯下驴后，与吴方城直接就打了起来。在打斗中，卜克斯依仗自己的身体优势，还曾一度占到上风，甚至夺掉对方的一把长刀。但其他人迅速参与战斗，卜克斯寡不敌众，额角、胳膊、腹部等处均被扎伤。吴方城等人将卜克斯捆绑起来。

俘获一个洋人，吴方城等人很是得意。他们期望以此去敲诈教民，换一些钱。下午，他们找到附近一家信仰基督教的有钱大户，提出以500两银子做交换。对方大门紧闭，根本不搭理他们。吴方城不断降价，对方仍然置之不理。

吴方城等人一无所获，气愤难平，打算将卜克斯交往十里外的一个义和团组织处理。当行至一片小树林时，卜克斯趁机逃脱，吴方城等人追赶，卜克斯不慎跌倒摔伤，又被擒获。

卜克斯的逃跑激怒了吴方城等人，因为就在几天前，刚刚到任的山东巡抚袁世凯颁布了《禁止义和团匪告示》，扬言对拒不解散的义和团执行严厉镇压政策，格杀勿论。一旦此事被官府得知，吴方城等人定会被通缉、抓捕。

气愤之下，吴方城等人动了杀机。几人用刀猛刺卜克斯，致其大量失血死亡，然后割下其头颅，将尸首抛入渠沟内。

1900年1月2日，英国驻华公使窦纳乐得知卜克斯被害后大发雷霆，要求清政府严惩凶手。

义和团杀害卜克斯的消息迅速传到直隶，各地义和团一片兴奋。但张德成听说后，并没有高兴起来。当他得知山东正在严厉镇压义和团后，张德成综合判断，义和团在农村，在山东、直隶等地，或许很难成大事。

要想成就一番大事业，张德成认为，应该去大城市，至少也是大城市周边。张德成因为操控商船的原因，长期行走天津等地，对天津及周边情况非常熟悉，而且在那里他还有大量的朋友。张德成决定前往天津。

而张德成手下的很多拳民并不愿意背井离乡、离开家乡这片熟悉的土地。毕竟很多人都是农民，他们还要种地。

张德成只好带领少部分拳民前往天津，而留守的部分拳民则继续战斗。一场大规模的攻占涿州城的行动正在等待着他们。

# 二

## 樊国梁的预言

不愿意跟随张德成远走的义和团很快等来了一个机会——隔壁涞水县的高洛村正大肆招拳民习拳。

1900年4月下旬，高碑店等地陆续收到涞水的揭帖。揭帖为涞水县高洛村阎肇修所发，邀请涞水周边地区的义和团到涞水大庙设厂习拳。

其实，这就是义和团的一纸召集令，预示一方有难，八方支援。这说明涞水县有事情，阎肇修遇到了麻烦。

确切地说，是高洛村的阎家想报私仇。阎肇修的父亲阎洛福是高洛村的村长，早年从事反清活动，后当上村长，因出卖组织成员而被人轻视。尤其是大批加入教会的教民根本不把阎洛福这个村长放在眼里。阎洛福一直憋着一口气。

当阎肇修考上生员后，阎家势力逐渐壮大，当地的地保与庙首也成了阎家的朋友。阎洛福觉得报仇的机会来了。

一天，阎洛福故意在教民家门口搭台唱戏、摆神像，引发该教民抗议。双方争执中，教民将神像踢飞，最终引发斗殴。阎洛福一怒之下，发动群众去洗劫村里的教堂以示报复。

教民诬陷阎洛福损坏了教堂，将其告到官府。涞水县官府对教民一直都比较偏袒，毕竟和洋人沾边的都要谨慎。这也是当时所有地区的普遍情况，教民略高人一等。

判决没有疑问，官府强令阎洛福赔偿250两银子，摆宴席20桌，宴请神父与教民，然后到安家庄总教堂，向教民磕头赔礼道歉。阎洛福宁愿赔钱，也不愿向教民跪下磕头，但在官府威胁恐吓下，阎洛福不得不认栽。

阎洛福边磕头边流泪。这种屈辱让村长丢尽面子，阎洛福扬言要报复。

义和团的兴起让阎洛福看到了机会。他与儿子两人不断撒帖，邀请周边的义和团拳民到高洛村。阎洛福负责接待、后勤等服务，总之，就是花钱请人报仇。

大量拳民向高洛村集结，他们个个头包红巾，腰系红带，有人拿大刀，有人持长矛，还有人端鸟枪。一时间，高洛村插满旗子，摆满香炉，练拳习武之声不断。教民发现苗头不对，恐慌加剧，立即报官，要求官府提供保护。

涞水知县祝芾不敢怠慢，5月12日，立即带人来调查，结果被义和团包围，在恐吓与嘲笑声中，知县大人落荒而逃。

知县走后，当天晚上，阎洛福带领义和团对教民发动突然袭击，他们冲到教堂与教民家里放火。教民半夜惊醒，纷纷逃命。部分来不及逃命的教民被活活烧死，当晚死伤多人。第二天，阎洛福带领上千名拳民冲向定兴县，继续对教堂与教民家进行打砸焚烧。涞水县官府无能为力，迅速上报，要求派兵镇压。

此事震动天津。赶赴涞水现场的直隶巡防营务处总理张莲芬电告直隶总督裕禄，要求增兵。直隶练军分统杨福同率马

直隶提督聂士成

队从天津乘火车出发，经卢沟桥至高碑店。天津镇总兵罗荣光派400名步兵由塘沽乘火车，向涞水进发。直隶提督聂士成派武卫前军先锋马队二营赴保定协防。

一场大规模的冲突难以避免。这也是自义和团运动以来，清政府第一次大规模的军事镇压。

在清军的军官中，杨福同的级别最高，他是正二品的总兵衔，赏戴花翎，曾随李鸿章赴日谈判。可见清政府对此事重视程度之高。杨福同亲自指挥清军对义和团发动攻击。尽管义和团人数占优，但是军事素质及武器装备远不及清军，义和团大败，死伤众多。

阎洛福不服，义和团不忿，他们边逃边打，誓言要给清军颜色看看。事件发生至此，性质又发生了改变。最初只是阎家与教民的矛盾，随着义和团的介入，变为义和团与教民的矛盾，最终演变成了义和团与清军的矛盾。

5月22日，阎洛福与1000余名拳民逃到附近的石亭镇，杨福同率100人的马队进行追击。阎洛福玩了一套分散游击、伏击埋伏的策略，将杨福同的马队兵力逐渐分散，后又将杨福同慢慢引到两狼沟中。

中了埋伏的杨福同遭到众多拳民的奋起围攻，壕沟中作战的马队无法发挥优势，杨福同被刺受伤下马。尽管杨福同依然负伤作战，但最终寡不敌众，被义和团的长矛刺死。清兵马队迅速溃败。

杨福同被杀，震动清廷。这是清兵镇压义和团以来，牺牲的第一个高级将领。义和团的游击战也开始逐渐成熟，义和团与清兵的对抗逐渐走向高潮。

就在清廷追查杀害杨福同凶手、继续执行强力镇压政策时，义和团把阵地推向了顺天府涿州城，从散兵游勇到集团作战，义和团从农村正式挺进城市。涿州距离北京城仅不到200里。

5月下旬的涿州，没有一丝雨，天气越来越闷热，人们的情绪开始躁动。

涿州知州龚荫培在书房里来回踱步，一口茶也喝不下去，他为之烦恼的事正是义和团。

自从杨福同被杀后，清廷命天津的清军继续开赴涞水、涿州，各地义和团正在向涿州迅速集结。涿州紧挨着涞水，又是铁路的必经地，义和团清楚，清军必经涿州。龚荫培意识到，双方很可能会在涿州发生激战。一想到这里，龚荫培就吃不下饭了。

5月26日，在涿州北部，大批义和团拳民开始拆毁卢沟桥到保定的铁路，电线杆也全部被拔。在涿州南部，又有一大批义和团拳民要从高碑店乘火车进入涿州。他们都有一个共同的目的，就是要保卫涿州，防止洋人侵占涿州，愿意代清军把守。

洋人为何要来涿州，根本没有理由。这无非是义和团想进入涿州的一个借口。

在高碑店火车站，义和团拳民连续两天都没有买到火车票，他们怒气大发，打砸火车站，推倒电线杆，扒毁铁路。几乎

义和团旗帜

与此同时，涿州北部的琉璃河火车站被一把火烧个干净。

清军在涞水、高碑店等地继续追剿义和团，义和团纷纷向位于中间地带的涿州靠拢。大批义和团先后从各个方向往涿州城聚集，达3万余人。他们的目标只有一个：进城！

守卫涿州城的清军吓坏了，城墙下的义和团乌泱乌泱的，阵势非常了得。无奈，清军只好放人进城。顿时，小小的涿州城迅速拥入3万余名义和团拳民。

龚荫培的腿开始有点抖得像筛糠了，他不知道等待他的是什么命运。他心想：即使义和团与官府和平相处，官府也失去了对涿州城的控制力。双方总会闹出矛盾，一旦激化矛盾，自己的小命恐怕不保。

义和团占领涿州城后，全城上下插满旗帜，各个城门、路口等重点区域全部由拳民把守，出城、入城者一律接受搜查，遇到可疑人员，立刻拘捕。义和团完全把官府晾到了一边，开始执行官府的权力。

占领涿州城的义和团主要分为两支，分别隶属乾字团与坎字团。乾字团的头领是陕西人李来中，坎字团的头领则是张德成的下属。在他们之上，还有一个所谓的精神领袖，即密熹和尚。

自己官府的权力被夺，龚荫培欲哭无泪。他想逃也逃不掉，自杀又没有勇气，只能坐以待毙。他整日闭门不出，开始绝食。

义和团才不会搭理龚荫培。占领涿州城后，义和团对涿州周边的所有铁路及道路设施进行大破坏，连长辛店、卢沟桥一带的铁路也统统扒毁。目的已经很明显，义和团不是在阻止洋人，而是专门对付清军，防止清军来镇压。看这架势，义和团想要在涿州搞独立王国。

义和团广发传单，号召直隶百姓一起行动，打击洋人。他们破坏铁路、砸毁教堂，抢劫教民。

铁路的破坏自然引起了督办铁路大臣盛宣怀的警觉，他迅速将此事报告清廷。6月1日，总理衙门通过盛宣怀的电报了解情况后迅速致电裕禄，紧急询问关于涿州城被占情况，《义和团运动史料丛编》第二辑有记载。

> 顷接盛大臣电称："高碑店迤北电杆、铁道全毁。涿州拳众占城，已树旗帜，保定城内亦有拳会"等语，究竟情形若何？

裕禄本来在5月28日就得到了涿州被占的消息，但他并不想让朝廷知道，就瞒了下来。清廷询问后，他自知已无法瞒过，只能如实禀告。

清廷再也坐不住了。义和团自兴起后，只是零星活动，清廷根本没拿他们当回事。即使各地有一些群体事件，地方稍加用力，就能镇压下去。但涿州的义和团已经让清廷感到前所未有的恐慌。义和团的游击战已经变成阵地战，由农村开始进入城市。义和团如此大规模地占领一座城市，并取代当地官府，此举是公然挑衅清廷的统治权威。

最重要的是，涿州隶属顺天府，距离京城很近。

这一切，都被一个外国神父看在了眼里。

随着义和团的兴起、壮大，伴随而来的则是民教冲突的扩大与加剧。各地教堂被焚毁，教民被杀，这都关乎洋人的利益。外国人将这一切看在了眼里，最先警觉的是一个叫樊国梁的人。

樊国梁是法国人，1837年生，1861年成为神父，1862年来到中国，一直在直隶地区活动。他曾受到同治、光绪皇帝的接见，慈禧太后特别赐予他三品顶戴。1900年，任北京西什库教堂的大主教。

为什么是他率先警觉呢？这与他长期扎根直隶有很大的关系。

　　樊国梁在直隶地区工作了38年，据说还能讲一口流利的北京话。因长期与直隶百姓接触，直隶义和团的兴起，他看得最清楚。另外，在直隶地区，樊国梁还有众多的教民朋友，这些人无形中都是他的情报人员。

　　樊国梁预感到，一场针对洋人的大灾难即将到来！

　　他立即致信法国公使毕盛，称目前的义和团形势与30年前的"天津教案"一模一样。相蓝欣在其著作《义和团战争的起源》中描述：

　　　　一样的揭帖、一样的威胁、一样的警告，外国人方面对局势一样的无知。我向您，公使先生，恳求相信我的话。我的消息灵通，不会信口开河。

　　　　中国政府对宗教的迫害只是一个表象，其最终目标是除去所有的洋人……义和团在北京的同伙正在等待他们进京，他们的计划是先攻教堂，再攻使馆。据我所知，义和团攻打我们北堂的日期已经定下，京城的百姓人人皆知。

　　樊国梁认为，北京已经陷入义和团包围之中，形势十分危急。从后面的形势发展来看，樊国梁的预言是非常正确的。

　　由于樊国梁不断写信给毕盛，毕盛的后背开始冒凉气，他也感到了一丝恐慌。他决定召集联合公使会议讨论此事。

　　5月20日，英国、法国、美国、德国、意大利、俄国、日本、比利时、奥匈帝国、西班牙、荷兰等11国驻京公使坐到了一起，就是否向北京的使馆、教堂调派卫队问题加以讨论。

　　不是每一个洋人都有樊国梁的嗅觉，或许英国人太过自信，他们认为，法国人的看法太过悲观。英国公使窦纳乐坦承，自己会晤过总理衙门，中国大臣对待义和团的态度还是令外国人放心的。窦纳乐担心，如果外国的压力过大，可能会让清廷中的排外势力反弹。窦纳乐甚至还期盼上天能尽快下一场透雨，只要旱灾缓解，义和团的骚乱肯定就会平息。

　　其实，窦纳乐是最早主张向北京强硬调兵的人，但此时他的态度缓和了很多。他不想把矛盾激化，因为他看到清廷也在采取积极的行动。其他国家的公使基本赞同窦纳乐的意见。而俄国人却打着自己的小算盘，他们认为，如果调派卫队进京，担心英国与美国联手，推翻慈禧的统治。这样将非常不利于俄国在东北的利益。

最后，各国基本达成共识，为了给清廷压力，各国拟在山海关一带集结军舰。同时联合照会总理衙门，敦促清廷尽快剿匪平叛。

清廷也很配合。5月25日，步兵统领、顺天府、五城御史等部门联合发布《严禁拳匪章程十条》，严禁各种拳会组织，禁止揭帖、习拳，刻字宣传，惩办一切作奸犯科者。对于未成年练拳者，要求父兄负责；对于顶风作案者，要求邻居连坐处罚。

尽管暂时应付了洋人，但是慈禧心里还是没底。因为义和团的问题已经火燎眉毛。

一边是义和团，一边是洋人，慈禧两边为难。义和团势力越来越大，难以镇压；洋人坚船利炮，更是得罪不得。就在慈禧难以定夺之际，有人给她出了一个主意。

刑部尚书赵舒翘与顺天府尹何乃莹联名上奏，要求收编义和团。"把他们的仇教之心化作果敢之气，把他们的私人之愤化作公众义举，因势利导，缓急可恃。"

将义和团编入行伍，派将帅统领，这似乎是一条可行的途径。想来想去，没有比这更好的方法。慈禧决定派赵舒翘、何乃莹及刚毅等人前往涿州向义和团"宣布晓谕"，也就是招抚义和团。

涿州义和团的首领是密熹和尚，义和团都传闻他有撒豆成兵的本领。对朝廷三个钦差大臣的到来，密熹和尚做足了功夫。首先是热情迎接，营造义和团威武的气势，满城红旗飘飘，"扶清灭洋"的旗帜随处可见。

义和团为刚毅等人准备了各种武术、神术表演，包括刀枪不入、神灵附体，三人看得津津有味。最后刚毅提出要求，希望义和团能为国效力。而义和团方面也提了要求，比如要杀涞水、新城、涿州等地的知州、知县，清军先行后撤，委任董福祥统帅义和团。

义和团的口气很大，刚毅没敢答应。但他撂下一句话："尔等皆义民，异日朝廷征服东西洋，必用汝为先驱。"

赵舒翘与刚毅回到北京后，在慈禧的追问下，一直不敢如实禀报。据《庚子西狩丛谈》记载，慈禧后来曾有相关的回忆：

> 　　当时拳匪初起，议论纷纷，我为是主张不定，特派他们两人（赵舒翘与刚毅）前往涿州去看验。后来回京复命，我问他（赵舒翘）义和团是否可靠，他只装出拳匪样子，道是两眼如何直视的，面目如何发赤的，手足如何抚弄的，絮絮叨叨，说了一大篇。我道："这都不相干，我但问你，这些拳民据你看来，究竟可靠不可靠？"彼等还是式样照前，重述一遍，到底没有一个正经主意回复。你想他们两人都是国家倚傍的大臣，办事如此糊涂。余外的王公大臣们又都是一起儿敦迫着我，要与洋人拼命的，教我一个人如何拿定主意呢？

　　两人真的糊涂吗？肯定不是，或许他们是不想承担责任，避免将来受追究。慈禧真的没主意吗？也不是，因为就在第二天，即6月10日，慈禧便任命极端仇外且与义和团打得火热的载漪接管总理各国事务衙门。

　　这是一个明显的信号，朝廷需要义和团对付洋人。义和团当然懂得，洋人的集中地就在北京、天津等大城市。

　　义和团进军北京、天津已成必然。


# 三

## 拳民挺进京津

　　1900年6月28日，天津南运河两岸热闹非凡。天津百姓在等待一个大人物的到来。

　　运河沿途彩旗林立，红灯高悬，喜气洋洋，像过节一样。人们蜂拥赶往运河边，争相观看这罕见的热闹，周围道路被围得水泄不通。沿岸清兵一路警戒，义和团拳民三步一岗、五步一哨，甚是威风。

运河的远处传来了锣鼓声，其声越来越近。人们知道，大人物来了。大家伸长脖子，目不转睛地盯着。

一条巨大的船队正浩浩荡荡地驶来，行至近处，锣鼓喧天，号角齐鸣。领头的大船上站立一个壮汉，只见他黄衣加身，脚蹬布靴，红带缠腰，头裹红巾，威风凛凛。壮汉双手抱拳，不断地向两岸的百姓行礼。两岸百姓热烈鼓掌，集体欢呼。

这个壮汉就是人们期待许久的大人物，正是高碑店赵张庄起家的义和团首领张德成。

两个月前，张德成带领一帮兄弟离开高碑店后，来到了天津城西南的静海县独流镇。独流镇是千年古镇，境内河流密布，是张德成做船夫时经常光顾的地方。这是张德成熟悉的土地。

原本独流镇也有义和团，但不成气候，少数几个拳民还被官府逮捕拘押了。张德成下定决心，要在独流镇大干一番。

某天夜晚，张德成带领20多个拳民偷袭监狱，打伤狱卒，将拘押的拳民全部解救出来。经过积极谋划，张德成在独流镇老君庙设立义和团北坛口，号称"天下第一团"。

天下第一团——彰显出了张德成的壮志雄心。

张德成呼风唤雨的本事确实非同一般，在他的带领下，当地义和团势力迅速壮大，附近坛口的义和团也纷纷表示愿意追随张德成，归其领导。仅仅一个多月，独流镇就开了13个坛口。

张德成随即又在静海、杨柳青与天津西郊等地设立了东坛、南坛、中坛，西坛直接设立在了天津西郊。仅过去两个多月，"天下第一团"的拳民就达两万余人。

当坐镇天津的直隶总督裕禄得知张德成的义和团实力雄厚时，便派人邀请其进城，共同抵御洋人。张德成欣然接受，进入天津，这正是张德成的梦想。

张德成率领6000余名拳民，乘坐72艘大船，沿水路进入天津城，进城仪式盛大无比。张德成享受到了天津百姓的万众欢呼，备感快意。

第二天，裕禄亲率200名清兵，携带一顶绿呢八抬大轿来欢迎张德成到总督衙门做客。昨天是入城仪式，今天是欢迎仪式。沿途一些百姓在道路两旁大摆香炉，向张德成等人跪地磕头，有人激动地大喊："张活神仙来了，咱天津卫有救了！"

此时的天津，战事已启，其他各路义和团与清兵在不同地区纷纷与八国联军展开激战。天津百姓自然对张德成的进城感恩戴德。

其实，张德成进入天津已经算是非常晚了。在1900年2月的时候，就已经有小股义和团不断地进入天津。仅仅三四个月的时间就涌现出了多股势力。如号称"黄莲圣母"的林黑儿——林黑儿是个女人，有侠女风范，她领导了一帮女拳民，称为"红灯照"。其中最大的一股势力则是曹福田领导的义和团。曹福田的总坛口设立在吕祖堂，市区内遍布多个大小坛口，手下拳民多达两万余人。由于曹福田势力庞大，张德成也要敬其三分。

6月份是义和团集中涌入天津的时期，著名坛口除了吕祖堂，还有三义庙。这两个地方成为天津各路义和团的大本营、根据地。

义和团天津吕祖堂坛口遗址

比天津略晚，北京也迎来了大批义和团拳民。北京的义和团大都是从西南方向而来，也就是涿州、卢沟桥一带。涿州城被义和团占领后，某种意义上就意味着北京城的"沦陷"。

北京真正的第一个义和团坛口是在4月末于东单牌楼的于谦祠堂内成立的，随后，义和团拳民逐渐增多，各处揭帖随处可见。揭帖就像传单，鼓动北京百姓联合起来，与义和团一起对付洋人。在这种号召下，北京百姓练拳风气骤起。

5月，北京本地的部分地痞流氓也摩拳擦掌。赵八、李七与应天禄等人设立了炸子桥坛口。此后，这个坛口成为本地人设立的最大坛口，后来也成为官府重点打击的对象。

同天津一样，义和团真正大批涌入京城也是在6月份。进入京城的义和团拳民大都来自直隶中部、京城南部，如景州、吴桥、冀州、河间，还有新城、定兴、涞水、涿州。其中陕西人李来中统帅的乾字团是一支重要力量，他们正是占领涿州城的两批义和团之一。

为了迎接义和团，大学士徐桐专门写了一副对联，挂于北京城门各处。对联内容是：

> 创千古未有奇闻，非左非邪，攻异端而正人心，忠孝节廉，只此精诚未泯。
>
> 为斯世少留佳话，一惊一喜，仗神威以寒夷胆，农工商贾，于今怨愤能消。

时人刘以桐目睹了义和团大规模进入北京的场景，他在《民教相仇都门见闻录》中记载道："五月十一日（6月7日），连日义和团民，三五成群，头包红巾，手持刀械进城，络绎不绝。"

民间的狂热也带动了王公贵族。庄王府、端王府、澜公府相继成立义和团坛口。其中载漪领导的端王府坛口，号称全国总坛口，接受全国各地义和团的朝拜。其实，这正是权力在作祟。一方面，清廷打算招抚义和团，另一方面，载漪作为"大阿哥党"的头子，希望利用义和团达到自己的政治目的。

载漪不仅自己与拳民共同练拳，还叫儿子溥儁与家人一起习武。练练拳术，多少还能强身健体，但烧香磕头，搞些神魂附体的表演，就是迷信加疯狂了。

这样的疯狂甚至还影响到了慈禧，据说慈禧每天都要念义和团咒语70次。慈禧相信，每天如此念咒，可以咒死洋人。

庄亲王载勋也非常积极，他在西皇城根太平仓的府邸成立义和团坎字团总部，全家人齐上阵。作为步军统领，他在京城各处发出布告：杀一男洋人，赏银五十，杀一女洋人，赏银四十，杀一洋婴，赏银二十。最威风的是，他常常在大批义和团拳民的簇拥下，四处骑马巡视。

也不知道载勋是咋想的，凡是要杀的人，全部集中到自己府邸，什么洋人、二毛子都在自家门前处决。把自己的府邸当成刑场，他居然不嫌晦气。

载勋的据点不只有自己的府邸，万泉庄附近的三义庙也是义和团重要的集会场所。这两个地方在北京被攻陷后，均被八国联军烧毁。

到6月下旬，有传闻，京城的义和团拳民多达50万人。在这些拳民中，各色人等，无所不包，上至王公贵族、下至贩夫走卒，甚至还有很多清兵也成了拳民。

正如义和团控制涿州城一样，北京也完全被义和团控制，各城门和主要街道的路口都有义和团拳民把守，王公府邸、大小衙门也均有义和团拳民进驻。

北京的义和团派出精兵强将进驻各王府的坛口，一来指导练拳，二来加强与上层的沟通。王府的坛口自然与普通的坛口不同，有龙团、有虎团。两者服色不同，龙团首帕为通体红色，中间一点黄；虎团首帕也为红色，但中间是紫色。

京城从上至下，已经完全沉浸在义和团的狂热中。街头到处贴满揭帖，各种口号、标语横行，无非就是扶清灭洋，打倒洋人。家家户户挂红灯，每天烧香敬礼。各大小单位、学校、茶肆，也是一片红色海洋。

义和团进京后的第一个大动作便是将京津之间的电线破坏。6月10日，北京地区的电报线已经被砍断，京城对外电报通信中断。

也正是这一天，英国海军中将西摩尔率领2000名八国联军士兵从天津向北京进发，在廊坊一带遭遇阻击。

随后，6月13日，姚家井与跑马厅一带的教堂被义和团焚烧，300多名中国教徒全部被乱刀砍死。

6月14日，继破坏京津之间的电报线后，京津两地义和团拳民又联手破坏了京津铁路，扒铁轨、拆枕木，两座城市的交通联络被彻底切断。

电报通信断了，铁路交通也断了，在京城的外国人感到了恐惧。

那么，义和团，一个诞生于山东、活跃于华北、几乎覆盖了中国北方的松散型组织，为何要大规模进入天津、北京呢？

首先，是义和团势力壮大的需要。义和团生于乡土间，拳民大部分都是农民、流民，他们想通过操练拳脚来保卫自己的利益。初期的义和团，不管是烧毁教堂，还是攻击洋人，基本都是在县城以外的乡下，危害的也是四乡八邻。相对来讲，破坏性较小，官府管控较难。

义和团从乡野到占领涿州，看似偶然，实则是一种必然。因为随着民教冲突的扩大，必然会引发义和团与清兵的冲突。义和团与清兵交战，散兵游勇的义和团根本不占上风，若想取得优势，义和团需要强大的整合能力、集聚优势，需要根据地。因此，义和团进城是发展的必由之路。

京城是清廷政权所在地，紫禁城里住着皇上。义和团要想干一票大的，进京是最好的选择。占领京城，义和团的影响力才能迅速上升。再者，京城内，各国公使云集，外国在华利益巨大，以"灭洋"为己任的义和团只有进入北京，才能彻底消灭洋人。

其次，是阴谋家端王载漪等人的召唤。义和团在直隶蔓延，北京无法独善其身。义和团攻占涿州后，清廷派刚毅等人去招抚，在这个过程中，载漪看到了一个大机会。

载漪是慈禧身边最重要的亲信，不仅掌管着虎神营，还刚刚接管了总理衙门。1900年年初，慈禧欲废掉光绪，立载漪的儿子溥儁为"大阿哥"，没想到，此事却遭到了列强的反对。一心想当太上皇的载漪正憋着一口气，他想报复洋人，扩大自己的权势，将自己的儿子扶上皇帝的宝座。义和团势力的崛起，让载漪看到了希望。在载漪看来，利用义和团，既可报复洋人，增加自己的筹码，又可以打击异己。载漪认为，义和团完全可以成为自己的工具，成为"载家军"——私人武装。

本来按照规定，京城各城门守卫是禁止义和团拳民进城的，除非作为百姓混入京城，否则成群结队、明目张胆地进入京城是不允许的。但载漪掌管着虎神营，兄弟载澜控制进城守卫，因此，在他们的授意下，各地义和团拳民开始大量进入京城。

《庚子纪事》是北京市民仲芳氏的日记，记载了其丰富的见闻。他在6月12日的日记中写道："有夜来者，城门已闭，至城下叫门，守城兵并不阻拦，即刻开城门放人。"

时人柴萼在《庚辛纪事》中记载："自刚（刚毅）回京未数日，即有拳匪数万人到京，某城门守者坚不肯纳。方争持间，忽有人持辅国公载澜令箭至，令开门，守者不敢违。由是风声所播，相继而来者，日以千计。"

当时的北京市民都知道，是载漪让义和团拳民进了城。

再次，义和团拳民大举进入京津的原因，或许还与山东的策略有关。

山东西部地区是义和团的发源地。1899年，毓贤任山东巡抚。由于洋人与教民处于强势一方，对于挨欺负的普通民众，毓贤是充满同情的。在毓贤的纵容下，义和团慢慢在山东滋生、壮大。当义和团势力兴起后，又引发了新的冲突，此时，义和团已经很难镇压。义和团从山东发展蔓延到直隶后，山东义和团仍然在迅速壮大中。毓贤被撤职后，清廷就将这个烫手的山芋交给了袁世凯。

袁世凯主政后，并没有像前任毓贤那样纵容义和团。但山东的民族主义土壤肥厚，是义和团运动的温床，也是官府最不容易控制的地区。

6月，是最关键的一个月，清廷对义和团由剿转抚。《义和团档案史料》称，袁世凯想到一个高招，既不违背朝廷旨意，又可以根除拳患——对义和团进行重新定义：

> 果系忠愤义民，欲为国家效力，谕令其即日驰往天津等处，协助官兵齐心拒敌，以伸同仇之忱；倘凭义和拳之名，仍复结党横行，希图窜扰内地，即系乱民，应即严捕渠魁，照土匪章程从严惩办，如敢拒捕，格杀勿论。

意思很简单，若是真的义和团拳民，就去天津参加战斗，为国效力；留在山东的，就是乱民、土匪，一律镇压。离开山东就合法，占据山东就非法。不得不佩服，袁世凯的谋略非常高超。

袁世凯把义和团赶出了山东，赶向了直隶、京津等地。这就相当于把制造祸乱的根源推到了其他地区。各扫门前雪，只要自己的地方不出事就行，其他地方不管。袁世凯就是这种想法。

在袁世凯的驱赶下，大量山东义和团北上天津、北京。

以上这三种原因促使义和团被推向国际政治斗争的前沿，也把义和团推向毁灭的边缘。

团旗飘扬，杀声震天。天津义和团焚毁教堂、攻击电信局，哄抢弹药库。北京义和团同样横行无忌，京、津两座城市，秩序逐渐失控。

义和团主动攻击洋人的行为自然也引起外国人的愤怒声讨与集体反攻。对于在京津两地、身陷义和团乱局的外国人来说，与其坐以待毙，不如主动出击。尤其是一些比较好战的外国人，根本不把义和团放在眼里。

德国公使克林德就是这样的人。


# 四

# 火烧前门一条街


6月13日中午的北京，酷热难耐。火辣辣的阳光烧灼着大地。街道上行人稀少，人们大都不愿出门，而是躲在家里避暑。

一辆马车慢慢地向东交民巷驶来。马车上坐着三个人，都是义和团拳民的打扮。马蹄声惊醒了午睡的德国公使克林德。东交民巷是使馆区，聚集着众多外国使馆。

克林德出门观瞧，三个拳民此时也正好看到克林德。拳民顿时怒目横视，一个拳民用随身携带的长刀在鞋底上磨来磨去，一边磨刀，一边瞪着克林德。

三个拳民明显在向克林德挑衅。瞬间，空气凝固了。性格暴躁的克林德立即带领使馆士兵追赶。马车加速前行，但还是被克林德等人追上，三个拳民跳下马车，撒丫子就逃。克林德大步向前，将一名年龄较小的拳民逮住。克林德将他带回使馆审问，小拳民大骂克林德是洋鬼子，扬言要杀掉所有洋人。克林德被惹火，对小拳民一阵痛打。克林德随后通知总理衙门，抓获一名滋事的中国拳民，两个小时后，要将其处决。

洋人抓了拳民，这事非同小可。此时正是义和团运动的高潮期，义和团与洋人的矛盾已经到了剑拔弩张的地步。总理衙门怕闹出乱子，立即派载澜、崇礼、英年等人到德国使馆交涉。

载澜等人了解情况后，认为小拳民并没有犯法，也没有损害德国人的利益，要求德国使馆无条件放人。

克林德认为，拳民等人的行为属于无事生非、寻衅滋事，对使馆与工作人员的安全造成了严重威胁，拒绝放人。

载澜等人据理力争，但克林德就是不放人。载澜认为，他们不放人，也不能没有理由就处死拳民。克林德认为要特事特办，特殊时期，对待拳民不能手软。

克林德之所以如此猖狂，就在于他们认为，西摩尔率领的八国联军正在从天津开赴北京的路上，一旦八国联军进了北京，北京就将是外国人的天下，剿灭义和团易如反掌。这就是当时所有外国人的底牌，为此，他们还秘密制订了一个"猎取拳民行动计划"，专门捕杀义和团拳民。

克林德抓捕小拳民正是"猎取拳民行动计划"的一部分。

载澜等人最终交涉无果，无奈离去。

在载澜三人走出德国使馆的时候，使馆周围的街道已经聚集了众多拳民。原来，两名逃跑的拳民回去通风报信，义和团头领听说后，义愤填膺，组织了几百名拳民到德国公使馆讨要说法。其他义和团拳民也纷纷赶来支援，东交民巷空前紧张起来。众多拳民在德国使馆前，高呼口号"杀死洋鬼子，救出我同胞"！

载澜等人见义和团已经包围了使馆，更加紧张。他劝大家不要生事，说拳民很快就会救出，希望大家尽快散去。

拳民们群情激愤，根本不听载澜等人的话。载澜等人无奈离去。

眼看拳民越聚越多，克林德向使馆卫兵下令，开枪！

枪声大作，几个拳民中弹倒地。洋人打死了人，拳民们更加愤怒，纷纷拿石头、砖块砸向德国使馆。其他使馆也多被波及，纷纷进行自卫。

洋人打死了拳民，消息迅速传遍京城。那一晚，义和团的愤怒被彻底点燃，他们更加仇恨洋人。京城陷入动荡。

《石涛山人见闻志》记载了当天晚上的动乱情景：

> 至六点钟，街上传说拳匪二万余人进海岱门，登崇文门内路东奉真教堂火起，随时东堂子胡同施医院、椿树胡同堂子、沟栏胡同两教堂、米市路西天主堂所开铺户，四牌楼六条胡同赫德家、日本旧馆，同时八处皆烈焰飞腾，满天通红，付之丙丁矣。拳匪持刀喊杀者，填街塞巷无数，皆言：'大师兄开火门烧着，烧香别睡觉。'杀死者东单牌楼一街十数人，东华门丁字街皆如是。长安街奥国馆，看人凶猛，登时开快枪数百响，枪毙者数十人，良莠在内，玉石不分。是由长安牌楼十字街、王府井大街，望北至丁字街打。

义和团与外国人相互攻击，北京城犹如一个巨大的斗殴场。

接下来的两天，北京城依然处在持续动乱中。义和团主要以攻击天主教堂、基督教堂与使馆为主。各处教堂浓烟四起，火光冲天。部分教堂驻守的外国士兵向拳民开枪，打死打伤无数。义和团属于游击队性质，自己没有枪，也没有专业的作战经验与军事素质，在与外国人的对抗中，常常处于下风。

义和团唯一的拿手好戏，只有放火。对此，《石涛山人见闻志》中记载：

> 五月十八日（6月14日），焚杀天主教如旧。比使（比利时公使）姚士登亦开枪，东单牌楼逛北大街上击毙者数十人。至黎明，拳匪负尸者，来往三四个时辰之久。

义和团放火，外国人开快枪，拳民死伤无数，这样的惨剧仍在继续上演。6月15日这天：

> 早九点，焚烧顺治街内城根天主堂，并西城根奉教魏姓家房屋。法国洋兵开枪，打死骡马。看热闹之人及行路官员车伤者甚重……入夜枪声四起，比馆（比利时公使馆）开放炸炮，二拳匪不识，皆说"红灯照"，人人往灯下迎接，被炮子落下，炸死六七十人。次早该匪皆背走，剩下误伤二三人，

内有三条胡同看街兵一名，水屋隔窗户亦被击毙一人。因拳匪万余人喊杀，由北往南，手持香火，喊声应声者中四起而来。容比馆开枪后，该拳匪回窜，往北死命而逃。

义和团人多势众，外国人只好全员参战，人人拿起武器进行还击。他们也留下了很多记载。

英国《泰晤士报》记者莫理循也参加了战斗。按说，他的职责是记录现场新闻，但他同使馆的工作人员一起拿起了枪，据他回忆："我们杀掉或者说宰掉45人……我自己至少干掉6个。"莫理循枪杀的拳民，正是因为躲在奥匈帝国使馆旁边的一座小庙中，才被莫理循等人堵在屋内屠杀。

6月16日，英国公使馆见习翻译吉尔斯在日记中写道：

今天二十名海军陆战队员，十名美军和五名日本兵在使馆区东面包围了一座庙，冲将进去，差不多有五十名拳民在庙里，他们没有抵抗，全部被杀。

北京的动乱加剧，清廷预感形势不妙，立即颁布谕令，下令进行戒严。

东交民巷、王府井大街等处严禁中国军民往来，由外国士兵负责警戒。"遇有持械喊杀之犯，立即拿获，递交提督衙门，即行正法。"同时派大员分别驻守九座城门，严格启闭、检查出入。对于聚众闹事者，一概驱散，遣送出城。

赴德国使馆谈判的载澜等三人，因为没能救出拳民，也没能驱散包围使馆的义和团拳民，被交部议处，受到了严厉的惩罚。

但清廷的谕令似乎也不再好使。《庸扰录》中记载："连日奉旨严拿匪首，而匪徒仍然横行无忌，白昼焚掠，官吏驱车而过，瞪目若无观者。"

京城浩劫，没有最严重，只有更严重。

6月16日上午10时，北京前门大街（正阳门大街）开始了每日的喧嚣。这是北京最繁华的一条商业街，也是距离紫禁城最近的繁华地带。这里商铺云集，市场繁荣，俨然京城的一张亮丽名片。

大栅栏是一条长200多米的街道，有各种商铺，如钟表店、药店、鞋帽店、绸布店、烟店、饭店、绒线店、金银首饰店。对此，有人作诗曰："画楼林立望重重，金碧辉煌瑞气浓。箫管歇余人静后，满街齐响自鸣钟。"

突然，街上的行人变得嘈杂起来，行人纷纷躲避让路。一群上百人的义和团以整齐的队列进入前门大街。他们开始对商户逐家巡查。

他们巡查的重点是，抵制洋货。任何与"洋"沾边的货物都不能出现。很快，拳民发现，有家店铺叫"福寿洋药局"，大幅的招牌很是醒目。洋药局就是卖外国药的，这让义和团拳民很不爽。拳民强迫老板将招牌改成"土药局"并将洋药销毁，老板本想争辩几句，但见拳民亮出锋利的长刀，在柜台上用力蹭来蹭去，声音非常刺耳。老板一下子怂了。

前门大街上卖洋货的不少，义和团责令将招牌中的"洋货"一律改为"土货"。有的店主忍不住争辩，"土货"也不好听啊。一个拳民说，那就改成"广货"。有卖布的商户叫"洋布店"，被迫改成了"细布店"。

很多老板胆小怕事，说改就改了。有的老板买卖比较大，依仗背后有势力，对拳民们的粗暴做法很是不屑。

在大栅栏，有一家非常有名的老德记西药房，店面超大，药品齐全，每天顾客络绎不绝。拳民直接推门而入，说你们的招牌也要改，不能叫"西药房"，要改成"土药房"。恰巧老板的儿子李同在值班。年轻的李同一直看义和团不顺眼，当即拒绝更改。

拳民遇到了硬茬儿，反倒来了劲，叫嚣道："不改就把洋药交出来销毁！"

李同还是不服，轻蔑一笑："凭啥要交给你们销毁？"

这下激怒了拳民，他们立即召集上百人，威胁李同把所有洋药交出销毁。

李同仍然拒绝交出。有拳民大喊："干脆给他烧了！"

众拳民连连附和，随即开始在屋内放火。其他拳民在大街上开始作法，几个拳民围成一圈，大师兄在中间装神弄鬼，口中念念有词，突然大喊："火！"老德记西药房很快火光冲天。

店员惊慌四散奔逃，李同怒骂义和团。愤怒的拳民将李同按倒，一阵痛殴，然后残忍地将其扔到火堆里。

有不明真相的百姓看到浓烟后，赶来欲扑救大火，拳民立即阻拦并警告，不许扑救，谁扑救就烧死谁。

看着熊熊燃烧的大火，众拳民高呼"扶清灭洋"的口号。

闹市中本来建筑密集，这下燃起大火，其他商铺自然也不能幸免。很快，大火顺势蔓延开来，迅速烧成一片火海。

拳民们烧得兴起，开始四处纵火。其他改了名字的"洋药局"干脆也给一把火点了。

有的老板心疼自己的买卖，慌忙组织扑救，抢救自己的财产，被拳民打断了腿扔进火海。这恐怖的一幕吓坏了其他老板。老板们望着自己辛苦经营的店铺被付之一炬，欲哭无泪。

本来义和团说，只烧与"洋"有关的店铺，其他店铺不会烧。但大火借助风势，越烧范围越大。前门大街及附近地区顿时成了一片火海。

大火烧了一天一夜，周围街巷都有波及。紫禁城里的太监、格格们都被烟熏到了。据事后统计，仅前门被烧店铺就有1800余家，烧毁房屋7000余间。有人感叹，京师之精华尽在于此。遭此大灾，一旦而尽。

据《石涛山人见闻志》记载：

> （五月）二十日，巳午之交，该拳匪焚烧大栅栏老德记西洋药店。此火非小，将大栅栏、廊房头二三条胡同、西河沿、煤市街北半截、杨梅竹斜街东半截、煤市桥、纸巷子、前门大街路西北半截、西月墙、东西荷包巷、帽巷子，并正阳门南门楼门洞，皆烈焰飞腾，金龙万顷，付之丙丁而已矣。可怜几千家生意生业，一刻而尽！皆在义和拳说"专烧奉教，不连别家"之误也。此时黑烟四起，西北、正西、顺治门内西大街、油房胡同等处，皆焚烧天主教房屋教堂，是有京城有教堂处所左辈近教民，焚杀罄尽。至下午四点钟，东交民巷西口太升楼饭馆天棚应声而烧，连东隔壁剃头棚同时被焚。

气焰嚣张的义和团又跑到西单等地继续纵火。西单钟表铺率先被围攻，又是一把大火，连同周围商铺，被烧毁100多家。

有些义和团拳民还抢东西。骡马市的一些洋货店就遭到了义和团拳民的打劫。最让老板气不过的是，义和团拳民走了一拨又来一拨，前脚刚走，后边又接着来。众多店铺老板不堪其扰。

天子脚下，光天化日，义和团拳民公然杀人放火，打家劫舍。原因真的只是抵制洋货吗？

其实，这只是一方面。最主要的原因是，义和团曾受到慈禧的公开表彰与奖赏。据传，慈禧拿出十万两白银，鼓励义和团的所谓"扶清灭洋"事业。朝中大臣对义和团势力的壮大也各怀心思，公开支持资助更不在少数。这些底层农民忽然一夜之间成了朝廷青睐的对象，顿时有翻身做主人的感觉，心理上更加飘飘然。京城众多在店铺做学徒的小青年纷纷加入义和团，在剪刀铺日夜打造兵器。昔日受欺负，今日威风八面，自然内心无比膨胀。至于自己是不是被利用，没有人会去思考，早晚被抛弃的事情也就更没有人去想了，他们也不可能想到。

前门的滚滚浓烟，慈禧自然也看到了。慈禧开始以为，有人乘机作乱谋反，急忙下令关闭正阳门，并展开调查。但后来她发现，只是义和团在搞事情，慈禧便没有追究。

北京动荡如此，天津也没好到哪里去。

相比北京，天津的洋人更多。天津不仅有各国驻津领事馆，还有中国最多的租界。洋人多，教堂也多，洋玩意儿更多。这些都成了义和团攻击的对象。

看马路上电线杆是洋水泥做的，拔掉！看这幢楼房是外国造型的，烧掉！铁路是外国人建的，拆掉！

最倒霉的是老百姓，当时很多人家都点洋油灯照明。义和团看不惯，我们乡下晚上漆黑一片，你们居然灯火通明，竟然用的还是洋人的煤油，捣毁！

义和团依仗人多势众，不由分说，进到人家里就把洋油灯摔碎、把洋油倒掉。一时间，天津市民谈义和团色变，谈"洋"色变。胆小的市民纷纷主动摔碎洋油灯，倒掉洋油，将家里的洋货全部藏起来或直接毁掉。

最疯狂的时候，义和团拳民可以肆无忌惮地到市民家里搜查，看是否藏有洋玩意儿，不仅洋油，还有洋瓷杯、洋药、洋布等。一些恼怒的市民若是抗议，轻者被痛殴，重者遭斩杀。南市一个家庭的小男孩，仅仅因为穿了一双洋袜子，全家就被一阵暴打。

北京、天津，华北平原上的两座大都市，各自在风中凌乱。作为义和团的发源地，山东此时却坐看云卷云舒，风景这边独好。

# 五

## 山东由乱到清

1900年2月14日，正月十五，中国传统的元宵佳节。一场特殊的庙会要在济南的珍珠泉开幕。

济南百姓听说有好戏看，纷纷赶往珍珠泉看热闹。距离珍珠泉还有5里，百姓们便感觉气氛有点不对。一路清兵警戒，个个持枪站立，表情冷峻。节日庙会为啥搞得这样紧张？百姓心里都在犯嘀咕。

庙会主会场在珍珠泉东侧，早到的百姓发现，这里就是巡抚衙门。衙门前的广场上，荷枪实弹的清兵围成一个长方形区域。围观的百姓摩肩接踵，大家不知道要发生什么事。

广场上拳民与清兵分列两旁，气氛严肃。周围根本不见节日装饰，元宵节的红灯笼也没有，倒是插了不少义和团大旗。有人以为这是义和团的坛口。

一阵锣鼓过后，一个拳民高声叫道："大仁法师到！"

在众多拳民的簇拥下，一位义和团装束的中年人入场。随后，一个清兵高喊："巡抚大人到！"在一众清兵的带领下，一位身材略矮的中年官员也进入了会场。

这位巡抚正是山东新当家人，山东巡抚袁世凯。

袁世凯没有说一句话，只是与大仁法师点头一笑。二人落座后，庙会正式开始。

其实，根本不是什么传统庙会，而是济南义和团的一次神术大型展演。锣鼓响起，义和团拳民轮番上场。有人表演功夫拳脚，有人表演刀枪棍术，有人表演神灵附体，还有人表演胸口碎大石。场外不时传来阵阵叫好声。袁世凯不动声色。

最后的重头戏是刀枪不入神功表演。大仁法师亲自登场，只见他扎下马步，冥神站立五分钟后，双臂缓慢挥动，似乎在运丹田气。突然，大师瞪大眼睛，怒视前方，大喝一声。前方有拳民朝他"砰、砰"开了两枪，围观百姓一阵惊呼。法师只是微微一笑，然后拱手向大家抱拳致意。人们发现，法师的身上没有任何异样。

清兵突然躁动起来，一位高级军官走向大师，表示一次表演不可信，而且坚持要用清兵的枪。最后军官问法师，敢不敢签生死状。法师眉头紧皱，似乎比较为难。周围拳民不愿服输，纷纷为法师助威呐喊。

法师只好与军官签下"假设生死勿论"协议。军官挑选一名清军士兵，准备向法师开枪测试。法师站在场地中央，略显紧张，似乎还在装作镇定。在一阵夸张的表演后，他称神灵已经附体，今天是元宵吉日，已经不宜再开枪。

就在法师眼睛微闭，口中念念有词的时候。袁世凯不紧不慢地从身边士官手中拿过一把德国手枪，突然朝法师胸口打了一枪。

法师大叫一声，应声倒地。众人大惊。只见法师的胸膛上已经开始冒血。

袁世凯哈哈大笑，起身对着围观的济南百姓说："义和团一向喜欢以神灵附体、刀枪不入等所谓的神术蛊惑人心，其实都是骗人的。神术就是邪术，请大家擦亮眼睛，不要再相信这种骗人的把戏。"

不一会儿，法师已经咽了气。其他拳民纷纷逃散。

原来，这是袁世凯上任的第一把火。他假意邀请义和团法师来表演，并现场进行拆穿，以此达到向百姓揭露真相的目的。

袁世凯这么干是因为山东是义和团的发源地，所谓的神术已经深入人心。作为新上任的巡抚，袁世凯不想像前任巡抚毓贤那样，他希望彻底改变这种局面。

义和团正是在毓贤的领导期间壮大起来的。

毓贤，1842年生，汉军

山东巡抚袁世凯与德国官员

正黄旗人。1889年任山东曹州知府，先后担任兖沂曹济道、山东按察使、布政使等职。毓贤是一个"老山东"，在山东先后工作了20年。毓贤治理地方以严酷著称，擅于治盗，喜欢滥杀，高峰期在三个月内捕杀了2000人，人送外号"屠户"。

对老百姓狠，但对朝廷忠，毓贤深得朝廷的赏识。1899年3月，毓贤任山东巡抚。毓贤主政山东期间，正是德国占领胶州湾后，民教冲突最为激烈的时期。

毓贤以仇洋排外著称，但其对义和团的态度也经历了一个重要的转变。在担任巡抚前，毓贤大力剿办义和团。他坚决认为，义和团必须剿除，要扑灭所有威胁清廷统治的势力。

1896年曹单教案爆发，大刀会成员焚烧教堂。时任臬司的毓贤率军队进行处理，迅速将大刀会首领刘士端缉获、处斩。对大刀会的其他成员，毓贤准其悔过自新，退出大刀会，但其对稍有抗拒者，便立即捕杀，毫不手软。

当毓贤升任巡抚后，他对待义和团的政策发生了明显的变化。他既需要义和团制衡洋人，又不希望义和团大规模反清。毕竟官越大，越求稳。他的总体方针就是"缉拿首要，解散胁从"。

1899年10月，山东平原县杠子李村爆发民教冲突。毓贤派袁世凯的哥哥袁世敦带兵弹压，毓贤的指示是"立即出示开导，务期解散""开导弹压，不准孟浪生事"。但袁世敦不知道是领会错了，还是别有想法，赶到现场就与义和团打了起来。

在杠子里村附近的森罗殿，清兵与义和团爆发激烈战斗，导致无辜百姓多人死伤。毓贤因此事遭到御史弹劾，清廷申饬毓贤，故意偏袒义和团。毓贤迫于压力，将平原知县蒋楷与袁世敦革职。一直主张剿办义和团的蒋楷自认为很冤枉，他认为毓贤是"当事爱拳匪如子"。

蒋楷之所以这样认为，完全是因为毓贤有意纵容义和团。毓贤对待义和团以招抚为主，将义和团纳入乡团范围，正是这一时期，毓贤将义和拳改为义和团，"团建旗帜，皆属毓字"。山东义和团几乎就成了毓贤的"毓家军"。

有了巡抚的保护，义和团势力更加猖獗，不断叫嚣"巡抚为我，知县如我何？"。

大约同时期，在毓贤的支持下，冠县义和团打出了"助清灭洋""扶清灭洋"的大旗。

很快，在山东西南、西北等地，义和团迅速成燎原之势，仅仅在平一个县，义和团坛口就多达800余处。

毓贤向朝廷奏报："际此时艰日亟，当以固结民心为要图。"毓贤的意思很明确，他希望能借义和团之手共御外侮。

毓贤任职山东巡抚不到一年，山东义和团的壮大自然也不能完全归因于毓贤一人身上。毓贤的前任，也就是毓贤的原上司张汝梅同样有很大的责任。比如将义和团纳入乡团的设想，正是张汝梅提出的。由于反对比较强烈，此计划一直没有正式实施。作为张汝梅的下属，毓贤也是该计划的积极支持者。当毓贤升任巡抚后，又将该计划付诸实施。

毓贤纵容义和团的行为让西方列强非常愤怒，列强不断地向清廷施加压力，要求将毓贤革职。于是，1899年12月，毓贤被革职，袁世凯接任。

袁世凯，1859年生，河南项城人。袁世凯曾三次赴朝鲜，后创立新军，主持小站练兵。袁世凯比毓贤小17岁，相比毓贤的传统守旧，袁世凯更显开明。

12月25日，年仅40岁的袁世凯正式担任山东巡抚，开始主政山东。袁世凯上任的这天，山东西部刚刚下了一场大雪。瑞雪兆丰年，是个好兆头，袁世凯是踏着雪上任的，或许这对他也是一个吉兆。

对袁世凯来说山东并不陌生，因为袁世凯的父亲曾是济南知府，幼时的袁世凯曾跟随父亲在济南生活过两年。另外，袁世凯在22岁时，曾投靠山东军务帮办吴长庆，正是在吴长庆的手下，袁世凯才慢慢崭露头角。在当年5月，袁世凯还带兵到山东演习过。因此，山东是袁世凯的一个情结。

在担任山东巡抚前，袁世凯多次上奏清廷，就山东的局势以及应对之策提出自己的建议。这也是清廷后来让他主政山东的一个重要原因，因为没有人比袁世凯更关心山东。

袁世凯主政山东，既符合清廷的利益，也让列强比较满意，实际上是一举两得。美国驻华公使康格曾对毓贤严重不满，认为"巡抚不能控制暴动"，要求撤换毓贤，并推荐袁世凯。

12月7日，当康格得知清廷任命袁世凯为山东巡抚时，非常兴奋。他在给美国国务卿海约翰的信中说：

昨天武卫军袁世凯将军受命代理山东巡抚。他是一个能干勇敢的人，和外人交游甚广，相信皇上给予适当的谕旨以后，则扰乱即可停止，秩序即可恢复，我们希望如此。

康格兴奋的一个原因，是以为清廷采纳了他推荐袁世凯主政山东的建议，其实这有点自作多情了。

袁世凯对义和团的认识与毓贤明显不同，他认为，义和团是"左道邪教"，是在利用封建迷信愚弄百姓。因此，他假装邀请大仁法师来巡抚衙门表演，就是想当场揭穿义和团的骗术。

袁世凯上任伊始，便遇到了英国传教士卜克斯被杀一案，袁世凯态度鲜明，对犯事的义和团坚决打击。他认为这些义和团是"无益于民，徒病于国"的。

袁世凯首先将义和团定义为"匪"或"拳匪"，他认为"义和拳实系匪类，以仇教为名而阴逞不轨"。1900年1月10日，袁世凯在回复裕禄的电报中说："东省拳匪，自三月滋扰至今……"一个"匪"字便表明了袁世凯清晰的态度。

袁世凯在山东主政主要运用了两种方法。其一是治标的方法，就是绥靖地方，他选派自己武卫军大小将领到各州县要冲之地，进行严加防范。袁世凯告诉他们，不要轻易用兵，以缉拿首要、解散胁从为主。对教案官司，要一碗水端平，不分教民，要分曲直。另外，针对义和团"兵至即藏，兵去复聚"的特点，袁世凯积极发动地方乡绅、地主与团练，一起查禁义和团。广贴告示，劝导村民，有奖有惩。义和团有揭帖，袁世凯就让人编了很多白话诗，如"家产将尽倾，父母老泪枯，兄弟哭失声，作孽自己受，全家共艰辛"，袁世凯把这种力量下沉到了基层。在袁世凯看来，揭露大仁法师的邪术也是一个化导愚民的治标方法。

其二是治本的方法，即整顿吏治，颁布规章制度。治本是一个时间较长、见效较慢的过程。当时的各地官员与义和团纷纷勾结，袁世凯出重拳，要求将各官员的义和团坛口全部查禁，誓言"如敢拒捕，格杀勿论"。

同样是缉拿首要，毓贤采用的方式是强力追捕，袁世凯采取的方式是高价悬赏、秘密策反。毓贤的方法比较刚烈，袁世凯的方法相对比较和缓。

整顿吏治，触动了利益集团的奶酪。袁世凯遭到众多御史的弹劾，被指控是滥杀无辜。袁世凯不服，于1月13日上陈《复陈办理东省民教情形折》，洋洋洒洒三千字，详述自己对义和团的认识与处理方案。袁世凯坚持认为，义和团表面是反抗洋人的爱国义兵，实际则是祸乱地方的匪徒。利用义和团对付洋人，纯粹是让乌合之众去打仗。

经过袁世凯多管齐下的治理，山东由乱到清，截至6月下旬，山东没有出现大规模的义和团骚乱，总体比较平静，"匪徒日衰，地方一律安靖。"

山东的气候也很给袁世凯面子，4月，山东西部下了一场大雨，大雨缓解了旱情，很多拳民回家安心种地。这在一定程度上也减少了义和团滋事的可能。

6月下旬，清廷决定大力招抚义和团，对外宣战。受此影响，山东义和团也闻风而动，各隐蔽的组织纷纷起事，复起响应，大有死灰复燃之势。

袁世凯临危不乱，果断决策，坚决镇压。但袁世凯在谋士的建议下，采取了一个巧妙的政策，即给义和团重新定义——凡是"忠愤义民，欲为国家效力"的为良团；凡是"结党横行，希图窜扰内地"的为乱团。良团就去天津等地，为国家效力；乱团就要从严惩办，如敢拒捕，格杀勿论。

袁世凯这招儿实在是高，既遣返了听话的拳民，又惩办了不听话的拳民。不听话的拳民就是土匪，这为袁世凯镇压义和团提供了充足的理由。

6月22日，袁世凯连发多道命令，要求各道府、州县大力镇压义和团。据《近代史资料专刊：筹笔偶存》，6月28日的饬札是这样说的：

> 亟应请阁下督饬所属州县，认真查办，千万不可稍事姑息。直省匪势已聚，如再与山东勾结，阻隔南北，全局震动，此其害之在于国家者也。东省威海驻有英军，胶澳驻有德军，如任匪徒焚掠教堂，焚掠路局、矿局，戕害洋教士、洋工师，杀戮教民，英德两国必执为口实，派兵保护，而入内地，此其之害大出于山东也。

尽管袁世凯三令五申，仍有大量义和团拳民趁机作乱。7月中旬，袁世凯对义和团开始了血腥镇压，清兵先后在宁津击毙20余人、郓城击毙27人、阳谷击毙10余、德州击毙30余人、庆云击毙20余人、朱家寨击毙150余人、阳信轰毙500余人；8月9日，在商河击毙100余人。袁世凯的武卫右军是新式军队，武器装备、军事素质都比普通清兵要强很多，更非义和团这种游击队所能比。

当义和团在直隶、北京、天津大闹时，山东的政治局势保持了基本稳定。袁世凯的智慧真的不是毓贤所能比的。袁世凯指责毓贤是"甚无用，偏而且乱"。

# 六

## 山西由清到乱

当袁世凯在山东大肆屠杀义和团时，毓贤则在山西煽动、指挥义和团兴风作浪。山西开始由清到乱。

1900年7月4日，山西巡抚衙门前人头攒动，好不热闹。人群中突然有人高呼"巡抚大人不能走""山西人民需要您"。其他人也跟着一起呼喊，喊声震天。

有些激动的人还冲进了署衙，奇怪的是，执勤的清兵并没有大力阻拦。人们纷纷向署衙的信箱中塞入禀帖。不一会儿，一个矮胖的中年人在众人的簇拥下从大堂内走出，他微笑着向众人挥手致意，不断地向大家问好。

这个中年人正是毓贤，他现在是山西巡抚。

围观的人群见到毓贤后纷纷下跪，从署衙内一直跪到衙门前，门口空地上黑压压一片。有人痛哭起来，边哭边说："巡抚大人为山西人造福，我们舍不得您。"

"巡抚走了，我们怎么活？洋鬼子还会欺负我们。"有人痛不欲生，哭倒在地。

毓贤被百姓万民挽留的场面感染，眼睛湿润了。

原来，这个场面不是欢迎毓贤上任，而是阻止毓贤离任。原因是清廷谕令毓贤带兵去隔壁直隶献县黑风口教堂惩办试图滋事的教民。

太原的绅民担心毓贤调离山西，纷纷围聚到巡抚衙门前，自发挽留毓贤。大家送上万民请愿贴，请求巡抚大人不要离开山西。太原城内的各马车户相互商量好，不为巡抚出城提供马车，以作挽留。

不仅绅民与百姓如此，山西的其他官员也加入了挽留队伍。山西布政使李廷萧、按察使恩铭、山西书院院长田国俊等人也向毓贤跪倒叩头，请求毓贤继续主政山西。李廷萧甚至爬到毓贤的脚下，眼泪"吧嗒吧嗒"地流，他一边颂扬毓贤领导山西的政绩，一边极力挽留。布政使是仅次于巡抚的官员，也就是山西的二把手，李廷萧的表现让毓贤很是受用。

壮观的场面，感人的场景，让毓贤难掩激动，他哽咽着对大家说："毓贤到山西，感觉重任在肩，一直以来兢兢业业，不敢有丝毫的懈怠。感谢大家的盛情，我不会离开山西，今后还会与山西百姓一同图谋发展，打击洋人的侵略。"

毓贤的讲话让大家吃了定心丸，大家热烈鼓掌，顿时欢声雷动，有人喜极而泣，有人奔走相告，还有人放起了鞭炮。整个太原城仿佛都沉浸在喜悦中。

此事让毓贤颇感自豪，他后来形容这天的场面是"绅耆不下万人，攀辕卧辙，洒泪跪留"。

通过此事，毓贤认为，自己深得山西百姓的爱戴，证明自己治理山西的政策是无比正确的，毕竟群众的眼睛是雪亮的。

其实，毓贤理解错了。山西百姓极力挽留毓贤，并不是对毓贤感恩戴德，而是怕毓贤走了，没人来收拾山西的烂摊子，担心局面更混乱。

这个烂摊子正是毓贤一手制造的。

1900年3月14日，清廷重新启用被免职的毓贤，任命其为山西巡抚。毓贤欣然走马上任，一扫被免职的晦气，再次意气风发，试图重新大干一场。

毓贤由于在山东对义和团执行"缉拿首要，解散胁从"的政策，总体对义和团比较纵容，这在某种程度上也促进了山东义和团的壮大。毓贤遭到西方列强的极力反对。被免职后，他对洋人恨之入骨。

主政山西后，毓贤再次将建立义和团作为工作重心，很快将山西带入万劫不复的地步。在他到来前，山西本来还是比较安静的地方。

山西同样是华北地区，与直隶相邻。当山东、直隶的义和团烽烟四起的时候，山西几乎没有受什么影响。山西与直隶相隔一座太行山，加上前两任巡抚对义和团的合理处置，山西总体风平浪静，没有大规模聚众滋事，更罕有焚烧教堂、袭击洋人的案件发生。

这一切，在毓贤到来后彻底改变。

据《义和团在山西地区史料》，毓贤上任伊始，便发布告示：

> 本部院来晋，首义代伸民冤为务，每逢三八放告，凡尔百姓，如有冤抑者，可径至本部院报告，呈词不必拘泥体格，虽毛纸亦可书奉。

有民间史料认为，这是毓贤诱导百姓诬告教民。按理说，这份告示表面上并没有任何问题，属于新官上任三把火。

告示发布后，百姓都认为遇到了"包青天"，纷纷上书冤屈，要求毓贤主持公道。毓贤一面加紧处理，一面让各地开始设厂练拳。

据《太古县志》记载："（毓贤）甫履任，即饬各州县演习神拳。"

毓贤的套路很清楚，即希望通过义和团势力来打击其他各种不法势力，当然包括洋教势力。山西的教堂也不少，民教冲突一定有。拿民教冲突做文章，就给培养义和团提供了借口。

在山东时，毓贤对义和团只是纵容，但完全没有把义和团当成自家人。在山西则不同，毓贤亲手抓义和团事业，甚至公然为义和团"代言"。

敏感的州县官员发现了一个信号，在平阳府的教堂被义和团焚毁时，地方官员上报称义和团为"拳匪"，这个用词让毓贤极为不满，痛斥地方官员不讲政治。

义和团与官府是一家，怎能称为"匪"呢？最后，毓贤就公开挑明——我就是义和团首领。

又据《拳祸惨史》记载，毓贤在与下属开会时公开坦言："义和团确系义民，其魁首有二，一即我，一即鉴帅也。"

鉴帅，是指原山东巡抚李秉衡，也就是毓贤曾经的上司。李秉衡同样是仇洋的典型传统官员代表，毓贤深受其影响。

到了山西，毓贤还念念不忘山东的事，说明山东对毓贤影响之深。事实上，毓贤从山东带来多名义和团骨干成员，希望将山东的经验迅速复制到山西。

6月27日，开始有成群结队的义和团拳民进入太原城，并公然进入山西巡抚衙门内设厂练拳，毓贤亲自接待，义和团的首领成了毓贤的座上宾。无疑，这是毓贤授意而为。

在毓贤的支持与鼓励下，山西义和团发展迅速。时人刘大鹏在《晋祠志》中记载："义和团之起十分神速，吾晋于庚子六月初始有，未几而蔓延全省，声势猖獗，若火之燎于原，不可向迩。"

毓贤大张旗鼓地支持义和团，有以下几点原因不容忽视。

一是报复心理。毓贤在山东时，还只是纵容义和团，但仍遭到西方列强的强烈批评。毓贤本就是顽固守旧、大力排外的官员，洋人的批评让毓贤大为不满。尤其是自己被革职后，毓贤认为是洋人从中作梗，向清廷施加了压力，对洋人的仇恨再添三分。主政山西后，毓贤终于有了报仇的机会。后期对外国传教士大开杀戒，便是这种心理的一个集中反映。

二是与朝廷的风向密切相关。自直隶义和团攻占涿州后，清廷倾向于招抚义和团，以共同对付洋人。毓贤自然也捕捉到了这个政治风向，紧跟清廷，忠于慈禧，是传统官员做官的第一准则。或许是毓贤跟得太紧了，后期他成了朝廷的替罪羊，被就地正法。毓贤的盲目跟从与袁世凯的做法形成了强烈的反差，二人的命运自然也就截然不同了。

三是毓贤骨子里的排外情结。作为汉军旗人，毓贤是一个民族主义者，对"天朝"的自信有高度的认可，外国列强再强大，也不过只是蛮夷而已。毓贤在山东备受列强欺凌，英国、德国指手画脚，洋教四处渗透，欺负当地百姓，这都让毓贤痛恨不已。

毓贤在山西支持义和团，就是个人在山东遭遇的一种激烈反弹。山东有洋人地盘，但山西没有，毓贤完全可以放开手脚，大干一场。

"未及匝月，山西境内，拳厂林立，杀人放火之事，乃层见屡出矣。"

在毓贤的大力扶持与推动下，山西的义和团就像一团燎原的烈火迅速蔓延至全省。三晋大地拳声赫赫，一片刀光剑影。

6月的山西，烈日当空，仿佛下了火一样。对义和团来说，这是最亢奋的一个月，山西各地义和团躁动频繁，骚乱不断。

此时京城出现两道自相矛盾的命令。一是总理衙门的廷寄（朝廷传递给地方的指示）。总理衙门要求地方保护外国教士与教民。毓贤接到指示后愤然抗拒，认为这是汉奸行为。次日，载漪的指示又到了，要求毓贤不必理会总理衙门的指示，放手让义和团杀洋人。

有了载漪的指示，毓贤就放开胆子干了。在他的授意下，义和团将太原城的所有教堂全部点燃，一时间大火弥漫，烟雾笼罩全城。毓贤登高观望，大呼："天意也！"

6月24日，大同府一片混乱。数千义和团拳民对多座教堂发起攻击，砸雕像、烧教堂、追杀传教士，大同城内喊杀声不绝于耳。一些外国传教士惊恐万分，纷纷逃入知府衙门躲避。

同一天，毓贤就山西教会的情况向慈禧奏报。慈禧指示毓贤："我命令，凡是洋人，无论男女老幼，皆杀之无赦，以清乱源而安民心。"

有了慈禧的最高指示，毓贤更加无所顾忌。

6月27日，毓贤亲赴疆防旗营视察，他视察的不是防务工作，而是命营兵大量准备硫黄、火把、煤油等引火之物。然后又赴制造局，命令迅速制作200把大刀，每把刀上都要刻上"毓"字。

毓贤俨然就是义和团的大师兄，要亲自带领义和团大干一场。

同一天，介休教堂被捣毁。义和团拳民对5名外国女传教士追逐、凌辱，幸好官兵及时制止。

有一个现象值得注意，就是危急时刻，地方官府对传教士提供了保护。当毓贤与义和团亲如一家时，不少地方官员并没有盲目效仿他，这也是地方官员明智的一个表现。否则，按后来事态的发展，恐怕都要成为朝廷的替罪羊。

太原在毓贤的眼皮底下，太原的传教士则惨了很多。同样是6月27日，太原东夹巷爆发义和团大规模游行示威，对教堂进行攻击。传教士开枪打死4名拳民、打伤1名拳民。愤怒的拳民将教堂点燃，传教士在教民的保护下逃跑。

毓贤得知后，使出了一个损招。他让下属假意带兵，以保护传教士为名将躲避的传教士与教民安置在太平巷旅馆，且派兵加强守卫，并送蔬菜、水果予以慰问。

传教士与教民们对毓贤感激涕零，几天后，毓贤又派另一拨清兵到旅馆，二话不说，将全体传教士与教民逮捕，立即押赴刑场处死。其中，外国人共有51名，包括妇女与小孩；中国教民17名。

6月29日，朔平府多处教堂被焚掠，疯狂的义和团将13名外国传教士砍死。

刘大鹏在《潜园琐记》中记载："凡为义和拳者，头罩红巾，腰束红带，胫缠赤带，手执利刃，屠戮洋教，焚毁教堂，纷纷扰扰，势极猖獗，官莫能制，法莫能施，一任其横行而已。"

这个刘大鹏，看来并未认清政治形势，他还不知道，义和团的猖獗正是毓贤纵容的。"官莫能制，法莫能施"，山西巡抚衙门都成了义和团的坛口，官府怎么可能管得了义和团？至于法律，就更别提了。法律本身就是官府定的，官府与义和团一起发癫，还管啥法律。

或许毓贤也注意到了，地方官员在义和团问题上对朝廷阳奉阴违。他在会见各官员时，总是先看各官员对义和团的态度。凡是积极拥护义和团的便视为好官；凡是对义和团有不同想法的，便视为差官。凡在当地大力推动义和团发展的，会视为自己人；凡是表面支持、暗中保护洋人的，定会受到毓贤的惩罚。

总之，这是一个官场站队的时刻。

在义和团运动如火如荼的时期，义和团请太原知县何宗逊出城要粮，何宗逊以军务紧要为名，闭门不出，同时，他还假装四处视察，制造工作繁忙的假象。此事被毓贤得知后，毓贤立即将其以"听信捏报、昏聩糊涂"为名革职。

大同知府李桂林与大同知县齐福田对义和团本是讨厌至极。但大同骚乱发生后，二人立即将闹事的义和团大师兄马正太拘押，同时以严禁义和团蓄意滋事为名，禁止义和团进行公开活动。义和团也不示弱，立即上报毓贤。毓贤把李桂林与齐福田大骂一通后，让其将马正太无罪释放。二人无奈，只能服从。

山西的大乱还与毓贤的好搭档分不开，这个人就是在挽留毓贤时，跪倒在毓贤脚下掉泪的布政使李廷萧。

李廷萧是毓贤的直接下属，也是一位紧跟上峰的官员。毓贤紧跟慈禧，李廷萧紧跟毓贤。

巧的是，李廷萧同样对洋人恨得牙痒痒，他甚至常说："洋人若来，吾藏刃靴中，与之拼命。"毓贤有这样的得力助手，山西义和团何愁不壮大？李廷萧与毓贤志向相投，都以仇洋灭教为目标。如果说毓贤是一把火，那么李廷萧就犹如一桶油。有这样两位领导，山西的日子可想而知。

6月18日，毓贤秘密致电直隶总督裕禄，嘱其相机行事。然而，此时的裕禄正被直隶的义和团搅得焦头烂额。

# 七

## 直隶乱象不止

"叩请黄莲圣母！"

一个56岁官员模样的男人正在向一个20多岁的年轻姑娘下跪。年轻姑娘一身红衣打扮，稳坐黄色莲花宝座上。她一脸陶醉，官员一脸虔诚。

这个官员就是直隶总督裕禄，年轻姑娘就是天津"红灯照"的首领，号称"黄莲圣母"的林黑儿。裕禄主动到林黑儿的府邸——圣母船上拜见"黄莲圣母"。一个省部高官向一个义和团首领磕头，前所未闻。

林黑儿走下莲花宝座，搀扶裕禄站起。两人一起走出船舱，立于船头。

只见林黑儿一声招呼，运河岸上立即出现100多名年轻女性，个个红衣红裤，头梳双丫髻，右手提红灯，左手持红折扇。岸上顿时成了红色的海洋。

这一天是1900年6月18日。

百名年轻姑娘个个飒爽英姿，先是进行列队表演，整齐划一，训练有素。然后是拳脚演练，一招一式，虎虎生风。最后是刀枪对打，真刀真枪，攻防有术，精彩激烈。

裕禄边看表演，边频频点头。他向林黑儿微笑着称赞道："红灯照，真乃女中豪杰！"林黑儿双手抱拳，向总督大人致谢。

随后，裕禄与林黑儿再次走进船舱内，关起门来，密商要事。

自称"黄莲圣母"的林黑儿也自称神仙下凡，不喜欢沾染尘世之土，因此长期居住在船上。其实她出身于船夫人家，据传还是个娼妓。

裕禄邀请林黑儿到总督府做客，林黑儿欣然答应。二人乘坐八抬大轿，一路清兵戒严，鸣锣开道，吹吹打打。"红灯照"的女拳民一路护卫，威风极了。

威严的总督府装饰一新，裕禄恭请林黑儿上座。在司仪的主持下，裕禄对林黑儿行跪叩之礼，又向林黑儿做乞求状，他说："乞圣母垂悯生灵，拯此一方。"

林黑儿也很会装，双目紧闭，说："大人敬请放心，圣母我已经通知了天兵天将，他们会用天火烧死洋人的，很快就会把洋人消灭干净，你不用担心。"

裕禄跪拜黄莲圣母一事，迅速在天津城内传开。各处义和团拳民欢呼雀跃，因为他们知道，总督大人已经与义和团彻底地站在了一起。

当天，毓贤的电报送到，裕禄沉思不语。他对山西义和团的迅速崛起表示惊讶，对毓贤大力支持义和团表示钦佩。裕禄意识到，对义和团不能再进行剿办，而要尽快、尽力拉拢。

从剿到抚，裕禄转换得非常快。袁世凯没有向义和团下跪，毓贤也没有给义和团磕头，而裕禄做了。

6月29日，裕禄又以盛大的欢迎仪式，邀请"天下第一团"首领张德成到总督衙门做客。裕禄为张德成准备了顶级的绿色呢子八抬大轿，可见其对义和团的态度有多真诚。

裕禄的转变，就连义和团都觉得快了些，甚至有人还不相信，有些义和团便私下议论，堂堂一个总督大人去跪拜一个女流之辈，而且还曾是一个娼妓，简直不可思议。他们不知道裕禄的葫芦里到底卖的什么药。其实，裕禄的目的很简单，他要联合义和团攻打八国联军。

裕禄，1844年生，满洲正白旗人，曾任湖广总督、四川总督。1898年授军机大臣、礼部尚书、总理事务衙门大臣。1898年9月底由礼部尚书改授直隶总督。在他跪拜黄莲圣母的时候，裕禄已经在直隶总督任上20个月。

人们之所以怀疑裕禄，是因为6月份前的裕禄与现在截然不同。裕禄对待义和团与毓贤、袁世凯都不同，毓贤从山东到山西，基本是以渐进式鼓励、支持、纵容为主；袁世凯在山东则是以渐进式镇压、剿除为主；裕禄则是先剿后抚，态度几乎是180度的大转弯。

裕禄任直隶总督仅一个月后，赵三多率众在山东与直隶等交界地区起事。裕禄多次与时任山东巡抚的张汝梅沟通，坚决要求强力镇压。裕禄命令大名镇总兵吴殿元派兵前去"实力弹压解散"，"认真缉拿"。

最狠的一次要属1899年8月，山东大刀会首领刘赞虞带领上百人在大名府焚掠教堂，威胁要杀死洋人。裕禄得知后，难掩愤怒，他愤怒的是，这些人竟敢如此猖狂。裕禄致电山东巡抚毓贤，希望一同派兵镇压，清兵将刘赞虞逮捕后就地正法，并将其首级挂在一根高杆子上示众。

最复杂的一次是12月12日，景州义和团焚烧刘八庄教堂。裕禄命令直隶臬司廷雍对"拳民应严厉镇压，不得敷衍姑息"。

廷雍也属于满洲官员，他对义和团充满同情，认为拳民是义民，如此大肆杀义民是不祥之兆。裕禄对廷雍不放心，第二天，他再次增派力量，又派巡防营务处总理张连芬带兵开赴深州、冀州，与提督梅东益一起镇压义和团。不过，裕禄还是不放心，又命令武卫前军领聂士成调派军队三营前往上述三地会剿。

在武力镇压的同时，裕禄还开动了宣传机器，命令将义和团的成因写成文章《源流考》，并大量印刷，四处张贴，严禁民众练拳。

在1900年以前，直隶的义和团起事主要以南部、东南部为主，也就是与山东交界的地区。因此，裕禄与山东的三任巡抚在义和团问题上一直保持着密切沟通。

致电张汝梅、毓贤、袁世凯，联合山东力量共同镇压义和团，成为裕禄工作的重点。在这些往来的电报中，裕禄的态度很明显，都是坚决镇压，以清祸根。

裕禄强力镇压的政策并没能阻止义和团在直隶的发展，或许在一定程度上有所延缓，当进入1900年，尤其是四五月份的时候，义和团实际上已经遍布直隶，呈现星火燎原之势。

杨福同的死给了裕禄极大的刺激。杨福同是正二品的总兵衔。5月中旬，涞水县高洛村爆发骚乱，清兵多次派兵镇压。5月22日，杨福同误入义和团埋伏，于石亭镇被杀。杨福同是被义和团杀害的第一个清兵高级将领。

据清人李杕著的《拳祸记》，义和团的猖獗让裕禄大为震怒，他愤而上书清廷：

> 拳匪等聚众设厂，借仇教为名，烧杀抢掠，扰害地方，并胆敢持众戕官，实属穷凶极恶，法所难容。若不予以惩创，必致顽梗者益肆强梁，被胁者难于解散。

> 亟应添调营队，分布涞水、定兴、安肃、涿州一带，如敢再抗拒，即严

厉剿捕，以免致成巨患。

既然义和团难以剿灭，清廷中便有人提出，要进行招安。御史郑炳麟提出，将义和团改为官府领导的乡团。裕禄强烈反对，他认为，义和团的所谓神功神术都比较虚，根本不具实战性，且教授神功的人匪气较重，根本不会奉公守法。另外，义和团以仇洋灭教为目的，一旦招安，必会助长其气焰，聚众生事。如此一来，便给洋人干预带来口实。

不过，随着义和团势力的壮大，裕禄坚决镇压的态度也在悄悄发生着转变。这就像敌弱我强、敌强我弱的道理一样。尤其是义和团攻占涿州城后，裕禄明显怕了，他最怕的是自己的乌纱帽不保。

5月27日，义和团拳民从各地进入涿州城，对京城形成强大的威慑之势。作为直隶总督理应迅速上奏朝廷，派重兵进行镇压，但裕禄迟疑了。

原来各地的义和团拳民聚众滋事基本都是小打小闹，派出几十个清兵就能解决，但涿州这次，义和团拳民达数万人，"游击队"已经发展成"集团军"，这就让裕禄很是头疼。

裕禄28日得知涿州城被占，当时他头就大了。如果上报，裕禄担心清廷怪罪，追究他镇压不力的责任，恐乌纱帽不保。最终，裕禄选择了瞒报。当主管铁路的盛宣怀就义和团破坏长辛店、涿州铁路问题向裕禄询问时，裕禄才告知盛宣怀，涿州已经被义和团占领。

根据鲍威尔《1895—1912年中国军事力量的兴起》一书的统计，当时直隶一省的正规清军部队有11万人，清廷能调集至北京前线的约有14万人。也就是说，如果裕禄能及时上报，清廷也有意痛剿的话，还是能够将涿州的义和团镇压下去的。

裕禄还有一个担心，进入5月底的时候，清廷对义和团的态度也在发生微妙的变化。清廷原来力主痛剿，后来又在剿与抚中摇摆不定。正是清廷不明朗的态度让裕禄无所适从。也有说法是，裕禄事发后不敢大规模调兵，他向清廷请示如何处置，清廷回复比较含糊："迁就适足养奸，操切亦恐滋变。"裕禄左右为难，不知如何应对。

另外还有一个特殊的原因，即直隶地区属于京畿重地，朝廷往往也会直接施加影响。义和团占领涿州后，慈禧命刚毅、载漪等人赴涿州招抚义和团，裕禄也不敢干预。涿州招抚一事，说明清廷对义和团的态度发生了逆转。观望风向的裕禄自然也会随之转变，只不过其转变之快，让人咋舌。

涿州事件成为1900年的一个重大转折：一是义和团成为"集团军"，由农村开始包围城市；二是清廷对义和团有意从剿转抚。

作为直隶的当家人，裕禄没能在关键时刻及时控制住义和团，导致其迅速壮大，不管怎么说，都有不可推卸的责任。如果是袁世凯，相信不会有这样的事情发生。

在《庚子西狩丛谈》中，吴永对裕禄的评价是："直督裕公，本庸儒无意识，颇信拳匪为义民，但尚未敢极端嘉励，一辄依违持两可，以观风色。"

坊间对裕禄的评价则很低，如：团祸初起时……独裕禄一人可以救之而昏聩异软，卒酿大乱，一死诚不足以蔽辜也。心中非不明白，徒以权贵推崇，不敢少拂其意，功名念重。

裕禄态度的迅速转变，一是靠观察清廷政治风向，二是被形势推着走，他没能把握主动权。

6月中旬是裕禄转变的开始，他的转变缘于八国联军威胁、攻打大沽口。朝廷急令裕禄"派员招集，编成队伍，以资捍卫""急招义勇，固结民心，帮助官兵节节防护抵御"。方到此时，裕禄才开始大力招抚义和团。如此说来，他给"黄莲圣母"三跪九叩，用八抬大轿邀请张德成也就不足为奇。

自此以后，裕禄待义和团拳民如座上宾，不仅称兄道弟、推杯换盏，还让义和团首领自由出入总督衙门。义和团要钱给钱，要粮给粮。裕禄直接将天津军械库打开，让义和团自取兵器，将所属各部门的马匹也悉数相赠。

不仅如此，裕禄对张德成、曹福田等义和团首领保授头品顶戴。对死伤的拳民进行抚恤，对立功的拳民大加赏赐。裕禄对义和团如亲儿子，如此豪爽让清兵生出嫉妒。

相比之下，同样是大力支持义和团的毓贤，对义和团却没有这么好，更不会跪叩义和团首领。

在御史郑炳麟提议将义和团招安、纳为乡团时，裕禄还认为义和团"其技不可取"。仅仅一个半月后，裕禄就将义和团视为抵御八国联军的最重要力量。

"黄莲圣母"的天兵天将仿佛成了裕禄的救命稻草。

裕禄强力镇压，义和团星火燎原。裕禄大力招抚，义和团兴风作浪。直隶一省，左也不是，右也不是，左右都是一个乱。据后期李鸿章上奏，直隶一省被义和团杀害的教民达数万人，被毁坏的房屋达数十万间。

直隶何以左右都是乱？究其原因，还是与裕禄的个人政治素质、智慧、胆识有很大的关系。

由剿到抚，从裕禄的快速"变脸"来看，裕禄明显是一个政治投机型官员。这样的官僚善于观察风向，行事谨小慎微，一切以自己的乌纱帽为重。裕禄缺乏自己的主见与判断，没有果断的魄力，更缺少远见卓识。作为缺乏大智慧的一个官僚，裕禄处理问题简单、粗暴，最终让自己越来越难堪。

1899年12月，袁世凯在赴山东上任途中，途经直隶吴桥。吴桥知县劳乃宣给袁世凯支招，他说对付义和团需要六个方法："一曰正名，以解其惑；二曰宥过，以安民心；三曰诛首恶，以绝根株；四曰厚兵威，以资震慑；五曰明辨是非，以息浮言；六曰分别内外，以免牵制。"

对于劳乃宣的建议，袁世凯在山东悉心采纳。袁世凯曾致电裕禄，问他如何看，裕禄不以为然，他认为，若向劳乃宣说的那样，是"张大其事，奏请明降谕旨，所虑民教结怨甚深，有所挟持，妄攀诬指，多生枝节，转非所宜。该令条陈六条，只可采择而行，似未可照禀出奏"。

劳乃宣的建议更像是一种组合拳，是一种综合治理方式，有釜底抽薪的可能。裕禄则嫌麻烦，他更喜欢直勾拳，类似简单粗暴的扬汤止沸。

李鸿章对此曾有总结："齐鲁风澄，幽蓟云扰。"李鸿章将1900年上半年山东与直隶的义和团发展形势做了一个对比，即山东风轻云淡、直隶风起云涌。

直隶乱，京津乱，华北上空阴云密布，乌云压城，终于变成了一场狂风暴雨。

# 第三章　帝国宣战

# 一

# 攻陷大沽口

"开炮！"

一声令下，百门大炮齐鸣。炮弹划过夜空，快速飞向敌人的军舰。帝国的夜空从此再也没有了平静。

渤海湾的海面上火光冲天，双方炮弹相互交织飞行，一道道亮光划出一条条弧线。隆隆的炮声惊醒了大沽口的百姓。巨大的火光让窗外亮如白昼，惊天的爆炸声震荡着每一个人的耳膜。这是一场战争的开始。

1900年6月17日0时50分，震惊中外的大沽口之战打响，古老的东方帝国再次走到了危急关头。

大沽口是天津白河（海河）的入海口，这里距离天津城50千米，距离京城170千米，是最重要的海门要塞。在第二次鸦片战争中，这里曾爆发三次战役，清军与英法联军在此激烈交战。英法联军正是从这里登陆，两破国门，继而攻入北京。大沽口炮台驻军3000余人，虽然这里有"天下第一防"的称号，但大沽口仍是大清帝国的一处最敏感、最脆弱的区域。

这一次，八国联军入侵又选择了大沽口。

时间进入1900年6月后，义和团拳民大量进入天津、北京，各处教堂遭到攻击、焚掠，使馆工作人员、传教士与广大教民的生命安全受到了严重的威胁。频发的骚乱让西方列强非常不安，列强纷纷调集军舰，驶向大沽口。

俄国从旅顺调集200名海军陆战队士兵，英、法等国通过铁路从山海关调兵2000人。截止到开战前，八国联军共集结了两万余人，各种军舰达30余艘。清廷面临着强大的军事压力。

西方列强的紧逼让紫禁城内的慈禧坐立不安，一向不服输的她选择了对抗。

政治局势再次骤然紧张。

西方列强同样也不轻松，各国公使在北京频繁召开会议，各国军队指挥官在军舰上不断地商讨。6月10日，各国公使与各国指挥官的通讯中断，再也无法联系，列强们感到了恐慌。受各国的联合派遣，英国远东舰队司令西摩尔中将率领的2053名联军，从塘沽登陆，赶往天津，计划乘火车向北京进发。让列强们惊恐的是，14日，西摩尔的联军在中途也与各国指挥官失去了联系。

打还是不打，各国指挥官紧急商讨对策，犹豫不决。

如果不打，在天津、北京的外国人的生命就无法得到保障，局势将进一步恶化。如果开战，无异于把所有在内地的外国人都宣判了死刑。

外国军舰云集大沽口海面，清廷也在犹豫，打还是不打？如果不打，洋人欺人太甚，侮辱着"天朝"的尊严。如果开战，是否能打胜，国家是否会万劫不复？

作为前线阵地，大沽口炮台枕戈待旦，67岁的指挥官罗荣光做好了开战的准备。罗荣光，1833年生，湖南乾城县（今吉首市）人。他早年加入湘军，任把总，后入淮军，升总兵；34岁平叛捻军，升为提督；同年调任大沽口，任副将。1887年，他升任天津镇总兵，创设水雷营。

据罗荣光的曾孙回忆，在6月份以前，清廷打算将罗荣光调任新疆，任喀什噶尔提督，罗荣光拒绝赴任。他认为，大沽口必有一战，自己在大沽口经营20余年，不忍国门失守。

"人在大沽在，地失血祭天！"这句口号喊出了罗荣光与全体将士誓死捍卫国门的决心。

大沽口共四座炮台，分别筑造于海河入海口的两岸，呈"田字型"排列。整个炮台配置有德国"克虏伯""阿姆斯特朗"式新型火炮，另有国内仿制的各种口径的火炮若干门，火炮总数量达170余门。在炮台附近还有两座弹药库。炮台的附近还建有一个军事码头，装备有四艘崭新的鱼雷艇。

武器先进，性能优良，弹药充足。这样的海防，在当时已算非常坚固，堪称世界级水平。据传，一个法国人在参观后说："世界上再也没有哪一个国家的出海口的戒备会有这么夸张而富有挑衅意味……"

开战前夕，罗荣光紧急部署。自己亲自指挥主炮台，副将韩照琦指挥海字炮台，营官卞长胜指挥南滩炮台，管带封得胜指挥北岸左营与副左营炮台，并命令北洋水师统领叶祖圭率领鱼雷艇部队紧急待命。同时，在海河口布置水雷若干。

3000余名将士迅速进入待战状态。炮台再坚固，也要加强后援。罗荣光派信差火速赴天津，向直隶总督裕禄报告，要求向大沽口增援。

几乎与此同时，联军方面也派人赴天津，求见裕禄。联军的要求是，开放海口水道，让部分舰船驶入天津，以保护天津的外国人。裕禄答应了这个要求。罗荣光当面向裕禄表示，不能让外国人进入。就在罗荣光往返大沽口与天津时，叶祖圭率领的鱼雷艇部队没有丝毫抵抗，已经放行了载有1500余名士兵的俄军军舰5艘。罗荣光大骂叶祖圭是狗娘养的。其实他没有想到，叶祖圭后边的表现更像狗娘养的。

从开战后的情况来看，联军要求开放海口水道，这或许是一个计谋。那就是占领水道有利位置，方便攻击大沽口炮台。因为如果联军的军舰不驶入海河，那样就只能从海面上攻击大沽口炮台。进入内河后，他们就能增加多个攻击点，战斗力大增。

联军方面也在紧急部署。陆地方面，日军300余名士兵已经占领塘沽火车站，法军250名士兵开赴军粮城，切断清军增援路线。其他联军900余名士兵在西北炮台侧后方进行埋伏。

海上部署与陆地上同时进行。虽然八国联军在海上有30余艘军舰，但由于河口附近水位过低，只有10艘军舰可以活动，其他军舰只能停留在较远的位置。依靠夜色的掩护，两艘军舰悄悄贴近北岸炮台，四艘驶入内河的军舰部署在于家堡一带。海河在于家堡有个U型拐弯，而弯底的位置正好可以从后面攻击南岸炮台。另有军舰在海神庙附近，瞄准了清军营盘，以切断弹药供给。还有两艘军舰负责监视鱼雷艇部队。

16日17时，俄军鱼雷舰舰长巴赫麦季耶夫带着翻译乘小船来到主炮台，要求面见罗荣光。巴赫麦季耶夫送来了最后通牒，要求清军在17日凌晨2点交出南北炮台，炮台守军全部撤退，否则就武力解决。

当罗荣光接到通牒时，各种资料记载其反应不一。有一种说法是，罗荣光冷淡回应巴赫麦季耶夫，时间紧迫，需要请示上级，无法短时间给出答复。有一种说法是，罗荣光与巴赫麦季耶夫进行了激烈的争辩，总之是不能答应联军的要求。还有一种说法来自罗荣光的曾孙，他撰文回忆说，罗荣光当时将信件一把撕成两半，摔在地上，并将巴赫麦季耶夫赶了出去。

综合判断，第一种可能性比较大，争辩肯定会有，但不会太激烈，也不可能势同水火，更不可能将信件给撕掉。

大战在所难免，与其被动挨打，不如主动攻击。17日凌晨0时50分，罗荣光主动打响了第一炮。此时的罗荣光是有信心的，炮台武器先进，而且还会有大量后援军，他不相信联军的几艘军舰能扛住大沽口炮台的密集攻击。

俄国《新边疆》随军记者杨契维茨基此时正在俄军的"基里亚克"号军舰上。他在战地日记中记载道："离决定性的时刻只剩1小时10分钟了……新炮台闪了一下火光，大炮轰隆一声，炮弹隆隆掠过'基里亚克'号上空。各个炮台火光迸发，炮弹倾泻而下。"

猛烈的炮火突然而至，联军方面有些猝不及防，俄军的"高丽芝"号率先被击中。"高丽芝"号的螺旋桨遭到重创，炮火引燃了发动机，军舰发生多起爆炸，14名士兵与4名军官被炸死，45名士兵受伤，随后军舰整体沉没。

另一艘俄军军舰也惨遭清军重击。"基略号"军舰犯了一个愚蠢的错误，或许是为了其他军舰照亮炮台，在双方交战时，竟然将探照灯打开。巨大的光亮被炮台的清军当作攻击的目标，多发炮弹齐发，一发炮弹打中"基略号"的桅楼，一发炮弹击中弹药库，一发炮弹炸毁船舱，甲板被炸飞，大量士兵死伤。

同样是俄军军舰，"朝鲜人"号也被打成了残废，锅炉房通风机被炸，舰炮被炸损毁，右舷被炸出数个大洞，彻底丧失了还击能力。

德军的"依尔提斯"号战舰总共中了18发炮弹，甲板全部被炸毁，舰长兰茨也重伤致残。

在所有的军舰中，美军的"莫诺卡西"号是个意外。开战前夕，联军召开会议，美军指挥官当时表态，说按美国的要求，美军只有在受到攻击后才能参战。16日晚间，美军又接到美国政府的指示：美国不参战，理由是不能向一个和美国处于和平状态的国家发起战争。

正当其他七国军舰纷纷向大沽口炮台发动攻击的时候，美军则按兵不动。从天津租界逃到"莫诺卡西"号军舰上的大量美国侨民集体涌到甲板上看热闹。在美国人眼里，炮火狼烟成了绚烂的烟花。

突然，数发炮弹打来，直接命中"莫诺卡西"号，顿时炸死美国侨民无数。毕竟炮弹不长眼睛，清军也分不清哪个是美军的军舰。遭到打击后，美军被迫参与了还击。

但美国舰队司令恩布夫说："我们未参与攻击这个炮台，'莫诺卡西'舰长崴兹已经接到命令，要保护美国的利益，所以在被中国政府军队攻击的情况下，他将要认为是宣战，从而采取行动。"

与美国人一起看热闹的还有叶祖圭的鱼雷艇部队。当清军在浴血奋战之际，叶祖圭的四艘鱼雷艇全部静悄悄，英国基斯上校带领两艘驱逐舰，将叶祖圭俘虏。四艘鱼雷艇居然只用手枪自卫，最终向英军投降。

战斗持续了3个小时，罗荣光与全体官兵顽强战斗，颇为英勇。罗荣光很自信，结果和自己预想的差不多，联军并无多少还手能力。然而，一个意外事件改变了战争结局。

大约4时左右，一发炮弹打向了北岸炮台。随后，轰然一声巨响，地动山摇，一个硕大的火球腾空而起，方圆十里以外都能看到。北岸的弹药库被联军打中，发生了剧烈的爆炸。

一位随军的英国记者也在军舰上看到了这一幕，他曾记录道：

> 很神秘地，一个法国炮弹，恰好落在中方的大火药库，于是爆炸起来，他们的炮兵也散乱起来……如果没有这个偶然，则大沽口外的所有的外国军队，是免不了要完蛋的，而联军的登陆，是成问题的或者不可能的，战事也将变成另外一个局面。

北岸炮台的清军死伤无数，损失惨重，瞬间大炮哑火。埋伏在北岸炮台侧后方的900名联军士兵向北岸炮台发起冲击，封得胜带领仅剩的200余名士兵与联军展开肉搏。一场殊死抵抗的战斗因为清军的人单势孤而落败。

黎明的曙光照亮了渤海湾，辽阔的海面被早霞染红。

大约5时30分，北岸炮台失守。炮台阵地上尸横遍野，烈火还在四处燃烧。一面鲜艳的英国国旗在北岸炮台悄然升起。

此时，紫禁城内一片静谧，170千米之外的大沽口依然炮火连天。

罗荣光继续指挥南岸炮台的战斗，联军的炮火更加密集。巧合的是，同样是一发炮弹意外炸毁了弹药库，爆炸声、哀号声交织在一起。守候在内河U型弯处的联军从后方发动攻击，清军腹背受敌，营盘起火，损失惨重。

直到此时，罗荣光翘首等待的援军也一直没有到来。两个小时后，罗荣光眼见大势已去，仰天长叹。

关于罗荣光最后的命运有多种说法。罗荣光曾孙的说法是，罗荣光不忍眷属受辱，在杀掉家人后，率领残兵突围时身受重伤，壮烈牺牲；还有一种说法是，他撤回天津，然后吞金自杀。

各国国旗陆续在大沽口升起，一面面国旗迎风飘扬，似乎在炫耀着什么。

大沽口之战历时6个小时，据研究战争一手资料的美国人沙夫统计，联军步兵与水兵实际参战人数共904人，其中英军321人、德军133人、日军244人，俄军159人、意军25人，奥军22人。如果这个统计正确，那么与封得胜肉搏的联军就不可能是900人。

至于最终死亡人数，清军官兵死亡700余人，而联军方面死亡66人，170人负伤。同晚清时期的历次中外战役一样，外国人死亡远少于清军。

被侵华联军攻陷的大沽口炮台

大沽口一战，无论士兵数量、战斗士气，还是武器装备，清军都优于联军，但最终还是失败，失败原因自然也是多方面的。

首先是援军问题。罗荣光请求裕禄派军支援，而裕禄以清廷要求加强天津城防御为由，将聂士成的军队调往天津附近，并没有支援大沽口。

其次是叶祖圭的投降。叶祖圭统领四艘先进的鱼雷艇，没有进行有效的抵抗，就火速投降，这对清军防守来说，明显是一个重大损失。

最后是清兵的炮战经验欠缺。据《庚子中外战纪》记载：

> 进攻彼之联军，孰知华军武备虽强……平时操练之法，立有最上等之威权，习有强国之战阵，所以部队炮队，原亦确有可观，可期战时之幸胜；乃至有事之际，则一经恫吓，备极仓皇，即如该处炮台所留炮台之口，并不妥为防护，所存军火之处，亦皆漫不经心，常有露出之事，甚至遥合敌人炮火之准的，亦不自如。

另外，情报工作也明显落后于联军。开战两个月前，联军就做足了侦察工作。他们经过详细的侦察、勘测以及反复计算，对于每个炮台目标都能做到精准打击。所以尽管清军武器占优，但伤亡比例远远大于联军。在清军看来比较隐蔽的弹药库，或许在联军看来并不是多大的秘密。

大沽口失守后，裕禄并没有及时将实情上奏清廷，而只是告诉慈禧，八国联军已经下了最后通牒。

与大沽口炮火烽烟相同的是，紫禁城内也是口炮不断，关于对义和团是剿是抚、对洋人是和是战的辩论大战正在激烈上演。

# 二

# 慈禧宣战

义和团大闹京津，大沽口沦陷，八国联军大兵压境，紫禁城的上空一片愁云惨雾。

6月16日，慈禧寝宫仪鸾殿内，40多位大臣跪倒一片，清廷的一群最高决策者就大清帝国的命运展开辩论。

光绪首先劈头盖脸一顿训斥，皇帝批评的是，针对义和团弹压不力的问题，"诘责诸臣，不能弹压乱民，色甚厉"。

随后，慈禧抛出会议主题："今京城扰乱，洋人有调兵之说，将何以处之？"

65岁的慈禧与29岁的光绪寝食难安，清政权自入关后再次面临严峻的考验，上一次危机还是40年前英法联军入侵北京时。

上次只是英法联军，问题相对单一。这次是八国联军，而且还有义和团，可谓内忧外患。两边势力都很大，叫嚣都很凶，共同给清廷施加压力。清廷似乎成了夹心饼干，大清帝国再次面临向何处去的难题。

在此危急关头，清廷史无前例地召开了五次御前会议，而且是连续五天连轴转。6月16—20日，在无比焦虑的清宫内，这个国家的最高统治阶层秘密进行了五场唇枪舌剑。对义和团是抚是剿，对八国联军是战是和，一群人争吵不止。

实际上，慈禧的问题是两个问题：一个是如何对待义和团，一个是如何对待八国联军。慈禧希望听听大家的意见。这两个问题也是时下的焦点问题，众臣都憋了一肚子话，纷纷上陈，各抒己见。

翰林院侍读学士刘永亨首先发言："臣顷见董福祥，欲请上旨，令其驱逐乱民。"刘永亨建议用董福祥带兵镇压义和团。

话音未落，端王载漪大叫"好！"。其实，他在叫倒好。载漪指着刘永亨的鼻子，厉声说："此即失人心第一法！"

这是主剿派与主抚派的第一轮交锋，主抚派明显气势压人。关键是权势严重不对等，刘永亨是汉臣，且只是一个翰林院侍读学士，一个从五品的文官。而载漪是满臣，是光绪的堂哥，大阿哥溥儁的老爹。所以，载漪敢指着刘永亨的鼻子，而刘永亨却不敢再说话。

就在短暂沉默过后，跪在门外的太常寺卿袁昶大声要求讲话："臣袁昶有话上奏。"光绪示意袁昶近前发言，袁昶慷慨陈词："拳实乱民，万不可恃，就令有邪术，自古及今，断无仗此成事者。"

袁昶一向敢于直谏，说义和团只是搞邪术的乱民，根本成不了事。与袁昶持同一立场的还有吏部侍郎许景澄、兵部尚书徐用仪、内阁学士联元和户部尚书立山。几人也是后来被慈禧所杀的"五大臣"。

慈禧反驳袁昶说："法术不可恃，岂人心可恃乎？今日中国积弱已极，所仗者人心耳，若并人心而失之，何以立国？"慈禧的反驳似乎也很有道理，义和团不可靠，但人心是否可依靠？当下中国，立国之本就是人心。若失去人心，恐国将不国。

慈禧又问："洋人有调兵之说，将何以处之？尔等有何见识？"

双方再次分为两派，主剿义和团的通常是主和派，以袁昶等人为代表，主抚义和团的通常是主战派，以载漪等人为代表。

许景澄说："中国与外洋交数十年矣，民教相仇之事，无岁无之，然不过赔偿而止；惟攻杀使臣，中外皆无成案。今交民巷使馆，拳匪日窥伺之，几于朝不谋夕，傥不测，不知宗社生灵，置之何地？"

袁昶附议："衅不可开，纵容乱民，祸至不可收拾，他日内讧外患相随而至，国何以堪？"

光绪也不赞成向八国联军开战，他说："断无同时与各国开衅之理……况诸国之强，十倍于日本，合而谋我，何以御之？"

载漪对外最强硬，向来力主杀洋人。他说："董福祥剿叛回有功，以御夷，当无敌。"光绪则说："福祥骄，难用。敌器利而兵精，非回之比。"

载澜与刚毅认为："义民可恃，其术甚神，可以报雪仇耻。"载濂更狠，直接说："时不可失，敢阻挠者请斩之。"权势熏天的主战派一剑封喉，谁也没了脾气。

据《义和团档案史料》记载，同属主和派的翰林院侍读学士朱祖谋反对主战的态度强烈，他在会议结束前曾追问慈禧，用义和团抵御洋人，依靠的是谁？慈禧说是董福祥。朱祖谋丝毫没给慈禧面子，说最不可靠的就是董福祥。此言导致慈禧大为动怒，"太后与祖谋之出，犹怒目送之"。

第一次御前会议未能就"对义和团的主剿、主抚，对八国联军的主和、主战"达成一致，双方分歧严重。真正取得共识的是"速止洋兵""劝阻洋兵"。会后，慈禧立即派出那桐、许景澄去马家堡，劝说西摩尔联军不要进京城。同时，派荣禄保卫外国驻京公使馆。招募义和团年轻拳民，编练成军，调集袁世凯的山东武卫右军赴直隶。

就在这天上午，与仪鸾殿咫尺之隔的前门大栅栏火光冲天，义和团拳民排洋达到高峰。前门沿街各商铺凡是与"洋"沾边的，一律砸毁、烧掉。最后火海连成片，火烧一条街。紫禁城旁烈火浓烟，仪鸾殿内剑拔弩张。

次日，6月17日的15：00以后，同样是在仪鸾殿，清廷召开了第二次御前会议。这次慈禧拿出了载漪伪造的一份照会。

据《庚子国变记》记载："太后哭，出罗嘉杰书示廷臣，相顾逡巡，莫敢先发。"

而据《恽毓鼎庚子日记》记载，慈禧在会上当场宣读照会："一、指明一地，令中国皇帝居住。二、代收各省钱粮。三、代掌天下兵权。四、勒令太后归政。"

慈禧大怒道："今日开衅自彼，国亡在目前，若竟拱手让之，我死无面目见列圣！等亡也，一仗而亡，不犹愈乎？"慈禧的意思很坚决，等死也要打一仗再死。

慈禧还高声向众人说道："诸臣均听见了！我为的是江山社稷，方与洋人开仗，万一开仗之后，江山社稷不保，尔等均在此，要知我的苦心，不要说是我一人送的天下。"

徐用仪反对，他说："用兵非中国之利，且衅不可自我先。"

这时光绪说话了："战非不可言，顾中国积衰，兵又不足恃，用乱民以求一逞，宁有幸乎？"

　　光绪还是觉得义和团不可靠，以此逞强一时，实在不划算。刘永亨同样希望对义和团主剿，他说："乱民当早除，不然，祸不测。"

　　载漪很激动，陈词道："义民起田间，出万死不顾一生，以赴国家之难，今以为乱欲诛之，人心一解，国谁与图存？"

　　光绪立即反驳："乱民皆乌合，能以血肉相搏耶？且人心徒空言耳，奈何以民命为儿戏？"意思是乌合之众怎能打得过八国联军，人心都是虚的，不能让百姓去当炮灰。载漪一时语塞。

　　慈禧问立山的态度。立山说义和团的神术不管用，"拳民虽无他，然其术多不效"。载漪立即变了脸，说我们用的是民心，谁说神术了，"用其心耳，何论术乎"。

　　言辞激烈间，开始进入人身攻击的骂战阶段。载漪说："立山敢廷争，是且与夷通，试遣山退夷兵，夷必听。"这话明显是说立山暗通洋人，是满奸。

　　立山也不示弱，说："首言战者载漪也，漪当行。臣不习夷情，且非其职。"叫嚣主战属你载漪最凶，要去也是你去。

　　载漪当庭骂立山是汉奸，立山马上针锋相对。慈禧劝都劝不住，无奈宣布休会。

　　两派还是没有谈拢，但还是要劝洋人。慈禧命徐用仪、立山、联元去各驻京公使馆做洋人的工作，让洋人退兵。同时命"各直省督抚，挑选马步队伍……星夜驰赴京师，听候调用"。

　　这次御前会议有两个不同寻常之处。一是关于照会的事情存疑。据袁昶的《乱中日记残稿》记载，他认为外国人的照会不符合常理。

> 　　既非各国提督照会裕禄，亦非天津各领事扬言，又李鸿章、刘坤一等前后电奏，各国外部语绝无此说，各外部金言此次调兵，系为保护使臣，助剿乱民，断不干预中国国家政治家法。当时战未交接，何所施其要挟？

　　有人怀疑是载漪伪造照会，"大阿哥党"等人是为了争夺权力，伪造假照会以激怒慈禧对洋人动武。

二是立山的立场出乎慈禧的意料。立山本是慈禧身边的红人，慈禧主张对外宣战，按说，立山应该有政治站位意识，也就是说会站队，要及时与最高领导看齐。谁知，立山公然与慈禧唱反调。会后，慈禧命立山等人去劝退洋人，立山恐落下私通洋人的口实，以"不习夷情"为借口，拒绝执行命令。慈禧大怒，对立山说："汝敢往，固当往！不敢往，亦当往！"

6月18日，清廷召开第三次御前会议。这次选择在酉时，也就是傍晚时分，或许慈禧希望速战速决，否则就让你们饿肚子。果然，这次会议很短。

载漪态度依然强硬，他首先建议，可以攻打各国驻京公使馆，逼迫洋人退兵，慈禧当即赞成。

载漪的建议立即遭到强烈的反对，袁昶说："围攻使馆，此系野蛮办法。"联元说："不可，倘若使臣不保，洋兵他日入城，鸡犬皆尽也。"载澜立即回击："联元贰于夷，杀联元，夷兵自退！"载澜与载漪不愧是兄弟，辩论套路都是一样的，二人见反驳不过，便指责对方是汉奸。先给对方扣上汉奸的帽子，这也是最狠的一招。

王文韶说："中国自甲午以后，财绌兵单，众寡强弱之势，既已不侔，一旦衅开，何以善其后。"

慈禧情绪更加激动，突然拍着桌子怒喝："若所言，吾皆习闻之矣，尚待若言耶？若能前去，令夷兵勿入城，否则且斩若！"慈禧的意思是，你这一套我都听腻了，还用你瞎说，你干脆去劝退洋兵，让他们不要进城。不行就杀了你。

慈禧一顿河东狮吼后，主和派都没了脾气。主和派不完全是惧怕慈禧，主要是他们也实在无法劝退洋兵。

许景澄等人赴使馆交涉，外国公使并没有给他们面子，这让他们一度灰心丧气。最好的结果就是劝退洋兵，这是大家都希望看到的结果。但洋兵态度强硬，甚至语带威胁，天平逐渐向主战派倾斜。

此次会议时间最短，大家没有争论起来，很快就散会了。

6月19日申时，慈禧等人继续发挥不怕疲劳的精神，召开第四次御前会议。此次会议前，清廷收到裕禄奏报："各国欲行占据大沽炮台。"消息一出，形势骤然紧张。仅仅八天前，西摩尔率领的2000名八国联军还曾由天津进攻北京，若不是义和团在廊坊等地阻击，恐怕清廷已经没有召开御前会议的机会了。现在，更大规模的八国联军要来了。其实,大沽口炮台已经在6月17日沦陷。裕禄不敢如实奏报,只得谎报军情。

八国联军首先挑衅,慈禧决意宣战。慈禧说:"人心自有可凭,此时若再失了民心,真不能立国了。"主和派已经没有多少反对理由,唯一可说的只有"更妥商量""拳民法术难恃""勿结怨十一国"。很明显,主和派的立场已经软化。

战争不可避免,联元痛哭上奏:"若战,只能仇法,断无结怨十一国之理,果若是,国危矣。"意思是要打也行,但不能打11国,还是先打法国。

经过几天的辩论后,大家的立场逐渐趋同,情绪趋于缓和。得知开战不可避免后,戏剧化的一幕出现了。光绪与许景澄在一旁叽叽喳喳,开起了小差。此时的光绪,作为一国之君,仍在心念天下苍生,他禁不住泪湿衣襟。他拉着许景澄的手,哭泣着说:"朕一人死不足惜,如天下生灵何!"

据《金銮琐记》记载:"皇上泣曰:'围攻使署,大启兵端,朕一身不足惜,如宗社何?如太后何?如天下臣民何?'命许景澄跪向近前,曰:'汝见外洋有此等事否?'以手揽许袖而泣。"

光绪知道许景澄留过洋、懂洋务,希望他在国家危难之际勇敢地站出来。

作为皇帝,光绪拉着大臣哭泣,本已失态。许景澄情绪也有些失控,在哭泣之时,居然扯到了光绪的衣袖。慈禧目睹君臣痛哭,拉扯衣袖一幕,大为震惊,疑心骤起。光绪这一举动,实际是害了许景澄。后来,许景澄被慈禧下令处斩与此不无关系。

第四次御前会议,清廷内部要员基本达成共识,唯有宣战一条路。会后,清廷做出了一条重要决定,向各外国使馆发出照会,限各使馆使臣与家属24小时离京去天津。此照会一出,基本等同于宣战。北京开始全面进入战争状态。

宣战没有争议,但如何战又是一个问题。6月20日辰时,也就是早晨,清廷又召开了第五次御前会议。一意主战的慈禧撇开光绪,破例单独召见群臣。此次碰头会差不多就是一个战前紧急动员会,因此,这次御前会议很容易被忽略。

会议召开前,外国使馆突然送来照会,要求奕劻与载漪前去议事。但御前会议在即,二人并没有前往。鉴于"洋兵麇集津沽,中外衅端已成",武力不可避免,会议统一对外口径,并进行具体部署。对于外国使馆召见二王一事,会议命总理衙门回复"有话但持函来，二王不能前往"。

会议决定，命各省督抚"应各就本省情形，通盘筹划，于选将、练兵、筹饷三大端，如何保守疆土，不使外人逞志；如何接济京师，不使朝廷坐困……是在各督抚互相劝勉，联络一气，共挽危局"。

战事已开，慈禧决定率先做出反击，命董福祥的甘军与武卫中军进攻各国使馆，荣禄督阵。因为下午4时，原照会要求外国使臣24小时离京的期限已到，可以开打了。事实证明，这是慈禧做出的最愚蠢的决定。如果没有荣禄暗中保护使馆，后果还会更严重。当然这是后话。

这是正式公开宣战前的最后一次御前会议，根据第二天发布的宣战上谕来看，显然是早已提前拟好。虽然史料没有披露第五次御前会议是否草拟了这份上谕，但是按理推测，如此重大的事情，在会议上应该有讨论的。

6月21日，清廷正式对外发布宣战诏书，据清人李希胜编著的《庚子国变记》，全文如下：

我朝二百数年，深仁厚泽，凡远人来中国者，列祖列宗罔不待以怀柔。迨道光、咸丰年间，俯准彼等互市，并乞在我国传教；朝廷以其劝人为善，勉允所请。初亦就我范围，遵我约束。讵三十年来，恃我国仁厚，一意拊循，彼乃益肆枭张，欺凌我国家，侵占我土地，蹂躏我人民，勒索我财物。朝廷稍加迁就，彼等负其凶横，日甚一日，无所不至。小则欺压平民，大则侮慢神圣。我国赤子，仇怨郁结，人人欲得而甘心。此义勇焚毁教堂、屠杀教民所由来也。朝廷仍不肯开衅，如前保护者，恐伤吾人民耳。故一再降旨申禁，保卫使馆，加恤教民。故前日有"拳民、教民皆吾赤子"之谕，原为民教，解释凤嫌。朝廷柔服远人，至矣尽矣！乃彼等不知感激，反肆要挟。昨日公然有社士兰照会，令我退出大沽口炮台，归彼看管……意在肆其猖獗，震动畿辅。平日交邻之道，我未尝失礼於彼，彼自称教化之国，乃无礼横行，专恃兵监器利，自取决裂如此乎。朕临御将三十年，待百姓如子孙，百姓亦戴朕如天帝。况慈圣中兴宇宙，恩德所被，浃髓沦肌，祖宗凭依，神祇感格。人人忠愤，旷代无所。

朕今涕泣以告先庙，抗（慷）慨以誓师徒，与其苟且图存，贻羞万古，孰若大张挞伐，一决雌雄。连日召见大小臣工，询谋佥同。近畿及山东等省义兵，同日不期而集者，不下数十万人。下至五尺童子，亦能执干戈以卫社稷。彼仗诈谋，我恃天理；彼凭悍力，我恃人心。无论我国忠信甲胄，礼义干橹，人人敢死。即土地广有二十余省，人民多至四百余兆，何难减彼凶焰，张我国威。其有同仇敌忾，陷阵冲锋，抑或仗义捐资，助益饷项，朝廷不惜破格懋赏，奖励忠勋。苟其自外生成，临阵退缩，甘心从逆，竟作汉奸，朕即刻严诛，绝无宽贷。尔普天臣庶，其各怀忠义之心，共泄神人之愤。朕实有厚望焉。钦此！

与宣战诏书几乎同时，还有一份《悬赏令》：

　　自今日起，杀一男性外国人，赏银五十两；杀一女性外国人，赏银四十两；杀一外国儿童，赏银二十两。

大决战在即，京城到处弥漫着硝烟的味道。

如此气势恢宏的宣战诏书，执笔人却是军机处的一名叫连文冲的普通官员。有人说这份诏书并不是宣战，只是战争动员令，因为诏书中并没有明确的国家，只是"彼等"。其实，彼等，比具体的国家还可怕，这意味着将与全世界为敌。


# 三

# 克林德之死


夏日的阳光炙烤着京城的每一条街道，东单也不例外。人们不知道，战争一触即发。

1900年6月20日上午10时，几名中国士兵引导着两顶猩红色与绿色绒布装饰的轿子路过东单北大街与西总布胡同交叉口，轿子后面跟着两个骑马的中国人。队伍走得不紧不慢，很是从容。没有人知道坐在轿子里的人是什么身份。

一排荷枪实弹的清兵也恰好路过东单，清兵全副武装，队列整齐，神色威武。清兵发现了这两顶轿子。

清兵喝令轿夫站住，接受检查。

轿子停下，轿帘打开，探出一个脑袋，是个洋人。

清兵命令洋人下轿，洋人拒绝，对清兵大声道："我是德国公使，奉命赴总理衙门，你们无权检查。"

清兵的领队大声说道："京城路面已经戒严，洋人也要接受检查，没有商量。"

洋人大声抗议道："无礼的中国人不可教也！"

此话似乎激怒了清兵。一名清兵端起枪，枪口指向洋人。

洋人并没有害怕，左手挥舞着拳头，大声抗议。突然，洋人右手掏出一把手枪，向清兵的领队射击。

领队本能地躲闪，端枪的士兵立即向洋人连续开枪射击，洋人头部中弹而死。

洋人被打死，轿夫与骑马的人被吓坏了，撂下轿子，撒腿就跑。另外一个轿子里的人趁混乱之际跳出轿子，仓皇而逃。原来这也是一个洋人，跑得飞快。

清兵随即向这个洋人连开数枪，洋人的腿部被打伤，跑起来一瘸一拐的，样子很滑稽。清兵似乎也没有追赶这个洋人的意思。

被打死的洋人正是德国驻华公使克林德，一周前曾在使馆区抓捕了一名义和团小拳民，也正是他下令向围堵公使馆的拳民开枪的。

克林德，1853年生，德国波茨坦人。1881年被派往中国，先后在德国驻广州、天津领事馆任领事，1889年回国。1899年4月再次到中国，任德国驻华公使。

克林德的被杀缘于前一天的外交照会。6月19日，也就是慈禧召开第四次御前会议后，大约下午5点，清廷命总理衙门向11国驻华公使馆及关税处送达12份照会。

照会的内容都是一样的，大意是：列强无礼索要大沽口炮台是一种极为严重的挑衅行为，令全体中国人愤怒。京城义和团不断起事，清廷已经无法保护各国使臣与家属等外国人。希望外国人自接到照会时起，限24小时内离开北京赴天津避难。清政府将专门派出保卫力量对外国人进行沿途护卫。

这封照会实质就是最后通牒，让外国人在24小时内全部滚出北京。照会犹如炸弹，各使馆接到照会后，立即炸了窝。

据《英国蓝皮书》记载，英国公使窦纳乐认为，中国已经发疯了。

> 很显然，如果中国政府方面要挑起同所有欧洲国家、美国与日本的争端，那就是发疯。同时没有人认识到这个可能性，即中国政府事实上将要发疯，而且它将做那些当它仍然清醒时决不会想象到要做的事。

当晚，法国公使馆内灯火通明，各国公使齐聚于此，紧急召开磋商会，就当天的照会商讨对策。大家七嘴八舌，议论纷纷。法国公使说，去也难，不去也难，似乎没有什么好方法。美国公使说，还是尽快到天津躲避一下。意大利公使说，去天津也不会安全，再者，我们根本不可能安全抵达天津，京津到处都是义和团，我们对安全问题不放心。窦纳乐表态，对清政府的照会，原则上最好是既不接受也不拒绝。

这些人讨论来讨论去，也没个结果，不过还是想去天津的占了多数。最终大家人困马乏，愿意达成一致，让公使团团长葛络干立即回复总理衙门，24小时内时间太紧张，无法离京。同时，要求20日上午9时与奕劻、载漪见面会晤。

公使团的回复，也就是复照在20日清晨7时送到慈禧手中，此时，慈禧正忙于召开第四次御前会议，奕劻、载漪是必须参加的。慈禧当即拒绝了各国使馆的要求。

那边，各国公使仍在焦急地等待清政府的消息，左等不来右等不来，每一小时似乎都是煎熬，距离24小时的期限，已经过去了一多半的时间。

各国公使再次紧急讨论，意见仍然不统一。有公使认为应该再等等，有公使认为应该去总理衙门问个究竟。窦纳乐后来在给英国政府的报告中回忆了这段经历："到了9点半还没有答复，大部分公使都认为我们应该继续在使馆等待，如果没有答复就贸然前往，坐在总理衙门等着大臣们召见，则有损我们的尊严。"

克林德早已按捺不住，一拳砸在桌子上，说："你们不去，我去！我去衙门坐等，即使坐上一夜，也要把他们等来。"俄国公使格尔斯劝他还是不要去，外面太危险，要去也是一起去。

克林德满不在乎，他说："没有什么危险，昨天和前天我派我的翻译出去过，他一点也没受到骚扰。"格尔斯说，那干脆先派翻译去吧。克林德觉得这个想法不错。

克林德表面答应，先让翻译前去总理衙门探听消息。但回到使馆后，他坚持与翻译一同前去。

克林德命人准备两顶轿子，一顶自己乘坐，一顶给中文翻译兼秘书柯士达（也有说法是柯达士）乘坐。在4名德国海军陆战队士兵的护卫下，克林德与柯士达走出东交民巷。出了使馆区，由中国士兵引导，德国士兵返回。

当克林德等人走到东单时，正好碰上神机营霆字枪队章京恩海率领的清兵在巡逻。双方发生言语冲突，清兵将克林德打死，柯士达也被打伤。

对于这个事件的过程，后来柯士达曾有回忆，他是这样写的：

> 公使的轿子离我的轿子不过三步之遥，我看到一个满族军人，全副武装，穿着制服，头戴蓝翎军帽，正举起步枪，向前跨了一步，将枪伸到离公使的轿帘约一码之处，然后瞄准公使的头部，开始扣扳机。我惊恐地大叫："停！"与此同时，枪声已响，轿夫将轿子扔下便逃。我从轿子里跳出来，大腿已中一枪，其他士兵纷纷向我开枪。我向公使的轿子看了一眼，里面毫无动静。

克林德的随从与士兵慌忙返回德国使馆送信，德国使馆卫队立即出动，赶赴事发现场。当他们赶到东单时，发现现场除了一摊血迹之外，什么都没有。轿子、遗体已经没了踪影。无奈，卫队士兵只好空手返回。

事实上，克林德的遗体已经被清兵运走。当时的总理衙门只知道死了洋人，但并不知道死的是德国公使。

事发后，恩海搜查了克林德的轿子，发现了一把左轮手枪，这把手枪正是克林德使用的手枪。手枪内还有五发子弹，刚刚开过枪的枪管还是热的。

关于克林德遗体的下落，很多史料记载不多。由于京城局势混乱，此问题一直没有得到及时的处理。笔者找到了关于克林德遗体的两条相关线索。

据《景善日记》记载：克林德被杀后，端王指示"戮其尸，悬于东安门"，但袁昶偷偷将克林德的遗体装棺入殓。有人指责袁昶是里通外国，袁昶解释说："吾在总理衙门，亲认德使，不忍其暴尸于外。"

意大利作家阿德里亚诺·马大罗整理了很多战时日记，在他的《1900年的北京》一书中记载：7月18日，总理衙门大臣来到战火围困的外国使馆，说克林德的遗体已经找到，正在派专人守护，将送交日本使馆。

堂堂一国公使被杀，这是严重违反国际法的行为。至于克林德被杀的原因，坊间有各种传闻，最严重的说法是克林德被谋杀致死。

柯士达曾说："我能证明刺杀德国公使事件是有计划、有预谋的，是中国最高当局下令，由一位满族军官执行的。"

柯士达认为，清兵没有枪杀轿夫和马夫，而只是枪杀了克林德。如果是义和团，会袭击所有外国人。因此他认为，克林德是清政府故意谋杀。不过，柯士达的这个逻辑难以令人信服，这个阴谋论水平并不高。

更诡异的是，有英国媒体居然在几天前就报道了克林德被杀一事。至于为何会发生这种"神预言"，英国《时报》记者史密斯曾经撰文说："常常会发生这样的情况，即当这种具有特殊性质的谋杀发生前四天，电报就会把这一消息传遍全世界，而当谋杀真正发生时，则很少有人去计较时间了。"这段话让人费解。

还有一种说法也是被谋杀，但不是被清政府谋杀，而是被其他国家谋害。同样是《时报》记者，莫里森曾提到：克林德是个粗鲁的家伙，在被害前一晚，克林德大骂俄国公使，指责俄国公使欺骗了自己，为了达到个人的政治目的，把大家引向了毁灭。

格尔斯曾向窦纳乐透露，德国有意秘密策划推翻清廷，以军事手段分裂中国，从而损害了英国与俄国的利益。据此有人分析，很可能是格尔斯建议端王，在克林德独自前往总理衙门时，将其干掉。因为克林德的被杀，非常符合列强分割中国的计划。

据说，当时使馆区的很多人都非常恨克林德。一是他本人过于狂妄，二是他对义和团过于傲慢，导致外国公使常处于危险中。

综合各种判断，外国谋杀克林德也基本没可能。因为克林德独自去总理衙门的事是临时做出的决定，其他国家根本不知道。在各国公使会议上，他还没有做出这种决定。即使其他国家知道克林德一人去总理衙门，想要借助清政府的手来谋杀克林德也不是一件容易的事。这需要提前送信给端王，然后端王立即派人指示给恩海。问题是，一向仇恨洋人的端王怎么会听洋人的指使呢？而且杀的还不是普通人。

7月5日，欧洲报纸是这样报道克林德之死的，标题是《北京继续公开处决外国人》：

他受其他公使的请求去外交部执行一个特殊的任务，因为他是唯一会讲中文的公使，而且人们认为北京的老百姓喜欢他。但是，一帮由清兵和义和团组成的匪徒对他发动了袭击，把他扯下马，想用他杀一儆百，并对他施行了那些中国人十分擅长的令人发指的酷刑。嗜血的人群抬着不幸遇难的公使的遗体肆意亵渎，庆贺胜利。

这篇媒体报道显然是与事实不符的。枪杀克林德并没有义和团拳民的参与，也没有令人发指的酷刑，更没有嗜血的人群亵渎克林德的遗体。

实际上，克林德的死更像一个偶然事件。正像窦纳乐对克林德的评价，他是一个"暴躁和冲动的阴谋家"。克林德性格狂躁，不仅对待其他公使态度傲慢，对待中国人更是粗暴无礼。从克林德抓捕小拳民一事就可以看出。当他得知联军要进京时，曾兴奋地大叫："这是瓜分中国的开始！"

当天，克林德执意要去总理衙门，在东单一带，他遭遇了清兵巡逻队。柯士达的记载是：克林德的轿子擦到了清兵的车，双方发生争执，并引发冲突。

很大可能是，克林德的傲慢激怒了清兵。有

杀死克林德的恩海被抓获

说法是，克林德首先开枪，清兵才将其击毙。从后来发现的手枪来看，克林德也确实开过一枪。即使是清兵先开枪，也很难证明这是一起谋杀。

对于杀死克林德的凶手恩海，外国人自然是不会放过的。在联军攻陷北京后，联军利用各种侦察手段寻找恩海，但始终没有发现恩海的下落。

某天，一个日本便衣侦探逛街时，在一家当铺里发现了一块精致的怀表，怀表的背面竟然刻有克林德的名字，侦探忙询问怀表的主人是谁。当铺老板说，是一个叫恩海的人，并说出了恩海的住址。

原来这块怀表就是恩海打死克林德后抢走的。

联军立即派重兵将恩海的住处包围，并将其抓获，对恩海展开了突击审讯。关于审讯过程，有中国官员进行记录。中国官员原本希望通过奏折的形式呈给远在西安的慈禧，但由于通信中断，便将此奏折直接给了上海媒体。

上海有报纸是这样报道的：

审问之时，恩海神宇镇定，毫无畏惧。

问官问曰：“德国公使，是否为汝所杀？”

恩海答曰：“我奉长官命令，遇外国人既杀之。我本一兵，只知服从长官命令。有一日，我带领二三十人，在街上见一外国人坐轿而来。我立于旁，对准外国人放一枪，轿夫立时逃走。我将外国人拖出，已死，其胸前有一表，我即取之。同事中有得其手枪者，有得其戒指者。我万不料因此表犯案。但我因杀国仇而死，心中甚乐。汝等既杀予以偿命可也。”

翻译又问曰：“汝是日醉否？”

恩海笑答曰：“酒乃好物，常可饮四五斤，是日实未饮一杯。我无需倚酒希减罪。”

恩海真一忠勇之人，侃侃不惧，观者皆为动容，觉得中国军中尚有英雄也。

恩海没有借酒为自己免刑，确实是一位好汉，但死刑难免，德军必报此仇。据1901年1月20日的《法国画报》中的文章《处决刺杀克林德男爵的凶手》报道：1900年12月31日，恩海在德军的监视下，在北京被处决，处决地点就在克林德被枪杀的地方。引文如下：

> 为了等待观看处决的德国军官的到来，恩海在街道中央跪了半个小
> 时……恩海看上去很高兴，他大笑了好几次，声称自己也是一个忠诚的人，
> 肯定名垂青史。

刽子手行刑后，恩海的头颅被放在一个笼子里，悬挂于街头。后来，恩海的头颅被土库曼号轮船运到了德国。

克林德的被杀激怒了德皇，德皇誓言要派出远征军报复中国。不过，还没等德国的远征军到中国，北京城里已经开始了大阵仗。

# 四

## 攻打西什库教堂

7月的北京，进入最热的季节。

某天下午2点左右，一群男人和一群女人悄悄来到西安门，男的有100多人，个个膘肥体壮，女的有20多人，个个容貌靓丽。走在队伍前头的是一匹高头大马，马上端坐着一个手持大刀、身披袈裟的大和尚。

西安门内的一片空地上摆放着一张桌案，桌案上有一壶酒、一盘菜。大和尚飞身下马，盘腿坐在桌案旁。只见他双手合十，双眼微闭，口中不断念叨着什么。

20分钟后，大和尚睁开眼，开始吃喝起来。他自斟自饮，旁若无人，一群男女面无表情地看着他。

大和尚吃完，静坐在那里一动不动，双眼紧闭。四周非常安静。

又是20分钟后，大和尚突然站起，抄起大刀，跨步上马，大吼一声："跟我

冲啊！"

大和尚挥舞着大刀朝一座高大的教堂飞奔而去。"杀啊！"一群男女各持武器跟在大和尚身后，快速跑向教堂，顿时杀声四起。

大教堂的围墙上突然伸出几支枪，枪口对准了冲杀的大和尚及其率领的一众男女。

当大和尚快要逼近教堂时，突然枪声大作，大和尚身子一歪，跌落马下，跑在前面的男女多人被打倒，血溅满地，后边的人迅速调头逃跑。

在狼狈逃跑的队伍中，有一个官员的模样的人，他就是大学士刚毅。

这次进攻教堂的行动，就是攻打西什库教堂战役中一次特别的行动，最终还是以失败告终。狂奔300米后，刚毅喘着粗气，上气不接下气，扶着一棵大树坐下。直到此时他才意识到，法术根本挡不住子弹。

大和尚是端王载漪专门请来的五台山和尚，跟随大和尚冲锋的一众男女都是义和团拳民。他们的任务就是利用法术拿下西什库教堂。

西什库教堂由蚕池口迁建而来，位于北京西安门内北侧，1888年落成，是一座哥特式的天主教堂。西什库教堂是天主教在中国北方的总堂，主教是法国人樊国梁。西什库教堂也俗称为北堂。

1900年的夏季，是个狂热的季节。义和团仇洋灭教，教堂与洋人、教民都成了义和团攻击的目标。西什库教堂影响广、目标大，自然是重点攻击对象。哥特式建筑以高挑著称，高大的建筑刺激着义和团拳民原本脆弱的民族自尊心。

进入6月后，清廷招抚义和团与洋人开战的意图越来越明显。伴随义和团运动的狂热，载漪、刚毅等人借机兴风作浪，西什库教堂逐渐成为风暴中心。西什库教堂也是庚子事变的一个重要战场。

6月15日晚9点左右，西什库大街上突然嘈杂起来。大批拳民蜂拥而至，为首的正是载漪。载漪带领拳民高呼口号，大家群情激昂，大喊着一个字："杀！"

情绪被迅速点燃，拳民开始放火，将西什库教堂前的一排大棚房点燃。火光骤起，喊杀声再起。或许拳民希望用火引燃教堂，但可惜的是，教堂并没有被殃及。

西什库教堂内的大量传教士与教民高度紧张，他们意识到真正的危险开始了。但他们不会想到，未来63天内，他们将度过一段恐怖的日子，接受一场生与死、血与火的巨大考验。

西什库教堂作为北京最大的教堂，在义和团进入京城后，逐渐成为教民的避难地。在载漪带领拳民纵火的这一天，教堂内有法国传教士13人，修女20人，总人数规模高达3000余人，里面包括大量中国教民及其父母、妻子、儿女。

与教民及其家属的规模相比，西什库教堂的防卫力量则非常薄弱，只有区区41人，包括从法国大使馆租借的31人，意大利大使馆租借的10人，其中还有一名意大利海军中尉指挥官。41人的武器只有41杆步枪，而且还无法连发。

义和团在15日纵火吓唬，在16日开始劝降。义和团将两封劝降信用箭射入教堂内。《义和团档案史料》中有一封信是这样写的：

> 你们天主、耶苏（耶稣）教民听着：汝等外救已绝。劝尔等若将樊国梁等洋人交出，凡洋人财产全分与尔等。若尚执迷不悟，破巢后玉石俱焚。今已铺成地雷数处，看尔等如何抵御？及早回信，免遭不测。本团言出法随，思之，思之。

但这种劝降信根本没有起作用，因为不是每个教民都能看到。即使真的有教民想里应外合也很难，因为义和团杀教民都杀红了眼，教民逃出去未必不会被杀。

17日清晨，真正的进攻开始。一万余名拳民手持大刀长矛，呼啸而来，在一片喊杀声，拳民快速逼近教堂。教堂围墙突然出现六个洞口，六把步枪一起开火，后面的拳民发现前民的拳民已经死了，慌忙调头逃跑，乱作一团。《拳时北堂围困·王司铎日录》一书记载有这个场景。

义和团冲锋自然不是傻傻往前冲，主要是希望靠近教堂后向教堂内投放火把。火烧教堂的策略虽好，但这种没有丝毫掩护的冲锋实在比较幼稚。奇怪的是，义和团如此的冲锋模式竟然持续了很多天。

投放火把不成，义和团想到一个妙招。有拳民用竹筒做出一个射油筒，利用弹射装置，将煤油包投进教堂内，然后再向教堂内射火箭。这招果然奏效。

教堂内，火焰四起，避难的人们惊叫着、呼喊着。酷暑季节，加上大火的炙烤，教堂内顿时成了烧烤炉。教堂全体动员，利用各种工具灭火。教堂内乱作一团，被烧死的人血肉模糊，人们惊恐得四处奔跑，大人叫、小孩哭。

但火攻也无法长期进行，当教堂院内的树木、杂草都烧干净后，就再也没什么可烧的了。

火攻不行，再用炮攻。载漪调来清军，在教堂500米外布置了8门大炮，炮声齐鸣，数发炮弹飞向教堂。炮弹也没有长眼睛，有的落到了围墙处，将6名狙击的士兵全部炸死，另外6名士兵迅速补位。有的炮弹打到了教堂建筑上，被炸出了大坑。

伴随不断的炮声，义和团发起冲锋，集体向教堂冲杀。教堂守卫士兵迅速开枪射击，拳民同样的死亡，其余拳民同样的逃散，一切仍然同样的情景。

经过十多天的围攻，西什库教堂依然屹立不倒，高大的围墙仍然坚固。人多势众的义和团始终无法靠近教堂。

无奈之下，义和团大师兄向载漪推荐五台山大和尚，还有人建议，用"阴门阵大法"对付洋人。总之，就是发挥所谓的法术优势。载漪同意。

义和团贴出告示，命令北京城内家家点亮红灯，高高挂起。同时，邀请五台山和尚、金刀圣母、梨山老母、红灯照等各种法术势力紧急赴西什库教堂。

滑稽的一幕出现了，金刀圣母、梨山老母带领一群十五六岁的红灯照女拳民，在西什库大街跳起了大神；五台山大和尚披着袈裟也粉墨登场，但最终还是一命呜呼。义和团的冲锋仍然无功而返，每天都有死伤。

翰林院编修华学澜在《庚子日记》中记载："本日为拳民荡平西什库之期，摆金网阵，惟洋人有万女旄一具，以女人阴毛编成，在楼上执以指麾，则义和团神皆远避不能附体，是以不能取胜。"

讽刺的是，在晚清的战争史上，曾无数次上演过这种荒唐的战术。

教堂外的人在用尽心思发动进攻，教堂内的人在用尽心思活下来。经过半个月的围困后，教堂内的粮食越来越少，断粮的恐惧开始笼罩在每一个人的心头。3000多人的吃饭问题成了大问题，尤其是还有众多的婴幼儿。孩子们的哭声揪扯着所有大人的心。

6月底，人们开始宰杀骡马。每天宰杀一匹，用来煮食。

在一拨义和团拳民冲杀的同时，另一拨义和团拳民利用铁锹等工具正在挖着地道。数天后，义和团偷偷地将地雷放入了地道。

7月18日午夜，一个巨大的爆炸声让所有人惊恐起来。人们发现，教堂内两栋房子被炸坍塌，100多名教民与小孩被埋在废墟的坑中。教堂外，是义和团的欢呼声、锣鼓声与冲杀声。这又是一个不眠之夜。

接下来的几天，教堂院内每天都会发生多起爆炸，坍塌的建筑、炸飞的砖石、残缺的尸体，随处可见。炎热的夏季，大量死去的教民来不及掩埋，尸体很快腐臭，尸臭让人们恶心得想吐。

牲畜越杀越少，已经没有多少吃的了。8月初，教堂内的人开始断粮，不断有人被饿死。教堂内婴儿的啼哭声此起彼伏，人们彻底绝望了。

为了不被饿死，教民将死去的拳民尸体置于围墙外较近的地方，吸引流浪狗来啃食，然后用枪将狗打死，趁人不备再把狗运进院内，供病人与哺乳期的妇女食用。

饥饿吞噬着每一个人。人们开始吃树皮，将树叶、嫩草及花卉根子煮成汤充饥。

距离教堂500米有一个粮仓。人们实在无法忍受饥饿的折磨，奥利维利中尉打算带领17名士兵乘夜色去抢粮食。这一想法遭到樊国梁的强烈反对。樊国梁认为，一旦他们出去，很可能还没等他们返回，义和团拳民就冲进了教堂，那样，即使他们抢到了粮食，教民也吃不上了。

然而，进入8月份后，义和团与清军的攻击已经大为减弱。直到8月14日，联军攻入北京城。

两个月，数万人的义和团与清军竟然攻打不下一座教堂。什么原因呢？

义和团的攻打是真刀真枪，但武器装备有限，手持大刀长矛不解决什么问题，而且根本无法靠近围墙。给教堂制造的最大麻烦就是挖地道，埋地雷，教民死伤大部分是被地雷炸死。义和团还有一个致命的弱点，就是：他们相信法术，也认为洋人有法术，相信什么五台山大和尚、各种圣母。但义和团不知道，洋人的子弹可以打穿一切法术。

清军的攻击则是半真半假。根据樊国梁的记载，7月4日，是清军炮击最猛烈的一天。清军开始使用普通炮弹，后改用开花弹，晚间又再次使用普通炮弹。炮弹密集，教堂部分房屋被洞穿。据统计，清军发射的炮弹大约有360余发，但仅仅炸死一人，伤了数人而已。

7月10日，樊国梁在日记中记载道："放炮弹百有七，皆实质，每弹约重25斤。余方起床，忽来一弹，破窗而入堕于床。此又一圣迹也。"樊国梁发现，清军的炮弹很多是实心弹，并不爆炸。更离奇的是，有时清军的炮弹一天打了300多发，但教堂内竟无一人受伤。樊国梁惊讶地发现，炮弹大都穿越屋顶而过，根本没有打入教堂内，炮弹只是路过。

很明显，这是清军故意而为。真刀真枪是真的，避实就虚也是真的。清军的行动受清廷制约，联军在变，清廷也在变。随着联军不断向北京推进，清廷的态度时而强硬，时而和缓。显然，清廷不敢真的把洋人往死里整，恐引发更大的麻烦。

在西什库教堂战役发生的同时，东交民巷的使馆区则经历着一场更大的战斗。

# 五

# 围攻使馆区

巍峨耸立的紫禁城威严无比，但在这个酷热的夏季，它已经被枪炮声包围。西苑仪鸾殿内的慈禧很难再睡一个安稳觉。

西什库教堂在紫禁城的西北方向，距离慈禧最近，在63天的围困战中，炮声隆隆，冲杀声阵阵。在紫禁城的东南边，东交民巷的使馆区又是一个激烈的战场，这里的战斗区域更大，双方投入的力量更多。

使馆方面共有450名士兵，保护着12名公使、463名使馆工作人员、2300多名躲进使馆避难的中国教民。而围攻使馆的清军规模约在两万人。

围攻西什库教堂以义和团为主力，而攻打大使馆则以清军为主。攻打公使馆的战斗主要以三块为主：一块是肃王府，一块是法国公使馆，一块是英国公使馆。

肃王府与英国使馆呈东西分布，中间仅隔着一条御河。法国使馆面积较小，在肃王府的东南方向约300米处。

肃王府是肃亲王善耆的王府，善耆也就是川岛芳子的生父。肃王府由于紧邻英国使馆，便成为清军攻击使馆前的一个重要攻击目标。京城大乱初期，大批教民逃到东交民巷，京师大学堂教习、英国人秀耀春希望肃王府能提供给教民避难。善耆很不错，答应了。善耆与家眷搬了家，腾出了地方。使馆卫队士兵也意识到肃王府的重要性，保卫肃王府自然也像保卫英国使馆一样重要。

有西方记者看过肃王府的地形后，说："如果在肃王府设一门大炮，就可以把英国使馆炸个粉碎。"

担任攻打肃王府的清军是甘军董福祥部，与义和团共约4000人，而守卫肃王府的是40名使馆卫兵、日本水兵与意大利海军士兵各20名。6月20日下午，甘军向肃王府发动攻击。第一天的攻击，只是吓唬战术。甘军躲在防御工事后面，用来复枪向肃王府的上空不停地射子弹，子弹打到房顶瓦片上、树枝上后飞落院内。一名联军士兵被流弹击中头部而死亡。

甘军放完枪，义和团几千人吹号角，大声喊杀，声势震人。然后，甘军再次开始密集射击，枪声大作，子弹横飞。对义和团的这招儿，开始时卫兵还比较害怕，几天后，他们用木棒使劲敲油桶，义和团顿时没了声音。

6月25日，甘军开始炮击肃王府。甘军在肃王府的东侧100米处部署了一门大炮，几炮过后，就把肃王府的围墙炸开一个大缺口。卫兵高度紧张，他们担心清兵与义和团拥进来。谁知，并没有人进来。

卫兵观察一段时间后，发现没有动静，将缺口堵了起来。第二天，甘军的炮兵再次轰击此位置，又炸开了一个更大的缺口，但还是没有清军与义和团冲进来。

侵华联军在肃亲王府前合影

就在卫兵疑惑的时候，缺口处突然出现一个长长的竹竿，竹竿的头上捆着一团破布，正在燃烧。原来是要放火。就在卫兵紧张的时候，燃烧的布团突然掉落在地上，卫兵迅速用土将火扑灭。

一天后，甘军开始在肃王府外的一个小胡同里修筑高台，与肃王府的围墙一样高，希望将炮弹打到英国使馆里，但炮弹几乎全部落到肃王府院内，砖石乱飞，几名卫兵被炸死、砸死。接连数日，炮击时断时续，在炮击的掩护下，甘军不断向肃王府靠近。虽然有所突破，但是并没有对卫兵产生实质性威胁。

7月1日，意大利帕奥里尼上尉带领多名卫兵跑出肃王府，向这个炮台突袭，结果中了清军的埋伏，遭到疯狂的射击，意大利人紧急后撤，但仍有3个水手中弹身亡。肃王府被攻破，卫兵退至最后的防线内。

从此，卫兵再也不敢跑出防御工事。为了节省弹药，卫兵也不敢随便开枪。他们除了用木棒敲击油桶外，就是想办法制造各种噪声，如大家集体鼓掌，或是咂舌声等。双方虽都躲在工事后面，但距离不到20米，清军听得非常清楚。

为了加强肃王府的守卫，7月8日开始，柴五郎大佐为30名中国教民发放了武器。但双方再也没有发生过大型战斗，只是一直僵持着，直到联军进入北京城，清军也没能拿下肃王府。

甘军在攻打肃王府的同时，荣禄率领的武卫中军正在攻击法国使馆。攻打法国使馆也是从6月20日下午开始，前六天，清军采用的都是炮击战术，把法国使馆炸得面目全非。就在使馆卫兵快顶不住、请求英国使馆增援的时候，清军又改变了战术。

同肃王府的战术差不多，在炮声的掩护下，清军在法国使馆的一处围墙上掏开了一个洞，然后向院内放火，然后趁机攻入法国使馆院内。法国卫兵只好后撤至最后一道防线的工事内。

7月7日，是清军炮击最猛烈的一天。清军用重炮开轰，爆炸声此起彼伏，法国使馆内漫天尘土，大约轰击1小时后，使馆大部分都成了废墟。但卫兵英勇不屈，仍然顽强抵抗，坚守在最后一道防线内，誓不放弃。

法国使馆同肃王府一样，同样坚持到了最后。其他一些比较小的使馆则没有这么幸运。

比利时使馆、荷兰使馆是最先被攻破的两个使馆，因为两座使馆的卫兵只是稍加抵抗，然后就撤到了英国使馆。奥匈帝国使馆的一名法国陆战队员被打死，随后使馆被放弃，清军放火焚烧。意大利使馆没有放弃，但也只坚持了两天。22日，意大利使馆被清军焚毁，2名德国陆战队士兵被打死。

这种热闹，自然少不了义和团，但下场很悲惨。一种是直接被洋人打死。如6月23日，20多名拳民手持火把跑到德国使馆附近，打算纵火。卫兵突然出击，将这一群拳民全部打死。类似这样的事还有几起，但对使馆都没有构成威胁，拳民死伤很多。还有一种是被清军打死。虽然义和团与清军都是中国人，但分属两个组织、两种派别。清军认为，紧张的政治局势完全是由义和团引起的，因此，在攻打使馆时，清军不想自己流血，便命令义和团拳民冲在前面。在攻打肃王府时，清军让那些号称有神术的拳民冲在最前面，有拳民想逃跑，清军立即开枪击毙。

7月9日，3个清兵被法国使馆逮住。他们在刺探情报与放火时被法国使馆卫兵抓获。经过审问，3个清兵向外国人透露了很多有价值的信息，如围攻肃王府与法国使馆的清军与义和团大约有8000人，清军与义和团分歧非常大，义和团不愿意冲在前面，都是被清军强行命令冲锋的。最重要一个信息是，西摩尔的联军被困在天津，无法到达北京。这个消息让所有困守在使馆内的外国人绝望了。随后，3个清兵被处决。

7月11日，有18个企图潜入法国使馆埋地雷的清兵被抓获，结局同样是被处决。

7月13日，清军开始使用地雷，此举给法国使馆造成了很大的损失。

与此同时，英国使馆也遭遇着一场围困战。英国使馆院子比较宽敞，可隐蔽的地方比较多，不管是其他使馆工作人员，还是其他教民，都往英国使馆跑。遭围困时，英国使馆的人数达到了900余人，包括100余名妇女与儿童。

6月21日，清军炮击英国使馆学生饭厅，使馆卫兵同样还以大炮。从此，在英国使馆避难的900余人开始了长达54天梦魇般的煎熬。22日傍晚，清军在英国使馆西侧的"蒙古市场"架起大炮，再次炮击英使馆。

6月23日，清军再次放火，将英国使馆北侧的翰林院内树木全部点燃，试图以此引燃英国使馆。这是清军攻打西什库教堂与大使馆以来，最大的一次纵火。英国公使窦纳乐立即派100余人去翰林院救火，经过一天的紧张扑救，大火才终于被扑灭。翰林院四分之三的房子被烧毁，《永乐大典》《四库全书》等大量珍贵的藏书、文献被烧毁，或被烧得严重残缺不全。

清军对各使馆的围攻也是半真半假，窦纳乐注意到了这个现象。6月29日下午，清军向使馆发动猛烈炮击。据《英国蓝皮书》记载，窦纳乐写道："下午，敌人在肃王府东北角上的炮兵特别卖力气，然而，射击不得法，有好几发炮弹越过使馆，落入内城城墙以南的外城。"

类似这样"故意打不准"的炮击、射击有很多，而且甘军与武卫中军都存在。英国人赫德认为，一定有一个"明白人"在操控。这个人是"明白毁灭使馆将付出国家破碎、王朝更替的代价的聪明人"。《英国蓝皮书》中有如下描述。

> 炮击日夜断断续续地继续进行，仅射入使馆和翰林院建筑物中的炮弹就达一百五十发以上。很奇怪的是，这次炮击所造成的唯一伤亡是一名年老的中国妇女，她的腿被一发炮弹打断，结果死去了。有些人被炮弹所击落的砖块打伤，但伤势都不严重。

究竟谁在授意清军"故意打不准"呢？据时任工部主事的李岳瑞在《春冰室野乘》中的记载，使馆久攻不下，载漪很生气，命令甘军一位叫张怀芝的分统，使用德国新式"开花炮"。此"开花炮"据说德军都没有，威力巨大，一颗炮弹重达几百斤，只要三两炮，各使馆就能"夷尸狼藉"了。

但张怀芝是天津武备学堂的高才生，接受的是新式军事教育，他不愿意执行如此残酷的军事灭绝政策，便跑去向荣禄请示，希望荣禄给他一份书面命令。

荣禄是官场老司机，他思考了一会儿说："横竖炮声一响，里边（皇宫）是听得见的。"

张怀芝立刻懂了，回去重新测定大炮瞄准方位，将瞄准方向对准了使馆附近的空地。于是，数百、上千发炮弹就这样越过使馆上空，打在了没人的地方。

围困战进行了半个月后，使馆方面急需与天津的联军联系。7月4日，一名14岁的山东少年愿意为使馆赴天津送信。但这名少年是否可靠，是否能将信成功送到天津并能联系上联军，谁也不知道。

不管是肃王府还是法国使馆、英国使馆，到了7月15日，战斗停了下来。原因是使馆方面派遣的其他信使在中途被清军截获。据《英国蓝皮书》，总理衙门又让信使带信给使馆，表明了清廷镇压义和团的态度，希望大使们能离开，在总理衙门暂避后，去天津。

> 近来奉天、山西等省，团民四应，发愤勤王，均奉严旨勒令各该督抚及统兵大臣竭力弹压，不准北来。第恐川壅而溃，祸将不可胜言。再四思维，唯又仍请贵大臣等暂避天津……如贵大臣决计留京，将来设有不测之患，本爵大臣等业已忠告在先，不能任其责也。

接下来的一周，便是总理衙门与使馆交涉的过程，也是休战的时间。双方都希望停火，但分歧在于谁先停火，主要是谁的责任，要不要去天津。

为了表示诚意，7月19日，总理衙门开始向使馆送西瓜。炎炎夏日，生津解渴，西瓜是消暑降温的佳品。使馆卫兵与避难的教民抓住这个难得的放松机会，大吃西瓜。第二天，总理衙门又为英使馆送来了两大车西瓜、两小车青菜，英使馆的人甚为喜悦。这样的示好持续到月底，不仅有西瓜、青菜，还有大米、面粉。

总理衙门对洋人示好的举动惹恼了清军与义和团，清军冒着酷暑与洋人作战，最后总理衙门把西瓜送给了敌人，清军士兵怎能没有怨言？但总理衙门示好的行为代表着清廷，清军也敢怒不敢言。

示好洋人对义和团的刺激更大，敏感的一些拳民知道，义和团要被清廷抛弃了。果然，清廷下达命令，京城各城门，对义和团严加盘查，只准出，不准进。京城一些坛口的大师兄也意识到，好日子不多了，但解散又心有不甘。

7月28日，去天津送信的山东少年成功返回。他带回了天津领事的信，窦纳乐得知联军已经占领天津，很快将向北京进发。这封信让使馆上下备受鼓舞，窦纳乐重奖了这个少年。送信的少年将密信藏在头发里，历经艰辛，沿途多次遭到义和团的毒打，来回辗转了24天。少年的诚信可嘉，令外国人很感动。

随着天津联军的步步紧逼，清军对使馆区的攻打再次恢复。7月29日，清军突然重新向使馆开炮。8月5日晚间，清军炮击猛烈，8月9日，清军数量明显增多，很多清兵换上了威力更大的新式来复枪。在炮弹的轰鸣声、爆炸声中，英国使馆再次进入地狱模式。

清兵与义和团除了攻打教堂与大使馆外，对外国人与教民进行满城搜捕。拳民挨家挨户搜查，一旦搜出便送菜市口砍死，容留者以窝赃罪处理。仅仅在14日一天时间内，清军在菜市口就处死了78人，包括妇女与小孩。这些人被怀疑是白莲教教徒，企图与天主教勾结谋反。

这个夏季，大清帝国的都城完全被一种躁狂的情绪控制，满城血雨腥风，慈禧似乎也很亢奋。6月24日，山西巡抚毓贤向慈禧请示，山西众多外国传教士如何处置。

慈禧亲自做出批示："杀无赦！"

# 六

# 传教士的遗言

1900年7月9日，一个很普通的日子。这天对山西太原的英国人罗维特夫妇来说却是个特别的日子。

下午2点，午睡的罗夫人早早就醒了，室外传来了滴答滴答的雨声。她坐在窗前，凝望窗外，雨很小，只是湿了地皮。落雨打在窗台的花草上，浸湿了的花朵分外鲜艳。

罗夫人边化妆边催促丈夫起床："今天是我们要去天津的日子，早点起来，我们再收拾一下行装。"

罗维特下床穿好衣服，给了妻子一个吻。

洗漱完，罗维特夫妇二人依偎在窗前，静静地听着室外的落雨声。

"亲爱的，我们要向太原告个别。"二人静坐，默默祈祷。

罗维特的本名为Dr.Arnold E.Lovitt，罗夫人的本名为Mrs.G.Lovitt，二人均是美国基督教教徒。三年前，夫妇二人来到山西传教。他们走过20多个州县，与很多山西教民成了好朋友。他们对这片土地感情很深。

罗维特想起，进入1900年3月后，山西各地义和团风起云涌，无数教堂被焚毁，大量教民与传教士被袭击，很多人惨死。夫妇二人祈祷山西能尽快结束动乱，希望福音能给人们带来和平。

"各传教士，迅速集合！"外面有人高喊。

罗维特夫妇二人牵着手，拿着行李，走出了大门。与此同时，还有几十名传教士也陆续在大门外集合。大门外，5辆马车一字排开。大家有说有笑，很是轻松。女人今天打扮得异常精致，孩子们嬉笑玩耍，天真的眼神令人心生怜爱。

今天要出门远行，大家满怀希望，因为已经很久没有这样的旅行经历了。

与传教士们轻松的状态不同，大门外的清兵个个持枪站立、表情冷峻，传教士从士兵的眼中看不到一丝温暖与友善。

"尽快上车！"一位骑着高头大马的官兵吩咐大家赶紧上马车。众人停止谈笑，陆续搬运行李上车。他们要去的地方是山西巡抚衙门，巡抚大人说好要为他们送行。

马车穿过太原最繁华的街区，可以看到被焚毁的教堂，坍塌的房屋，十字架被折断。有些教堂外墙壁一片乌黑，明显是被烧过的痕迹，还有的教堂仍在冒着烟。

沿途围观百姓众多，他们叽叽喳喳不知道议论着什么。罗维特夫妇微笑着与大家打招呼。

围观人群中，四处可见红衣红裤的义和团拳民，他们挥舞着大刀、长矛，不断高喊："杀死洋人！杀死洋人！"幸好，他们一路有清兵警戒，义和团无法靠近马车队伍。

当看到义和团拳民时，马车上传教士们的脸上没有了任何笑容。他们眉头紧皱，低头沉思不语。正是这些疯狂的义和团拳民，让他们中断了传教，不得不去天津避难。

6月是山西义和团运动的高峰期，各州县的教堂悉数被焚毁。外国传教士无处可逃，纷纷向官府求救。6月27日，山西巡抚毓贤通知各地，因为山西兵力薄弱，无法为外国传教士提供保护，希望各州县将传教士集中到太原，然后集体护送到天津。

毓贤将太原的铁路公局作为传教士的集中安置地，安排重兵把守，以防义和团进行骚扰、攻击。同时，毓贤还向传教士大量供应供水果、蔬菜、大米、面粉等食物。传教士们对此非常感动。

20分钟后，马车队伍抵达省署西辕门前。眼前的一幕让传教士们惊呆了。

300名荷枪实弹的清兵将西辕门前广场围成方形，密不透风，这阵势仿佛如临大敌。传教士们下车后，在广场前站立等待着。清兵外是众多围观的太原百姓。

太原的小雨依然在下着。传教士们等待了一个小时，一直没有人接待他们，连个打招呼的人都没有。有些人站累了，就坐在自己的行李上休息。

罗维特夫妇感觉有些不对劲。

"巡抚大人到！"一名士兵的高喊打破了人们的思绪。

传教士闻声望去，只见一名矮胖的中年人在众人的簇拥下来到广场前。落座后，他不紧不慢地喝起了茶水。此人便是毓贤。

有传教士忙上前询问毓贤，去天津何时出发，结果被清兵挡住，并遭到呵斥。毓贤表情严肃，一言不发。有传教士开始激动起来，大声表示抗议。

"啪"的一声，毓贤摔碎了茶碗，猛地起身站立，大声向传教士们叫道："洋教进入山西数年，蛊惑人心，滋生事端，荼毒百姓，罪不可赦。数日前，太后决意与洋人开战，定要将国内的洋人斩草除根，杀个精光。今日，把尔等集中于此，就是一网打尽，就地正法。"毓贤说完，放声大笑。

此话一出，传教士们像炸了锅。

英国传教士法尔定（Rev.George Bryant Farthing）大声质问毓贤："巡抚大人，原本说好要护送我们去天津，为何出尔反尔，官府的威信何在？"

毓贤没有回答，只是冷蔑一笑。随后吩咐，将洋人们用铁链锁上，开始审讯。

清兵蜂拥而上，传教士们不停地反抗、挣扎，并大声抗议。但任何反抗在全副武装的清兵面前都是徒劳的。

两个清兵押解一人，将其按倒在地，强行让其跪在毓贤的面前。

"叫什么名字？哪个国家的人？多大年纪？是哪个教会的？"毓贤坐在座位上，眼皮都没抬一下。有清兵在旁边迅速地记录着。

法尔定仍然在抗议，他向毓贤大声申辩着："我们只是传教士，为山西的百姓带来福音，给他们看病，助他们上学，我们何错之有？"

毓贤脸转向一边，看着远方，眉头皱起。

"杀害外国人是完全违反国际公法的，巡抚大人你知道这样的后果是什么吗？"法尔定继续抗议着。

毓贤一拍桌子，大吼道："你的死期到了，今天就先拿你开刀！"毓贤突然从身旁的清兵手中夺过一把大刀，用力砍向法尔定的脖子。法尔定就这样死去。

传教士们愤怒了！

罗夫人大声说："我们没有拿美国政府一分钱……我们来中国，把基督耶稣救恩的好信息传给你们，我们所做的全都是对你们有益无损，为什么你们如此回报我们？"

罗维特倒是很镇静，他说："我们的神仍能在无路可走的情况下施行救援……时间不多，但我们已准备好了！"

毓贤似乎已经没有耐心听传教士再说什么，下令开枪。

众人大骇之际，30名清兵向传教士们开枪射击，省署门前，血流成河。

毓贤对此事非常得意，以至于得意忘形，将该案件写进了奏折并上报清廷，也因此成为一大罪证。

这天被杀害者共50人，除5名中国教民外，还包括外国传教士共45人（也有说是46人），其中12名天主教教士，33名新教教士及其家属，家属中还包括11名儿童。

这次屠杀是太原城内集体屠杀外国人最多的一次，也是毓贤自上任山西巡抚以后最大的一次屠杀。

最关键的是，这次屠杀是慈禧对外宣战后，由官府意志——清兵执行的屠杀。后来，八国联军强烈要求清廷严惩毓贤便与此有关。

事实上，这个案件只是山西教案的一部分。在7月9日前后，还有很多传教士陆续在山西各地被袭击、杀死。

在1900年6月至8月，山西成为屠杀外国传教士最多的地区，共杀害外国人130名，中国教民2000余人。也有说是中国天主教徒5700余人，新教教徒数千人。

关于外国传教士的死亡人数，说法颇多。据《义和团档案史料续编》记载，1902年，山西布政使赵尔巽曾在奏折中称，庚子事变期间，在晋的外国人死亡总数为191人。

毓贤是一位紧跟上峰的官员，他在给载漪的信中曾说："山西的教堂很多，需要斩尽杀绝，然后才能想下一步，我作为地方官必为您分忧，为朝廷尽忠，对地方尽力，对义民尽信，对天下后世无悔。"

他在看风向，他押的是"大阿哥"溥儁成为皇帝。他不仅紧跟载漪，还紧紧追随慈禧，但他对慈禧的心思似乎并没有把握到位。


# 七

## 老佛爷的心思


夏日的颐和园，水波荡漾，柳树成荫，环境优雅，这里是慈禧消暑的地方。

6月20日一大早，仁寿殿前锣鼓骤起，喧闹异常，打破了昔日的宁静。一场誓师动员大会正在举行。

据恽毓鼎的《崇陵传信录》记载，2000名义和团拳民手持长枪站立，个个英姿勃发，静候慈禧的训话。能够亲眼见到大清实际的最高统治者的尊容，并亲耳聆听老佛爷的讲话，拳民们感到无比荣幸。

洋人命运该绝，就像鱼在釜中。四十多年啦，我忍辱含垢，卧薪尝胆，要把西方列强赶出中国，就好像古代的越王勾践之心，未尝一日忘记我中华的耻辱。从前，我对待洋人，不可谓不宽大。从前我不是请公使夫人们经常到西苑游玩吗？现在，我们全国军民一心，敌忾同仇，一定能战胜西方列强，一定能！这是毫无疑义的。

拳民振臂高呼口号，表示誓死与洋人决战的雄心。

随后，慈禧起驾，赴紫禁城召开御前会议。2000名拳民四周护卫，一路旌旗招展、浩浩荡荡，威风异常。

从颐和园到紫禁城，大约30里的路程。这一路，慈禧的心情颇不平静，因为她要做出一个影响大清帝国生死存亡的重要决定——向列强开战。

夏日京城的清晨，暑气渐浓，蝉鸣不止。帝都的命运再次走到了十字路口。

此时的义和团，俨如慈禧的皇家卫队。义和团从崛起到壮大，才一年多的时间便走向了巅峰时刻。

慈禧太后在颐和园仁寿殿前乘舆照（前排左为崔玉贵，右为李连英）

携义和团以对抗强敌，这是慈禧的一个重要决策。让人难以置信的是，在一个多月前，慈禧还曾力主痛剿义和团。国家的前途与民族的命运，竟然就在一个老妇人心思转变的瞬间决定了。

在义和团运动的初期，义和团远在山东，慈禧并没有见过。那时，由于义和团常常在民间滋事，从地方到清廷，官方一概称其为"匪"。

如在1899年11月的一份上谕是这样说的："著即督饬所属文武各员。查明各种会匪名目。严行禁止。倘敢仍前聚众。藉闹教为名，结党滋事。并著从严惩办。以靖地方。"

此时的义和团还没有成事，大多还是小打小闹的状态。朝廷自然不会将其放在眼里，仅仅把他们当作聚众滋事的一般地痞流氓而已。

这个时候的慈禧正在为"废立"皇帝一事伤脑筋，慈禧希望尽快废除光绪，但又担心外国人干预，内心处在一种矛盾纠结中。

在1900年2月，清廷仍然对义和团采取严厉剿办的策略："此种私利会名，聚众生事，若不严行禁止，恐愚民被其煽惑，蔓延日广，迨酿成具案，不得不用兵剿办。"

真正让慈禧对义和团态度发生转变的，应该是在义和团攻占涿州后。5月27日，3万名义和团拳民兵不血刃，占领顺天府涿州城。义和团接管了整个涿州城的管理，而涿州官府则靠边站了。这一幕对慈禧的刺激非常大。

义和团在山东时，似乎感觉还比较遥远；到了直隶，似乎也没有大的忧虑，只要即行剿办便是。但涿州属于顺天府，与京城咫尺之隔，是京畿重地。最重要的是，义和团第一次在涿州成了大气候，由农村包围了城市，从游击队变成了集团军，这恐怕是慈禧最担心的。

也正是在这个时候，慈禧对义和团产生了招抚的想法。慈禧立储的计划遭到重大打击，列强不但不买账，反而进行各种干预，甚至还把军舰从上海开到了渤海湾。慈禧心里非常郁闷，始终憋着一口气。

与此同时，以载漪为首的"大阿哥党"正在加紧夺权，他们也看中了义和团这股不断壮大的势力。

同样是5月下旬，樊国梁的一封信让各国公使坐立不安。樊国梁预言，随着义和团的壮大，外国人恐怕要遭受一场劫难。恐慌的情绪蔓延，11国公使不断地召开会议商讨对策，最后他们一致决定：一是要求清廷严行剿办，否则代行剿除；二是要求向京城使馆增加卫队以加强保卫。同时，列强还在大沽口进行军事演习，向清廷公开示威。

列强的要求很有威胁、恐吓的味道，这在某种程度上又刺激了慈禧。慈禧执政40年，权力欲望极大，是遇强则强的性格。列强要让军队进京，这让慈禧无论如何也接受不了。

列强执意要派卫队进京。5月31日，第一批联军，也就是各国使馆卫队，共356名，携带两挺机枪、一门炮，从天津坐火车开赴北京。6月1日，又有110名联军开赴北京。

正在慈禧焦虑的时候，顺天府尹何乃莹、刑部尚书赵舒翘两人联合上书，要求对义和团改变策略，由剿改为抚，最好将义和团编入行伍。

"因其仇教之心，用作果敢之气，化私愤而为公义。"说白了，就是对义和团进行招安。

二人的奏折让慈禧转变了态度。6月4日，慈禧召见何乃莹、赵舒翘，询问义和团的具体情况。此时，慈禧才真正重视义和团的问题，认真询问义和团有何等本事。

随即，慈禧命令荣禄停止剿办义和团，并暗中派何乃莹、赵舒翘、刚毅等人去招抚义和团。

刚毅将涿州城义和团的大师兄李金荣带入宫中。李金荣的一段表演，让慈禧感动得热泪盈眶。慈禧喜欢看戏，李金荣特意装扮成关公。关公是忠义的象征，满满的正能量代表。

李金荣表演的是义和团传说的神魂附体、刀枪不入法术。在铿锵有力的音乐伴奏下，威武雄壮的李金荣一会儿挥舞拳脚，一会儿口念咒语、一会儿倒地不起、一会儿耍起大刀。触动慈禧的是，李金荣在表演时，台词都与忠于清廷、打击洋人有关，如"那洋人欺压我太甚！""誓把那洋鬼子杀干净！"，这些话慈禧非常爱听，也非常解恨。

由此，慈禧坚定了信心，义和团可用。这是慈禧态度的一次重大转变。后来的上谕甚至出现了"赤子"的称谓："教民、拳民，均为国家赤子，朝廷一视同仁，不分教、会。"从"匪"到"赤子"，反映出的是慈禧急迫利用义和团的心理。

几乎与慈禧态度转变的同时，载漪、刚毅等人已经暗中放义和团进京。6月上旬，直隶中部各义和团拳民陆续开始大规模进京。

此时的北京城，每天都能见到成群结队进城的义和团拳民。他们手持大刀、长矛，扛着"扶清灭洋"的大旗，很是威风。守城士兵往往还要向进城的义和团致敬。

载漪为了加强对义和团的领导，顺势在端王府成立总团，要求各路义和团到端王府报到，接受自己的领导。

很快，京城的王公府第、六部九卿全部进驻了义和团，甚至被接管。很多文武大臣、衙门差员、清军士兵都开始以习拳为荣。

这一切，深居宫中的慈禧并不知情。

有史料称，慈禧在宫中也开始念咒，每天神神叨叨。每念一次，李莲英就说，老佛爷的咒语已经咒死一名洋人了。

随着义和团在京城的壮大，拳民制造的大小骚乱不断。但传到慈禧的耳朵里，基本都是英勇的事迹。用义和团打击洋人，堪称绝妙。这已经暗合了慈禧的心理。

但在朝廷中，反对招抚义和团的仍大有人在。除南方各督抚极力反对外，朝中重臣也有很多人对义和团不满。这让慈禧很不爽。更让她动怒的是，列强对京城的骚乱反应强烈，扬言要攻占大沽口，继而进入天津、北京。

为此，慈禧先后组织了多次御前会议，让大家辩论，对义和团是抚还是剿，对联军是战还是和。从会议的表现来看，慈禧明显是站在载漪等人一边，主张利用义和团对付洋人。

真正让慈禧下定决心与洋人开战的则是一份假照会。在这份假照会中，列强提出了四点要求，最不能让慈禧接受的就是归政。

所谓归政，就是要慈禧交出权力，还权于光绪。列强的这个要求对于嗜权如命的慈禧来说，无异于让她死。列强对朝政的各种干预早已让慈禧不耐烦，如今他们又逼迫慈禧交出权力，在慈禧看来，显然就是故意挑衅，是故意向她宣战。

载漪等人抓住了慈禧最怕失去权力的致命弱点，以此故意激怒慈禧。一旦慈禧决定向洋人开战，载漪等人控制的义和团就可大有作为，直至趁机夺权。

6月21日，慈禧宣布对外开战，清军与义和团已经于20日开始攻打驻京公使馆与西什库教堂。慈禧动了情绪，也把自己逼到了墙脚。

攻打使馆与西什库教堂，长达两个月，慈禧的态度反复变化，中间停停打打，以至于让清军与义和团无所适从。

开打仅五天，宫中就发生了一件事，这让慈禧警惕起来。关于此事，前文已有交代。6月25日一早，载漪带领义和团气势汹汹地冲入宫中，竟然要杀害皇上。载漪明目张胆夺权的行为让慈禧非常厌恶，也是慈禧不能容忍的。或许直到这时，慈禧才幡然醒悟，原来京城义和团的壮大是载漪一手导演的。

对于慈禧的举动，远在广东的李鸿章完全看在眼里。李鸿章上奏，暗中指责慈禧相信义和团的邪术。6月26日，慈禧给李鸿章发去密电，表达了自己的无奈。

据清代史料《筹笔偶存》记载，这封密电翻译成白话文是这样的：

> 我真是没办法。这次义和团的起事，在几个月的时间里，北京城到处蔓延，已是无处没有义和团啦。他们人数之多，不下十数万，自兵民以至王公府第，处处皆是，同声与洋教为仇，势不两立。在这种情况下，你说我该怎么办呢？如果剿杀义和团，一下子就会祸起肘腋，生灵涂炭呀！因此，我只能因势利导，先使用他们，慢慢地，再试图挽救大局。你在奏折中说这是相信了义和团的邪术，企图靠这邪术来保卫国家，看起来，你似乎并没体谅朝廷在这种局势下的万不得已的苦衷呀！

几天后，天津的战事又增强了慈禧的信心。西摩尔率领的八国联军在廊坊被阻击后，退到天津，又遭到聂士成的清军围剿，八国联军伤亡惨重。慈禧再次下令攻击使馆。

或许第一次攻打使馆时，慈禧是毫不留情的。但从第二次后，慈禧有意留有余地。在史料中，更多是荣禄示意清军放空炮，根本不见慈禧的指示。后来，慈禧在西逃时，曾经坦承"没有叫他们尽意的胡闹"。

这说明，向使馆放空炮来自最高指示。在攻打使馆期间，慈禧先是住在西苑仪鸾殿，后移居紫禁城的宁寿宫。仪鸾殿距离西什库教堂较近，义和团的狂呼呐喊与清军的枪炮声，慈禧都听得很清楚。相信慈禧没有更多的快感，更多的是压力。因为与列强开战，前途未知，很可能会重演英法联军进京的一幕。慈禧很清楚，自己在走钢丝。

正因为慈禧心理压力大，听到义和团的叫喊与枪炮就烦，最终还是搬进了宁寿宫。即便如此，宁寿宫距离西什库教堂与东交民巷使馆区并不算太远，猛烈的炮火声与爆炸声，慈禧同样能感受得到。

7月14日，天津沦陷。当本就备受煎熬的慈禧得知这个消息后，相信应该是在开战后第一次感觉到了害怕。天津失守，也就意味着八国联军随时可能攻入北京。到那时，慈禧恐怕连归政的机会都没了。也正是在此期间，慈禧向遭受围困之苦的使馆送去了西瓜、青菜、面粉、大米。以此示好，慈禧的态度转向妥协。

慈禧虽有些绝望，但仍不甘心。此时，原山东巡抚、长江巡阅史李秉衡进京。李秉衡是清廷的老臣，战功卓著，曾经率军击败过法军。李秉衡犹如慈禧的大救星，让慈禧备受鼓舞，立即授李秉衡统率清军，让他阻止八国联军进京。

李秉衡带兵赴天津，慈禧再次下令攻击使馆。

从打打停停来看，慈禧命清军攻击使馆并不是为了消灭洋人，更多是一种"以战促和"的策略。慈禧希望，通过攻打使馆，让列强服软求和，然后清廷与列强坐在一起谈判。如此一来，清廷有尊严，自己也有面子。但列强似乎不吃这一套，你越攻打使馆，列强就越强硬。时间一长，慈禧也有点下不来台。如果主动收兵，似乎就丧失了"天朝"的威信。

另外，打打停停，围而不攻，明显也有将外国人作为人质的意思。慈禧或许希望，以此要挟列强不要对清廷动武，不要派兵进京，更不要让自己归政。

8月4日下午，近两万名联军从天津出发，直指北京。清廷大震，慈禧真的是怕了。此时，攻打使馆再次进入猛烈期。慈禧一直想不明白，列强为何不服软，为何不能给自己个面子？

直至八国联军攻入北京，慈禧狼狈出逃。当面子彻底没了的时候，慈禧才开始有了种种反思。《庚子西狩丛谈》中记载的一段反思比较有争议，有说真也有说伪。

当大乱子起来的时候，人人都说那些土匪是义民，怎样的忠勇，怎样的有纪律、有法术，描形画态，千真万确，教人不能不信。后来又说京外人心，怎样的一伙儿向着他们。又说满汉各军，都已与他们打通一气了，因此更不敢轻说剿办。

后来接着攻打使馆，攻打教堂，甚至烧了正阳门，杀的，抢的，我瞧着不像个事，心下早明白，他们是不中用、靠不住的。但那时他们势头也大了，人数也多了。宫内宫外，纷纷扰扰，满眼看去，都是一起儿头上包着红布，进的进，出的出，也认不定谁是匪，谁不是匪，一些也没有考究。这时太监们连着护卫的兵士，却真正同他们混在一起了。就是载澜等一班人，也都学了他们的装束，短衣窄袖，腰里束上红布，其势汹汹，呼呼跳跳，好像狂醉一般，全改了平日间的模样。

载滢有一次居然同我抬杠，险些把御案都掀翻过来。

这时我一个人，已作不得十分主意，所以闹到如此田地。我若不是多方委曲，一面稍稍迁就他们，稳住了众心，一方又大段地制住他们，使他们对着我还有几人瞻顾；那时纸老虎穿破了，更不知道闹出什么大乱子，连皇帝都担着很大的危险。

慈禧是一个专制、独裁的人，这样的人最怕失去权力。她怕义和团势力做大，夺了她的权，也怕洋人夺了她的权。在骨子里，慈禧对洋人是既怕又恨的。

据慈禧身边的德龄公主回忆，慈禧在与她的聊天中，时常会流露出对外国人的各种不满。

德龄公主认为，慈禧向来恨外国人，"因为有这么多的外国人喜欢评论她的政府。她最讨厌的就是传教士，由此发展到痛恨一切外国人，不管他们在什么地方"。

慈禧常说："他们有什么权力对我如此无礼！这不是他们的国家，对这个国家的内政，他们没有发言权。难道我不能处罚我自己的臣民吗？如果我派到外国的使节，他们干预那个国家的行动，试问，那个国家的政府能同意吗？""当这些所谓文明国家的人还在把尾巴钩在树枝上打秋千的时候，我们的国家已经是一个文化发达的国家了，而这些国家竟厚颜无耻地派传教士到我们国家来宣传宗教，宣传文明！"

当慈禧为这个帝国早已是"文化发达"国家自豪时，当她下令攻打公使馆时，她根本不知道，遥远的巴黎正在举办人类文明的两个盛会：巴黎世博会与巴黎奥运会。

国外的事情慈禧想不到，但国内的事情慈禧也没有预料到，部分地方督抚早已开始私下秘密串联起来。

# 第四章　南方的异常

# 一

# 盛宣怀的串联

慈禧决意与世界宣战，华北硝烟弥漫。大量逃难的人群从天津乘坐轮船南下，人们把这种恐慌从北方又带到了南方。妩媚的大上海出现了一丝不安。

1900年6月22日上午，上海西江路（今淮海中路）车水马龙，一如往日的热闹。淮海中路有一座豪华花园别墅，平日大门紧闭。这天，大门敞开了一道缝，守门人警觉地观察着四周。

一辆黄包车停在了门前，走下来一位身穿西服、头戴礼帽，手提皮包的中年人士。此人压低帽檐，低头走进了别墅。别墅大门迅速被关闭。

此时，别墅会议室内，已经坐了七个人。没有高谈阔论，没有谈笑风生，大家表情都比较严肃，一场小型会议正在秘密举行。

这个花园别墅的主人正是太常寺卿、铁路督办大臣盛宣怀，也是这次秘密聚会的组织者。参会的客人有张謇、何嗣焜、沈瑜庆、汤蛰先、陈三立、施炳燮等官、商、买办大亨，个个都是响当当的人物。

盛宣怀主持会议，他严肃地告诉大家："如今政局迷乱，朝廷昨天下发了宣战诏书，已经向世界开战，广东李鸿章方面认为此是乱命，概不奉诏。这两封电报都在我手上，你们看看怎么办？"

大家你看看我，我看看你，沉思不语。片刻，何嗣焜说道："首先想办法要确保上海的安全。上海洋商云集，租界林立，容不得有半点闪失。"

沈瑜庆随后说："保上海就要保江南，保江南就要保东南。"

汤蛰先又提议道："不如我们去和外国人谈判，争取达成谅解，不要走向对立。"

张謇说："与洋人谈判前，首先我们要达成一致才行。"

陈三立说道："上海及长江中下游流域，是英国人的势力范围。首先要取得共识，如此才好向英国人谈判。"

施炳燮说："如果是要保住长江中下游，那就需要多省的携手，刘坤一与张之洞必须合作。"

何嗣焜又说："对啊，李鸿章在广东不是不奉诏嘛，他的态度已经很鲜明了。他的威望摆在这，有李鸿章反对在先，只要再去做刘坤一、张之洞的工作就行。"

张謇问道："三个总督，平日意见素有不合，如何才能将他们拉到一起呢？"

何嗣焜看了看盛宣怀说："如果论权力，我们在座的谁也不能将他们三人拉到一起，但盛兄有个方便条件。就是现在的北京处于无政府状态，各国驻华公使已经被困在使馆内，他们根本不能自由通信。盛兄在上海电报局，掌控着全国的电报通信，北上南下、对内对外，都需要盛兄的电报沟通。如果利用好这个资源，上海就是中国的外交中心啦。"

大家纷纷赞同，目光都集中在盛宣怀的身上。盛宣怀也认为很有道理，他问："如何才能把李鸿章、刘坤一、张之洞等人拉到一起呢？"

何嗣焜淡定地说："这个不是很难，李鸿章的电报就在你手里，态度也最坚决。对于刘坤一与张之洞，就派他们最信任的人去游说。"

"游说张之洞嘛，我可以派赵凤昌去，但游说刘坤一谁去好呢？"盛宣怀问。

"那肯定是张謇兄啦，他是刘坤一最赏识的人。"何嗣昆说。

张謇笑了笑说："这个我可以去试试。"

"就这么定了！我们这里成立个临时办事处，大家各自行动，统一思想。"盛宣怀一拍大腿说，"现在分派任务吧，让何嗣焜负责去联系赵凤昌，再让赵凤昌去武汉说服张之洞。张謇从南通去南京，去游说刘坤一。"

很快，会议结束，大家各自散去。花园别墅又恢复了往日的宁静。

送走几位客人，盛宣怀躺在沙发上，望着天花板吊灯，沉思了许久。

世纪之交，战端开启，这个男人将决定着帝国南方的命运。

盛宣怀，1844年11月生，江苏武进人。1870年入李鸿章帐下，随淮军赴陕西镇压回民起义，担任陕甘后路粮台兼淮军营务处会办，负责采购武器等军需用品。1871年，受李鸿章赏识，经办洋务事业。1872年4月，李鸿章委任盛宣怀创办中国第一家轮船航运企业——上海轮船招商局。1892年5月，调任天津海关道兼津海关监督。1896年，负责督办铁路总公司。同年，受到光绪召见，并授予太常寺少卿衔和专折奏事特权。1899年10月，盛宣怀被任命为会办商务大臣，驻沪办事。

关于盛宣怀的能力，张之洞有过一个经典的评价。1896年4月，张之洞邀请盛宣怀到武汉商谈创办卢汉铁路与汉阳铁厂一事。张之洞事后评价道："环顾四方，官不通商情，商不顾大局。或知洋务而不明中国政体，或易为洋人所欺，或任事锐而鲜阅历，或敢为欺谩但图包揽而不能践言，皆不足任此事。该道（指盛宣怀）无此六病。若令随同我两人总理此局，乘上注下，可联南北，可联中外，可联官商。"

盛宣怀

事实证明，盛宣怀正是利用掌控电报局的优势，与各地互通互联，成功促成了东南互保的实现。盛宣怀在上海期间，自称是"局外闲人"，但他一点儿也没有闲，而是四处活动，穿针引线、牵线搭桥，成为东南互保最重要的中间人与策划者。

此时的上海是全国电报通信系统的中心，不仅是国内电报信息的最大枢纽，还是越洋电报海线的重要节点。清廷与东南各省均可通过上海电报总局向外国政府、驻外使馆取得联系，盛宣怀掌控着信息的流通，同时还有扣押、筛选、延迟电报的权力。

6月21日，清廷对外宣战，并同时发出谕旨："此等义民，所在皆有，各省督抚如能招集成团，藉御外侮，必能得力。"盛宣怀第一时间获知宣战消息后，立即致电自己的老领导李鸿章："今为疆臣计，如各省集义团御侮，必同归于尽，欲全东南以保宗社，东南督抚须以权宜应之。"

军机大臣荣禄也通过盛宣怀告诉李鸿章"对北京的谕旨不必予以重视"，李鸿章当即回复，表明态度："此乱命也，粤不奉诏。"

盛宣怀提出的"保宗社"是民族大义，他的提议受到李鸿章、刘坤一、张之洞等人的高度赞许。

此时的盛宣怀应该是风暴眼。中外各界纷纷向其探询清廷动向，尤其是在上海的洋人焦虑异常，甚至感到恐惧。对于外界的质询，盛宣怀应接不暇，但他没有慌乱，也没有忙中出错。

在得知李鸿章的态度后，盛宣怀才将清廷"招团御侮"的谕旨发给刘坤一、张之洞等人，并叮嘱他们，不要让部下传播此宣战诏书。同时，盛宣怀命令其他电报局，严禁对外宣扬。

6月24日，在张謇等人游说刘坤一、张之洞的同时，盛宣怀再次致电李鸿章、刘坤一、张之洞，阐述东南互保的重要性。

盛宣怀认为，北方局势不久必定糜烂，如果要想补救时局，必须联合一起与上海领事签订协议，让上海租界归列强保护，让长江内地归当地督抚保护，以此两不相扰。

大沽口失陷后，6月22日，盛宣怀紧急致电驻美公使伍廷芳、驻日公使李胜铎、驻英公使罗丰禄、驻德公使吕海寰、驻俄公使杨儒："大沽互击，未奉旨，可不作为失和。"同时，告诉他们，朝廷可能已经被团党控制，宣战诏书"恐非两宫所自出"。

对于国内形势，盛宣怀也向各驻外公使做了交代："东南诸帅，现主保护中外人民物业，两不相扰。"

作为东南互保的策划者，盛宣怀的作用不仅仅是信息中转，他还帮助出谋划策。长江巡阅大臣李秉衡是实施互保的一个重要障碍，此人虽也答应愿意合作，但他属于传统封建官僚，比较保守。尤其是英国军舰准备进入长江时，李秉衡力主开战。因此，盛宣怀认为他并不值得信任。

为了排除障碍，盛宣怀大力怂恿刘坤一、张之洞联衔会奏，让李秉衡北上勤王。其实，李秉衡也有这个想法。清廷很快批示，命李秉衡"驰赴京师，入卫两宫"。李秉衡果真走了，盛宣怀等人颇感喜悦。没有了这块绊脚石，东南互保就成功了一半。

江苏巡抚鹿传霖也是一个"好战分子"，一度被英国人列为"应当密切注意的最危险人物"。他极力反对东南互保，誓言带兵北上，与洋人决战。盛宣怀对其苦口婆心，反复劝导，并许以利诱。同时盛宣怀积极与刘坤一协调，将驻徐州的数营亲兵交给鹿传霖，同时答应其在江北再招三个营。

可以说，让李秉衡、鹿传霖两人北上，为东南互保的顺利实施扫清了道路，盛宣怀功不可没。

6月25日，中外双方坐在一起进行最后的沟通。双方主要讨论的是外交体制，如通商口岸地所驻道台兼任海关监督，同时负有处理涉外事宜之责。上海道余联沅的官位等级与领事品级相符，被列为直接外交负责人，而盛宣怀只是协助。

6月26日上午，又是一个紧张忙碌的工作时间，盛宣怀连一口水都没来得及喝。盛宣怀与上海道台余联沅正在商讨互保的章程，双方反复斟酌、修改，初步确定互保章程为五条。随即，盛宣怀致电李鸿章、刘坤一、张之洞等人，希望他们提出意见。经过各总督的建议，反复磋商后，互保章程最终确定为九条。

26日下午3时，位于上海租界的上海会审公廨内，庄严肃穆，中外代表云集在此，双方将签署一个关乎大清帝国命运的重要协议。

中方代表为盛宣怀与余联沅，还有刘坤一、张之洞的私人代表及各候补道台，外方代表为各国驻上海的总领事。

在一个角落，盛宣怀和余联沅低声交谈。盛宣怀让余联沅坐在前面，自己居于次席。理由是，以方便谈判时有回旋的余地。

中外代表落座后，作为官方的首席代表，余联沅首先就东南互保的重要性与意义做了阐述，获得外方代表的一致赞许。外国领事团团长、葡萄牙总领事华德师代表各国领事团发言，同样说明了东南互保的迫切性。

根据日本领事小田切的记录，余联沅也发了言，他是这样说的：

> 目前南北消息断绝，朝廷意旨未明，刘、张总督不论北方情势如何，力任保护长江一带外人生命财产，为防止中外间相互误会，特派我等与各国领事会议，协商保护章程。如此章程获各国政府同意后，由各领事调印生

效，两总督在任之期，不论朝旨如何变化，必恪守章程，极力维护地方和平之局。

随后，余联沅将起草的章程文件交予各国领事讨论。中间，美国驻上海总领事古纳提了一个刁钻的问题，他问道："今日各督抚派员与各国订立互保之约，倘贵国大皇帝又有旨来杀洋人，遵办否？"

这个问题一下子难住了余联沅，只好请教盛宣怀。盛宣怀告诉余联沅，就说是"今日订约系奏明办理"，也就是已经向朝廷上奏，是朝廷批准的。

这个时候，盛宣怀说了谎话，因为朝廷根本不知道此事。

中外双方经过磋商后，最终议定《保护上海长江内地通共章程》九条，也就是《东南保护约款》，全文如下：

一、上海租界归各国共同保护，长江及苏、杭、内地均归各省督抚保护，两不相扰，以保全中外商民人命产业为主。

二、上海租界公同保护章程已另立条款。

三、长江及苏、杭、内地各国商民教士产业均归南洋大臣刘、两湖督宪张允切实保护，并移知各省督抚及严饬各该文武官员一体认真保护，现已出示禁止谣言，严拿匪徒。

四、长江内地中国兵力已足使地方安静，各口岸已有各国兵轮者，仍照常停泊，惟须约束水手人等，不可登岸。

五、各国以后如不待中国督抚商允，竟至多派兵轮驶入长江等处，以致百姓怀疑，借端启衅，毁坏洋商、教士人命产业，事后中国不认赔偿。

六、吴淞及长江各炮台，各国兵轮切不可近台停泊及紧对炮台之处，兵轮水手亦不可在炮台附近地方操练，彼此免致误犯。

七、上海制造局、火药局一带，各国允兵轮勿往游弋、驻泊及派洋兵巡捕前往，以期各不相扰。此局军火专为防剿长江内地土匪、保护中外商民之用，设有督抚提用，各国无庸惊疑。

八、内地如有各国洋教士及游历各洋人，遇偏僻未经设防地方，切勿冒险前往。

九、凡租界内一切设法防护之事，均须安静办理，切勿张皇，以摇人心。

根据这个章程的第二条，双方再次议定《中西官议定保护上海租界城厢内外章程》，具体内容共十条。

对于这次协议的签署情况，实际上外国方面并没有签字，主要原因是，各国都赞成互保，但章程中对列强限制的条件过多。即使现场签署，也不具有法律效力，因为还需各国政府的批准才能生效。但清政府根本不知道此事，也必然不会同意。其他各国政府，最终也没有批准这个协议。

第二天，外国领事团进行了回复，特别强调"我各国之政府前时、现今均无意在扬子江一带进兵，不独一国不如此做，合力亦不如此做，为此布达"。

眼见签署无望，盛宣怀、刘坤一、张之洞等人只好退而求其次。7月1日，盛宣怀连续走访英国、美国、日本领事馆，寻求外国确认无意在长江一带用兵。

协议议定当日，盛宣怀以刘坤一、张之洞的名义电奏清廷。电报对清廷提出的"招团御侮"一事，说沿江会匪多以抢劫为业，难以召集。对于互保行为，重点解释成是"相机度势，力保疆土"之举，是充分体谅了朝廷的苦衷。

盛宣怀在电奏中明确指出义和团并不可靠，也不可用。对于东南地区的形势，盛宣怀认为，长江流域敌强我弱，不能再开外衅，否则东南各省若再遭蹂躏，必净土全失、财政断绝，政权恐瓦解，完全不可收拾。

总之一句话，盛宣怀的辩解就是：大家互保不是为了私利，而是完全为保宗社、保朝廷，为大局着想。

而张之洞与刘坤一直到7月19日才正式向清廷汇报"东南互保"一事。两人多次往来电函，仔细斟酌字句，深恐一不小心招惹祸端。

盛宣怀为何如此积极主动，充当东南互保的中间联络人呢？要说没有私利那肯定是不可能的。

盛宣怀与其他官员不一样，他在参与洋务事业以来，掌控着众多的大企业，由他个人投资或是合伙控股的企业很多。但自从华北政局失控以来，盛宣怀的企业也遭到重创。如盛宣怀督办的通商银行天津分行、北京分行相继受到冲击，或是被迫关闭，或是被拳民焚掠。银行倒闭导致各种应收款项无法收回，各种损失加在一起大约有66万两白银。

由盛宣怀与朋友合伙投资的"华大北大商号"，专门从事米、麦、棉、豆生意，因为不堪拳民抢劫、骚扰，被迫停业。

北方的业务规模相对比较小，盛宣怀的主要业务大多在上海、武汉和苏杭等地，包括轮船招商局、上海电报总局等"国企"，还包括盛宣怀自己的华盛纺织总局。这些地区虽然没有动荡，但是也多少受到北方局势的影响，生意秩序同样受到了冲击。大沽口失陷后，天津与上海的贸易断绝，大量货物积压在上海。人心惶惶，各行各业都不同程度地受到了影响。

保外国人其实是保护自己的身家性命，是保存自己的政治力量。盛宣怀对此看得非常清楚，在他与刘坤一、张之洞等人沟通的电报中也反复强调了这点。

或许，盛宣怀还有一点点野心。虽然盛宣怀只是个铁路督办大臣，但是他却控制着大清帝国的经济命脉。如果别人都烂掉了，而自己的身家还完好的话，那未来将大有可为，政治前景一片辉煌。

后来，东南各督抚均有自己的小心思，或想独立，或自己想当帝王，手握国家财富半壁江山的盛宣怀未必没有这样的想法。

盛宣怀筹划东南互保还有一个重要原因，便是对国际形势、中外实力的清晰认识。盛宣怀从事洋务活动数十年，对国际形势的发展判断清晰，不会像一些保守派官员，盲目自大排外。盛宣怀深知，以中国目前的实力完全无法阻挡住列强，必须韬光养晦，蓄积实力。

甲午战后，赔款加剧，无论国力与兵力都非常弱，连日本一国尚打不过，如何能敌八国、十一国。这点在盛宣怀看来，再清楚不过。且沿海、沿江的地区又非常适合列强用兵，若军舰进入长江，必如入无人之境。加上沿江一带会匪众多，一旦用兵，内匪也会趁机四起生事，导致局势进一步恶化。最终，很可能会让中国陷入战乱中，生灵涂炭。

对于盛宣怀组织东南互保的举动，有两人的评价最为典型。一是后来的浙江巡抚恽祖翼，评价盛宣怀是与刘坤一、张之洞同不朽。他说："公之气魄识力，何止加人一等""此等通天彻地手段，无人能为，公与新宁（刘坤一）、南皮（张之洞）同不朽矣！"

刘坤一对盛宣怀也给予了高度评价。他说："我公智珠在握，有潜移默化之功，大局赖以维持，同仁阴受庇荫……宏济时艰，非异人任耳。"

最能体会盛宣怀的，非刘坤一莫属。因为刘坤一作为两江总督，与盛宣怀沟通可谓最为密切，他坐镇南京，管辖上海，他的治下是东南互保的最重要地区。自然，刘坤一也承受了巨大的压力。

# 二

## 三个幕僚的联手

东南互保章程的议定，并不意味着东南地区的秩序就是稳定的。长江沿线一带的土匪、会党仍然滋事不断，威胁着当地的稳定。

滚滚长江东逝水，浪花淘尽英雄。镇江是长江下游一座著名的古城，镇江口岸是长江上一个大型的港口，商船云集，贸易兴盛。

6月下旬的一天，镇江港口突然来了一支300人的军队，最初人们以为是清军，但仔细打量，发现他们根本不是正规军队，也不是义和团。这些人全部青衣束腰，短衣打扮，黑带绑腿，手持长枪，威猛无比。

这群人迅速占领港口，在各重要位置迅速插上一面大旗，大旗上有一个特大的"徐"字。停泊在长江水面上的大小货船也全部被集中到一起，并插上"徐"字大旗。奇怪的是，港口的工作人员并不反抗。很快，港口上下，旌旗飘扬。

突然，人群中掌声雷动，欢呼声骤起。一个33岁的中年人跳上了货物堆放平台的高处，他昂首屹立，大声高呼："兄弟们，我们成大业的机会到了。今日，奸党把持朝政，皇帝被囚，京城告急。我徐宝山虽身处南方，但一直心系国家。如今朝廷有难，我不能不管。现在老天有眼，皇帝赐我密诏，让我救驾。今日，皇帝命我徐宝山为两江两湖兵马大元帅，统帅各军。现在，我带领兄弟们在此誓师，希望大家同心勠力，一起取道北上京城，剪除奸党恶人，救我皇上！"

"剪除奸党，救我皇上"，众人齐声高呼口号。镇江港口被彻底包围在一片热血沸腾中。

随后，港口各主要墙壁及货船船舱处均被贴了召集令："两江两湖豪杰之士，速速遵诏行事，约于本年秋间，听候本帅命令，即率本部人马，会师江淮，取道北上，以清君侧，而奠国基。"

很快，镇江、江阴甚至安徽芜湖等扬州周边各沿江港口也贴满了告示。短短几天内，各路江湖义士纷纷到港口报名，大小港口人满为患，处处弥漫着亢奋的气氛。

这个号召大家起事的中年人名叫徐宝山，江苏镇江人，行事彪悍，绰号徐老虎。徐宝山是长江下游著名的盐枭首领，控制着长江下游上千里的众多大小港口。他长期啸聚各口岸，横行江湖，劫掠货船，贩卖私盐，各地商户敢怒不敢言。

一个江湖土匪竟然说自己有皇上密诏，还要挥师北上，去"清君侧"，很是荒诞。

徐宝山率众起事后，各港口正常货运贸易几乎处于瘫痪状态。货物堆积如山，无人处理，众商户叫苦不迭，其中就包括南通大生纱厂的老板张謇。

张謇不是一般的商人，容不得徐宝山胡闹，他决心想些办法。

张謇，1853年7月生，江苏通州人。张謇出生于地主家庭，1894年，因翁同龢对他特别眷顾，他被录取为状元，中一甲第一名。1896年，受张之洞委派，张謇在南通创办大生纱厂，后逐渐淡出仕途，成为著名的实业家。状元经商，让张謇成为当时的网红。

虽然投身商海，但是张謇对于时局仍然高度关注。在慈禧计划"废立"一事时，张謇在日记中写下"可憎可骇"四个字。

参加完盛宣怀的上海闭门会，张謇立即赴南京游说刘坤一。张謇是刘坤一非常信任的朋友，也是其主要幕僚之一。他劝说刘坤一，说英国并不想真的跟中国打仗，只想要一个安全、稳定的环境。如今北方政局糜烂，很可能蔓延至长江一带，需要未雨绸缪，做足预防措施。否则，就会像北方一样难以控制。刘坤一对此表示赞同。

张謇特别提到了徐宝山一事。刘坤一认为，只需派清军剿灭即可。张謇不赞成，他认为，徐宝山目前势力强大，手下兄弟几千人，各种轻型武器也比较精良，一般军队很难对付。况且，如果硬碰硬，势必会引发社会动荡，搞不好会为列强干预提供借口。

刘坤一认为张謇说得有道理，向其请教应对方法。张謇说，与其剿灭，不如招安。徐宝山虽为江湖会匪，号召力强，手下队伍训练有素，完全可以进行招抚，为我所用。刘坤一点头答应，可以尝试。

张謇游说完刘坤一后，又去找徐宝山。

听说要招安，徐宝山不同意。徐宝山想，受朝廷管制，受刘坤一约束，哪有自己干自由？张謇说，不是刘坤一招安你，是朝廷招安你，你可以尽管提条件。徐宝山说，如果是朝廷的话，我愿意招安，但前提是免罪、厚赏、升官。张謇向其保证没问题。

其实，张謇是在忽悠徐宝山。

徐宝山提出，首先官府不能治我的罪。归顺后，官府的缉私权要归自己，缉私队伍两淮缉私营要完全由自己控制，原来的兄弟也要纳入缉私队伍。张謇答应去找刘坤一谈。

巧的是，江苏巡抚鹿传霖已经将徐宝山一事上奏给清廷。清廷大惊，忙致电刘坤一，要求其想尽办法，包括可以封官奖赏，全力安抚徐宝山，确保一方稳定。

对于徐宝山提出的条件，刘坤一当即拍板同意。

徐宝山倒也爽快、利索，与手下一帮弟兄，脱下匪衣，换上官服，正式成为官府中有编制的人。

刘坤一在会见徐宝山时也提出要求，希望其发挥所长，大力缉私治盗。徐宝山一口答应。

徐宝山果然没有辜负刘坤一与张謇的厚望。土匪出身的徐宝山纪律严明、作风硬朗、行事果断。在他的带领下，出色地完成了刘坤一交给他的各项剿匪任务。对待其他会党，徐宝山也绝不手软、毫不留情，坚决剿办。

很快，徐宝山成为长江下游维护治安稳定的一支重要力量，刘坤一、张謇都很高兴。

成功招抚徐宝山，稳定了当地治安，对于刘坤一来说，增加了与列强谈判的筹码。对于张謇来说，徐宝山为自己的生意保驾护航，也让自己对东南互保的推进增强了信心。

在张謇游说刘坤一的同时，与其一同参加盛宣怀会议的赵凤昌也没有闲着。

赵凤昌，1856年生，江苏武进人。出身于富商家庭，受太平军影响，家道衰落。后捐得县丞，进入广东藩司，成为姚觐元的幕僚。1884年，张之洞任两广总督，赵凤昌成为张之洞幕僚。1889年，随张之洞北上武汉，后因张之洞遭到弹劾，赵凤昌成为替罪羊，被革职。

失业后的赵凤昌定居上海，但仍与张之洞保持着密切的联系，经常为张之洞提供上海的各种情报讯息。

1900年6月，北方动荡不止，赵凤昌忧心忡忡。据《庚子拳祸东南互保之纪实》，他辗转向盛宣怀提出"保护东南"的方案：

> 各国兵舰勿入长江内地，在各省各埠之侨商教士，由各省督抚联合立约，负责保护；上海租界保护，外人任之，华界保护，华官任之；总以租界内无一华兵，租界外无一外兵，力杜冲突，虽各担责任，而仍互相保护。

此方案深受盛宣怀的赞赏。

《张之洞幕府》对此也有记载："清廷宣战上谕发布后，列强军舰驶入沿江沿海各口岸，一时人心惶惶。赵凤昌拜访何嗣焜，商讨'保护东南'之策，并提出中外'订约互保'的建议。在得到何的默许后，他又向盛宣怀力陈此议，得到盛的赞同。"

在关于东南互保谁先倡导的问题上，有人倾向于盛宣怀，也有认为是赵凤昌。

据民国时期的《人文月刊》刊载，赵凤昌回忆，他最早曾有"东南各省一律合订中外互保之约"的想法，他联合朋友一起游说盛宣怀担任"枢纽之人"，让其从中牵线。

赵凤昌称，盛宣怀犹豫了一段时间，但还是答应了下来。他又分别致电刘坤一、张之洞，希望他们加入互保。同时，他们还派出了沈瑜庆去南京当面游说刘坤一，派沈曾植、张謇去武汉当面游说张之洞。不仅如此，盛宣怀还草拟了一份共八条的自保条约，赵凤昌为其又添加了两条。最终，他们都被说服。

赵凤昌的这篇文章是个人回忆录，多少都有自夸、吹牛的成分。不过，综合来看，作为绅商，他对自保的需要确实要强于各地督抚。当时赵凤昌在上海，商业是上海的命脉，赵凤昌自然更在乎自己与同行的利益。

由于长期与洋人打交道，赵凤昌自然也知道洋人的需要，所以萌发各省联合自保的想法是很有可能的。相比而言，各地督抚虽然可以明确反对朝廷之命，但若联合各省，尤其是与洋人签约，督抚们的顾忌还是比较大。

不过，赵凤昌更像一个躲在幕后的策划者，而真正挑头的则是盛宣怀。

在盛宣怀的闭门会议上，何嗣焜提出：鉴于赵凤昌与张之洞的关系，建议赵凤昌去武汉游说张之洞。但实际上，赵凤昌并没有去武汉，而是由沈曾植代劳。赵凤昌与沈曾植之间则是电报往来。

赵凤昌其实在与张謇等人下一盘很大的棋。

陈宝箴的儿子陈三立向赵凤昌提出，可以将慈禧与光绪迎接到南方，在南京或是武汉定都，然后趁机干掉慈禧，或是逼迫慈禧还政于光绪。这就是"迎銮南下"的计划。

这在当时无疑是一项惊天的绝密计划，赵凤昌经与张謇、沈瑜庆等人商量后，认为可行，但必须说服刘坤一、张之洞。

沈瑜庆去南京当面游说刘坤一，沈曾植去武汉当面游说张之洞。刘坤一当即拒绝，认为此举风险太大，难以操作。张之洞对此计划疑虑很多，没有明确表态。

赵凤昌虽为幕后的策划者，但真正把他的观点推向前台的则是赵凤昌的好友兼同乡何嗣焜，也就是在盛宣怀的闭门会议上提出将李鸿章、刘坤一、张之洞拉到一起的人。

何嗣焜，1843年生，江苏武进人。20岁时从军李鸿章部，后任州县署书记。因文才突出，被张树声看中，跟随张树声20余年，参与一切军政大事。在此期间，何嗣焜与张謇结识，成为好友。1884年，张树声病逝，何嗣焜退隐回乡。张之洞等各督抚对其大力相邀，但何嗣焜一直不为所动，均婉言谢绝。

1895年，盛宣怀联合刘坤一向清廷奏报创办南洋公学（上海交通大学的前身），并邀请何嗣焜主持办学。何欣然应允，成为南洋公学的第一任校长。后何嗣焜成为热衷办学的教育家。

何嗣焜作为东南互保的中间人，一方面得益于他与赵凤昌和盛宣怀均为江苏武进的同乡。另一方面，得益于他交游甚广。35岁时，何嗣焜就与张謇成为好友。在官商两界，何嗣焜都有广泛的人脉基础。

据赵凤昌回忆，他最早与何嗣焜提出互保的设想时，何嗣焜非常认可。但何嗣焜又认为，必须找一个有地位、有影响的人来牵头。最终，何嗣焜认为，这个牵头人非盛宣怀莫属，而盛宣怀恰恰是两人的同乡，又与何嗣焜的关系非常好。

在6月中旬，何嗣焜带领赵凤昌与一位美国朋友会晤盛宣怀。起初盛宣怀对互保的想法还比较犹豫，他说："东南立约，没有朝廷的命令，今后怎么办？"

赵凤昌说的一句话让盛宣怀打消了疑虑。他说："公不过暂为枢纽，非负责之人，身已凌空，后来自免关系。"也就是说，盛宣怀只做联系枢纽，并不是负责之人。

事实上，何嗣焜就是盛宣怀的幕僚。盛宣怀在坚定串联其他人时，也经常会出现拿不准主意的时候，这时，盛宣怀都会请教何嗣焜。

说白了，何嗣焜就是盛宣怀的坚强后盾，在他的强力保障下，盛宣怀才能镇定自若，与各方沟通、会商，最终达成东南互保这一伟大计划。

无论张謇，还是赵凤昌，或是何嗣焜，都算是幕僚的身份。三人的最大特点是：躲在幕后策划。

三个人热衷东南互保，其目的各不相同。张謇是最大的商人，他的初衷更多是保全自己辛苦创下的基业，不希望北方的动荡毁了自己的事业。赵凤昌与张謇也有相同之处，退隐上海的赵凤昌其实也算个小商人，但他的初衷与何嗣焜更为相像。赵凤昌与何嗣焜都曾长期作为督抚的幕僚，也都曾退隐江湖。两人积极参与策划东南互保，更大的原因在于其自身的历史责任感，就像何嗣焜热衷于教育事业一样。

另外，他们还有一个共同点，或许也是他们推动东南互保的一个重要原因。盛宣怀、张謇、赵凤昌、何嗣焜四人都成长于江苏长江沿线一带，其中盛宣怀与赵凤昌、何嗣焜又都是江苏武进人。四人虽然年龄不同，但是从小都饱受太平天国战乱之苦，逃离家园、颠沛流离。相信在他们幼小的心灵中都有一种战争的创伤。

正是这种不幸的童年记忆，让他们更加珍惜和平，更加爱护家乡。守候家乡的安宁便成了他们集体的责任。

有人牵线、有人筹划，真正执行还需要官员，也就是东南地区的地方大员，作为两江总督刘坤一自然当仁不让。

# 三

# 刘坤一的忧虑

一艘来自北方的小火轮拉着汽笛缓缓驶入上海码头，船靠定后，人们蜂拥而下，大上海又多了一群避难的人。北方的动乱还在持续，上海码头每天都挤满了南下的百姓。

恐慌也在上海蔓延。一些受北方义和团影响的人，四处散发揭帖。上海租界内的洋人与教民每天被恐惧笼罩。这座以金融、商业而闻名的大都市，人心浮动，市面萧条。

600里外的南京，有一个人也在为上海的安全担忧。他就是两江总督兼南洋通商大臣刘坤一。

刘坤一，1830年1月生，湖南新宁人。廪生出身，1855年加入湘军，因军功卓著得以步入仕途。1865年任江西巡抚，自1875年始，曾三任两江总督。1894年，甲午战争期间，任江宁将军。刘坤一最初只是一个保守型的官员，曾认为学习洋务不如自力更生。兼任南洋大臣后，刘坤一慢慢转变为开明、务实的官员，大力发展洋务事业，成为著名的洋务派官员。

上海是刘坤一治下最大的都市，江南是帝

两江总督刘坤一

国财税贡献重地。上海租界多、洋人多、洋企多，仅外国人就有7000多名。两江地区关乎整个帝国的前途命运，可谓牵一发而动全身，江南若不保，帝国则危在旦夕。

虽然刘坤一不如李鸿章的威望大，但因为两江地区在大清帝国的特殊地位，使得刘坤一成为东南各督抚的头牌人物，也就是东南互保的真正核心"盟主"。

6月20日，慈禧对外宣战前夕，刘坤一曾联合张之洞、李秉衡及湖北、江苏、安徽、江西、湖南巡抚联名上奏，集体认为义和团为土匪、邪教，所谓刀枪不入等神功本为邪术，要求朝廷对义和团进行痛剿。同时要求清廷下令对洋商、教士予以保护，并极力避免与外国开战，等李鸿章到北京再进行协商。

其实，刘坤一与李鸿章是有过节的。在刘坤一对洋务未"开窍"之前，曾专门对盛宣怀进行过弹劾，他还对招商局进行大力整顿。要知道，盛宣怀可是李鸿章的人，刘坤一把李鸿章与盛宣怀全部得罪了。

然而，在庚子国难来临之日，李鸿章与盛宣怀都摒弃前嫌，与刘坤一联手，为挽救帝国的命运团结到一起。

联名上奏的刘坤一其实已经对北京政府失去了信心。据英国驻南京领事孙德雅给霍必澜的报告中记载，他在慈禧对外宣战前夕，曾拜访过刚刚从北京返回南京的刘坤一。刘坤一情绪消沉，他对主战派的扩大感到非常沮丧。刘坤一还曾私下里向孙德雅坦白，说慈禧的政府已经完了，她已经无法继续维持帝国的统治。

随后，张謇从南通到南京游说刘坤一，进行东南互保。刘坤一初听此建议，颇为犹豫。

刘坤一问了张謇一个问题："两宫将幸西北，西北与东南孰重？"张謇回答道："虽西北不足以存东南，为其名不足以存也；虽东南不足以存西北，为其实不足以存也。"张謇认为，两者皆重要，缺一不可。

张謇没有明说，其实他的意思是：东南是大清帝国的经济命脉，西北则是大清帝国的战略纵深，没有哪个都不行。刘坤一虽然有所醒悟，但仍然指着自己的脑袋对张謇说"头是刘姓物"。

实业家张謇

脑袋还是自己的，刘坤一多少还有些担心，毕竟东南互保这种事是要冒政治风险的。

6月27日，东南互保条款议定的第二天，刘坤一便通知各省巡抚，就长江一带安全问题，联合张之洞等人与外国领事协商，要求各地禁止造谣，严办匪徒，保护商教，以此来保守东南。

参与互保，并不是最高长官同意那么简单。刘坤一愿意互保，但各省方面却有不同的考虑。浙江巡抚刘树棠就曾对刘坤一的命令有些置若罔闻。浙江本是属于闽浙总督的直管范围，但刘坤一作为两江总督也有兼管的旧例，尤其是刘坤一还身兼南洋大臣一职。

刘树棠与浙江布政使恽祖翼都希望响应清廷的号召，派兵北上勤王，两人为此筹集了12万两白银。为此，刘坤一与盛宣怀不断地做他们的工作。刘坤一致电刘树棠："北事已决裂至此，东南各省若再遭蹂躏，全局瓦解不可收拾矣。"

虽然阻止了刘树棠北上，但对于互保一事，刘树棠仍比较迟疑，以至于外国领事认为，浙江不愿参加互保。最终还是恽祖翼擅自做决定，要求将章程中的"杭"字改为"浙"字，确认将浙江纳入互保范围。后来，当刘树棠得知此事后，也就同意了此结果。

除了浙江，直接负责长江巡阅的李秉衡更是难啃的骨头。在东南互保条款议定前夕，为了阻止列强军舰进入长江，李秉衡计划在长江沿线布置水雷。此事让刘坤一非常担忧，他怕引发冲突。

就在刘坤一愁眉不展之际，江苏巡抚鹿传霖也反对东南互保。但是他自荐，要求与李秉衡一起北上勤王。刘坤一大喜，劝其不要带兵过多，并立即通知李秉衡，极力怂恿其北上。

李秉衡禁不住忽悠，而且清廷也有意让其北上，于是，李秉衡真的离开了江南。刘坤一顿时松了一口气，送走李秉衡就像送走瘟神一般。

这边刚稳定好他们，江苏提督杨金龙竟然带清军开进吴淞口，准备攻击外国的军舰与商船。刘坤一闻之又惊又怒，派一位俞姓统领持令箭到吴淞，让杨金龙退兵。杨金龙自恃有密诏，有端王的手书，拒不听命。俞统领出示了刘坤一的令箭："若不遵令，可持其头来！"

治下压力排除后，又有来自清廷的压力。6月30日，清廷致电刘坤一，要求其停付一切需赔付的洋款。此时，已经对外开战。清廷为了应对战事，突然紧急叫停了各种对外赔款。

刘坤一再次陷入苦恼中。如果不给列强赔款，与决裂无异。如果不听清廷的命令，又是抗旨不遵。最终，他主动与张之洞、李鸿章集体上书：

> 各项洋款，系关税、厘金作抵，若不还款，各国必以兵力据海关、厘局，并扰边省，处处受敌，防不胜防，军火亦难为继，战事断无把握，且兵连祸结，伏匪乘机四起，天下骚然，商贸停歇，洋税既无可收，常税厘金亦有名无实。

最终，清廷同意了刘坤一的建议，赔款只好继续。此事，让刘坤一尝到了各地联手的好处。

攘外必先安内，内部平静后，刘坤一最担心的便是洋人，此时，一个洋人的到来让他深感不安。

7月26日，一艘英国军舰在夜色中悄悄抵达上海。刘坤一知道，真正的麻烦来了。

来到上海的不是别人，正是英军高级军官——西摩尔中将。一个多月前，西摩尔中将还是八国联军的指挥官。6月10日，西摩尔率领2000多名八国联军士兵从天津出发，向北京进攻，中途遭遇义和团与清军的猛烈阻击，狼狈退回天津租界。

西摩尔到来的消息，迅速被上海道台余联沅掌握，并火速上报刘坤一。西摩尔此番来上海，必有一番大动作。

果然，西摩尔成为上海地区联军的最高指挥官。第二天，西摩尔便召集列强开会，商讨如何保卫上海的安全问题。最

侵华联军首任统帅西摩尔

终，大家的意见基本是一致的，即向上海增兵一万人。西摩尔经过考察后认为，至少需要3000~5000人的部队。

列强想在上海增兵，必须征得清政府的同意，北京政府一片混乱，唯一决定权就在刘坤一手里。西摩尔要求与刘坤一见面会谈，刘坤一以患病为由拒绝会面。

刘坤一此时身体确实也不好，70岁高龄的他为帝国操劳了几十年，尤其在这两江总督的任上，已经连续干了10年，责任重、压力大，还要经常受列强的刁难，个中滋味，无以言表。在西摩尔南下时他就知道，这个不速之客必然让人头疼，刘坤一曾让盛宣怀想办法阻止其到上海，没想到，西摩尔还是来了。

强势的西摩尔很执着，这个会面必须见。他不顾刘坤一的拒绝，直接乘坐军舰来到了南京。列强的最高军事指挥官到了门口，想不见已经没有可能。

8月2日，两江总督署内，槐树成荫，刘坤一拖着病弱之躯欢迎西摩尔。刘坤一比西摩尔年长10岁，年龄差距并不是很大，但堂堂一个帝国的疆臣却明显衰老很多，一副风烛残年的样子。而作为列强的最高指挥官，西摩尔精神矍铄，中气十足。两个人的状态仿佛正是大清帝国与西方列强的真实对比。这个画面或许让人浮想联翩。

尽管有很多不情愿，但为了帝国的尊严，刘坤一仍热情款待了西摩尔。

西摩尔开门见山，直接向刘坤一表达了上海联军的诉求，即派部队驻扎上海，军舰进入长江。西方人处事总是喜欢很直接，刘坤一则打起了太极。

刘坤一慢条斯理，先是关切地询问西摩尔在中国的生活情况、身体情况。然后问起西摩尔在天津的遭遇。随后，刘坤一又向西摩尔通报了朝廷最新动向及对列强的一贯政策。

据《英国蓝皮书》记载，刘坤一这样对西摩尔说道："驻北京的各国公使安然无恙，庆亲王正保护他们，但是，北京的暴徒们仍然很强大，不可能被赶走，而且他们据有大部分京城。在目前形势下，太后和皇帝是应该得到同情的。"

其实，到了8月2日，北京的各国使馆与教堂已经被围困了一个半月，情况极其糟糕。

总之，刘坤一说了一大堆，就是不表态。

西摩尔越听越不耐烦，再次就增兵问题逼迫刘坤一表态。

突然，刘坤一剧烈咳嗽起来，咳嗽完，他闭着眼睛陷入沉思状。在西摩尔的再三催促下，刘坤一慢慢地睁开眼睛，向西摩尔表示：6月16日，自己曾会晤过金陵税务司、英国人韩森，当时已经向英国强调，只要英国方面帮助，愿意在长江一带维持和平。如果有其他国家侵犯长江，自己愿意听英国的指挥。

刘坤一坦承，自己现在不希望看到外国部队登陆上海，至于列强军舰驶入长江内地则完全没有必要，因为这只会引起更大的恐慌，会加剧冲突。

刘坤一的意思很明白，难道你们外国人还不嫌乱吗？

西摩尔再次向刘坤一表示了列强的集体担忧与恐惧，甚至语带威胁，明确向刘坤一摊牌，现在不增兵的话，恐怕以后会增兵更多。

经过一番争辩后，刘坤一最终还是做了让步，只允许英军向上海增兵3000人。刘坤一知道，西摩尔来者不善，不达目的决不罢休。最关键的是，上海吴淞口外，众多外国军舰一直虎视眈眈。

第二天，刘坤一再次向西摩尔重申了自己的态度，并提醒西摩尔，没有必要再去武汉见张之洞了。西摩尔满意离去。

英军欲登陆上海，其他列强顿时也蠢蠢欲动。法国总领事白藻泰立即向法国政府建议，从殖民地越南调遣部队赴上海登陆。美国、日本也对英国的行动表示了反对。上海各界得知英军要大规模开进上海后，预感战争将至，引发了各界恐慌，商业秩序、生活秩序大乱。

或许是刘坤一怕了西摩尔，西摩尔走后没几天，刘坤一便后悔起来。8月8日，刘坤一联合盛宣怀、李鸿章、张之洞等人通过驻外公使向英国政府施压，以情况有变为由，要求英军不要登陆上海。即使真的要进入上海，规模不应过大，数百名即可。

英国外交部被整得有点晕，到底增兵不增兵，具体要派多少人，一时没了主意。8月12日，英国外交大臣索尔兹伯里致电英国驻上海总领事霍必澜，命其不要增兵上海。实际上，这个时间，西摩尔从印度调遣的2200名士兵刚刚抵达上海吴淞港。另有800人已经在开赴上海的路上。

英军已经来了，登陆不可避免，说啥都已经晚了。

刘坤一尴尬了。他不好意思再出面。8月14日，刘坤一命原上海道台蔡钧赴英国驻上海领事馆交涉。霍必澜解释，部队只是维持租界秩序，并不是要发动战争，相信很多人是明白的。况且，部队已经到港口，却不让登陆，长期生活在军舰上不利于士兵的健康。经过蔡钧再三争取，霍必澜同意分批登陆，第一批暂定500人。

8月15日，刘坤一再次同意英国增兵。他致电驻英国公使罗丰禄，要求其转告英国政府，他与西摩尔中将与霍必澜达成满意的协议，允许英军登陆几百名士兵，长江一带的和平秩序必将得到保护。

实际上，英军来了个"霸王硬上岸"。8月18日，第一批英军2000名印度兵登陆上海，后期又有1000名士兵进入上海。

英军做了表率，其他列强纷纷跟进。8月30日，法国600名海军陆战队士兵、一个山炮中队与一个连的越南士兵登陆。紧跟法国之后，400名德国士兵也进入上海。

刘坤一没了脾气。

刘坤一曾三任两江总督，此时已经连任10年，且还是南洋大臣，但在与列强打交道时，仍难免畏首畏尾。国难当头之日，为了两江地区的安全，他选择了忍让、妥协。如果列强的部队陆续登陆后造成秩序失控，让南方地区陷入战火之中，或许刘坤一将是最大的祸首。

幸运的是，无论是各地督抚，还是列强，都对《东南互保章程》的约定进行了真正履行。无法想象，如各地督抚像清廷那样出尔反尔，不知会是什么结果。如果列强悍然开战，主动挑起战争，那后果不堪设想。

如果说刘坤一是东南地区"盟主"，那么湖广总督张之洞就是另一个"盟主"，两人在东南互保期间成为联系最为紧密的地方总督。

与刘坤一不同的是，张之洞有更大的野心。

# 四

## 张之洞的野心

同是东亚大都市，上海正为恐惧笼罩，而东京则是另一派景象。

7月2日下午5时，日本偕行社内高朋满座，宾客云集。日本参谋总长宇都宫太郎盛装出席，他频频离座，不断地向客人敬酒致意。客人纷纷举杯，报以最热情的回应。现场还有女艺伎弹唱、跳舞助兴，一首首优美的舞曲将宴会推向了高潮。

这是一场高规格的大型招待酒会，宇都宫太郎宴请的是一群中国人。出席宴会的有驻日公使李盛铎、户部主事张权及张权长子张厚琨、学生监督钱恂及另外17名武官。

这本是一场普通的招待会，中方人员中的17名武官将于4日返回中国，日本方面无非就是欢送而已。

宴会上，宇都宫太郎笑容满面，时而发表两国友好感言，时而向即将离开日本的中方人员送去美好祝福。现场推杯换盏、觥筹交错，一片欢乐祥和。

当大家都被日本女艺伎的舞蹈所吸引时，宇都宫太郎与钱恂正坐在角落中低头私语。谁也不知道他们在谈论什么。

宴会结束后，在依依惜别声中大家各自散去，偕行社内又恢复了往日的平静。

表面上看，出席宴会的中方人员基本以留学考察为主，他们在日本已经待了很久。如果再看看其他参会人员的身份，就会感到这些人的不同寻常，如湖北总兵吴元庆，游击张彪、纪堪荣、刘水金，都司王恩平等军方代表均悉数出席。

在这些人中，有个26岁的年轻人丝毫不显眼，他叫黄轸。这个名字或许没几个人熟悉，但后来的他名震全国。这个人就是后来与孙中山一起领导革命的黄兴。

湖广总督张之洞

这其实是张之洞派出的一个秘密军事考察团。

户部主事张权还有一个身份，他是张之洞的儿子。张权在日本学习的儿子张厚琨，则是张之洞的孙子。

一群湖北的地方部队军官到日本进行军事考察，长期与日本军方高层接触，张之洞意欲何为呢？

张之洞，1837年生，出生于贵州兴义府，祖籍直隶南皮。1863年，中进士及第，慈禧钦定其为探花，授翰林院编修，历任侍读、内阁学士，逐渐成为清流派代表。1881年，任山西巡抚，成为洋务派的代表。1884年，中法战争爆发，任两广总督，力主抗法。1889年调任湖广总督，至1900年时，张之洞已经在湖广总督的位置上干了10年。

张之洞本是一名言官，与李鸿章、刘坤一等人的出身明显不同。李鸿章与刘坤一因为平叛太平军立下赫赫战功而成为封疆大吏，张之洞则全凭自己的政治谋略走上政治舞台。在崇厚擅自与俄国签订卖国条约时，张之洞冷静上折，以高超的政治谋略为慈禧所欣赏，并获得单独召见的机会。张之洞逐渐成为慈禧的宠臣，被其倚重、信任。

有个特别的细节最能说明两人的关系。甲午战争后，张之洞奉懿旨到颐和园拜见慈禧，两人相对，竟然呜咽哭泣，涕泪相加。

尽管张之洞对慈禧无限忠诚，但义和团大闹华北、慈禧对外宣战，北方局势动荡不安后，张之洞则有了一些不同寻常的想法。

站在自己创办的武昌棉纺厂的顶楼窗前，眺望浩瀚的长江，是张之洞最喜欢做的事。

滔滔江水东流去，张之洞思绪万千。大江的气势成就了一代总督的深谋远虑。

北方政局糜烂，北京几乎处于无政府状态，扼守长江中游、盘踞武汉的张之洞面临艰难抉择。因为这之前，他曾选择错了。

戊戌变法期间，张之洞与维新党走得非常近。他不仅向康有为的强学会拨款1500两白银，还担任了强学会的领导。

张之洞最大胆的行为是在武昌接见梁启超。张之洞竟然僭越礼制，让梁启超从中门进城，并鸣礼炮迎接。此举连梁启超都觉得太过分。

当张之洞突然意识到光绪并没有真正掌权而权力依然在慈禧手中时，他吓得不轻。据张之洞的幕僚辜鸿铭回忆，张之洞为此曾专门召开秘密议事会，讨论未来应对之策。那个夜晚，张之洞在月光下不停地踱步，可见其内心无比忧虑。

在1900年年初，慈禧行"废立"之事，荣禄曾征询李鸿章、刘坤一、张之洞的意见，希望他们能进行劝阻。当李鸿章表态后，刘坤一与张之洞经过商量，同时致电京城，反对废立。

但电报刚发出去，张之洞就害怕了，他突然意识到了危险。由于电报需要通过上海电报总局中转京城，张之洞便通过盛宣怀将电报半路截住，紧急追了回来。追回电报，张之洞冷汗淋淋。

这样的教训还历历在目，同样在这个棉纺厂的顶楼，张之洞再次面临生死抉择。

长江上商船云集，汽笛声此起彼伏，浩渺的江水流淌着张之洞的愁绪。

6月17日，英国驻汉口代总领事法磊斯奉英国外交大臣的命令面见张之洞。法磊斯提出，担心中国北方祸乱会波及南方，英国方面为了保持南方的稳定，愿意向张之洞提供军事援助。张之洞则拒绝了英国的要求。他向法磊斯表示，南方暂时不会发生严重的事情，自己将与两江总督同心协力维持好政治、经济秩序。

张之洞更担心的是，一旦英国军队进入，势必引发其他列强效仿跟进，如此一来，便难以控制局势，容易诱发战乱。更重要的是，作为忠于清廷的重臣，维护慈禧的统治是义不容辞的责任，最起码表面文章还是要做足的。

第二天，张之洞便联合刘坤一，致电驻英国公使罗丰禄，要求其转告英国政府，中国方面的力量足以维持长江流域的和平。英国军舰进入长江，可能会惊扰中国百姓，如果其他列强效仿，恐后果不堪设想。

不仅是英国，张之洞还联系了多个驻外公使。他致电驻日公使李盛铎，希望日本外务商讨停战；致电驻美公使伍廷芳，请其"转达美总统及外部，恳其与各国切商保全东南大局，不可遽派船入江"。

6月22日，张之洞再次同时致电罗丰禄、伍廷芳、李盛铎，称各地督抚正全力保护长江一带安全，请外国人放心。

驻外公使很快也向张之洞反馈了驻在国的态度。驻德公使吕海寰告诉张之洞："德并无战意，长江一带如果力任保护商教确有把握，决不派兵。"驻俄公使杨儒致电张之洞，转达俄国"极愿保全中国、决不失和"之意。

就在张之洞刚刚回复完英国时，他又接到了京城密电。荣禄告诉他："一切都完了，只剩下自尊了！"原来，慈禧已经命令清军和义和团攻打驻京使馆与教堂了。

长期与洋人打交道的张之洞自然知道，如此蛮干的后果便是国将不国。张之洞立即与刘坤一等人进行紧急磋商，最后形成统一意见。张之洞、刘坤一、李秉衡与湖北、湖南、江苏、江西、安徽等地的五位巡抚联名奏电北京："请力剿邪匪，严禁暴军，安慰各国使馆，致电各国道歉，明谕保护洋商教士，并请美国从中调解。"

与此同时，张之洞下令张贴告示安民，并向武汉各重要地段、长江沿线各港口增派清军，加强安保措施，水陆协同，进行严密防御，对长江一带会匪要严拿重办。

为了安抚列强，张之洞派专人分几路拜访驻汉口领事馆，专门就保护外国人的政策精神向各国领事进行紧急传达，以稳定列强的情绪。

同为长江流域，张之洞还把四川拉了进来，将其作为"东南互保"的一部分。四川总督奎俊是荣禄的堂叔父，虽然也是满族人，但属于开明派的官员。四川虽地处西南地区，但教案同样频发且严重。奎俊与荣禄信件往来较多，意见交换频繁。受这种影响，奎俊对政局形势的认识较其他西部地区的封疆大吏更为深刻。奎俊的态度也很明显，就是倾向于剿匪，保护洋商与教民。

奎俊曾告诉张之洞，自北方变乱以后，四川省同样人心浮动，各地仇教现象非常突出，问题严重。如果朝廷要召集义民攻击洋人，那么立刻就会引发祸乱，地方就不会再有太平。

长江作为一条经济带，为了保持稳定，必须上中下游协同治理。张之洞身居湖北的长江中游，他一边联系下游的刘坤一，一边游说上游的奎俊。

6月23日，张之洞致电长江沿线地区督抚，其中就包括奎俊，电文上说："若再不能保护西人，长江危矣。"

至7月时，部分外国领事曾询问四川是否会加入互保。张之洞与盛宣怀纷纷建议奎俊："川中教堂甚多，如允保护，似须令其归并，房产较保人命轻易。"奎俊很爽快，当即表示参与互保。奎俊希望今后与东南各省步调一致。

关键时刻，张之洞作为清廷重臣，与刘坤一等人紧急筹划，通盘运筹，共挽危局。张之洞在国家危难之际表现出了一位老臣的担当，但如果仅仅停留于此，那就不是真实的张之洞了。

张之洞比刘坤一小7岁，比李鸿章小14岁，但无论学识与谋略，张之洞都比刘坤一强。在"东南互保"的过程中，一些联名奏折的起草通常由张之洞方面来完成，刘坤一也非常尊重张之洞的意见。

或许是张之洞比较年轻，他的野心也最强。

"现代玄奘"徐梵澄提供了一个有趣的细节，他在《蓬屋说诗》中记载："有云：'臣罪侍东南，不敢奉诏。'南皮（张之洞）奋然掷烟枪而起曰：这老寡妇（指慈禧太后）要骇她一下！改：臣坐拥东南，死不奉诏！——则其时大臣私对慈禧有此称矣。"

一个深受慈禧宠信的重臣，竟然私下里称慈禧为"老寡妇"，足以说明两个问题。

一是，慈禧的行为让张之洞非常愤怒。自立储以来，慈禧任性之举颇多，纵容义和团、攻打驻京公使馆与教堂、悍然对外宣战……慈禧的疯狂举动无疑让张之洞这样的臣子尴尬异常。跟也不是，不跟也不是，张之洞肯定是有怨言的，说慈禧是"老寡妇"基本也就是发牢骚的范畴。

二是，侧面反映了清廷统治权威的下降。地方督抚盘踞一方，无视慈禧的威信，清廷对地方的控制力在逐渐丧失。东南互保的发生也正说明了这点。

范文澜先生在他的《中国近代史》一书中，通过对张之洞言论的分析得出结论，他认为，张之洞在北京政府失效后有组建独立政府的想法。

义和团运动期间，张之洞的心里想的是："观望形势，如果帝后同亡，或帝存后亡，可以接受拥护，组织傀儡政府；如帝亡后存，或帝后同存，他们深信沙俄势大，大清统治决不崩溃，则拒绝拥护。"

此时的张之洞就开始观望形势，他的打算是，如果慈禧与光绪全部死掉，或是光绪在、慈禧死，可以拥护新组建的傀儡政府。如果光绪死、慈禧在，或是二人都在，他们自恃有沙俄的支持，相信清朝统治会一直延续，对这样的政权，则拒绝拥护。

日本女子大学久保田文次教授认为张之洞有明确的称帝想法。他在研读了宇都宫太郎的《当用日记》时发现，张之洞曾向日本方面透露过建立新政府的构想。

6月28日的日记是这样记载的：

> 六月二十八日　天气　晴
>
> 二十七日午后，由芝罘出发(大沽发应为二十六日)的福岛少将电报"天津、大沽间联络今未明确，我拟集结兵力前进"，"大沽、天津间联络已通之，二十六日电报取消"。
>
> 此日夜半时分，与钱恂会面，谈及时事，平岩代为通译。其间，钱恂言道：张某曾有言，天子蒙尘既久，清国处无政府之际，不得已，欲联合南部二三总督于南京成立一政府。此夜宿赤坂，未归。

这部日记的时间与阳历是一致的，中国旧历的六月二十七日就是公历的6月27日。这个时间点，清军与义和团已经开始攻打驻京公使馆与教堂，八国联军也已经攻陷大沽口。此时的张之洞开始谋划成立新政府。

史学界由此认为，张之洞称帝想法在此得到印证。范文澜的观察还属于推测，这部日记的曝光则是真正实锤。

钱恂本是学生留学的监督，实际是张之洞的心腹。张之洞与日本方面走得非常近，在晚清留学热的时期，张之洞派出了大量湖北留学生赴日本。张之洞的孙子早早就去了日本留学，钱恂作为留学生的监督，在日本受张之洞遥制。

据日本外务省档案记载，1900年5月12日，张之洞的儿子张权率领众多湖北军官考察日本，实则是秘密进行军事考察，采办新式武器，并积极与日本高层接触，希望取得日本的支持。

5月中旬的华北，义和团蜂拥而起，北京、天津都已经开始出现义和团，动乱初露苗头。此时，远在武汉的张之洞对局势应该是有了洞悉。既然可以派出军事考察团，相信此时的张之洞开始计划做两手准备。

刘坤一曾对"迎銮南下"的计划持拒绝的态度，他一心一意搞东南互保，而张之洞则想得更多。他一边联系周边督抚，策划组织东南互保，一边暗中为组建新政府做准备。张之洞不愧老谋深算。

7月6日，也就是宇都宫太郎招待酒会后的第四天，钱恂再次与宇都宫太郎商讨张之洞组建新政府一事。当天的日记是这样写的：

> 七月六日　天气　阴
>
> 钱恂至公所来访，言及张之洞或会设立新政府，目前当务之急乃是厚置兵力。吴元恺部二千名，张彪部二千五百名，此外再募集三千名。并又提及要求日方援助大尉二人，步枪（三十年式或小村田连发）五千挺。关于日本派大尉之事，反问是否由原来所谈之二人，抑或除此二人以外，再要求二人。钱恂回答不甚分明。又提及应商讨兵费之事，步枪之件，前几日张彪也曾谈及，虽不知成否，但约定待与参谋次长商议之后再定。由天津传来太田八十马、小南良知等战死之报告。归途至奈良原忍宅第看望。

这篇日记写得非常明白，张之洞明确要购买武器、扩编部队，以此厚置兵力，并希望日本在技术、经费与人力方面进行支持。张之洞的野心昭然若揭。

日记中还直接涉及作战计划：

> 七月十二日

元帅会议召开，讨论昨日所议作战计划。次长寺内中将受派遣将赴清国，余与铸方随行。

据日本外务省的档案，张之洞曾多次紧急致电赴日本的军事考察团，如：

致东京钱念劬

急，鄂添兵练兵甚急，吴镇、张游击等速回，购物买枪，钱守议办，如现成即带回。鄂督署，号二，光绪二十六年五月二十日亥刻。

张之洞的电报同样暴露了他派人向日本购买武器的事实。

当然，张之洞购买武器，扩编部队，厚置兵力，自然有剿匪、防御的考虑，但如此敏感时刻，结合其本人欲组建新政府的野心，不得不让人怀疑张之洞是在计划培植自己的武装，有图谋称帝的野心。

在《跋陈三立与梁鼎芬密札》中，陈三立致信梁鼎芬：

今危迫极矣，以一弱敌八强，纵而千古，横而万国，无此理势。若不投间抵隙，题外作文，度外举事，洞其症结，转其枢纽，但为按部就班，敷衍搪塞之计，形见势绌，必归沦胥，悔无及矣。

这封信中的"题外作文，度外举事，洞其症结，转其枢纽"就是陈三立建议张之洞成立新政府。

其实，张之洞还留有一手，也让外界对他称帝的野心更添一分怀疑。唐才常是张之洞的学生，在北方动乱期间，唐才常领导自立军起义，张之洞竟然睁一只眼闭一只眼。坊间怀疑，张之洞坐看自立军壮大，似乎同样是培植自己的武装。

八国联军攻占北京后，慈禧与光绪西逃，两宫俱在，张之洞立即将唐才常逮捕处决，并将赴日考察的军事团秘密召回。

结合前前后后一系列动作来看，完全可以坐实张之洞欲趁乱称帝的图谋。

天下大乱，群雄纷起。张之洞在准备称帝的时候，在更远的南方，一个独立的计划也在酝酿之中。

# 五

## 李鸿章的秘密

夏季香港的海面，风大浪急，翻滚的浪花裹挟着躁动的情绪。一艘小船正在海面上游弋，小船并没有驶向别处，似乎是在等待着什么。

东方的远处海面出现了一个黑点，那也是一艘船。黑点越来越大，原来是一艘从日本驶来的法国轮船。轮船越来越近，小船的一名船员向轮船不断地挥舞着旗子，轮船响了一声汽笛。

两船在海面上相遇，并排而停。从小船的船舱中走出三个人，他们通过舷梯登上了法国轮船，在船员的带领下，进入主人的会客间。

海风越来越大，人们在法国轮船的房间内也能明显感觉到船在摇晃。

这是1900年6月17日下午的一次秘密会面，法国轮船载来的主人正是孙中山与他的日本朋友，小船载来的人是香港兴中会骨干。就在昨天，遥远的北方渤海湾——大沽口刚刚发生了一场惊心动魄的战斗，大沽口被八国联军攻陷。

孙中山与香港兴中会的骨干商讨的是惠州起义计划，双方围绕起义的具体时间、地点、组织力量、武器筹备、经费支援等问题互相交换意见。

大约两个小时后，一艘"安澜号"军舰从珠江口方向驶来，悄悄靠近了这两艘船。军舰鸣笛致意，原地等待。孙中山与香港兴中会的磋商很快结束，香港兴中会的人迅速乘小船离开。

孙中山与日本朋友结束会议后，日本朋友登上了这艘军舰。军舰随即沿珠江北上，向广州方向驶去。此时已是夜晚时分，珠江两岸的灯火星星点点，若隐若现。

孙中山并没有去广州，而是在香港海面原地等候。原因是，有兴中会成员提醒他，广州之行很可能是李鸿章在设陷诱捕。孙中山便派享有治外法权的日本朋友赴会。日本人上岸后迅速被接到一处神秘的官邸内。官邸的主人刘学询正在等待他们。

刘学询，1855年生，广东香山县人。1879年考中举人，1886年中进士。因为候补官道不如意，便下海经商，以经营彩票为主，很快成为广东巨富。1900年1月，李鸿章担任两广总督，刘学询成为李鸿章的幕僚。

刘学询与孙中山是香山县的同乡，而且还是老相识。原本刘学询期待与孙中山好好叙叙旧，但遗憾的是，等来的却是日本人。

孙中山此行带了两位日本朋友，这两位都不超30岁，一位是宫崎寅藏，也叫宫崎滔天，一位是内田良平。二人都是孙中山革命的追随者，其中内田良平还是黑龙会的创始人。此时的孙中山年纪也不大，只有34岁。

在会谈中，刘学询表示，李鸿章对孙中山的一些想法很感兴趣，希望得到更详细的计划与要求。宫崎滔天便将孙中山的革命构想和盘托出。

原来，孙中山计划与李鸿章联合让广东独立，或是两广独立。推翻清廷一直是孙中山的梦想，其实也是刘学询的梦想。在1900年上半年北方处于动乱之际，孙中山看到了希望，他计划以两广独立来对抗清廷，并最终推翻清廷。

孙中山认为，如果广东独立有困难，可以先从广西下手，利用法国的武器弹药提供支援，由广西向广东推进。两广一旦独立，建立了新政府，必将会影响周边各地区，其他督抚慑于李鸿章的威望，加入独立的可能性非常大，由此，一个南联邦共和国将会冉冉升起。

宫崎滔天提了两条要求：一是对孙中山的罪名进行特赦，并保证孙中山的生命安全；二是希望李鸿章提供10万两贷款。

此时的孙中山仍属于清廷的通缉犯。李鸿章想与其合作，但孙中山担心李鸿章要阴谋诡计，企图诱捕自己，故提出特赦的条件。

刘学询当即表示，会迅速转告李鸿章。明天就可先行支付五万两。日语翻译立即起身，奔赴两广总督署，向李鸿章禀报。

主要内容商讨完时，已经是午夜。不久，日语翻译回来报告，说李鸿章已经同意了孙中山关于特赦的要求。

此次会面的撮合人，实际是香港议政局议员何启。

何启，1859年生，广东南海人，是驻美公使伍廷芳的内弟。香港中央书院毕业。早年留学英国，入阿伯丁大学和林肯法律学院，研习法律专业，1882年返回香港，任律师。1887年创办香港雅丽氏医院，并附设西医书院。1890年任香港立法局华人议员。1895年参与筹划兴中会广州起义，并起草对外宣言。

何启也是一名革命者，在义和团运动纷起之际，他与《中国日报》社长陈少白合议，希望推动李鸿章组织广东新政府，并使两广独立。

陈少白是孙中山的好朋友，他立即致电在日本横滨的孙中山，将两广独立的设想告知孙中山，孙中山当即同意回国商谈。

何启同时将自己的构想又转告了香港总督卜力，卜力随即将此计划电告李鸿章。没想到，李鸿章对两广独立的方案表示同意，并指令刘学询负责运作，同孙中山会面便是第一步。

作为清廷倚重的重臣，为大清帝国效力近40年，李鸿章为何要背叛朝廷呢？

这与李鸿章对清廷的失望不无关系，也与他多方面的考量有很大的关系。

当盛宣怀将清廷的对外宣战诏书发至广东时，李鸿章愤然回电："此乱命也，粤不奉诏。"这是关于东南互保期间李鸿章最为著名的一句话，貌似也成了东南互保运动的经典语句。

特别是，李鸿章早在半年前就对政治形势做出了准确预言，但没有引起重视。

在李鸿章南下广东接任两广总督的前一天，荣禄拜访李鸿章。双方谈到时局的发展时，李鸿章曾告诉荣禄，一旦实行废立计划，必招致外国反对，然后陷入动乱，导致兵锋再起。

对于李鸿章的"神预言"，清廷没有警惕，慈禧也没有注意到这一点。

失望归失望，李鸿章必须做两手准备，就像张之洞一样。

李鸿章调任两广总督，慈禧交给他的一个重要任务就是铲除康有为、梁启超的势力。慈禧气愤之余还特别命令李鸿章将康、梁的祖坟铲平。

"将在外，君命有所不受。"对于慈禧的命令，李鸿章并没有完全照办，尤其是铲人家祖坟的事，这对中国人来说，无异于不共戴天的仇恨。

慈禧再三催促，李鸿章不断地敷衍了事。最终拗不过慈禧，无奈之下，李鸿章还是铲掉了康、梁的祖坟。为此，康、梁大恨李鸿章，甚至要刺杀他。李鸿章私下则托人带话，对康、梁等人不断示好。

李鸿章对康、梁示好，首先是一种同情与欣赏。对于康、梁的变法改革的主张，李鸿章基本是赞同的。李鸿章还曾自诩为康党，在慈禧接见时，他也坦承自己是康党。在同情欣赏的同时，李鸿章必须重视这股维新力量。政治风云变幻，在仕途中游走，不能只看眼前，要放眼长远。李鸿章要做好维新党可能上台的准备。

而康有为、梁启超也希望拉拢李鸿章，以此达到自己的政治目的。梁启超也曾有两广独立的构想，他多次致信李鸿章，希望李鸿章能勇敢地站出来，共挽危局。但李鸿章仍在观望中。

李鸿章对维新党如此，对革命党同样也保持着若即若离的姿态。当卜力向他转达何启倡议，与孙中山一起推动两广独立的构想时，李鸿章也是接受的。

李鸿章在暗中与维新党、革命党保持秘密接触的同时，对盛宣怀、刘坤一、张之洞等人策划、运作的东南互保也在积极参与。

在李鸿章发出"此乱命也，粤不奉诏"的声音后，无疑鼓舞了刘坤一、张之洞，促进了二人的联手，这对整个东南互保也起到了巨大的推动作用。

虽然李鸿章威望很高，但是广东并非东南互保的核心。东南互保的第一层核心是刘坤一、张之洞治下的两江、两湖地区，广东只能算第二层。

最重要的一点是，广东没有派人参加6月26日在上海举行的互保章程议定。再者，当天的议定会议主要商讨的也是长江中下游的安全与稳定。显然，广东并不属于长江区域。

还有一个原因是，广西巡抚黄槐森极力反对互保，并上书弹劾刘坤一和张之洞勾结洋人、私下媾和、贻误战局。当刘坤一、张之洞听说后，也隐约有些害怕。李鸿章得知后大怒，责令黄槐森撤回奏章。黄槐森不愿意，李鸿章威逼利诱，最终让广东巡抚德寿构陷黄槐森，黄槐森难以下台，被迫答应了李鸿章的要求，将奏章撤回。由此，广西始终未能同广东一起加入东南互保，各国列强也没有承认广西。

如果说加入东南互保只是自保，那么与革命党接触，就是未雨绸缪。甲午战败，李鸿章被免职，坐冷板凳的滋味不好受。虽说李鸿章南下担任了两广总督，多少都有些被流放的感觉，而且论权力，与直隶总督兼北洋大臣还是差很多。李鸿章难免没有想法。因此，李鸿章认为，与康、梁等人，与孙中山保持接触很有必要。

孙中山方面，同康、梁等人的想法也基本相同，认为李鸿章是可以拉拢的人。但与康、梁等人不同的是，孙中山不认为李鸿章有独立的胆量与魄力。1900年的李鸿章已经77岁，在孙中山看来，如此老翁，怕早已雄心不再。但孙中山隐约还是觉得，李鸿章这个机会不能错失。

孙中山与李鸿章都抱着不妨一试的态度进行接触。在双方联络的过程中，刘学询自告奋勇，积极充当联系人。或许李鸿章不会知道，刘学询也做着一个帝王梦，他希望利用李鸿章与孙中山的合作，火中取栗。

对于刘学询与宫崎滔天的见面，李鸿章并没有做出明确的表示。刘学询让宫崎滔天转告孙中山，在八国联军未攻陷北京之前，李鸿章不方便做出表示。

李鸿章毕竟是朝廷重臣，做事极其严谨，自然不会轻易答应此事。其中一个重要原因是，李鸿章接到了朝廷要求其北上的命令。

北上京城，显然意味着权力的回归，标志着清廷对李鸿章的再次高度认可。李鸿章似乎又找到了昔日的荣光。在此背景下，李鸿章似乎对两广独立的兴趣又淡了一些。

7月8日，清廷应南方13位督抚的联名要求，正式授李鸿章为直隶总督兼北洋大臣。

李鸿章东山再起，他内心升起的是维护清廷统治、保全宗社的使命感与责任感。他真的要离开广东了。

至于张之洞等人筹建新政府、企图推举李鸿章当大总统一事，李鸿章是不知道的，而且也是没可能的。张之洞自己也在做着帝王梦，他怎么会拱手让人呢？

无论盛宣怀，还是各国列强，包括广东的绅民，都希望李鸿章留在广东，他们相信李鸿章能维持两广的稳定。但李鸿章执意北上，他也必须北上，不离开不行。

李鸿章离开后，德寿署理两广总督。德寿致电盛宣怀与刘坤一，希望他们将广东列入互保范围。盛宣怀对德寿没有信心，他反复询问德寿，是否有把握保证两广的平安。又与抵达上海的李鸿章进行确认，同时与各国领事多次商讨。在得到德寿的确切保证后，方正式将广东列入东南互保的名单。

李鸿章离开广东北上，在上海停留了近两个月。其间，盛宣怀等人也与李鸿章保持密切的联系，这对东南地区的稳定起到了关键的作用。

李鸿章或许对两广独立的兴趣已经变淡，但孙中山并没有放弃，他仍希望与李鸿章进行合作。在宫崎滔天从广州返回香港海面的时候，孙中山的轮船正好起程前往越南西贡。据说宫崎滔天他们使劲挥舞帽子，但轮船没有反应，直接就开走了。

孙中山在到达西贡后，致电香港兴中会的朋友，特意打听广州会面一事。

但中间人都没有死心。陈少白为此回忆道："我们当时劝李鸿章独立，有许多人从中帮忙，以为总有些希望，及听说他决意北上，就知道事情不妙了。由是再同香港总督商量，请他待李鸿章过港时，当面劝阻他。"

巧的是，当李鸿章的船到达香港时，孙中山的船也正好从西贡返回到香港海面，由于驱逐令还没有过期，孙中山无法登陆。此时，卜力趁机做李鸿章的工作，如果李鸿章答应两广独立，便可撤销对孙中山的驱逐令，让其与李鸿章会面。

李鸿章没有直接回复卜力，而是劝卜力不要将香港作为颠覆帝国统治的根据地。李鸿章表示，慈禧仍是中国最有能力的统治者。

据英国殖民部档案记载，就在卜力要绝望的时候，奇怪的是，李鸿章又问了卜力一个莫名其妙的问题，询问英国希望中国谁当皇帝。李鸿章谈此话题时，似乎兴趣很高。言语间似乎还在暗示卜力，如果英国希望汉族人当皇帝，自己也是乐意的。

在此时，刘学询、陈少白等人仍没有放弃努力。陈少白直接登上了李鸿章的轮船，让刘学询劝说李鸿章不要放弃两广独立的计划。刘学询自然也在想尽办法，甚至还编造了谎言让香港议政局议员怂恿卜力制造李鸿章留粤的借口。

也有说法是，孙中山、陈少白等七人联合致信卜力，在信中分析了中国的局势后，提出迁都、设立中央及各省自治政府、公权利于天下、增添文武官员的官俸、平其政刑、变科举为专门之学的建议。

卜力为此回信，赞同孙中山等人的意见，支持在南中国成立共和国，建议两广独立，并推荐李鸿章为大总统，任命孙中山为李鸿章的顾问。

当卜力向李鸿章提出此计划时，李鸿章点了点头，表示赞同，但还是执意要北上。卜力认为，现在是独立的最好时机，希望李鸿章认真考虑，但李鸿章没有答应。

最终，所有人都对李鸿章很失望。据说刘学询相当恼火，他让何启转告卜力，可以将李鸿章强行扣留。

卜力不敢擅自做主，向英国殖民部大臣张伯伦请示。张伯伦告诉卜力，不要扣留李鸿章。

或许在李鸿章的心中，当务之急是要为现在的朝廷谋划一个新的未来。至于独立称帝的事情，李鸿章应该也没有百分百地放弃，但李鸿章似乎认为，时机并未成熟。李鸿章在上海逗留期间，孙中山再次从日本到上海进行拜访，当然这是后话。

如果说刘坤一、张之洞是东南互保运动的"盟主"，那么，尽管李鸿章威望更高，但他也只能屈居"副盟主"的位置，因为李鸿章与广东一样，都不是东南互保的真正核心。

其实，与李鸿章"副盟主"位置相似的还有外国领事，如果没有他们的参与，东南互保也只能是一个梦罢了。

# 六

## 领事们的小心思

上海外滩高楼林立，黄浦江水川流不息。7月5日，一辆黑色小轿车在车水马龙的路上疾驰，汽车在外滩33号楼停下，一个头戴礼帽的白人男子匆匆走下车，一头扎进楼内。

这是一座英国文艺复兴风格与殖民风格并存的两层砖木建筑，高高的台基，底层五孔券廊围绕，楼的上部是四面坡顶，顶上覆盖着中国式的蝴蝶瓦。小楼的周围是大片的绿地花园，草木葱茏，绿意盎然。在喧闹的外滩中，格外优雅。

白人男子是英国驻上海总领事霍必澜，这座楼则是英国驻上海总领事馆。

霍必澜快速走进办公室内，抄起纸和笔，迅速写着什么。他要向英国外交部汇报上海的紧急情况。

此时在霍必澜的脑中，迅速闪过的是义和团与清军疯狂冲杀外国人的恐怖场面。一个小时后，他吩咐电报机房的工作人员向国内正式发送电报。内容记载在《英国蓝皮书》中。

电报发给了英国首相兼外相索尔兹伯里：

中国局势极为严重，义和团运动正在发展，如果天津的联军不能制止它，那么，它将扩大到华中和华南，并成为一个全国性的运动，结果将驱逐或杀死内地的所有外国人，而且使外国贸易遭到彻底毁灭。由此看来，有必要派遣一支部队制止其发展，而且支持总督们维护秩序。

霍必澜还向索尔兹伯里描绘了上海面临的危险形势：

吴淞和上海周围，驻有好几千名中国军队，都装备了新式武器，而且被供给新式火炮，所以他们可以在几小时内摧毁上海。

有人报告说，山东巡抚袁世凯已收到端王自北京发来的命令，要他率领一万八千名受过良好训练的军队前往南京，并占领该地。如果他发动这次攻击，而我们在这里又没有一支强大的军队支持总督，那么，无政府状态将扩大到全国。

其实，这个消息并不属实，只是霍必澜道听途说。首先端王向袁世凯发令是有可能的，但两人在对待义和团与列强的态度截然不同，袁世凯不可能听命于他。再者，袁世凯的军队只有7000人，根本凑不到1.8万人。且袁世凯也是积极参加东南互保的，怎么可能去占领南京呢？南京是刘坤一的地盘，袁世凯与刘坤一根本没有冲突，朝廷对刘坤一也没有不满。所以，无论怎么说，这个消息都不靠谱。不过，由此可以看出，霍必澜是何等恐惧。

作为英国驻上海的总领事，此时霍必澜的责任要大于英国驻北京的公使窦纳乐。因为英国的主要势力范围就在长江中下游，而上海又是远东的经济、金融、贸易中心，上海对于英国来说，重要性不言而喻。

据《英国蓝皮书》记载，此时，在上海的欧洲人数量达到了7000人，加上长江沿岸其他城市的欧洲人，总共约有8600人。

尽管在6月26日，东南各督抚提出了《东南互保章程》，但东南地区的教案仍然频发不断。如温州的义和团公开操练，扬言要杀死所有外国人和中国教民，在温州的外国人已经逃往上海。浙江、江西、安徽、湖北等地也纷纷出现义和团焚掠教堂、杀死教民的事件。这一切都让霍必澜忧心忡忡。

英国是当时西方列强中的老大，利益多、责任重，维持长江沿线的稳定义不容辞。在霍必澜看来，唯一的办法就是继续增派军队。霍必澜的电报已经不是第一次提到增派军队一事。

早在20多天前，即6月14日，霍必澜就曾致电英国政府，希望"立即与汉口及南京的总督达成一项谅解并取得有效支持"。所谓"有效支持"也就是指军事力量。英国海军部认为，如果中国局势动荡，一定在其他列强占领舟山与南京之前采取行动。这封电报不同寻常，其中强调"立即与汉口及南京的总督达成一项谅解"，这句话也被认为是英国首先提出东南互保的依据。

6月16日，英军上海舰队以保卫长江为名，派出"仙女号""红雀号"开赴南京与汉口，停泊于香港的"无畏号"北上吴淞口。

对此，刘坤一与张之洞态度不尽相同：两人虽然都认为自己完全可以控制局势，不需要英国帮忙，但刘坤一对英国人好感比较多，愿意联手英国，牵制俄国、法国、德国等国家。张之洞对英国则抗拒明显，认为英国军队进入长江纯粹是添乱。在拒绝的同时，张之洞还积极联络美国、日本，希望对方能牵制英国。张之洞更偏好于日本，他的孙子留学日本，秘密派军事考察团去的也是日本。

英国一方面要与刘坤一、张之洞达成谅解，一方面又要增派军队，而刘坤一与张之洞都明确表示，不需要英国的帮忙，完全可以控制局势。事实上，两个总督也确实下了力气对治安进行整治。

其实，英国的做法意图明显，就是要通过增派军队的方式，扩大自己的影响力与势力范围。盛宣怀首先看清了英国的阴谋，便致电刘坤一："英领事要我请其保护是其伪术，若为所愚，各国必不服。"刘坤一回电表示赞同："英允保淞，确系诡计，已电沪道密阻。就目前唯有稳住各国，方可保全长江。"

7月15日，索尔兹伯里致电霍必澜，支持霍必澜的建议，可以向上海增派军队，但必须向刘坤一、张之洞等人说明英国没有瓜分中国的想法。

霍必澜再次致电国内，并提出了具体要求："应立即派一支英国部队前往香港或威海卫，他们身边应保有运输工具，准备在得到通知后，八个小时内动身前往上海。有500名骑兵、一营炮兵和2000名步兵的一支部队将是够用的。"

霍必澜毕竟只是领事，属于文官。他提完建议，就把威胁的任务交给了武官。8月2日，英军中将西摩尔抵达南京，与刘坤一展开交涉，最终，英国派兵成功，以3000人的规模突破了刘坤一的底线，成为既成事实。

英国派兵是英国政府的行为，但霍必澜背后还搞起了小动作，他以"沪上流氓欲劫制造局"为名，制造恐怖气氛，不断向刘坤一、余联沅方面试探，希望以此控制吴淞口炮台及上海兵工厂。刘坤一与余联沅都知道英国的意图在于"窥伺长江"，但迫于压力，他也只能妥协，答应可双方进行共管。

在所有西方列强中，英国在东南互保过程中的动作最大。英国既有首提东南互保倡议之功，又有增兵最多之过。霍必澜在此事件中成为最关键的人物，他一面向英国国内夸大事实、虚报恐慌，一面对东南地方进行威胁、恐吓。霍必澜在维护英国的利益上不遗余力，作为英国领事，自然是责任所在。但对中国来讲，无疑是加剧了中国民众的恐慌，损害了中国的尊严与利益。

除了英国以外，日本在东南互保期间的表现也非常活跃。虽然日本的地位远远不及西方列强，但日本与中国距离很近，一衣带水，且同样在长江一带有巨大的经济利益。在八国联军在华北增兵的时候，日本因为距离近，成为增兵最多的国家，这也是日本的一大底气。

张之洞也看中了日本这个特点，希望利用日本来牵制英国。在英国欲派遣军舰进入汉口时，他致电日本："保全长江上下游，不独中国之利，亦日本之利也。日本当道尤当助鄂。日肯助鄂，鄂亦能助日。"

日本驻上海总领事为小田切万寿之助，人们通常简称为"小田切"。他自然不甘落后，也积极建议向中国增兵。他在发给日本国内的电报中说：

值此骚扰之际，除我帝国与英国以外，其他国家终无此余力实现长江之完全保护。长江一带及沿江地方之安全，直接确保我帝国侨民生命与财产，间接方面又关系此地在留外人之利益。为我帝国伸张威权及扩充利益开此端绪，不应有丝毫犹疑，于今日之空前绝佳时机，向当地增派军舰为伸张帝国势力之前阵，然后观察时势而抢在他国之先予以适当处置，此为小官之切望。

小田切建议，先是在上海组织日本侨胞建立义勇队维护秩序，同时从国内调派几艘军舰开赴长江。小田切的初衷是牵制英国，此时，日本在上海仅有一艘"赤城号"军舰。但日本政府除派出"高雄号"与"八重山号"军舰外，再无其他想法。日本外相青木周藏甚至要求，一旦形势危急，应先行组织安排全体人员撤退。

日本政府或许还有自知之明，不会像英国、法国等列强那样敢于大肆增兵，挑衅中国。日本政府不想"挑事"，小田切干脆就转向推动和议。

6月24日晚，小田切分别致电刘坤一、张之洞：

拳匪滋事，京津骚扰，钦差生死，仍无消息，可恨之至，长江一带仰赖阁下暨刘制军布置周密，以保无事，洵深庆幸。窃察驻沪各国领事之意，亦在维持和平，保全大局，并无别情，惟恐两处消息不灵，互抱疑念，训致生变，祈即由尊处，急派妥员来沪，与各国领事会议，以保局面，迟无济事，刍言倘为可用，乞即电告驻沪大西洋各国总领事，此人即领班领事也，电告之时请勿用贱名，已告岘帅。切叩。

这封电报被视为日本发轫东南互保的证据，但也只是发轫，并不算首倡。日本的提议不仅晚于英国，也晚于盛宣怀等人。而且，小田切的想法或许还是得益于盛宣怀。

小田切与盛宣怀关系非常好，两人沟通频繁，对中国的政局形势发展，小田切似乎比霍必澜判断得更清晰。

在《东南互保章程》议定的当天，各国因为章程对列强约束过多而没有达成一致。小田切则认为，此章程若达成则对日本非常有利。为了尽快促成各国签署协议，小田切游走各国，进行沟通、斡旋。但他过分热情的举动引发了日本政府的不满，日本政府训令小田切，虽然日本赞同此协议，但必须与各国保持步调一致，只有在各国政府认可协议后，才可与中国签订协议。

不过，日本政府在英国派兵登陆上海的刺激下，还是选择了跟进。8月下旬，日本450名海军陆战队士兵登陆上海。法国、德国自然也不甘落后，也先后进入上海。

日本与英国一样，同样打破了互保的约定。

在众多西方列强中，或许美国是个不同的存在。在大沽口战役中，美军没有主动参与攻击，东南督抚认为美国对华态度比较友好，似乎可以拉拢。

在英国军舰欲进入长江时，张之洞曾致电美国驻上海总领事古纳，希望美国能秉持公道、正义，来出面制衡英国。古纳迅速上报国内，美国政府认为，对东南督抚的维持秩序的能力表示信任，只要保持目前安定的局势，美国并不打算派出军队。

对于东南互保一事，美国方面也是比较积极的国家。古纳同日本小田切一样，同样倾向于尽快签约，但美国政府关注的重心主要在北京，北京的使馆长期被围困，让美国非常焦急。东南的事情，美国国务卿海约翰放权给了古纳："领事可与总督会商关于在其所辖省份维持和平及保护美侨的步骤。"

其实，这种情况下，古纳完全可以成为第一个签约的国家代表。但古纳看其他国家都没有动静，似乎又不好意思挑头，只能与诸列强保持步调一致。

美国的这种举动实际与美国正在执行的"门户开放"政策有关。

美国"门户开放"政策源于1899年9月，海约翰训令美国驻英、德、俄、法、日、意六国公使，向各驻在国政府提出政策照会，希望各国对他国在中国的利益不要进行横加干涉，以保证大家机会均等、利益均沾。各国对此政策均表示赞同。

7月3日，正值东南互保期间，海约翰提出第二次"门户开放"政策，这次又增加了荷兰、葡萄牙、奥匈帝国和西班牙。美国希望在维护大家合法利益与公平贸易的原则下，能保持中国的领土与行政完整，并保护身在中国各地的美国人的生命、财产安全。

美国敢于提出这样的政策，也是因为此时的美国在经济上已经超越英国，成为世界第一大经济体。腰杆越来越硬的美国在对待中国的问题上，肯定要增加自己的话语权与影响力。美国的第二次"门户开放"政策，显然也是其争夺中国利益的一个重要手段。各国虽没有公开表示赞同，但也没人提出反对。

在1900年的时候，外国领事在中国还是一个特殊的存在。东南督抚希望通过"以夷制夷"的策略进行分化瓦解，互相牵制。外国列强基于侵华的共同目的，虽有各种钩心斗角，但在大原则上仍然比较抱团。比如日本与美国，都希望尽快达成东南互保协定，在众列强没有达成一致的情况下，谁也不敢挑头签约，否则就有被孤立的风险。

各国的北京使馆被围困后，驻上海领事的地位大幅提升。1900年的那个夏天，上海各国租界内，一群群外国人正在为上海的安全忧心，为长江的利益盘算。他们似乎没有注意到，在租界内又发生了一件惊天动地的大事。

# 七

## 自立军的怒吼

7月26日，上海极为普通的一天。中西合璧的愚园内细雨霏霏，洋楼外芳草如茵、池水碧波荡漾。游园的时尚男女仍然三五成群，络绎不绝。小剧场里京剧唱腔与伴奏声、叫好声相互交织。运动场上网球爱好者还在纵情挥拍。这里集聚了上海最前沿的时尚潮流。

游园的人们似乎没有注意到，一场秘密的大会将要在这里举行。

与悠闲的游人不同，一些打着伞的男人却行色匆匆，他们陆续走进愚园礼堂。礼堂大门紧闭，没有人知道里边在发生着什么。

礼堂的南新厅内，80余名参会代表济济一堂，大家兴致益然。一个33岁的青年人在主席台上慷慨激昂道："鉴于大清朝势必覆亡，亦鉴于大清癫狂始终愚不可及，致令中华民族陷于深重苦难……"台下众人聚精会神，时而报以热烈的掌声。

青年人名叫唐才常，他发起的"中国国会"（也叫中国议会）在此成立。上海诸多名流参会，包括章太炎、文廷士、叶翰等人。此次会议主要有两项程序：一项是选举领导班子，一项是发布宣言。

中国海外留学第一人，美国耶鲁大学毕业，时年72岁的容闳为正会长。英国皇家海军学院毕业，时年46岁的严复任副会长。3天后，同样在愚园，"中国国会"举行第二次会议，选举叶瀚等3人为书记，郑观应、唐才常、汪康年、丁惠康、吴葆初等10人为干事。

会议的主要宗旨是"不认同匪矫诏之伪政府，联合外交，平内乱，保全中国自主，推广支那未来之文明化"。

"中国国会"成立后，随即发表了《国会宣言》。宣言为容闳起草，其向全世界布告：

> 中华民族依托政治权力源于人民、民声乃天声之通则，谨此不再承认满洲政府为合宜主宰中国之政权。他们不特辜负人民之拥护，无一法可保护人民及其财产之安全，更机关算尽，掠夺人民财产，致令举国贫困，怨声载道，愁眉不展。他们亦无一法可保全中国之疆土，致令其累遭外洋进犯、欺侮、入侵。而其政策，不论华洋，一概禁锢自由，逆潮流而动。纵与外国列强累累冲突，却依旧夜郎自大，愚昧无知，不思教训。与外界往还交际，则心机用尽，只图真理及启蒙之光与黑暗之中国隔绝。故而，其勉力奉行之自由放任政策，始终落后于时代，无缘捕捉生气勃勃势不可挡之当代思潮及进步精神。观其治理本质，则章法全无，摇摆不定，腐败至极。政府之一府一衙，无论京畿内外，尽皆千疮百孔，腐败不堪。一言以蔽之，其政治根基，现于世者，乃硕大无比却空无一物之皮囊，不当任何开明强国拥护以谋商业或政治便利。无一法可成就其建政目标之政府，其存活不外容忍屈从，其治理不外给民族带来百般屈辱，环宇当诛，瞬间当亡。

同时，"中国国会"还列出了十二条紧要声明，也是很多会员都不知道的秘密宗旨：

一、鉴于全能之神耶和华创造地极之主将此崇伟国度献给中国人民，以为其特殊之传承，我等自当永世不辜负神之奉献，自当责无旁贷，变旧中国为新中国，变苦境为乐境，谋中华民族之福祉，更谋世界人民之福祉。

二、我等坚信，解决目下复杂问题之最简易之道，乃八国列强废黜篡贼及其一干老朽顽固之逆贼，重立赞成维新之代表光绪为帝。光绪一旦重新掌位，必能立即收复民心，消除怨气，化解头绪万端之万国疑难。

三、光绪一旦驾崩，当筹办临时政府，推举临时主席，当物色妥当人选后，公推其为恒常之中国君主。

四、无论何事，中国之新政府当为立宪帝制，以英国政府不成文之宪法及《大宪章》为纲。而立宪帝制之筹办及其行政，将延聘西方智者，征得各别政府之特许，为我等献计献策。

五、拟立之立宪帝制，不论形式或本质，不论立法或行政，不论理论或实践，当为公民政府之典范，集智慧之大成及二十世纪之开明建造。它将代表中国人民乃至世界人民之公民自由及宪政自由，以谋世代升平，永世和谐。

六、仰赖过去十九世之实验、智慧及真理之光，我等首责当为教育人民接受新秩序，擢升其智慧，分析其需要；保护其人身及财产安全；翦除一切社会及政治罪恶；改良律法；缔造稳固之财政政策，规范金融，厘定国家银行系统；建造划一之小学系统；改良并促进农业生产，鼓励及便利贸易；在列国平等之基础上，举国敞开对洋通商大门。

七、为维系公众和平，充分保护国内外商务及在华洋人之安全，以最现代化手段重建陆海军，乃刻不容缓之要务。故当成立军事及海军学校，以训练军事及海军军官，此乃头等大事。

八、帝国子民均享有人身保护令之权利，享有所有法庭及讼堂之陪审团审判权利，且法律面前人人平等。

九、新政府当宽容宗教信仰。政府子民均享有良心自由、信仰自由、个人判断自由及言论自由。外界之训令或教会之威权，均不得干预或介入公民政府与人民行使权利之间之事务。

十、当竭尽全力使新政府之府衙及行政清正廉明，以成就民有民治民享之伟大宗旨。

十一、新政府确立及其独立主权获承认后，当履行与条约国立约之一切义务及责任，且当承担及偿清旧政权之所有国债。

十二、我等决不同情义和拳运动，并请立此存照，我等十分憎恶其残暴行径。一干篡贼对待外交使团及禁闭于京城内传教士之野蛮行径，我等视之为悍然违反国际法，人皆恶之，理应受罚。至于日趋严重之态势，教无数无辜性命丧于北京，我等谨此悃诚向八国列强致以深切同情。

在"中国国会"的宣言与声明中，有两大主张最引人关注：一个是不承认清政府有统治中国之权；二是请光绪皇帝复辟。这两项政治诉求在很多人看来是对立、矛盾的。为此，章太炎特别向唐才常提出了自己的意见与建议，但唐才常等人没有理睬，章太炎愤而退席。

7月的上海酷热难耐，上海的市民们没有注意到一个"新政府"悄然诞生。"中国国会"的规划与目标俨然是一个现代的宪政国家，而唐才常等人无疑是有着巨大野心的。刘坤一、张之洞等人都对"中国国会"采取默许的态度。

唐才常，1867年生，湖南浏阳人，贡生出身，曾就读于长沙校经书院、岳麓书院、两湖书院。他与谭嗣同为同乡，且同师于欧阳中鹄，两人并称为"浏阳二杰"。1897年，与谭嗣同在浏阳兴办算学馆，提倡新学，先后创办《湘学报》《湘报》，宣传变法维新。戊戌政变前夕，唐才常受光绪皇帝之诏，赴京参与变法运动。因突发戊戌政变而经香港、新加坡，转投日本，并与康、梁结识，成为保皇党。后经毕永年介绍，与孙中山认识，加入兴中会，成为革命党中的一员。

既保皇又革命，唐才常成了一个矛盾体。

好友谭嗣同被杀，给了唐才常以巨大的刺激。从日本回国后，于1899年12月24日，唐才常发起成立正气会（后改为自立会），汪康年任会长，唐才常任总干事。正气会是唐才常与康有为、梁启超、孙中山等人的联合组织，它的主要宗旨是：集体同志，共讲革新大业。因汪康年与唐才常二人渐生矛盾，正气会的主要权力均在唐才常的掌握中。

奇怪的是，唐才常起草的正气会序言充满了矛盾，"国于天地，必有与立，非我族类，其心必异""夫日月所照，莫不尊亲，君臣之义，如何能废"。前一句是革命排满，后一句是保皇保大清。如此分裂的唐才常让毕永年无法忍受，一气之下，毕永年削发为僧，隐居山中。

与此同时，与唐才常一同从日本回国的好友林圭奉孙中山之命，秘密与汉口的兴中会成员联络，在汉口英租界设立机关部，大力召集会党，购买武器，同时在襄阳、沙市、岳阳、长沙等地设立分支机构。张之洞的湖北新军中也有众多中下层军官与士兵加入林圭的队伍。后来，林圭与唐才常联手，成立"自立军"。

自立军大约两万人，分为七军。安徽大通为前军，由秦力山、吴禄贞统帅；安徽安庆为后军，由陈犹龙指挥；湖南常德为左军，由田邦负责；湖北新堤为右军，由沈荩领导；汉口为中军，由林圭、傅慈祥统领。唐才常直接指挥总会亲军和先锋营，并节制全军兼任总粮台。

在自立军起义前，唐才常在媒体上大肆抨击中国政治的弊病。如他在《论公私》一文中写道："中国正于贫弱，屡思振作以策富强。然上下不通，官民睽隔。如铁路轮船等事，商办未尝无人，而官必从而扰之曰：'利权不可下移。'其情似公而实私。又如犹有佳矿，西人听民开采，华官则辄思攘利，卒之同归折阅。……而在私意横梗抑塞，自残种教也。"

在《答客问支那近事》一文中，唐才常批评道："厘金为政，病民瘠国，无愚智知之，乃刚氏于江南总局，勒加二十万两。彼若曰：此二十万者，皆该局中饱之资也，渴饮盗泉，庸何伤？"

唐才常与自立军的活动，就在张之洞的眼皮底下。此时正值华北动乱、长江一带迫切需要稳定之际，张之洞不可能不关注此事。事实上，张之洞对唐才常的举动也是了解的。

说起来，张之洞与唐才常还是师生关系。有一种说法是，唐才常通过日本人联系张之洞，拥护其两湖独立，得到张之洞默许。但也有学者考证，认为这种说法并不靠谱，很可能是唐才常的一厢情愿。

不管哪种说法，有一点可以肯定，张之洞不可能不清楚自立军的发展动态，因为湖北新军中十有四五都对加入自立军动了心。

据《自立军史料集》记载，张之洞曾联合湖北巡抚于荫霖、湖南巡抚俞廉三向清廷奏报：

当时自立军之声势，沿江沿海各省皆有组织，以武昌、汉口、汉阳为总汇，如襄阳、樊城、枣阳、随州、应山、监利、沙洋、麻城、嘉鱼、崇阳、巴东、长乐，湖南之长沙、岳州、常德、澧州，河南之信阳，安徽之大通，四川之巫山。

湖北数月以来，自北方有警，长江人心惶惑，各匪四起，陆续增募勇营数十营，上游则界川之宜昌，下游则界江西之武穴，南则界湘之荆州，北则界豫之襄阳……皆为会匪出没之所。

自立军本才两万人，但加入自立会的成员却高达10万余人。两万人的自立军相当于精锐的现役武装，10万人的会员则相当于预备役民兵组织，如此规模才给张之洞等人以遍地皆匪的感觉。

星火燎原，一场风暴正在酝酿中。

唐才常计划的自立军起义时间为8月9日清晨，湖北各地及安徽、江西、湖南等地自立军同时起事。

8月初，大批自立军陆续进入桐城县，坊间疯传：自立军要进攻长江南岸的铜陵县大通镇。

8月9日上午8时，前军统领秦力山率领近千名自立军士兵在桐城县长江北岸集结。现场焚香叩神，宰牲祭旗，鸣枪起义。

秦力山不知道的是，由于康有为的汇款迟迟没有到账，汉口的起义已经延期，但由于长江被清军封锁，起义延期的消息没能及时送达秦力山。

秦力山率自立军沿江顺流而下，直扑大通镇。大通镇本是长江南岸的一座岛屿，岛上有盐局、厘局、药局，药局就是军火库，小小一座岛，有钱有军火，这正是自立军需要的。

清军大通营参将张华照指挥防守，派遣4艘炮船迎击。谁知，这4艘船刚行驶到江心便临阵倒戈，调转炮口猛轰大通，张华照无力防守，无奈投江自杀。

大通厘局的清军不甘示弱，与自立军展开炮战，最终还是寡不敌众。其中"常平号"差轮被击沉，另有8艘炮船被自立军俘获。

自立军迅速上岸，占领大通，劫持了大量武器。安徽巡抚王之春派来的清军水师援兵眼见大通被攻占后，竟然吓得绕道而走，直奔铜陵县城而去。原来，他们是纯粹路过的清军。

自立军在大通广贴告示，声称要讨贼勤王，广集同志，以清君侧，并安抚周边百姓，自立军纪律严明，秋毫无犯。

8月10日，清军武卫楚军统领李定铭率领800名士兵进攻大通。清军分水、陆两路围攻自立军，但无奈仍不是自立军的对手，8艘炮船与1艘小火轮相继被击沉。

清军大败的消息让刘坤一愤怒。8月11日，刘坤一调派重兵对大通进行围剿。1000多名清军精锐分乘4艘大型兵轮沿长江逆流而上，除一部分在芜湖驻防外，其余直奔大通而来。与此同时，江阴水师三营加入协剿，江胜左营步队一营进入南陵县参与会剿。

面对汹涌而来的清军，自立军英勇还击，奋起抵抗。激战数小时后，自立军渐不能支。秦力山果断做出决策，命各路部队毁船登岸，在青阳县洛家潭村汇集，等待武汉的援军。

可惜，武汉方面的自立军根本没有起事。

各路自立军放弃大通，陆续向洛家潭村集中。自立军的动向迅速被清军掌握，清军派水、陆两路人马向洛家潭村追击。

自立军由于兵力无法集中，导致一战即溃。很多率先赶到洛家潭村的自立军士兵逐渐被清军逼到附近山上，感到获胜无望的自立军士兵纷纷跳崖自杀。

8月12日，秦力山带领100多名士兵杀出重围，逃向南陵县，再次遭到清军的阻击，双方鏖战一天后，自立军弹尽粮绝，大部分士兵战败牺牲。秦力山再次逃出。

接下来的两天，其他自立军各部队在铜陵县与南陵县先后遭到清军的围追堵截，除了部分士兵被俘外，其余全部阵亡。被俘的士兵也没有活下来，被清军集体处死。

至此，大通历时一周的自立军起义以失败告终。逃出的秦力山根本没有时间流泪，化装成小商贩，一路秘密潜逃至南京，后流亡日本。

自立军起义，张之洞无论如何也不能坐视不管。张之洞与英国方面协商，希望取得英国的支持，英国同意。8月20日晚，唐才常与林圭等30余名自立军首领齐聚汉口自立军总部，连夜紧急商讨，准备21日发动起义。

21日凌晨，大批全副武装的清军悄悄来到位于汉口英租界与华界交界处，包围了以李慎德堂作为掩护的自立军总部，以及位于前花楼街宝顺里4号的唐才常等人的住所，自立军首领全部被抓获。

清军在现场搜出大批枪支、印章、书籍及"富有票"（一种宣传票券）。22日，于荫霖亲自审问唐才常。23日，唐才常等人在武汉紫阳湖被处决。

其他各地的自立军也有零星的起义，但均被清军镇压，没有形成气候。

自立军起义是长江流域1900年唯一一次以推翻清廷为目的的革命行动，虽然没有成功，但是仍鼓舞了孙中山等革命党人。从此，"革命"逐渐成为清末主流的思想与行为。

很多人认为张之洞姑奸养息，纵容唐才常的自立军壮大是一种政治投机行为。但也有人发现，审讯唐才常的则是于荫霖，这个湖北巡抚并不是张之洞的亲信，如果张之洞与唐才常有任何勾连，很容易被于荫霖抓到把柄。如果张之洞心虚，或许也不会安排于荫霖审讯。

其实，任何政治行为都与清廷的政治风向有关。无论是张之洞，还是唐才常，都在观望着北京的动向，毕竟华北地区才是真正的战场，北京的政权已经危如累卵。

# 第五章 联军进京

# 一

# 天津战斗

在《东南互保章程》议定的第二天，在大沽口陷落10天后，天津城里发生了一次诡异的爆炸。

6月27日上午11时左右，爆炸声突然响起，一声接着一声，此起彼伏，烈焰升腾，火光冲天，浓烟弥漫。帝国北方再次陷入战火中。

这次爆炸不同于大沽口，持续时间长，损坏程度大。剧烈的爆炸让强大的冲击波掀翻了周围的一切，1000米内的房屋、机器、人都被炸翻天。一时间，花草树木、泥土石头、砖头瓦块、木板钢筋、机器零件、残肢断臂，满天横飞，如下雨般落下。

爆炸的地方是天津著名的东局子。东局子位于白河东岸，在大沽口通往天津租界的主干道上。东局子是天津人的一种俗称。1867年，清政府曾在海光寺设立天津机器局，第二年，在海光寺的东面设立分局，因此得名"东局子"。

东局子面积很大，东西长1030米，南北宽524米，有各种大小房屋600余间。东局子是大清帝国最大的兵工厂与军火库，主要生产各种枪炮、弹药，包括毛瑟枪弹、火药、水雷，甚至还造出过潜水艇、舟桥。这里生产的武器主要供应北洋水师及北方各省驻军。东局子的工人多达2000余人。

在爆炸声响起的同时，有一群士兵在狂呼大笑。巨大的火光下，是这群士兵的狰狞面容。这群人就是偷袭东局子的俄国士兵，而炸毁东局子的则是英国人。

联军原来本在东局子旁的紫竹林租界内，由于遭遇清军与义和团的长期围攻，联军决定端掉东局子。2000名俄国士兵计划凌晨进攻东局子，以占领这个军火库。守卫东局子的是清军中的武卫前军，他们提前进行了布防，并设置了防步兵地雷。俄军进攻不仅遭到清军的顽强阻击，还被地雷炸得七零八落、外焦里嫩。

俄军随即呼叫增援，800名英军、日军、美军士兵组成联军向东局子再次发起进攻。天津城的数千名义和团拳民也迅速赶来增援，与300多名清军守卫士兵并肩作战。双方战斗激烈。

就在战斗僵持之际，停泊在白河上的英国"恐惧号"军舰开始向东局子发射炮弹，一枚炮弹击中了东局子弹药库，引发连锁大爆炸。

大清帝国经营了30多年的北方最大的军火库毁于一旦。清军无奈，迅速撤出东局子。其中有两个清兵不甘失败，在废墟周围埋了多个地雷，并将没有炸毁的弹药连上了引线，静等联军上钩。

联军以为东局子的弹药全部被炸毁，取得了绝对性的胜利。当他们欢呼着冲入厂房时，两个埋伏的清兵点燃了引信，联军被炸，死伤惨重。

东局子之战是联军攻占天津最重要的一环，将清军的军火供应彻底摧毁，堪称釜底抽薪，为未来的八国联军全面侵华奠定了基础。

东局子是洋务运动的产物，令人不解的是，这样一座重要的军工企业为何要放在天津？天津虽是北洋重镇，有人才、有铁路、有配套、有海运，但天津的地理位置非常不利，第二次鸦片战争时，英法联军同样是从大沽口登陆，然后取天津，攻北京。将兵工厂放在天津，无疑是直接暴露给侵略者，为侵略者送上一块大蛋糕。

侵华联军从渤海登陆

拿下东局子后，联军统帅西摩尔迅速召集会议，分析当前形势，并开始筹划占领天津、进攻北京。

西摩尔意识到，要想占领天津，首先要坚守住老龙头车站。

老龙头车站是天津通往大沽与北京的重要铁路交通枢纽。谁占领此地，谁就取得了铁路运输权。联军如果想要快速向北京推进，必然要依靠铁路，老龙头车站绝不能有失。

自大沽口攻陷后，老龙头车站一直被俄军控制，但时常遭到义和团的袭扰。29日，曹福田与张德成率领的义和团拳民与浙江提督马玉崑率领的6500名清军士兵一起攻打老龙头车站。

老龙头车站处于重重包围中，守卫老龙头车站的俄军大约只有1000人，清军与义和团至少在人数规模上形成了绝对的优势。清军在车站外围部署了多门大炮，前面清军与拳民冲锋，后面以炮火掩护。

俄军的抵抗也很顽强，双方僵持了两天。清军与拳民曾一度夺下车站，但又被俄军打退。双方你来我往，攻防激烈，但谁也无法取得绝对性的胜利。

7月1日，直隶提督聂士成率领3000名清军士兵赶来增援。清军没有再发起冲锋，而是持续进行炮战。炮火轰鸣，炮声不息，车站附近的百姓在炮声中渐渐睡去。天津城里的百姓已经熟悉了这种炮声，早习以为常、见怪不怪了。

7月3日，聂士成部清军与拳民决定向俄军发起最后的冲击，计划一举拿下老龙头车站。在一片震天的冲杀声中，英勇的清军与拳民顶着俄军的子弹冲向车站。俄军士兵顿时被这种阵势吓傻了，端枪的手开始不停地发抖。

尽管冲锋的队伍倒下了很多人，但依靠人多势众的优势，清军与拳民最终还是突破了防御工事，冲进了车站。

双方如此近距离，只有展开刺刀拼杀与肉搏战。站房内、站台上，到处都是双方打斗的混乱场面。大刀、长矛与刺刀的碰撞声，双方士兵的喊叫声混杂在一起。很快，血流成河，伏尸遍地。

高大的俄国人最终在肉搏战中没有占到便宜，他们战败后退出车站。正当清军与拳民高呼占领车站时，英国、德国、日本三国组成的联军迅速扑向车站，筋疲力尽的清军与拳民已经没有多少抵抗能力，只能边打边退。车站再次被联军占领。

清军不甘就此失败，马玉崑部的清军发动反击，声势浩大的冲杀直接将联军击溃，在车站内，清军发现了躲藏在火车厢内的联军。双方在火车厢内再次展开肉搏战，火车厢内空间狭小，两军士兵在打斗中不时会滚落到车厢外，摔到铁轨、石子上，双方惨叫声不断。

第二批增援的联军又迅速赶到，直接又将清军包围在车厢内，双方再次混战到一起。此时，清军因为体力不支，已经明显处于下风。除了少部分人得以突围外，其余人全部阵亡。联军再次控制了老龙头车站。

老龙头车站被清军与义和团袭击后，彻底激怒了联军，让联军转变了战争策略。联军所在的天津租界，也就是紫竹林地区，就像北京的使馆区一样，长期遭到清军与义和团的围困与攻击。最严重时，租界内一天就死伤224人。联军基本都是被动防守的状态，包括老龙头车站，也以防御为主。但联军认为，形势愈加恶劣，必须打掉对联军威胁最大的聂士成部。

联军开始密集筹划，准备向聂士成部所在的八里台发起冲击。

7月9日凌晨3时，天津的夜晚空前静寂，百姓都在深睡中。一天的暑热已经消失，此时的人们感觉比较舒适。

在聂士成部的清军营帐内，帐篷林立。在所有帐篷中，有一顶仍灯火通明，聂士成没有合眼，他睡不着。

据当时的士兵苏锡麟后来在1963年回忆，战争一触即发前，聂士成独自一人在榆树下徘徊，踱步不止。不知道他在思考着什么。

很显然，此时的聂士成深感不安。他无法理解，局势为何如此糜烂？他已经意识到，自己作为天津城守卫的最后防线，一旦有失，天津陷落，京城门户大开，清政权则危在旦夕。

此时，联军正在德国租界的梁园门悄悄集合。凌晨5时，八里台清军驻地周围枪声大作，联军进攻开始。6000名联军从跑马场方向发动攻击，500名日军也在迅速逼近。

闻听枪声后，作为最高统帅的聂士成顿时振作精神，跨上战马，大喊一声："兄弟们，开始了！"清军各路士兵迅速集合，出击迎战。

交战的地点在河两岸，双方各占据河的一边，开始只是远距离炮击、枪击。突然，聂士成立于桥边的一棵大榆树下，挥刀指挥冲锋。清军一拥而上，冲过河去，与联军展开近距离搏斗。

原本安静的天津黎明被各种厮杀声、喊叫声搅得不再安宁。美丽的朝霞之下，一万余人在彼此残杀、打斗。他们不是同胞，只不过彼此是异国人。

血腥的战斗染红了朝霞。

在联军炮火的猛烈压制下，清军多次进攻被打散，始终无法形成威力。副官提醒聂士成，立即请求增援，但聂士成非常清楚，根本没有增援部队，只能背水一战。

眼看清军要战败，聂士成迅速回到了营帐内，脱下军装，换上了紫纱袍、黄马褂，全身冠带整齐。这身装束是清廷赏赐，代表着最高荣誉。当聂士成再次返回战场时，清军官兵们知道，与联军决一死战的时刻到了。

聂士成飞身上马，率队发起冲锋。冲杀声再次响起，联军的炮火更加猛烈，炮弹、子弹如雨点般向清军飞来。聂士成没有丝毫畏惧，依然冲锋在前。

这是一幅非常悲壮的画面，聂士成的换装是抱着必死的决心。身披黄马褂，为朝廷而战，为国牺牲，在所不惜。

正在集合的侵华日军

正在此时，属下军官飞报，义和团抄了聂士成的家，并将其全家人都抓走了。聂士成一惊，立即派兵去家中营救。随后，继续咬紧牙关，又向联军冲去。

据苏锡麟回忆，跟随聂士成多年的管带宋占标看到此景，急忙上前拉住战马的缰绳，眼含热泪，哭劝聂士成：“军门，不能去啊！”

聂士成哽咽道：“你是小孩子，你不懂。”

养兵千日用兵一时，大丈夫宁死阵前不死阵后，聂士成甩开宋占标向战场冲去，宋占标大受感动，也跑向战场。

战斗到下午，清军死伤惨重，遍地都是血肉模糊的尸体，血腥之气笼罩着八里台。联军的枪炮声由远及近，在炮火与烽烟之下，只见聂士成带领着残兵败将继续抵御着联军的进攻。

“聂士成将军，投降吧！”突然，远处一名联军将领大声向清军喊话。

汗水、泪水、血水迷糊了聂士成的双眼，他用衣服擦了一下眼睛，仔细观瞧，发现对方是一名德国军人，而且还是自己熟悉的原来武卫前军骑兵教练库恩。库恩已经将所有炮口都对准了聂士成及他率领的几十人。

库恩命令集体开火。大炮轰鸣，枪弹齐发。聂士成的战马被打死，聂士成负伤。他立即又跨上了另一匹马，继续与联军战斗。由于聂士成的衣服太过显眼，枪弹纷纷向他射来，一颗、两颗、三颗……聂士成的腹部与胸部多处中弹，鲜血染红了黄马褂，但他仍然没有倒下。突然一颗子弹再次飞来，直接打中聂士成的头部，他挥舞的大刀瞬间停在了半空，随即栽落马下，倒地身亡。也有说法是，聂士成被义和团偷袭，中炮而亡。

一个英勇的直隶提督就这样倒在了战场上。

聂士成，1836年生，安徽合肥人，戎马40年，参加过剿捻、中法战争、甲午战争，战功卓著。聂士成对待义和团的态度非常坚定，就是坚决镇压。在义和团运动高潮期的4月份，他奉直隶总督裕禄的命令，对义和团进行剿办，引发载漪与义和团的仇恨。

聂士成死后，库恩拿一条红毯子将他的遗体盖住，然后将其交给清军。清军在运送聂士成的遗体时，中途遭到拳民的拦截，拳民欲抢夺遗体进行戮尸，却是联军将拳民驱散，护其遗体。

八里台被拿下后，清军的进攻能力大减。增援的四川提督宋庆部成为守卫天津城的主力，但战斗力却远不如聂士成部。

7月13日，阴雨连绵。联军从天津南门对天津城发动总攻。此时，天津守城兵力只有不到7000人，其中南城防守部队为宋庆部与马玉崑部，不足5000人。裕禄在此坐镇指挥。西城防守部队为聂士成的残部，不到2000人。

联军方面，在斯捷谢利将军的指挥下，俄军13个连队从东面渡河来到天津城附近，经过多轮激烈战斗，俄军占领外围阵地，兵临城下。

英军、美军、日军则采取了比较省事的办法，从西侧向天津城密集发射炮弹，天津城上空炮火连天，仿佛要把天津城变成焦土。清军的弹药库再次不幸被炸，城中火球飞蹿，浓烟四起，半座天津城都受到了震动。

整整一天，双方几乎都在进行炮战，各自都有很大的伤亡。一天战斗下来，联军仍无法靠近城墙，而清军的斗志也大为减小。

7月14日凌晨3时，天还没有破晓。日军福岛将军指挥日军进攻南门，这也是清军防守最为密集的地方。但城下的清军多埋伏在沼泽与芦苇丛中，日军多次进攻都被清军打退，连城墙都无法靠近。

在日军焦急万分的时候，一名叛变的清兵告诉了日军一个秘密。天津城墙有一段因为被炸近期刚刚修复，但质量远不如前。日军立即懂了，他们组成敢死队，抬着两只火药桶，冒死向那段城墙下靠近。

"轰"一声巨响，南城墙被炸出一个巨大的豁口，日军迅速发起冲锋，进入天津城内，从里边打开大门，联军各部队相继从各方向攻入城内。负责南门守卫的宋庆与裕禄等人放弃抵抗，向天津城北部的北仓方向撤退。

5时，天空放亮，天津城陷落。这座北方重镇再次被外国侵略者占领，上一次劫难还是第二次鸦片战争期间。

联军攻入天津城内，开始了疯狂的大屠杀，最惨烈的地方在北门。联军大部分从南门方向涌入，百姓便疯狂地向北门方向逃跑。

通往北门的大街两旁，店铺门窗凌乱不堪，墙上遍布着弹坑。街道上一片狼藉，死尸满地，人的、牲畜的，残破、废弃的车辆散乱得到处都是。哭喊声、叫骂声，充斥着整个街道。密密麻麻逃难的人群成了联军屠杀的猎物。

惊慌失措、蜂拥逃跑的百姓丝毫没有注意到，在他们背后的鼓楼上，联军已经将火炮和机枪架好。

鼓楼是中国传统城市的标配，通常位于城市的中央，东西南北两条主干道交会的中央，主要功能是敲钟报时。鼓楼都比较高大，居高临下。

联军向天津逃难的百姓开火了。惊恐的百姓拥挤着逃亡。枪弹与炮弹不断地打来，人们哭声震天，慌不择路，四处都在拥挤、踩踏。家人走失、死亡，有人要回城，有人要出城，人流混乱不堪。

联军肆意地攻击着，放肆地狂笑着，天津百姓从撕心裂肺地呐喊到逐渐平静，大街上塞满了尸体，可谓堆积如山。有记载道："自城内鼓楼迄北门外水阁，积尸数里，高数尺。"

事实上，不光通往北门的一条街，鼓楼周围的各大小街道布满尸体，用血流成河形容并不为过。按当时的记载，满地的血迹，让人们根本无法立足、无处躲闪。

炎热的酷暑下，死尸满城的天津城内很快出现了腐臭气。还没来得及清理，尸体就已经腐烂。据说，当时光清理这些死尸就用了三天时间。

但联军的屠杀并没有完，占领天津后，他们以剿办义和团为名，对义和团及相关人群又再次展开杀戮。候补直隶道谭文焕因为镇压义和团不力，遭到联军的报复，被联军从保定押往天津，将其砍头。谭文焕的首级与其他拳民的脑袋一起被悬挂在天津都统衙门的门口。

原来威风无比的义和团迅速消失不见了。天津义和团著名首领曹福田与张德成早已不知去向。有传他们被民众所杀，也有说他们是战死。联军远征静海，在张德成的独流镇根据地展开报复，独流的百姓大多惨死于联军的枪下。

天津城曾名噪一时的红灯照首领——"黄莲圣母"林黑儿跳河自杀，副首领董二姑与刘三姑被抓。有说法是，联军将二人带到了西方进行展览。后来，又把她们卖到妓院。也有说法是，她们在天津被联军杀死。

随着联军的严厉剿杀，天津的义和团慢慢归于沉寂。

天津城陷落，双方的损失都是惨重的，清军与拳民伤亡3000余人，联军伤亡750余人，其中日军为400人，美军一名上校与日军一名少佐阵亡。

值得一提的是，在攻占天津城的过程中，联军使用了违反国际公约的化学武器——毒气弹。

上海《申报》有一篇这样的报道：

敌人之攻天津城何以民人竟死亡殆尽，曰此用氯气炮之故也。考氯气一物，医家用之解毒，然其性实甚毒烈，入口鼻可立毙。西人取以实炮中，不待弹及其身，但使其气吸入口鼻中，罔有不迷蒙而仆者，然其残忍实出情理之外，故泰西战阵之上鲜有用以毙敌人者。

报道中首次提到了"氯气炮"。氯气确实是一种剧毒的化学气体，可经呼吸道快速致人死亡。

在《庚子国变记》一书中，收录了一位亲历者的描述：

至十六日（公历7月12日），津郡城厢内外，已无华兵踪迹，城内唯死人满地，房屋无存，且因洋兵开放列低炮之故，各死尸倒地者，身无伤痕居多。盖列低炮系毒药掺配而成，炮弹落地，即有绿气冒出，钻入鼻孔内者，即不自知其殉命。甚至城破之后，洋兵犹见有华兵若干，擎枪倚墙，怒目而立，一若将欲开放者，然及墙近视之，始知已中炮气而毙，只以其身倚站在墙，故未仆地，列低炮之残毒，有如此者。

这个描述更为清晰，那就是毒气弹会冒"绿气"。事实上，氯气在挥发时，确实呈黄绿色。显然，颜色的描述更接近真实。这说明，联军使用毒气弹一事基本可以坐实。

天津城的失陷造成京城门户洞开。紫禁城内的气氛顿时紧张了很多。

# 二

# 斩杀五大臣

原本攻打激烈的大使馆悄然停了战，而且清廷还给大使馆送去了蔬菜、水果。如此怪异的举动，让清军与义和团云里雾里。

更怪异的是，清廷内还出现了一些凶兆。

7月27日清晨，一大早的北京就像下了火，知了在树上叫个不停。吏部侍郎许景澄迷迷糊糊起了床，吃完早餐，便开始穿戴官服。看着丈夫精神略有不振的样子，妻子关切地叮嘱他，上朝期间要注意休息。

许景澄最近一直没有睡好，确切地说，自从慈禧召开御前会议开始，许景澄就担心局势会出现恶化。当慈禧宣战后，许景澄就再也没有睡过一个囫囵觉。

许景澄一直主张镇压义和团，避免对列强开衅，但随着载漪等人的权势越来越大，许景澄遭到了各种排挤。虽然每天上班的心情都有些沉重，但身为朝中大臣，仍要尽职尽责。

许景澄穿戴整齐，发现时间尚早，便坐在院子荫凉处的一个石墩上休息。以往这个时候，许景澄经常能看到三两只燕子在院子上空飞来飞去。听着燕子的叫声，许景澄就会觉得很放松，而知了持续不断的叫声则会让他越加烦躁。奇怪的是，今天，院里没有一只燕子。许景澄有些失落。

这时，有用人跑过来对许景澄说："大人，庆亲王通知您去总署，有急事商议！"

许景澄忙问："有什么急事？昨天好像也没有说今天去总署啊。"

用人凑到许景澄耳边小声说："大人，我感觉形势不对，你可要多加小心。"

许景澄没有说话，起身站起，吩咐两位随从和自己出发。

许景澄与随从出门便坐上了骡车，车刚刚出胡同口，突然围上来20个清兵，试图将骡车赶向另一个方向。带头的清兵将领对许景澄说："许大人，庆亲王会议临时有变，地点由总署改为提督府。"

骡车调头向北而去。许景澄闭着眼睛，一言不发，耳边只有骡子的蹄声与清兵的脚步声。凭借多年的政治经验，许景澄知道，自己出事了。

很快，骡车停在提督府前。提督府果然不是总署，大门前清兵林立，戒备森严。清兵告知许景澄的随从，可以立即返回。许景澄下车，整理好衣衫，大踏步迈进提督府。

许景澄刚一进入府内，两名清兵便立即上前，一左一右架住了他的胳膊。许景澄大声喝问："你们要干什么？"清兵面无表情，一言不发，将他带进一个小房间内，"砰"地关上了门。

许景澄再也忍不住了，他刚要发火，突然听到隔壁传来一喊叫声："谁说许大人和我改了圣旨，简直是一派胡言！你们如此作恶，必将受到报应！"

这个声音非常熟悉，这不是袁昶吗？怎么袁昶也被带到了这里？

原来，今天一大早，太常寺卿袁昶与许景澄有着同样的经历。执行这一任务的便是步军统领衙门的官兵。

许景澄没有喊叫，他陷入了沉思，为什么会说自己与袁昶私自改了圣旨？

原来这和一个重要的南方大臣进京有着密切的关系。

7月26日，一位胡子花白的70岁老臣入宫觐见。慈禧对此人热情有加，与其在宫中进行了长谈。此人正是巡阅长江水师大臣李秉衡。

李秉衡，1830年生，东北奉天（今辽宁）人。曾任广西按察使，参与中法战争。后任安徽巡抚，甲午战争后，任山东巡抚。李秉衡的后一任是张汝梅，张汝梅的后一任正是毓贤。1899年11月，清廷任命李秉衡为巡阅长江水师大臣。李秉衡一向主战，对外非常强硬。在东南互保期间，李秉衡是刘坤一最担心的绊脚石。6月21日，刘坤一、张之洞等人联合上奏，希望力剿义和团，其中也有李秉衡的签名。但李秉衡后来向慈禧解释，身在南方，他是被迫的。慈禧对外宣战后，命李秉衡北上勤王。

李秉衡的到来，让本已有些慌乱的清廷得到了一丝稳定。主和派与主战派相继拜见李秉衡，希望他能发挥老臣的作用，为清廷出力。

此时的慈禧也非常着急，慈禧原本打算让北京的各国公使迁往天津，但洋人们根本不听，这让慈禧左右为难。现在天津失陷，联军很可能要进攻北京，这让慈禧坐立不安。

慈禧在宁寿宫三次召见李秉衡，向其请教当下应对之策。李秉衡仍然坚持义和团可用，"义民可用，当以兵法部勒之"。义和团可用，只要管教好即可。对待列强，李秉衡依然主战，"外国多，不可灭，异日必趋于和。然必能战而后能和，臣请赴前敌决一战"。

慈禧信心大增，立即命李秉衡帮办武卫军事务，武卫先锋军、武卫右军先锋六营、晋威五营，共15500人，全部归李秉衡节制。实际上，李秉衡已经成了抵御八国联军的清军最大统帅。

在与李秉衡的长谈中，一个偶然的事件让慈禧大为愤怒。慈禧对外宣战后，曾向南方下达谕旨，要"逐杀洋人"，但南方根本不见动静，慈禧询问李秉衡，到底怎么回事。而李秉衡却说，根本没有见到什么"逐杀洋人"的谕旨。

慈禧大惊，立即命刚毅去查。结果，刚毅第二天便上奏，说是许景澄与袁昶二人私自将"逐杀洋人"改为"保护洋人"。慈禧闻听，气得将茶壶都摔碎了。

私改圣旨，其罪可诛！

据《义和团档案史料》记载，7月28日，慈禧发布懿旨：

> 吏部左侍郎许景澄、太常寺卿袁昶，屡次被人参奏，声名恶劣。平日办理洋务，各存私心。每遇召见时，任意妄奏，莠言乱政，且语多离间。有不忍言者，实属大不敬。若不严行惩办，何以整肃群僚。许景澄、袁昶均着行正法，以昭炯戒。

随即，二人被押往菜市口处决。通往菜市口的路依然热闹非凡，每辆囚车的经过都会引起市民的围观与呼喝。

监斩官为载漪的弟弟载澜、大学士徐桐的儿子徐承煜，这两人都是主战派，自然也是许景澄与袁昶的政敌。由他们来监斩，对载澜与徐承煜来说，明显是快意恩仇的好事。

临刑前，许景澄冷笑面对，始终一言不发。袁昶同样神色自若，但他还是不服，大声说：“予惟望不久重见天日，消灭僭妄。”

载澜怒斥袁昶：“汝为奸臣，不许多言！”

袁昶没有丝毫的畏惧，大声说道：“予死而无罪，汝辈狂愚，乱谋祸国，罪乃当死也。予名将长留于天壤，受后任之爱敬！”

徐承煜冷笑着说：“死到临头，废话尤多尔！”

此时的徐承煜绝对没有料到，其实自己也是死到临头，甚至包括他老爸。

许景澄与袁昶两人泰然自若，相视一笑。袁昶对许景澄说：“不久将相见于地下，人死如归家耳。”

二人视死如归，也算英勇就义。

许景澄与袁昶真的是因为私改圣旨而被杀吗？显然没有那么简单，他们的死更多还是与站队有关。

6月16日开始，慈禧罕见地召开了五次御前会议。会议就“义和团是剿是抚、八国联军是和是战”展开辩论。与会大臣基本分为两拨：一拨是以许景澄、袁昶为代表的主剿、主和派；一拨是以载漪为代表的主抚、主战派。其实慈禧与后者也持同一观点，与载漪也算一拨人。

五次御前会议辩论，其实真正针锋相对的只有前三次，后面两次主和派基本没有了声音。在前三次会议中，大部分辩论都是你一言我一语，虽然大家情绪有些激动，但仍属正常范畴。只是个别几次让慈禧搓火、载漪发怒。

总有一种表现会触怒慈禧，这在前文已有交代。在第四次御前会议时，许景澄竟然与光绪拉拉扯扯。一向反对主战的光绪得知开战不可避免后，竟拉着许景澄的手，哭泣着向其求救。许景澄竟然也哭泣起来，激动之余，还拉扯了光绪的衣袖。君臣之间的举动都被生性多疑的慈禧看在眼里，慈禧当庭怒斥许景澄无礼。

许景澄不顾封建君臣礼仪，明显触犯了大忌。与光绪一起痛哭，在慈禧眼里，也是团伙行为。作为大权独揽的慈禧，岂能容忍其他大臣与光绪抱团，壮大势力。

除此之外，许景澄、袁昶等人与地方督抚往来过于密切，尤其是张之洞、刘坤一等人加入东南互保后，许景澄、袁昶还多次与地方督抚保持频繁的沟通。

据《庚辛史料》记载，许景澄与袁昶多次密报张之洞，不仅向其汇报京城局势动态，还秘密透露慈禧等人的动向。如7月24日，许景澄、袁昶向张之洞发出密电：

> 卦电敬悉。荣相足疾已愈，董军尚在都中，团就抚，不甚受约束。现奉明谕，除战争外，被害洋人教士损失产物，查明核办。土匪乱民，督抚统兵大员相机剿办等因。各使均尚存。闻现筹保护使出京，未悉办法。赫德消息不知。澄、昶叩。

暗通督抚，朝廷之大忌。此时，张之洞、刘坤一等督抚已经与洋人秘密协商，达成东南互保，对慈禧对外宣战的命令置之不理。地方对抗中央，意味着清廷权力的削弱，慈禧权威的下降，这是统治者的最大忌讳。作为部委中人，许景澄、袁昶联手封疆大吏，又犯一大忌。

最要命的是，许景澄与袁昶曾经向载漪建议，采用张之洞、刘坤一等的方法，让李鸿章为全权大臣，代表清廷与洋人议和。

《袁爽秋京卿日记》中记载，7月16日，袁昶登门拜访载漪，"见端邸，问计将安出？予力赞现公使无权，且无电邮可通，不若从各疆吏议，以合肥为全权大臣（驻沪亦可），电商外部或面商各水师提督，较灵活，一面厚集兵力，防守由津通犯京之路"。

不知道袁昶犯了什么毛病，居然让载漪采纳张之洞等人的建议。要知道，他们可是死对头，慈禧要立载漪的儿子溥儁为大阿哥，张之洞等人的反对力度最大。从这点来看，至少袁昶的政治敏感度不够高。

《据义和团档案史料》记载，载漪曾向慈禧当面建议，要杀掉许景澄、袁昶，或是连奕劻、李鸿章、王文韶一块杀。至此，许景澄、袁昶二人的政治生命已经走到尽头。许景澄还在为国事忧心，他曾对朋友坦言："各国联军行将入都，事不堪问矣，日后和约之苛不待言，君等当预筹之。"不知道是忧国忧民，还是为自己的性命担忧，许景澄竟然白了头——"数日之内，鬓发尽白"。

在菜市口，义和团与百姓大骂二人为"卖国贼""汉奸"。围观群众不明真相，暂且不说。我们通过清廷公布的罪状来分析下。

"屡次被人参奏，声名恶劣"，这句话的意思就是，经群众大量举报，有严重违法犯罪事实。

"平日办理洋务，各存私心"，这个明显是欲加之罪，天底下哪里没有私心之人。可能言外之意，是指二人有暗通洋人的嫌疑。

"每遇召见时，任意妄奏，莠言乱政，且语多离间。有不忍言者，实属大不敬。"这段大概就是指御前会议，许景澄、袁昶二人激烈反对慈禧等人，慷慨陈词，犯颜直谏。"大不敬"更多的还是指许景澄与光绪拉拉扯扯一事。

"若不严行惩办，何以整肃群僚。"这话表面是套话，实则是敲山震虎，杀鸡儆猴。杀了许景澄、袁昶，实则是给地方督抚颜色看，尤其是那些不听命朝廷的东南督抚。

关于许景澄、袁昶的死，还有其他说法。1900年8月11日，《申报》刊登文章《答客问大臣遇害事》，说他们是"害于拳匪者十之八九，死于国法则百不得一也"。也就是说，二人更大可能是死于义和团手里。鉴于当时的信息渠道不畅，新闻媒体也只能臆测，不足为奇。

《申报》报道的前一天，也就是8月10日，《北华捷报》也报道了此事，认为二人因给驻京使馆送食物，主张与洋人谈判被杀。据《庚子纪事长扎》载："七月初三日，忽将侍郎许景澄、太常卿袁昶弃市，致其罪状，则通敌。"通敌，也就是与洋人私下暗通往来。

其实许景澄早在1880年就干外交，长期担任中国驻欧洲公使。他干了20年的外交工作，不至于因为这点事被杀。许景澄、袁昶被杀后，无人敢收尸，最终还是徐用仪等人出面，给二人料理了后事。据《义和团档案史料》，不到半个月，8月11日，徐用仪与联元、立山三人也被清廷公布了罪状：

> 内阁奉上谕：兵部尚书徐用仪屡次被人参奏，声名恶劣，办理洋务贻患甚深！内阁学士联元，召见时任意妄奏，语涉离间，与许景澄等厥罪惟均！已革吏部尚书立山，平日语多暧昧、动辄离间。该大臣受恩深重，尤为丧尽天良！若不严行惩办，何以整饬朝纲！徐用仪、联元、立山，著即行正法！以昭炯戒！

这份罪状与许景澄、袁昶二人差不多，同样是被多人举报，违法犯罪事实严重，办理洋务不力。"召见时任意妄奏，语涉离间"，在几次御前会议中，三人意见始终与慈禧相左，强烈反对与洋人开战。

徐用仪与许景澄、袁昶一样，都是浙江人。此时，徐用仪已经是74岁的老臣。徐用仪是举人出身，从军机章京做起，历任鸿胪寺少卿、太仆寺少卿、大理寺卿，长期就职于总理事务衙门。

联元与立山是满人。联元是满洲镶红旗人，同治年间的进士。曾历任安庆知府、广东惠潮嘉道、安徽按察使等职。戊戌变法后，在总理衙门行走。后任内阁学士与礼部侍郎。

立山原名杨立山，满洲正黄旗人，家境贫微，官学生出身，曾任护军参领、苏州织造。后进京任内务府大臣、正白旗汉军副都统、户部侍郎、镶白旗满洲副都统。传闻他与载澜拥有一个共同的妓女，为此二人多次争风吃醋。立山做官后成了大富豪，但并没有沾染官场的习气，反而敢于直言进谏。

在第二次御前会议上，立山竟然与载漪对骂起来。据《恽毓鼎庚子日记》记载，载漪说："立山敢廷争，是且与夷通，试遣山退夷兵，夷必听。"载漪说立山里通外国，是汉奸。立山还击说："首言战者载漪也，漪当行。臣不习夷情，且非其职。"两人如此开怼，也只能说是立山得罪了载漪，因为此时的载漪是一个权势熏天、人人畏惧的人。

会后，立山又给了慈禧一个大窝脖儿。慈禧命立山等人赴使馆劝洋人退兵，立山不去，说我"不通夷情"。慈禧的命令谁敢反驳，立山的抗旨不遵，彻底触怒了慈禧，"汝敢往，固当往！不敢往，亦当往！"。去也得去，不去也得去！原本是慈禧宠臣的立山，不仅反对慈禧对洋人开战，还拒绝执行她的命令，让最高统治者下不来台，无疑犯了最严重的政治错误。用现在的话讲，是情商太低。

与载漪等人结了梁子自然没好果子吃。清军围攻驻北京使馆，久久不见效果。载勋以此上奏，诬陷立山暗通洋人，家里有地道通往使馆，请旨搜查。由于未搜查到洋人，载勋以立山"形色仓皇"为由，建议将立山革职。这都哪儿跟哪儿啊，很快，慈禧真的就把立山交给刑部监禁了。一朝不做宠臣，站错队，就下场悲惨。从立山的表现来看，他属于耿直之人，不愿盲从，更不愿一味追随慈禧，是有节操的官员。

至于徐用仪，同样是得罪了载家人。据陆玉芹在《庚子事变被杀大臣研究》

一文中认为，徐用仪的"罪过"有两点：一是反对慈禧立溥儁为大阿哥，而溥儁正是载漪的儿子，为此，徐用仪深得载漪忌恨；二是许景澄、袁昶二人被处死后，徐用仪收尸、哭丧，被刚毅认为是"亦汉奸也，留之必为患"。

仔细分析起来，立山的死与私仇关系不大，主要还是政见不和。相反徐用仪在立储的事情上，多少与载漪有私人恩怨。而联元的死同样也不能说是私怨所致。根据《庚子西狩丛谈》《近代名人小传》记载，联元主和的观点得罪了慈禧、载漪等人，最终招致杀身大祸。

总体来看，被杀的五大臣全部与主和有关，这点应是主要原因。官场斗争说到底就是派系斗争，得势一方必然会往死里整另一方。当主战派占据上风的时候，许景澄等五人被杀也就不足为怪了。

唇亡齿寒，许景澄等五人被杀，导致朝廷上下噤若寒蝉，中央大员、地方督抚都是悲从中来。翁同龢也在日记中描述了自己的感受："胸中梗塞，竟夕不寐。"据《庚子年间的张之洞》记载，张之洞听闻五大臣被杀后"惟日啜泣"。正在北上的李鸿章竟然躲在上海，以各种借口推迟进京。

五大臣被处死后，距离京城陷落、慈禧西逃仅有四天时间。据此分析，或许处死五位主和大臣与慈禧西逃有必然的联系。首先慈禧西逃不是临时起意，而是早有打算，因为英法联军在入侵北京时，慈禧随咸丰就北逃过一次。与崇祯上吊不同，打不过就跑，则是游牧民族的本性。因此，在逃跑前，铲除主和势力就成了必然，否则，一旦慈禧离开京城，洋人又与主和派勾结在一起，那么，慈禧很可能就回不来了。

五大臣被杀后，主战势力愈加嚣张。联军开始进犯北京，狂风暴雨，迅即而至。

# 三

## 裕禄与李秉衡自杀

天津的夏日午后，暑热弥漫，黑云笼罩。一支约两万人的部队正在向北行进，向着帝国的都城进发。紫禁城里少了忙碌的身影，很多人还在午睡中，他们没有意识到，一场世纪大劫难正在悄悄逼近。

8月4日下午3时，联军正式从天津出发。左路为日军，共8000人；右路为英军，共3000人；中路为美军2100人。三路先头部队总兵力为13100人，共携带49门火炮。其他部队为俄军4800人、法军800人、意军53人、奥军58人，总兵力5711人，共携带34门火炮。

所谓八国联军，此时还只是七国，德军尚在等待自己国家派出的援军。

天津距离北京可走水路，可走陆路。其中陆路距离137千米，联军选择了陆路。

这条路对于英国人与法国人来说，并不陌生，因为在40年前，英法联军正是从这条路攻入北京的。40年后，他们沿着同样的道路，再次进犯北京。或许只有他们的心情最为复杂，因为他们深知，这是一条凶险的路。

暑气蒸腾，联军汗如雨下，士兵衣背全湿。燥热的田野里，联军行动缓慢。

伴随阵阵野风，突然电闪雷鸣，大雨倾盆而下，行进中的联军瞬间全部成了落汤鸡。泥泞的道路行走起来非常困难，不时有人滑倒。征服异国的战争从来都不轻松，雨水的无情抽打让每个士兵都比较狼狈。望着前方一望无际的泥水、黑压压的天空，一种强大的压迫感迅速袭来。

进攻北京的第一战就发生在天津北部的北仓，这是进京的必由之路。

一夜无话，8月5日拂晓，联军先头部队日军率先发动攻击。

北仓是清军的常规驻扎地，一座军械库正好在这里。守卫北仓的清军共有

8000人，日军也同为8000人。

清晨的阳光还没有露出头，双方就进入了混战。双方先是枪战，清军以步枪狙击日军，打死一个日本人，猛然又扑上来三个。日本人的顽强精神让清军非常惊讶。清军统领周鼎臣是经历过甲午战争的人，他知道，西洋人是"鬼"，而日本人是"半人半鬼"。

即使是枪战，清军也并不占优势。随后，英军与美军开始加入战斗，双方进行炮战。不知怎的，清军的德国大炮火力始终被联军的火力压着，最后，清军被驱赶出防守区。

伴随炮兵的掩护，日本骑兵迅速出击，追剿清军，清军匆忙撤退。

尽管清军不甘失败，顽强阻击，但仍挡不住联军的凶猛进攻。在清军指挥部前的一座小桥上，清军架设有多部机枪，面对进攻的日军，清军开枪扫射，日军多人伤亡。但清军犯了一个致命的错误，没有注意到桥下，日军从桥下穿过，一举绕到清军后方，夺取了指挥部。清军残余部队还有6000余人，6门大炮，他们继续向北撤退至杨村。

这是清军常犯的错误，他们似乎没有防范侧翼包抄与后面突袭的意识。

上午9时，北仓全线失守。日本人共死亡1名军官、41名士兵，259人受伤。联军共伤亡332人。至于清军的伤亡人数，一直没有详细的统计。

杨村距离天津30千米，是天津至北京的沿途重镇。京杭大运河与京津铁路穿过杨村，良好的区域位置造就了杨村的商业繁华。6月份的杨村火车站，还曾是义和团阻击八国联军进犯北京的战场。

清军在杨村的总兵力大约上万人，防御工事以杨村火车站为轴心，跨运河建起了一道5米高的墙。为了便于防守，清军将高墙前方的庄稼全部砍掉，以保持开阔的视野。另外，清军还设置了四道防线——公路一道、河岸一道，田地里两道。

担任进攻杨村任务的联军主要以美军为主，此时的美军人困马乏，很多人饥渴难耐，口干舌燥，甚至有的士兵已经痛苦到疯癫的状态。但即便如此，美军指挥官仍然下令，严禁饮用井水。

杨村的战斗非常滑稽，出现了乌龙事件，联军自己人开始打自己人。8月6日上午11时，在俄军与英军的炮火掩护下，2000名美军向清军发动攻击。

或许是联军的炮火过于猛烈，清军的大炮根本无力还击。联军密集的炮火，很快就把清军的阵地轰垮。美军迅速跟进，抢占了清军阵地。结果，反而悲剧了。

联军可能没有想到，美军进攻如此顺利，竟然还在不断地开炮。炮弹直接打到了美军的队伍中，美军一不做二不休，索性架炮向后方联军展开轰击。联军在战场上第一次出现了内讧。

架不住联军炮火的猛轰，清军仓皇撤退。在汹涌的逃散人群中，一位中老年模样的官员神色慌张，行走迟缓。他就是56岁的直隶总督裕禄。

在漫天的硝烟中，弹片横飞，死尸遍地，裕禄独自一人跟跟跄跄地向北边跑去。此时，在这个帝国高官的身边，已经没有了任何的陪侍与保护，就连属下宋庆都已经不知道跑哪里去了。他臃肿的身材，在逃跑中备感吃力，那孤独的背影尤显苍凉。他的命运或许就是这个帝国的命运。

慌乱中，裕禄逃到了一间茅草屋内。裕禄发现，屋子内什么也没有，只有一口空荡荡的棺材。原来，这是一家棺材铺。

生死之际，自己跑到了棺材铺里，似乎是天命如此。裕禄站在棺材前仰天长叹，老泪横流。他知道，京城很快将被攻陷，大清帝国或许灭亡在即。作为满洲高官，他愧对列祖列宗，没有守卫住大清的江山。

对于裕禄的死，坊间流传着多个版本。在国外发现的《景善日记》中有这样一段记载："裕禄之兵在北仓杨村蔡村等地，大败三次，裕禄逃匿一棺材点，既而自杀。"

也有说法是，裕禄在战场上开枪自杀，但未死，属下背着他，在经过一个棺材铺时，裕禄死亡。属下临时在棺材铺找了些木板，钉成棺材，将其装殓。

还有一种说法是，裕禄服毒自杀。

总之，裕禄是自杀而死。堂堂直隶总督，就这样结束了自己的性命。

关于裕禄的死亡地点，大多说法是死于重镇杨村，但笔者在偶然查阅家乡的《武清县志》时发现，县志记载，裕禄死于蔡村。蔡村在杨村以北十多千米处。或许杨村比蔡村更有名，故此坊间多认为裕禄死于杨村，但笔者更相信县志的记载。

裕禄，1844年生，满洲正白旗人，是湖北巡抚崇纶之子。历任热河兵备道、安徽布政使、安徽巡抚、湖广总督。1889年任盛京将军。1895年改任四川总督。1898年授军机大臣、礼部尚书、总理各国事务衙门大臣，同年任直隶总督，对义和团剿抚不定。

裕禄选择自杀或许还是明智之举，因为他若不死，联军攻陷北京后，他一样会被联军处死。裕禄的接任者廷雍，就是这样的下场。

下午2点半，杨村之战结束，伤亡没有北仓大，联军共死亡28人，伤144人，其中美军死亡23人，伤42人。至于清军的死亡人数，仍没有详细统计。

8月8日，联军抵达蔡村时，突然接到北京信使送来的密信。密信称，北京城内的公使馆正遭遇史无前例的攻击，使馆内被困人员异常危急，希望联军加速前进，及早进行解救。

在京城的公使馆区，清军与防守人员正在激战。此时，京城中的另一位老臣开始举行誓师大会。此人正是刚刚回京的李秉衡。李秉衡除统领清军外，还有数万人的义和团。荒唐的是，堂堂清军统帅，竟然在誓师大会上亲自向各个义和团首领叩头。这些人的武器也非常搞笑，诸如引魂幡、混天旗、雷火扇、阴阳瓶、九连套、如意钩、火牌、飞剑等。

李秉衡知道，自己率领的这支清军就是京城外围抵御联军的最后一支劲旅，不容有任何闪失。这个政权的最后一道防线究竟战斗力如何呢？史书中的记载是"闻炮声，一军皆溃"。

8月9日，李秉衡的部队到达河西务。河西务号称津门第一驿，是京杭大运河的漕运重镇。河西务的位置基本处于北京与天津的中间位置，与两座都市的距离差不多。

京城使馆同胞的危险处境促使联军加快了进攻的步伐。联军以为会与李秉衡遭遇激烈的战斗，没想到，从北仓、杨村一路打来，清军越来越没有战斗力。

李秉衡抵达河西务时，恰好与撤退的清兵统帅马玉崑相遇，李秉衡希望两部清军合在一起，约4万人，共同御敌。但马玉崑以寡不敌众为由，拒绝从命。因为马玉崑根本不受李秉衡指挥。

联军不断地向京城推进，清军或许因此失去了信心，完全没有抵抗的斗志。联军用大炮轰了几下，清军即溃散。李秉衡根本没有想到，这临时拼凑的清军竟然如此不堪一击。曾为大清帝国立下赫赫战功的李秉衡感觉，自己的老脸都丢尽了。

李秉衡率溃逃的清军撤退到了通州。8月11日，联军正式进攻通州城。通州与北京城近在咫尺，通州若失，京城必不保。李秉衡本想在通州与联军做最后一搏。但此时的清军粮草断绝，也没有后勤补给，重要的是清军无心应战，斗志全无，无论他怎么指挥，官兵都不愿再战。此时的李秉衡绝望了，他没有料到，自己从南方意气勃发北上勤王，结果居然落个今天这样不堪的下场。他眼含热泪，对周边的人说："国运不济，无力回天，各位另谋生计去吧！"

极度沮丧的李秉衡和裕禄一样，独自一人走进了一间茅草屋。他找来一支笔，颤抖着写下了一封遗书，内容是这样的："军队数万充塞道途，就数日目击，实未一战，而巨镇小村均焚掠无遗，身经兵火屡屡，实所未见。"

这些话貌似不是遗书的全部内容，李秉衡在写完遗书后便自尽了。李秉衡的死，应该是其他人事后发现，或者是身边人所见。按清朝官员自杀的正常程序，通常还会在自杀前拜叩——向朝廷方向谢罪，叩头；向家乡父母方向，叩头；向自己曾经战斗过的地方再叩头。相信，李秉衡也应该如此。

李秉衡的绝望，不仅是对自己的绝望、对清军的绝望，更是对这个国家的绝望。他虽有保卫朝廷的决心与勇气，但无奈这个体制已经腐烂，他已无可奈何。

8月12日凌晨4时30分，通州城一声轰天巨响，没有逃走的通州百姓被炸醒。日军将通州城的城门炸开，没有遭到任何抵抗，联军攻入城内。

美国军官达格特回忆道："本来以为中国人会在通州进行抵抗的，日军前卫在12日一早就出发了，没有遇到抵抗就到了南门。炸开南门后发现城里空无一人。军队正在午时露营。日军前卫队继续向前推进约七英里，离北京只有五六英里了。"

历史上奇怪的一幕出现了，通州百姓竟然带领联军抓清军。据《汪穰卿笔记》记载："联军将至，驻通州之将领惧，顾无计遁，皖人方长儒者，将领之至戚也，愿代任斯职，大喜，遂弃军去。方领军则奸掠极无状，居民恨甚，洋兵将至，咸赴诉，乃围而歼之，无一人得逸者。"

清军士兵本也是来自百姓家，但清军保卫的是清廷，是忠于清廷的军队，平时并不把这个国家的百姓当人看，纵兵劫掠，欺压百姓之事时有发生。一旦有外来军队进入这个国家后，往往百姓甘愿当"汉奸"，做出"卖国"的举动。

对于联军的到来，部分消息灵通的通州人在前两天就已经逃出城。一些来不及逃跑的妇女则选择了投井、上吊。没有逃跑又没有自杀的百姓，很多被联军所杀。北京市民仲芳氏在《庚子日记》中记载道："合城者，死六成，逃三成，有一成未动者，皆老幼残疾人耳。"

当天下午，联军决定，全体休息。13日侦察，14日进入距离北京城5英里的集合地点，为15日进攻北京做准备。谁也没有注意到，俄军司令官利涅维奇中将诡异的微笑。当疲劳的各国军队正在放松、休整时，俄军却在进行密谋。

8月13日的夜晚，突然下起了大雨。此时，俄军营地内，所有官兵都已经集合完毕，在利涅维奇的率领下，踏着泥泞，冒雨向北京开进。俄军耍了一个心眼儿，希望趁大家不注意，率先出发攻城，期望夺得首功。

此时的北京城已经没有了昔日的安宁，紫禁城内灯火通明，慈禧连夜召集荣禄与载漪开会，商讨京城防卫之策。北京神机营、虎神营、甘军、步兵统领部队，加上从天津方向撤退的清军，大约有10万人。

但慈禧没有想到的是，几个小时后，联军就已经兵临城下。

俄军的行动打破了联军的计划，其他各国军队也陆续进行跟进，兵发北京。

8月14日凌晨2点，俄军率先抵达东便门外城的城门。八国联军攻打北京的战斗在这个雨夜中正式打响。

守城清军率先发现俄军，立即开枪射击。俄军架设两门大炮，集中轰击城门。由于城门已经加厚，经过连续大约20次炮击，才打开一个小洞。俄军爬入城门，打开大门，俄军涌入外城。

此时，内城的清军已经得到增援，集中火力向俄军开火，俄军死伤120余人，炮兵连的18匹马死了10匹。俄军本来是想抢头功，但俄国人忘了，率先攻城的部队往往遇到的困难最大。俄军久攻不下，只能坐等援军。

上午7时，日军抵达齐化门，也就是朝阳门。日军用40门大炮进行猛烈轰击，虽然城门箭楼被轰塌，但城门仍然坚如磐石。在与俄军联手后，日军再次发动进攻，清军进行激烈还击。双方炮战大约持续了一天，日军进攻同样受挫。

当天夜间，当北京城内一片混乱，守城清军疲于应付之时，日军再次发动进攻，仍然采用敢死队，用炸药桶的方式，炸开城门。日军为此付出了伤亡100余人的代价。

大约上午10时美军抵达沙窝门，也就是广渠门。守城清军正在全力防守俄军，并没有注意到美军。美军甚至在没有任何伤亡的情况下，用梯子爬上了城墙。此时清军才回过神来，双方在城墙上展开激战。

最幸运的要属英军，英军直到中午才赶到城墙下。此时，广渠门已经被美军打开，英军进入外城，清军的炮兵阵地已经无人防守，英军首先占领了天坛。

英国公使馆一等秘书设防的住宅

英军有一个秘密武器，是一张英国驻华公使窦纳乐绘制的地图，这张地图是8月6日一位中国教民冒死送到天津的。地图中清晰地标明，在崇文门西侧有一个御水河门，这是一个非常小的暗道。其实，这就是一条排污沟。

英军在没有任何防守的情况下打开暗道，蹚着臭水污泥钻入内城。由于这个暗道紧邻英国公使馆，英军也成为第一支到达使馆区的联军部队。

解救东交民巷使馆区正是此次联军进攻北京的目标。自从6月20日遭清军围困以来，在长达56天的时间内，清军停停打打，让使馆内的公使与工作人员及躲避义和团的中国教民饱受其苦。

英国公使馆是最大的一座使馆，也是避难人数最多的地方。当英军的印度士兵率先抵达英国使馆时，使馆内的人热烈欢呼，奔走相告，喜极而泣，因为他们迎来了生的机会。有的外国人还穿上了节日盛装，迎接盼望已久的联军。

美军在美国使馆工作人员的旗语指挥下，也顺利进入使馆。本想抢头功的俄军却落在了英军与美军的后面。法军等其他军队陆续抵达使馆。最悲催的则是日军，因为伤亡过大，日军成为最后一支抵达的部队。

据《中华帝国对外关系史》记载，使馆区被围困期间共有65人死亡，167人受伤，外国非战斗人员有一定死伤，但没有具体数字。另据《英国蓝皮书》记载，窦纳乐在给英国政府的报告中称——肃王府被围困期间，外国人死亡20人，受伤48人；中国教民死亡18人，受伤85人。

除使馆区外，西什库教堂也是联军重点的解救目标。由于西什库教堂位于紫禁城西北侧，直到8月16日清晨，联军才到达这里。围困教堂的大都是义和团与少量清军，联军抵达时这些人基本都已跑光。

西什库教堂自6月15日围困以来，在长达62天的时间内，守卫教堂的水兵有11人死亡，12人受伤，中国教民死亡最多，达到了400余人，包括大量的妇女和儿童。

8月15日，联军从外城进入内城，同样使用了炮击，但阻力小了很多。当美军想进攻紫禁城时，遭到了各国大使的集体反对。只是联军不知道的是，此时的慈禧与光绪已经逃出了紫禁城。

为了宣示联军对中国的征服、对北京包括紫禁城的占领，8月28日，联军特别举行盛大的阅兵仪式，各国部队的先后顺序是日军、俄军、德军、英军、美军、法军、意军、奥军。阅兵路线自金水桥一直向北，从天安门进入，穿过午门，进入紫禁城。再进太和门，经太和殿、中和殿、保和殿，穿越乾清门、乾清宫、交泰殿、坤宁宫，再从坤宁门进入御花园，最后出顺贞门。整条路线就是贯穿紫禁城的中轴线。中国军团也在这次阅兵之列。各国使节及相关工作人员也一同进入紫禁城。

威严的紫禁城此时已经被主人抛弃，一群外来者正在这里耀武扬威。

帝国的都城彻底陷落，一座著名的东方大城就这样被联军占领。

北京城已经不是第一次被外国人侵入，40年前的1860年，英法联军就上演了同样的一幕。

侵华联军在紫禁城内阅兵

# 四

## 冷血的华勇营

天津、北京战场硝烟弥漫，中国百姓饱受战火摧残。京城陷落，大清帝国泣血哀鸣。八国联军侵华让国人扼腕叹息。然而，在八国联军的队伍中还有一支特殊的部队，他们黄皮肤、黑头发、黑眼睛，与中国人一模一样。他们与联军一同冲锋，一同屠杀中国百姓。这支部队就是号称"中国军团"的"华勇营"。

在联军进入天津南门，向北门进犯的过程中，一名士兵根据上级军官的吩咐，紧紧地护卫一头驮着弹药的骡子，穿过枪林弹雨，为冲锋队员输送弹药。当军官和骡子都中弹身亡时，这名士兵仍然坚守着自己的职责，不惜牺牲生命。其他联军士兵目睹此情此景后，无不发出深深的赞叹。

跟随侵华联军到天津的华勇营士兵

　　这是1900年9月15日《北华捷报》对中国军团在天津战场上的一个细节描写。

　　在联军看来，中国军团这样英勇的事迹还有很多。7月1日，联军攻打围攻天津紫竹林租界的清军与义和团。联军中包括华勇营、中国香港军团，日军、美军、英军威尔士军团。其中以中国军团打头阵，冲锋在前。

　　中国军团的士兵训练有素，果断冷静，使用来复式步枪，射击稳准狠。当清军与义和团还没有明白为何联军中还有中国面孔时，中国军团士兵的子弹就已经打穿了他们的脑壳。联军形容这批士兵，"冷静得如同在靶场上射击一样"。

　　在另一场战斗中，英军皇家军舰"巴福拉"号海军候补少尉艾斯戴尔身受重伤，奄奄一息。中国军团士兵没有放弃救援，果断抬起他后撤，在枪弹横飞的战场上冒着生命危险将这名军官抢救回租界。中国军团士兵的表现让英军大为感动。

　　这个中国军团的来历还要追溯到1898年12月，英军哈密尔顿上校来到山东威海卫。遵照英国首相的指示，英军要在威海卫创建一支以中国人为主的军队。

　　甲午战争后，威海卫被日军占领。协议到期，日本退出，英军强制接任。随后，中英双方签订《租威海卫专条》。在英军看来，仿照印度殖民地，在威海建立一支殖民军队势在必行。英国政府向清政府解释，只是组建一支用于维护租界治安的警察部队，招募士兵也仅限于威海卫，且部队不会用在其他地方。

　　为英国人当兵，中国人是不愿意的。但哈密尔顿以提高待遇、及时发饷等多种手段诱惑当地青年参军。截至1900年5月，中国军团士兵已经达600余人，最初以威海本地人或是山东人居多，后来招兵范围又扩大到直隶。

　　中国军团是否可靠，自然也是哈密尔顿担心的。一次偶然的事件，让中国军团的忠诚度得到了检验。

　　1900年3月，威海卫租界的中国农民进行集会示威，抗议英军占领大片土地，誓言要赶走英国人。闹到最严重时，这些农民携带着锄头、铁锹、绑着剪刀的棍子，甚至还有老式火绳枪、土炮等武器，要和英国人干仗。

　　3月26日，英军鲍尔上校率领420名中国军团士兵镇压农民集会。农民们首先将鲍尔的马拦住，要求其下马说话。鲍尔傲慢地拒绝下马，农民们纷纷举起手中的武器，威胁要打死鲍尔。

鲍尔毫不慌张，立即命令中国军团上好刺刀、子弹。齐刷刷的枪械声音、亮闪闪的刺刀，吓住了农民。最终，农民们的武器被收缴，领头闹事者被逮捕。

在另一次同类事件中，中国军团直接开了杀戒。在一次租界勘察行动中，英军彭罗兹少校与中国军团士兵一起受到当地农民的袭击。中国军团士兵开枪还击，大批农民不惧枪弹，投石块、扔砖头，展开激烈的攻击。让他们愤怒的是，本地青年竟然为英国人卖命。

英军帕瑞拉上尉被农民们击倒，一把铁叉直接刺向帕瑞拉的胸口。就在这千钧一发的时刻，一名中国军团士兵手持刺刀狠狠地扎进了袭击者的后腰。

尽管此次行动有一定的伤亡，但让哈密尔顿很满意，中国军团面对威海老乡，并没有任何手软。

英国下层军官巴恩斯在回忆录中称赞中国军团道："中国军团在战斗中毫不逊色地承担了自己的责任，他们为和自己的威海老乡对抗感到骄傲，这无疑证明他们完全可以值得信赖……他们守纪律，听从指挥，勇敢、吃苦耐劳，射击水平很高，吃饭不挑食物，只要数量充足就行。"

6月21日，清廷对外宣战。同一天，中国军团乘坐英军"奥兰多"号军舰北上天津。6月23日晚8时，中国军团抵达天津紫竹林租界，与联军一起进行保卫战。

在天津与北京的攻城战斗中，中国军团更多的是干苦力，承担着繁重的后勤运输保障任务。英军炮兵的护卫任务就由中国军团负责，既要保卫炮兵的安全，还要负责拖拽沉重的大炮，运送弹药。

中国军团的这段历史一直备受关注，每每提起都让人唏嘘。人们想不通，在国家危难之际，这些山东青年为何要加入这个中国兵团，为英国人卖命呢？

山东是孔孟之乡，崇尚尊礼重义。也就是说，在这片传统文化底蕴深厚、儒家文化氛围浓郁的地方，本应盛产忠君爱国人士，没想到却产生了中国军团这样一个极端的奇葩。皮裤套棉裤，必定有缘故，这事还要具体分析。

首先是丰厚的经济收入。话说英国人最早招募士兵时也遇到了"招工难"，结果，英国人果断大幅提高工资，巨大的利益诱惑成功降伏了众多年轻人。

据英方的史料记载，当时一名中国军团普通士兵每月的兵饷是8两银子，一名小队长是12两银子。管吃管住，大米、白面、猪肉随便吃。表现优异、成绩突出者还有额外奖励，两年内没有违规记录，每人还有30两特殊奖励。

当时的山东，自然灾害不断，农民流离失所，基本在半温饱线上挣扎。面对英国人开出的丰厚待遇，一些需要养家糊口的青壮年汉子纷纷奔赴英国军营。后来，英国人干脆就直接招募清军中的退役士兵。

另外，英军体制与清军大为不同。当时清军上下腐败成风，军官贪污军饷、克扣士兵兵饷的现象严重，如此必极大地影响战斗力。这些现象在英军中很少有，说给多少就给多少，一切做到公开、公正、透明。每月发兵饷时，公开点名发饷。仅仅这点就让中国军团士兵的心里踏实很多。

其次，英军的兵营文化相对开放、平等。中国军团士兵不仅生活无忧，而且在训练中也得到充分的尊重。比如专门为他们从香港、上海等地招聘来的翻译素质极高，随时贴身服务。英国军官同样是经过精挑细选上任的，从中国军团组建开始，就与中国军团士兵同吃、同住、同训练。对于现代枪械的使用，英国军官一对一、手把手耐心指导。这些都让这些青年人备感新鲜与温暖，尤其是那些从清军退役的士兵感触最深。清军中等级森严，官僚主义严重，还克扣饷银，与英国人一对比，简直是天壤之别。

雇佣兵中国军团中的警卫人员

最后，还有英国人的信任与荣誉。英国人招募山东人来镇压山东乡亲，残杀中国同胞，英国军队高层开始也有顾虑，怕中国军团出工不出力，关键时刻"叛变"，反过来攻打英国。但经过多次实战检验发现，这"中国军团"完全值得信任，英军愿意把更重要的任务交给他们。

在攻打天津城时，印度兵临阵脱逃，面对猛烈的炮火，中国军团沉着冷静、英勇无畏，冒着枪林弹雨，艰难地拖拽着大炮前行。尤其是在战场中，保护身受重伤的英军军官撤退时，中国军团士兵始终不离不弃。类似这样的事还有很多。面对中国军团在天津战役中的优异表现，英国人赞赏有加，专门为他们印制了刻有"天津"两字且带有天津城门标志的奖章。

在攻陷北京后，八国联军在紫禁城举行盛大的阅兵。中国军团代表英军受阅，享受着欢呼与掌声，这是他们接受的最高表彰与奖赏。

通过中国军团的表现可以看出，"忠勇"二字是这些山东籍士兵的最大特点，这似乎也完全符合山东人的性格特点。这种让人点赞的品质用于效力英国本也没问题，但用于残杀同胞就多少有点愚忠的味道了。

巧的是，与中国军团同一时期，义和团也诞生于山东。同是山东人，有人加入义和团，扶清灭洋，烧教堂，杀洋人；有人却加入中国军团，参与攻击中国同胞。义和团大战八国联军，这场战争居然涉及了中国同胞的决斗，更是山东同乡的厮杀。

义和团里的山东人壮志豪情、满怀激烈；中国军团里的山东人冷峻沉默、残酷无情。义和团极端排外，抵制洋货，仇杀洋人；中国军团与洋人和谐共处，以洋枪洋炮残杀同胞。

义和团重义，中国军团重利。参加义和团为的是保家卫国，参加中国军团为的是养家糊口。虽然目的不同，但双方都具有英勇无畏的品质，义和团为保卫国家而流血牺牲，中国军团为英国卖命而战死沙场。

同为山东人，为何反差如此之大？这种现象非常让人摸不着头脑。或许这与鲁人与齐人的区别有关。山东本是古代齐国与鲁国的联合体，所以山东又称"齐鲁"。简单理解，山东西部为鲁，山东东部（即胶东）为齐。鲁人与齐人性格不同，鲁人相对更为保守，更为重视道义传统，而齐人相对开放，比较务实且功利。

义和团里的山东人，恰好就是以山东西部的农民为主，也就是所谓的鲁人。而中国军团里的山东人恰好又是以威海人、胶东人为主，也就是所谓的齐人。说起二者的区别，不得不先提一下义和团在鲁西兴起的原因。

高中历史课本中曾有一道题："义和团，起山东，不到三月遍地红"，出现这种情况的根本原因是什么？答案有四个，分别是：A.山东人富有反抗精神；B.顽固派支持义和团反抗斗争；C.山东遭受帝国主义侵略，民族危机空前严重；D.山东遭受宗教侵略最严重。这道考题的正确答案是C，答案不能说不正确，但至少是不全面的。

那时，山东遭受了帝国主义侵略不假，在胶东一带的青岛、烟台、威海等地，被西方列强争来夺去。但这种事情不是山东独有，北有辽宁、天津，南还有上海、浙江、福建、广东等地。但为何最初是从山东西部，而不是受压迫的胶东闹起义和团呢？

有说是地方政策原因，如地方官员的纵容。但当时持纵容态度的各地官员很多。也有说是由于天灾导致粮食减产，当时山东等地确实闹过蝗灾、旱灾。但北方多省均有闹灾。也有说是文化传统的原因，在山东西部普遍有尚武的风气。但尚武的地方也有很多。也有说是因为社会自治欠缺，士绅力量不足。这个原因也很有道理，士绅少就意味着人才少，人才少意味着教育落后。但士绅不少的直隶同样闹起了义和团。

有些原因需要重点补充，比如，山东西部地区因经济落后，导致教育不足。说白了就是百姓比较愚昧无知，这点从最初义和团装神弄鬼就能看出来。另外，还有一点人们容易忽略的是，京师周边的直隶及周边地区普遍受权力影响较深，国家意识较其他地区浓厚，更容易受到政府的鼓动，所谓的"爱国"就是如此。义和团在直隶的疯狂，用这个解释应该是最合理的。

内陆地区相对沿海地区更保守封闭，再加上愚昧无知，盲目排外就很容易理解。这也是鲁人与齐人的不同。

根据史料显示，晚清最后50年，山东盛产举人的地方主要集中在胶东半岛与济南等地，而鲁西一带举人寥寥，在茌平县，甚至20年内都没有一个举人，而这里也正是义和团闹得最凶的地方。

由此可见，鲁人与齐人，教育基础不同、文化传统不同，产生的结果自然就不一样。鲁人热衷义和团,齐人偏向中国军团,两种山东人的巨大反差就这样形成了。

鲁人参加义和团,本意是排外爱国,但还会遭到清政府的打压。而齐人更追求实惠,似乎没有太多国家的意识。所以,积极帮助八国联军攻打清政府也就不再稀奇。

一些重义的山东人加入了义和团,一些重利的山东人加入了中国军团,可谓双方各为其主。当双方走到一起决战厮杀时,就是山东同乡的自相残杀,是兄弟阋墙。如果仅仅是内部纷争,倒也很正常。但义和团与中国军团的厮杀不同,双方都是以国家的名义而战,义和团被大清国利用,中国军团被英国雇佣,如果说双方都是炮灰也丝毫不为过。同是天涯沦落山东人,又相煎何太急呢?

在争夺天津老龙头车站的战役中,冲进车厢与清军肉搏的联军中就有中国军团士兵。这是中国军团士兵与清军的第一次近距离接触,两名中国青年零距离扭打在一起,或许他们的心情也比较复杂。此情此景,不知道英国军官看后又是一种怎样的心情。

1902年,英国国王爱德华七世举行加冕典礼。12名优秀的中国军团士兵远赴英国参加此次典礼。在他们的帽子与衣领上,别着的正是以天津城门为标志的勋章。

在英国同样有人质疑中国军团。在巴恩斯的回忆录中,他为中国军团辩解道:"尽管一个军团在其刚刚成立时背叛自己的同胞、皇帝及本国军队,在异国官员的指挥下,为异国的事业而战,但他们毫不逊色地承担了自己的义务,不应该再受到诋毁。"

中国军团不仅参与了联军对天津、北京的进攻,还参加了紫禁城阅兵仪式。

# 五

# 联军的洗劫

联军攻入北京城，巨大的恐惧笼罩着每一个中国人。要说最害怕的，还是义和团。义和团排外最激烈，此时最担心联军报复。消灭义和团，正是联军的首要目标。

8月15日，在多名中国教民的带领下，200多名荷枪实弹的联军士兵迅速扑向西四。没有来得及逃跑的百姓纷纷紧闭家门，大气不敢喘，只能透过门缝偷偷观察外面的动向。

联军的目标是庄亲王府，这里曾经是义和团的著名据点。庄亲王府是载勋的府邸，宅院非常大。联军立即将王府包围，对南侧的太平仓胡同、北侧群力胡同实施封锁。

王府大门紧闭，一点动静也没有。联军命人砸门，里边仍然没有声音。中国教民找来梯子，爬上了院墙，打开大门。就在联军蜂拥而入的一刹那，一个厢房的房间传来了惊叫声。联军士兵警惕地端起了枪，瞄准房间。同时，命中国教民向各房间喊话，要求房间里躲藏的人全部出来，否则立即射杀。

经过几遍喊话后，房间的门慢慢打开，躲藏在房间里的人缓缓走出。他们面无表情，但眼神里仍流露出了恐惧。几个孩子紧紧握着大人的手，眼角还挂着泪痕。

很快，院子里陆续站满了人。联军命令所有人全部蹲下，双手抱头。随后，联军进入各个房间进行搜捕，已经空无一人。

载勋早已随慈禧逃跑，剩下的只有部分用人，其余大部分都是拳民。经过清点，王府内大约有1700人，包括部分老人与孩子。

侵华联军美军将领在北京先农坛合影

几名联军军官耳语了一下，命令将王府大门关闭。100多名联军士兵排成一排，举枪准备射击。军官一声令下，伴随着士兵的狂叫声，100多条枪同时开火，大批拳民来不及惨叫就倒地而亡。部分人惊叫着，起身逃往房间。一些联军士兵踹开房间大门，一通狂射，拳民全部中弹而死。

20分钟后，枪声停止。从院子到房间里，到处都是拳民的尸体，血污遍地。

联军下令纵火焚烧，整个庄王府顿时陷入一片火海之中。北京百姓都看到了西四冒出的剧烈浓烟，大家都知道是联军放的火，但没人会想到，有大批被屠杀的人在这里被焚尸。

正阳门城楼冒起浓烟

城破之后，往往就是屠杀与抢劫，这是历史的惯例。

屠杀主要是为了报复、泄愤，真正让联军兴奋的则是抢劫。联军占领北京后，在屠杀的同时，也在大肆抢劫。

沿街商铺目标明显，是最容易被抢的。北京城内的商铺无一例外，全部难逃劫难。抢烧锅坊，可以喝酒；抢饭馆，可以吃饭；抢药房，可以治病；抢绸缎布庄，可以做衣服。哪个店铺都有价值不等的财产，最贵重的要属珠宝店与钱庄，这些商铺也是最倒霉的。

联军抢劫，大都以搜捕义和团为名。在《庚子记事》中记载：

> 三五成群，身跨洋枪，手持利刃，卧房密室，无所不至，翻箱倒柜，无处不搜，任其所为，饱载而归。

当铺也是重点劫掠的对象。当铺内，各种名贵物品非常多，但联军开始还不懂当铺是什么东西，经过中国教民的提醒后，联军将整座北京城的近200家当铺几乎都洗劫了一遍。

史籍中的记载比比皆是：

> 类似疯狂，汹涌难遏，群碎其柜，争前抢夺，当铺已成疯人院，其状可畏。
>
> 室内顿时纷乱，首饰、古玩玉器、皮衣、绣货、绸缎等各类物品，抛置地面，以足踏上，灰土飞扬，呛人之喉。

三五成群的抢劫，基本抢到的财产就归属个人。大型的集体抢劫则是联军有计划的行为，目标则是各王府与清廷各重要单位部门，抢得的财产通常都要上交。

京城皇亲国戚、王公贵族很多，每一个王府都是一个聚宝盆，有着各种来源不明的财产。

惨遭八国联军破坏的房屋

　　饱受围困的西什库教堂主教樊国梁，在解脱后，立即加入抢劫的队伍。或许只有这样做才是对中国人最大的报复。他是中国通，也是北京通。他占领了礼王府。为此，他雇用了数辆马车，将礼王府的财宝全部运到西什库教堂，竟然运送了7天才把礼王府掏空。

　　被杀的五大臣之一的立山，他家本来已经被义和团抄过，但法军继续搜刮，竟然还发现了价值40万两银子的珠宝和价值350万两银子的古玩。法国人如获至宝，立即将这些宝物运到法国公使馆保存。

　　一位军机大臣将银子藏到自家院子的水井中，结果仍然被日军搜出，居然有30万两之多。

　　一座亲王府先是被联军洗劫一空，然后又被一位洋牧师占领。洋牧师进行了二次洗劫，在废墟中刨出了3000两银子。然后，他又将王府内的家具、瓷器甚至锅碗瓢盆都拿出去卖了。

　　京城各主要单位也无一幸免，不仅被占领成为军营，单位的钱粮也被联军占为己有。这些单位包括兵部、吏部、工部、内务府、钦天监、鸿胪寺、太医院、詹事府等近20个部门。

　　各联军部队甚至为抢劫还闹出了争端。户部相当于财政部、民政部，是财务丰厚的部门。8月15日上午，日军大批士兵突袭户部，在地下挖掘出一个银窖。银窖是一个巨大的宝库，大约有数千万两银锭，还有一个用金子制成、与真人大小相同的砝码。日军欣喜若狂，全部抢走。

下午，户部被划给俄军管辖。俄军进入户部时，发现已经空空如也，连一块银子都找不到。俄军向日军提出强烈抗议，但日军认为，抢劫合情合理，因为抢劫是发生在划分片区前。原来，日军在攻占北京城前就已经提前掌握了户部的情况。

不过，俄军也不吃亏。8月16日上午，俄军吸取了教训，早于日军占领了颐和园，并将颐和园设为俄军的军事禁区，谁也不能进。

颐和园是一座豪华的皇家园林，更是一座巨大的宝库，这宝库可比户部大太多了。俄军抢劫颐和园，雇用了马车、骡车来拉宝贝。各种精美的珠宝、古玩、玉器，俄军拉了一车又一车。据比较夸张的说法是，运送财宝的大车昼夜不停，以至于赶大车的司机时常处于半昏睡的疲劳驾驶状态。

由于运送量超大，保管不到位，很多物品随马车洒落，尤其在坑洼泥泞的地段，马车颠簸，洒落的东西更多，百姓在沿途时常捡漏。

俄军对颐和园的抢劫，从8月16日一直持续到10月2日，直到将颐和园的控制权交给英军与意军。英军与意军接管后，进行二次洗劫，虽然没有了大件宝物，但仍能搜罗到一些小件的宝贝，这些都被联军士兵当成了个人纪念品。

紫禁城也未能幸免。虽然联军严令进入皇宫，但一些贪婪的联军士兵还是有很多办法，或是从排水沟爬进去，或是翻墙进去，或是打洞进去。总之，目的就是偷东西。

在一份《洋人拿去乾清宫等物品清单》中，记载了丢失的各种物品，如玉器165件、玛瑙44件、瓷器3件、笔16支、核桃珊瑚20件、扇子5把、扳指6个……

有些东西在联军看来是价值连城的宝物，则直接运送回国内。如英军占领天坛后，将清氏室的祖先牌位全部运回了英国。

整座京城被抢劫后，大量的物品需要变现，这样便形成了交易集市。

英国人似乎最有商业头脑，率先玩起了拍卖。在英国公使馆的大草坪上，每天下午都要举行一场拍卖大会，各种抢劫来的丝绸、刺绣、皮毛、青铜器、瓷器、古玩、珠宝、玉器应有尽有。

商品交易的风潮逐渐从公使馆蔓延到街头，购买顾客有外国人，也有中国人。有人想用物品互换，得到自己想要的商品。有人想用最实惠的价格买到急需的物品。

偌大的北京城成了一个地摊市场。在中国百姓看来，平日面目可憎的侵略者，现在摇身一变，很多成了地摊小贩，微笑着向路人招揽生意。

> 每日差务一毕，即选择一平安之地，铺一布于地面，蹲踞于旁，摆上各类货物，以便人之购买。

这种市场交易导致两种结果：一种是普通百姓也能购买到平时根本不敢想象的皇家奢侈用品，如德国皇帝赠给中国皇帝的镶嵌有钻石的"黑鹰大宝星"，价值只有20两银子；另一种是很多珍贵的史料遗失到民间，如明朝时期编纂的《永乐大典》也出现在地摊上，八大本才卖1吊钱。

据《瓦德西日记》记载：

> 此间买卖抢劫所得的各类物品的交易极其昌盛。较长时间以来，各国商人，特别是来自美国的商贩，早已聚集到这里，一门心思发家致富。所售之物以青铜器和历朝历代的瓷器、玉器为最多，其次为丝绸、刺绣、皮草、大量的景泰蓝以及红漆器。至于金银物品，反倒不多见。许多贵重物品横遭毁坏，堪称无价之宝的木雕也在其中，着实令人扼腕叹息。

北京城被劫掠，天津城也同样如此。

天津的当铺、金店、银号是联军重点抢劫目标，其次是各商户、衙署、工厂、大户人家。估衣街、小洋货街等城市繁华地带损失惨重。各衙门如天津道署、天津府署、天津县署、长芦盐运使署，各企业如造币厂、铸造局等，无一幸免。

英国人萨维奇·兰德尔在《中国与联军》一书中这样描述：

> 天津城池已经陷落，跟着而来的是抢掠！何等惊人的景象！城门刚一打开，联军就出现在城里的各个角落，于是，中国人有一点价值的便于携带的财物就换了主人。美军、俄军、英军、日军与法军，到处奔跑，闯进每一户人家，要是门不是开着的，就马上一脚踢开。

从兰德尔的描述中可以发现，联军虽然也抢丝绸、珠宝，但最爱的还是纹银、元宝和金条。

有一段联军抢劫时的对话是这样的，英美两个联军士兵在吃完饭后去抢劫，英军士兵抢了一些绣花的缎袍、珠宝、梳子、花发卡、首饰等物品，美国士兵大为不解，问他："要这些玩意干什么？"英国士兵说："呀！我的情人看见这些东西不知怎样高兴呢！"

联军来自不同的国家，虽然都贪财，但他们的抢劫特点还是有很大的不同。比如日军比较沉默、安静，甚至被西方记者形容是"优雅"的。他们对于抢劫的物品从不乱扔。日军士兵感兴趣的东西主要是书画、瓷器、象牙、玉器、西洋钟表、乐器、八音盒等。

一切古代的外观与风格高雅的，或色彩悦目的东西，对日本人说来，具有比它本身价值10倍以上的魅力。换句话说，一只古茶杯、一只碗、一卷年久色黄的画轴、一幅毛笔画，都比一捆值钱的丝绸还有更大的吸引力。对丝绸之类的东西，他们似乎是不屑一顾的。

在其他人看来，俄军士兵相对更鲁莽、野蛮，他们比较喜欢珠宝、皮毛。或许是俄国比较冷的原因，俄国人对皮草有一种特殊的爱好。俄国人还非常喜欢香料，遇到香料铺，欣喜若狂，立即就将香水往身上洒。但他们不喜欢钟表，非常讨厌钟表里机械发出的声音。

美国士兵不喜欢艺术刺绣、稀有瓷器。但他们喜欢听摔碎的声音：

他们抬起一个保存了好几个世纪的花瓶，为了免去轻轻放回原处的麻烦，就干脆扔在地板上。其他东西也遭到同样的命运。摔碎陶瓷器皿的声音，让他们不懂音乐的耳朵听起来欣喜若狂。

法国士兵貌似最特殊，他们好像对有价值的物品并不动心：

他们间或挑选一些不值钱的小东西，还多少带有抱歉的样子。他们的兴趣似乎在那些不值钱的旧衣服上，显然他们是想用来修改他们的服式。他们不要较贵重的织物，宁愿拿走便宜的中国棉布睡衣，同时，他们大量需要的却是各种食物与烟草。

法国人竟然对火腿非常感兴趣。兰德尔在天津城中心地区看见一群法国人突然非常激动。问他们怎么了，法国人高兴地挥舞着手臂，让兰德尔到前边去拿东西。兰德尔以为法国人发现了金条或是银子。结果法国人说："火腿、火腿、火腿，好吃极了。"这个法国人还边说边吧唧嘴。只见在一条胡同里，一群法国人将大批的火腿拿出，放在路中央，法国人集体手舞足蹈，非常开心，满是对火腿的赞美声。外面的火腿已经堆成山，突然屋里边传来消息说，又发现了好多好的火腿。顿时，法国人兴奋得发狂起来。

如果一群联军士兵抢劫，各国士兵往往会毫无秩序，乱成一团糟。

一群欧洲人、印度人、美国人与中国人疯狂地跑进跑出。那些拼命挤进去的家伙手中什么还没有，可是那些被人们从后面推出来的，却连站稳都不容易。在他们的头顶上、伸长的手臂上，有好几个装得满极了的箱子，里面都是货物、成把的珠宝，还有皮子，人挤极了，挤得喘不过气来，几乎要窒息死了。从大门挤进去时——那是最窄的地方，而人人都想马上进去——人们感到肋骨在承受前后左右的压力，可是一挤进去，是一个又大又黑的大厅。人们从这间房屋跑出来，又跑到另一间房屋里去。金属丢在石板上的响声和抢掠者粗暴的喊声混杂在一起。

联军占领北京后，特别纵兵劫掠3天，而实际上，却延长到8天。由于难以控制，联军曾下达命令，禁止所有士兵，无论来自哪个国家，都不得进入当地居民家中抢夺财物。

集结在圆明园附近的英军印度雇佣兵

联军的抢掠主要集中在8月16日至18日。八国联军统帅瓦德西直言不讳地说:"联军占领北京之后,曾特许军队公开抢劫三天,其后更继以私人抢劫。京城居民所受物资损失甚大,其数目不详,超过火烧圆明园。"

据英国传教士宝复礼回忆,英军宪兵司令洛上尉曾告诉他一件事,一个部队的15名士兵因为违反禁令而被逮捕。

兰德尔认为,联军的抢劫是对中国应有的惩罚。他说:"在文明国家之间的战争中,无疑抢掠是应当受到谴责、惩办的严重罪行,但是对像中国这样的国家,他们既无民族尊严,又不尊重任何政府和法令,也不尊重他人和生命,似乎除了掏空他们的口袋以外,没有别的办法惩罚他们……如果他们反抗,甚至可以打死他们,如果他们不说出他们的财物放在什么地方,则以枪支威胁他或污辱他的妻女。"

联军对天津、北京洗劫一番后,又开始了统治与治理。没有了清廷的统治,联军实际上就接手了两座城市的管理权。在接下来长达一年的时间,人们看到了不一样的治理方式。

# 六

# 城市的治理

进入7月下旬,经历了巨大创痛的天津正在慢慢愈合伤口。如何管理这座超大的城市,成为天津联军的首要问题。

事实上,在联军占领天津的第二天,也就是7月15日,俄军指挥官阿尔列克耶夫中将便召集各国指挥官在俄国司令部开会,讨论成立天津临时管理机构。经过多轮商讨确定,由出兵最多的俄国、英国、日本各派一名总督或委员,组成"天津临时政府"。

7月30日,"天津临时政府"正式成立,8月14日改称"都统衙门"。由俄国的沃嘎尔上校、英国的鲍尔中校和日本的青木宣纯中佐担任委员。后来，其他国家也有委员陆续加入。

天津都统衙门下设八个部门，分别是巡捕局、卫生局、库务局、司法局、粮食局、公共工程局、总秘书处、中文秘书处。其中巡捕局专门负责治安，而管理街道的卫生自然由卫生局负责。除巡捕局的长官为不懂中文的英国军官外，其他各部门的长官都是中文流利的"中国通"。

联军将天津城内划分为八个管理区，由各国分别负责。每个片区的规章制度自然也有不同。

在联军到来之前，天津街道的卫生状况比较糟糕。随地便溺的情况非常普遍。

清末著名企业家王锡彤在天津有多家公司，他在《抑斋自述》中曾提到1898年的天津街道："道路之污秽，街巷之狭隘，殊出情理外。沿河两面居民便溺，所萃不能张目。"

据《大公报》载，美国汉学家阿林敦曾说："（天津）直到1900年都被说成是厦门之外中国最肮脏的城市。"

如此肮脏的城市，联军深恶痛绝。因为同时期的欧美国家，基本都已经普及了马桶，街道整洁、靓丽。所以，联军规定，对于街道卫生，由住户负责打扫。联军士兵每天巡逻，发现没有打扫的，或者踹门，或者拳打脚踢，而且还要罚款。

联军一边禁止随地便溺，一边开始大量建立公厕。《庚子纪事》记载："近来各界洋人，不许人在街巷出大小恭、泼倒净桶。大街以南美界内，各巷口皆设公厕，任人方便，并设立除粪公司，挨户捐钱，专司其事。"

联军严厉禁止随地便溺的效果非常明显，天津街道的卫生大为改观，天津百姓的卫生意识也得到了迅速提高。

为了加强治安管理，联军规定：在夜晚，每家户外都要点亮一盏门灯，否则罚款一元。为了免于罚款，很多人家将蜡烛换成了煤油灯。有些地痞流氓，故意偷走油灯，或是吹灭，然后叫来洋人罚款，让百姓叫苦不迭。后来，人们只好在墙里挖个洞，将灯放在洞中，外面再安装上玻璃。路人出行，还必须手提灯笼，否则也会遭到处罚。

天津城西一带属于法军治理。法军规定，夜间禁止晚睡，各商户与住户晚10点必须熄灯，否则罚款。

各管辖地区，除了正常交税外，还要额外向联军供应鸡鸭鱼肉等食品。糟糕的是，征收的人多为中国巡捕，时常有趁机敲诈勒索的事情发生。

联军对北京的治理与天津大同小异。

首先同样是分片治理，分片承包。如前门外大街以东，由英国负责。前门外大街以西，由美国负责。崇文门以东，由法国负责。

分片后，各国陆续成立维持治安的机构，但各国叫法不同。据《八国联军侵华史》记载，日本、俄国、意大利成立的是"安民公所"，法国、英国则是"保安公所"。美国叫"协巡公所"，德国叫"协巡普安公所"。名字虽然不同，但性质都一样，相当于巡捕房、警察局。

警察局的负责人均为各国军官，巡捕既有洋人，也有华人。据《义和团·拳乱纪闻》记载，"华练勇、洋巡捕，相辅相查；日夜巡街，也则下夜，由是各处盗匪颇受敛迹，深得此中之力"，"五城练丁，现已一律身穿号衣，头戴勇帽，在美界遍街巡逻，市面安堵"。

日本安民公所由日本军队、警察、宪兵组成，以警察为主体。为了维护治安，安民公所首先召集地方绅商，成立治安维持会，给每个会员发一个盖有安民公所关防印的白袖箍，套于左臂上。

然而，这种分治的局面引起了瓦德西的不满。在他的建议下，12月10日，各国在理藩院成立了"管理北京委员会"，法国始终拒绝加入。这个"管理北京委员会"基本就等同于北京地方政府，与天津的都统衙门性质一样。

随即，"管理北京委员会"公布了八条治安管理规定：

一、各个城门要按时开关，由联军派兵看守；

二、晚上不许有人在大街小巷行走；

三、禁止开设赌场和烟馆；

四、各家各户要及时掩埋死去亲人的尸骸；

五、不准私藏火枪军械；

六、老百姓要燃放烟花爆竹的，必须提前请示报告；

七、不管是中国巡捕还是外国巡捕分派下来的事情，商民都必须遵行；

八、中国人如果要打官司的，可以在就近巡捕房办理。

北京市民仲芳氏全程目睹了联军治理北京的过程。德界内安民告示中有一条写道："无论铺户住户，每日门前于七点钟各悬灯一盏，至十一点钟止。"

仲芳氏在《庚子记事》中记载，8月中旬起，联军要求各家各户晚间必须点亮灯烛。中秋节当晚，他在日记中写道："各街巷家家门前悬灯，一望无际。可惜月色蒙蒙，阴云漠漠，不然灯月交辉，亦意外之景也。"如有不点灯的住户，"竟被洋人将门窗砸碎，勒令点起"。

联军要求各家门前点灯，完全是出于治安的需要，方便士兵巡逻。但有意思的是，义和团在北京时，也曾要求各家点灯。但义和团的点灯，明显是鼓舞士气，壮声威，与联军要求点灯的性质明显不同。

在德国界内，有七座警察局，经治理后，治安形势大为好转。居住在德界的仲芳氏对此在日记中也有记录："德界之北城地面，自设华捕七局以来，尚未闻有匪徒抢劫之事。"

在日本管辖区，各家各户的门前都要写上"大日本帝国顺民"几个大字，以表示对日本统治的臣服。有的商户在门前还特意标注，"我们是好人，请勿射杀我们"。上街的行人，必须手拿写有"顺民"字样的小旗子。

治安形势稳定后，生活秩序也在慢慢恢复，首先就是要解决吃饭问题。8月30日，海关总税务司赫德在一份电报中坦承："现状极其紊乱……供应仍缺，对于平民更少顾及……除非鼓励中国人运粮进城出售，全城的人都将饿死。"

据顺天府尹陈夔龙的《梦蕉亭杂记》记载，回京议和的奕劻、部分留京官员与联军共同商议，决定"开放各城门，俾四方粮食、菜蔬照常入城，以维生计"。同时，向各路进城商人颁发"护票"，确保他们能安全进城做生意。赫德为此曾"复函各驻使"，要求"洋兵随时保护"。

鼓励商人进城的措施效果明显，一个多月后，城市商业恢复活力。至10月，英国、美国等辖区内逐渐再现繁华景象，"各行生意，亦多借地开市，诸般货物俱全""俱皆开张，粗细百货，无不毕集，作买作卖，热闹非常"，甚至还有了夜生活，"传福寿班演唱夜戏""饭馆戏园，欢呼聒耳，比往日太平之时尤觉繁华"。巡视御史文琜通过自己的观察，向上奏报："米麦杂粮煤薪食物贩运入城，络绎不绝，粮价亦贱，民心稍定。"

有吃就有拉，对于卫生问题，联军也没少下功夫。当时的北京与天津一样，卫生状况非常糟糕。清末名妓赛金花当时就在北京，她曾专门接受过北大国文系教授刘半农的采访，在刘半农所著的《赛金花本事》一书中，她对北京的卫生大有抱怨："北京的街道，那时太腌臜了，满街屎尿无人管。（联军占据北京时）洋人（联军）最是嫌腻这个……"

为规范北京百姓如厕问题，自9月中旬起，联军禁止随地便溺，也不能倾倒屎尿。仲芳氏在日记中回忆，"一各街巷俱不准出大小恭，违者重办"，"偶有在街上出恭，一经洋人撞见，百般毒打，近日受此凌辱者，不可计数"。同时，联军在辖区内大量设立公厕。

街道卫生属于公共卫生，联军非常重视，要求除冬天外，必须泼水扫街。因为当时的北京城内道路都没有硬化，仍是土路。联军首先要求"高者平之，低者填之"，道路整理平坦后，为避免扬尘，还要定期泼水。

仲芳氏记载道，"将门前街道修垫平坦，扫除洁净"，"必须时刻扫除干净，否则遇洋人巡查，即遭威吓"。有百姓没有及时做到，"洋巡捕在各巷两次挨户踹门而入，勒令立即泼水扫街，人声鼎沸，举巷不安"。

只能说，毕竟联军也要同北京百姓一起生活，北京百姓的健康直接关系到他们的健康。比如美国人开设医院为百姓治病，翰林院编修高枏在日记中写道："三医生皆山西人，每诊一脉，配一方，同酌写于簿。"高枏对比以往的医学堂，发现洋人开设的医院，与之有"天渊"之别。

美国人对妓女的健康居然也关心。据《义和团·拳乱纪闻》载，美国人令妓女7天检查一次身体，全部送往美国士兵行营医治，第二天再送回。不过，这个似乎让人怀疑，美军或许名为检查，实为嫖妓。

11月，联军开始重修铁路与车站。仲芳氏同样见证了这段历史，在永定门，"印度兵将城楼迤西城墙拆通一段，铁道接修进城，千百人夫大兴工作，不日即刻安齐，便开火车矣"。

1902年1月7日，慈禧回銮最后一站，从保定坐火车直达北京马家堡。慈禧能坐上火车，某种程度来说，还要感谢联军，因为是八国联军把义和团焚毁的马家堡车站重新修建好的。

根据史料记载，京津铁路、芦保铁路先后接入北京，新建天坛火车站，重建马家堡火车站。慈禧回銮从保定坐火车一路抵达马家堡火车站，这段铁路与车站的正常运行正是联军的"功劳"。慈禧回銮坐火车，是慈禧第一次真正意义上体验火车，当她坐在豪华、舒适的火车包厢里，在飞驰电掣间，感受洋人先进的工业文明时，不知道她会有什么感想。

其实让慈禧更想不到的是，北京百姓对部分联军的认同。据高枏在日记中记载，1901年2月，美国界内的百姓听闻，美辖区或将并入德国界内。竟然有一二百人共同前往美国军官办公地，争相挽留美国人。百姓普遍担心美军走后治安会发生恶化。

据杨典诰的《庚子大事记》记载："美界绅民以归美国暂管以来，地方安谧，刁斗不闻，于是制造万名旗伞匾额等，吹锣打鼓送至美提督暨兵官等四份，以志感铭。"

八联军本是异族侵略者，作为中国人，居然留恋殖民统治者，这让很多士人费解。仲芳氏也注意到了这个现象，他批评道："我国匪徒自己不能剿除，反求敌兵挟制吾人，真所谓贻笑万方也。"

美国辖区欲并入德国辖区，引起百姓挽留，有人说美国的治理明显好于德国。事实上，各国的管理风格与水平并不是一样的。仲芳氏在日记中也谈到了这点：

> 统约各国而论，以日本美国为稍善；英国虽不甚凶横，而所用印度之兵到处肆扰；俄、法二国则又次之；德国暴虐搜劫较诸国尤为最矣。凡在京之人，在德国界内居住者，莫不吐舌摇头，可见比别国残酷也。

慈禧西逃后，京城出现权力真空。八国联军对北京的治理是北京历史上的第一次殖民统治。这一年，北京百姓经历了八国联军的凶残，也目睹了八国联军带来的现代文明。

据坊间流传，慈禧回銮后，初抵北京，也曾感叹北京干净很多，秩序良好。但八国联军撤走后，卫生再次恶化。天津也是如此，1902年9月，《大公报》报道："洋官经理时，（天津）街道极为洁净，刻下则粪溺狼藉，又复旧观矣。"

八国联军占领北京，是北京的一次劫难，也是一次蜕变。仲芳氏认为，此世纪劫难"恐千古之下，难逃史笔""究由皇太后皇上弃京迁避，国无主宰，因循数月……以万乘之尊，弃宗庙陵寝于不顾，罪莫大焉"。

八国联军犯下的罪行罄竹难书，不可饶恕，但更不能忘记，这并不是八国联军的全部。

在八国联军管控天津、北京的同时，他们又对直隶的多座城市进行了侵略，直隶省会保定则是重点对象。

# 七

## 侵占保定

深秋的保定落叶飘零，秋意萧瑟。秋风中，一群官员正在城门外列队等候，并不断向前方张望着。

一支千人的洋兵队伍正从远处走来，越走越近，等候的队伍一阵骚动，官员做了一个手势，鼓乐声骤起。现场气氛顿时热烈起来，官员满脸笑容。

洋兵队伍来到城门下停住，军官下马，等候的官员立即上前，拱手作揖："欢迎法国军队统帅杜以德先生造访保定，护理直隶总督廷雍在此恭候多时！"

杜以德向廷雍等官员还了一个军礼，叽里呱啦说了一通，翻译立即上前向廷雍解释。廷雍一笑，连忙邀请杜以德进城。

10月13日，法军突然独自来到保定，受到护理直隶总督的热烈欢迎。

保定是直隶省的省会，常住人口约25万人，政治地位重要。其实，当时的直隶基本是双省会格局，冬天办公在保定，夏天办公在天津。直隶总督经常在这两个城市来回跑。天津是北洋重镇，开放前沿。直隶总督坐镇天津，更加方便主持办理洋务工作。

联军攻陷天津后，向北京进攻，直隶总督裕禄在蔡村兵败自杀。刚刚由直隶按察使升任直隶布政使的廷雍接替裕禄，成为护理直隶总督。此处"护理"，即"代理"的意思。

廷雍，1853年生，满洲正红旗人，清宗室，生于官宦世家，崇恩之子，贡生出身。历任户部郎官、承德府知府、热河道道员、奉天府尹等职，1899年1月，升直隶按察使。同年7月，任直隶按察使。8月，护理直隶总督。工书北魏，擅画山水，在书画领域有一定的造诣。

在义和团运动期间，廷雍的立场很坚决，明确支持义和团。

刚刚护理直隶总督两个多月就迎来了联军，廷雍感觉莫名其妙，同时他也有一丝忐忑不安。但他遵照李鸿章的指示，开门迎接，以示友好。

法军进城，保定城内沿途道路挤满了围观的百姓。百姓也不理解，前几个月，保定城内，义和团对洋人与教民喊打喊杀，势不两立，官府也大力支持义和团。怎么现在官府大人亲自出面，来迎接洋人呢？

街道上，法军马蹄声声，百姓一脸木讷与疑惑。

廷雍将杜以德迎进直隶总督署内，在一番寒暄客套之后，廷雍便试探着向杜以德询问："将军来此，不知有何贵干？"

杜以德也丝毫不客气，他说："法军向来是仁义之师，不忍看保定城身陷战火，经历劫难。"

廷雍大吃一惊，忙问："将军此言怎讲？"

杜以德故作神秘地小声对廷雍说："据我所知，德军、日军不久将以重兵进攻保定。在下担心，恐保定百姓生灵涂炭。"

廷雍顿时紧张起来，又问："不知何以至此？"

杜以德面无表情地说："拳匪祸乱华北，闻悉保定城内同样拳匪横行，屠杀传教士与教民，联军多次声言征讨保定，进行报复。"

听杜以德这么一讲，廷雍冷汗直流，他忙向杜以德请教，如何应对。

杜以德不慌不忙、不紧不慢地回答道："法兰西之军队深仁厚泽，愿意搭救保定城于水火之中。只要大人吩咐一下，将保定城四城门楼，通衢街巷，遍插红白蓝三色旗帜，并于城上置守旗法兵，便可免受他人蹂躏。"

杜以德要求廷雍在保定城插满法国国旗。话已至此，杜以德的目的很明确，法军想以保护直隶省会的名义占领保定。其实，法军抢在其他联军之前到达保定，根本目的还是想抢夺保定的利益，说白了，就是想独吞，想吃独食。

听了杜以德的话，廷雍犯了难，眉头紧皱，低头不语。沉思片刻后，廷雍说："将军所言，恐有不妥。法军常驻保定，定会引发百姓恐慌，若百姓大量迁居他处，法军生活保障也将成为大问题。城池有城守尉专管，其人耳聋久已，难与语言。至于插旗一事，事关国体，不敢擅自做主，还应请命督宪。"

看廷雍没有接受，杜以德面带愠色，立即抬高了声调："食物即使缺少，也不患无取之处。城池守尉耳聋，我法军自有办法。至于插旗一事，则刻不容缓。"

看杜以德气势有些逼人，廷雍则建议："将军大人，能否将我大清黄龙旗与贵国三色旗，插在一起，以示两国世代修好。"

两旗并插？杜以德摇头，并拍了一下桌子。廷雍一惊。

法军紧逼，廷雍还是进行了争取，虽然没有成功，但也算为清廷尽了职责。如果只插法国国旗，象征着保定完全被侵略军占领，大清帝国的尊严与主权将得到严重侵害。如果大清国的国旗与法国国旗并列，至少还能体现中外的平等。

法军来了，赖着不走，这让廷雍很头疼。很快，让他头疼的事情再次发生。李鸿章致电廷雍，说德军与英军组成的联军，多达万余人，从北京即将开赴保定。联军誓言，若遭遇抵抗，必将血洗报复。最好让兵丁手持白旗，到城外欢迎。

联军征讨保定，实际上是联军大范围展开报复的具体行动。在联军先后占领天津、北京后，联军又四处出击直隶等地，如山海关、张家口、沧州等地，都留下了联军的足迹。直隶各地，再次遭烧杀劫掠。

在青县，知县被逮捕后直接处决，枭首示众。联军放火焚烧县城，整座县城几乎被焚毁。在永清县，联军直接向毫无防备，且正在操练的驻守清军展开攻击，打死200余人。知县被绑在县衙门前，遭到联军的痛打。同时，联军在县城内抓捕了数百人，要求知县指认谁是义和团，并要求拿出一万两银子，否则杀掉全部人质。虽然全城百姓最终凑齐了银子，但联军仍杀掉了一半的人。

保定作为直隶省会，也是义和团闹得非常凶的地方。据《瓦德西拳乱笔记》记载，1900年10月26日，联军后来的统帅瓦德西向德皇报告："保定城内，夏间曾杀戮各教牧师及中国教徒甚多，甚至于现在联军犹在监狱之内，寻出许多残酷被囚之牧师，加以释放。"

最严重的一次事件发生在6月30日，保定多个基督教会被大量身着军服的拳民围攻。经统计，共约15名传教士与家属被害，其中包括5名妇女和儿童。

联军到保定，正是为了报仇而来。

法军占领保定后，随后，英军、德军、意军也陆续而来。在未抵达保定前，廷雍派人前去迎接，并劝阻联军不要进城。道员孙钟祥奉廷雍之命，在安肃县与英军会晤，遭到羞辱。保定县令在定兴县与德军、意军接触，也遭到了拒绝。

10月21日，万余名联军进入保定城。当看到城内飘扬的是法国国旗时，其他联军都非常愤怒。当法国提出，自己完全有能力占领保定时，遭到其他国家的集体反对。

联军迅速占领总督署，并控制了司库，直接抢走库银16万两。同时将保定的四门城楼、箭楼、四个角楼烧毁。联军对保定进行了疯狂的报复，一边抢劫一边杀人。

联军将抢劫的财物装上大马车，一辆一辆运向北京，仅仅一天之内，就运送了多达100多辆马车。同时，联军在城内大肆搜捕义和团的人，抓到直接吊死。保定城内，到处都是绞刑架，吊死的人一个接一个。

10月23日，一直为接待联军忙碌的廷雍在总督署内突然遭到联军抓捕。联军士兵不容分说，直接将廷雍双手绑缚。同时被抓捕的还有城守尉奎恒、参将王占奎、按察使沈家本、候补道谭文焕。

廷雍质问联军总指挥、英军中将盖斯里，为何要抓朝廷大员？盖斯里没有回答。

11月6日，阴沉的天空雪花飞舞，这是保定当年的第一场雪。

直隶总督署内，原本清兵戒备的场面早已不见，取而代之的是洋兵林立。总督署门前放置了路障，联军重兵把守，高度戒备。

总督大堂内，气氛紧张，20名联军士兵分列两旁，一场世纪大审判正在进行。担任审判官的是盖斯里中将，而被审问的人正是廷雍等人。

外国人审中国人，而且还是八国联军审问朝廷的大员，这是开天辟地第一次。这次审判还有一个特色：使用了中国的审判方式，将廷雍等人五花大绑，全程让其跪在大堂上受审。

盖斯里大声问廷雍："六月廿二以前，纵容拳匪不怪你们。廿二后奉有保护之谕，何亦纵使拳民凌辱，而又惨杀传教士与教民？"

廷雍说："是武官所为。"

盖斯里说："不是的，武官不过刽子手耳，你署总督，生杀政令由你，谓为纵容拳匪违抗懿旨。"

廷雍没有说话。

盖斯里所指的"保护之谕"，是清廷于7月17日发布的上谕，上谕要求各地，切实加强对传教士、商民进行认真保护。

盖斯里又问："你纵容拳匪，大肆杀戮，按照大清刑法，该当何罪？"

廷雍顿感被戏耍与羞辱。大清刑法里根本没有类似的相关规定，何况自己还是堂堂朝廷大员。廷雍愤怒地对盖斯里说："尔等先把保定的官绅放了，事情皆由我起，我一人做事一人当，你要杀就杀，反正杀人的刀斧在你们手里。"

有传教士当庭作证，指认王占奎非但对庇护的洋人没有保护，反而纵容拳匪屠杀洋人与教民，王占奎没有辩解。传教士又指责沈家本仇教，沈家本辩解说，如果当时自己真的仇教，你们这些人早就葬身火海了。传教士竟无言以对。

会审完毕，盖斯里冷笑了几声，沈家本被革职监禁，谭文焕被押赴天津处理。廷雍等人押往保定城东南的凤凰台，执行死刑。

在漫天的飞雪中，廷雍、奎恒、王占奎三人被装进囚车。他们在300名联军士兵的押送下，穿过保定主要街道，抵达凤凰台。

廷雍等人看着熟悉的街道，一言不发。

联军选择凤凰台这个地点是有特殊原因的，这里也是义和团杀戮洋人的地方。选择在这个地点处决廷雍等人，报复意味明显。

斩首廷雍等人，联军还特意选择了一名叫张荣的世袭刽子手。世袭刽子手，就是以杀人为祖业。手中的杀人大刀，分量重，刀口锋利。

在凤凰台刑场上，盖斯里宣读处决令，绑缚跪地的廷雍大骂洋人欺人太甚。盖斯里下令处决，张荣手起刀落，廷雍人头落地。

三人被斩首后，首级被示众。联军还拍照留念。

廷雍成为八国联军侵华以来杀害的级别最高的官员。如此高官被杀，实乃当时国耻。

对于联军杀害廷雍一事，清廷上下也大为震惊。张之洞特别致电美国公使，指出对中国官员的处罚应当由中国政府来执行。清廷发布上谕："悉所奏廷雍等被害情形，实深愤懑""即使中国官员有办理不善之处，自应交中国自行处分，何得侵我自主之权？"

清廷特别告知奕劻、李鸿章，要求二人向洋人提出抗议，"不独中国法律处置二品大员无此重典，按之西律，尤属违悖公法"。

不过，在《庚子西狩丛谈》的记载中，清廷又是另一种态度：

> （慈禧与光绪）途中闻洋兵入都（京城）后，不久即陷保定。廷雍时兼护北洋大臣，为洋人拿获，凌辱备至，旋即斩首枭示。封疆大吏，外人竟任意戕杀，殊可愤懑！然一追数廷雍罪恶，实可谓死有余辜，国法不能治而假手外人……

一边是对联军的处置方法愤怒异常，一边认为廷雍是死有余辜。也许，愤怒是真愤怒，联军实在不给"天朝"面子。另外，愤怒也是做给外界看的，说明清廷还是有血性的。但没有实力的愤怒毫无意义。至于对廷雍的态度，清廷也只是将其当作弃子罢了。

遗憾的是，廷雍在生前一味迎合清廷，最终却落得这样一个下场。

与廷雍命运相对应的是廷杰，廷杰是廷雍的同事，也是廷雍的上级。在廷雍任直隶按察使一职时，廷杰任直隶布政使。

义和团运动横扫直隶，廷杰坚决主张痛剿，而廷雍决心主抚，二人常常为处置义和团问题发生争吵，双方各执己见，吵得拍桌子骂娘。

义和团在攻占涿州后，将涿州附近的铁路大量破坏，外国人投书直隶总督府，要求派兵保护外国人到天津避乱。廷雍与廷杰在这个问题上又争吵了起来。

廷雍认为，我未曾降附外夷，中国人的兵怎么能让洋人用呢？

廷杰认为，对外国人有保护的责任。他立即派出40余名清兵，一路保护洋人赴天津，但仍有4名外国人中途被拳民杀害。廷杰震怒，派重兵对义和团予以围剿。

7月，慈禧召见廷杰，在谈及义和团问题时，廷杰直言拳民妖孽，万不可持。廷杰的表现让慈禧大为不悦，因为此时，清廷早已将拳民视为义民。

慈禧将廷杰罢免，命廷雍接任。

失去权势的廷杰，立即遭到拳民的疯狂围攻。在从保定回北京的过程中发生了诸多惊险。

廷杰走出总督署，他刚刚乘上轿子，数名拳民就蜂拥而至，对着轿子一阵猛砍，拳民将双杠砍断，肩舆砍翻，廷杰被砍伤。拳民大骂廷杰为二毛子，廷杰受到了严重惊吓。

没了官职的廷杰，必须回到北京。他冒着危险继续上路，沿途不断有拳民骚扰，所带行李衣物也被抢劫一空。从保定到北京，廷杰走了10多天，狼狈不止。据说，这背后都是廷雍唆使义和团干的，意在羞辱廷杰以泄愤。

廷雍表现最活跃的时候当属清廷对外宣战后。义和团在保定城内兴风作浪，廷雍甚至下令，将城门全部关闭，对城内的传教士与教民，大肆屠杀。

联军进入保定，尽管廷雍出门出城迎接，但经过调查发现，廷雍对保定众多传教士与教民的死亡负有直接领导责任，方才将其斩首。

对于廷雍的死，包括廷雍在内的很多人，都有一种惯用的说辞，那就是，自己只是执行朝廷命令而已。但他们不懂"枪口抬高一寸"的智慧，朝廷命你开枪，你不能不开枪，但你可以打不准。

听闻廷雍被处决后，他的小妾燕佳氏向其他官员哭诉："家主之用拳诛教，乃奉政府字寄，非得已也。今独蒙奇祸，抱不白之冤，自古忠而获祸，有如是乎？请将此字据刊布天下，使天下皆晓然于今日之事，非出于家主一人之私，则廷氏无遗恨矣。"悲愤之下，燕佳氏服毒自杀。

与天津、北京一样，联军在处决廷雍后，也开始了对保定的统治。法军与德军共同发起成立了权理司衙门，权理司衙门规定，照会保定地方府县衙门，要求地方官府签发任何文告都必须获得权理司衙门的允许。处理保定地方事务，由权理司与地方官会办。

廷雍的最终命运也是清廷众多高官的命运。在八国联军统治下的京城，没有逃出的高官，不是自杀、被杀，就是受辱。作为最高统治者与最大的祸首，慈禧自然更清楚自己的下场，她果断逃了。

# 第六章 两宫西逃

# 一

# 仓皇出逃

8月15日凌晨3点，正在紫禁城中值夜班的宫女荣儿突然听到在殿脊上有猫叫声。宫廷里野猫很多，荣儿并没有在意。然而，这种猫叫声越来越频繁，她开始疑惑起来。为什么今天的野猫这么多，而且还叫个不停，莫非有什么事情？越想越害怕的她慢慢走出房间，提醒守夜的人要注意。

她仔细听着猫叫的声音，一会儿感觉来自东边，一会感觉又来自东南边儿。她发现，与平时的猫叫不同，这次猫叫的尾音更长。

远怕神、近怕鬼。莫非是头天刚死的珍妃冤魂不散，她开始害怕起来，浑身起了鸡皮疙瘩。

4点多，天蒙蒙亮，慈禧也醒了。荣儿赶紧服侍太后，跟慈禧说，外边的猫叫声越来越多，很不正常。慈禧一愣，仔细地听了一会，确实如此。

一般天亮后，猫就不再叫了。今天为何如此反常？慈禧命太监去外面看看是什么情况。过了一会儿，太监返回，说实在搞不清楚。

这时，李莲英慌慌张张跑了进来，也没有顾上什么礼仪，喘着粗气对慈禧说："洋鬼子打进城来了！"

这是慈禧贴身宫女荣儿的一段回忆。当时令人百般疑惑的猫叫声，其实就是八国联军射出的子弹在天空划过的呼啸声音，尾音长，类似猫叫。

头一天，八国联军就已经攻破了外城，此时，正在向内城、皇城进攻。

这段回忆中还提到一个珍贵的细节，即珍妃是头一天死的，也就是8月14日。后来，荣儿也给出了相关的细节描述，摘于《宫女谈往录》：

我记得，头一天，那是七月二十日（8月14日）的下午，睡醒午觉的时候——我相信记得很清楚。老太后在屋子里睡午觉，宫里静悄悄的，像往常一样，没有任何出逃的迹象。这天正巧是我当差。

突然，老太后坐起来了，撩开帐子。平常撩帐子的事是侍女干的，今天很意外，吓了我一跳。我赶紧拍暗号，招呼其他的人。老太后匆匆洗完脸，烟也没吸，一杯奉上的冰镇菠萝也没吃，一声没吩咐，迳自走出了乐寿堂（这是宫里的乐寿堂，在外东路，是老太后当时居住的地方，不是颐和园的乐寿堂），就往北走。我匆忙地跟着。我心里有点发毛，急忙暗地里去通知小娟子。小娟子也跑来了，我们跟随太后走到西廊子中间，老太后说："你们不用伺候。"这是老太后午睡醒来的第一句话。我们眼看着老太后自个往北走，快下台阶的时候，见有个太监请跪安，和老太后说话。这个太监也没陪着老太后走，他背向着我们，瞧着老太后单身进了颐和轩。

农历七月的天气，午后闷热闷热的，大约有半个多时辰，老太后由颐和轩出来了，铁青着脸皮，一句话也不说。我们是在廊子上迎老太后回来的。

其实，就在这一天，这个时候，这个地点，老太后赐死了珍妃，她让人把珍妃推到颐和轩后边井里去了。我们当时并不知道，晚上便有人偷偷地传说。后来虽然知道了，我们更不敢多说一句话。


珍妃的死一直被认为是在慈禧出逃时慌乱中做出的处理。实际上，应该是一个深思熟虑的结果。

但慈禧没有料到，洋人这么快就到了眼前。

李莲英向慈禧报告，据步军统领载澜说，德国鬼子进了朝阳门，日本鬼子进了东直门，俄国鬼子进了永定门，联军正朝紫禁城扑来，边走边放枪。

直到这个时候，八国联军攻入北京城的消息才正式传到清廷核心，慈禧与光绪第一次听说，洋人已经打进来了。

慈禧面色凝重，命李莲英原地候命，她在屋内走来走去，宫女与太监们都吓傻了，谁也不敢说话。

正在此时，一颗子弹从乐寿宫的一个窗格内飞了进来，子弹掉落地上的声音，大家听得很清楚。

载澜、刚毅、赵舒翘、王文韶等人也陆续赶了过来。

李莲英惊慌地对慈禧说："老佛爷，快起驾吧！"

慈禧真的有些慌了。她立即命人请皇上、皇后，并通知太妃、格格、大阿哥，全部到乐寿宫集合。

皇家出逃，必须更换衣服，衣服越普通越好。其实李莲英早已为此做好了准备，他不知从哪拿来一个大包袱，里边全是普通汉人的服饰。

在联军子弹呼啸的声音中，紫禁城内一片慌乱，慈禧与光绪紧张地换着衣服。光绪听说要逃跑，几近哽咽，悲愤至极。堂堂一个帝国之君现在成了丧家之犬。

慈禧被打扮成一个汉民老年妇女，头发梳成了一个老年纂儿，上衣是一件深蓝色旧褂子，下身是浅蓝色的旧裤子，脚蹬黑布鞋，只有青色的绑腿和白色袜子是新的。可能是衣服有点小，穿到慈禧身上，略微有些紧绷。

光绪被打扮成了一个汉民生意伙计，圆顶草帽，蓝色无领长衫，肥大的黑裤子。

慈禧还做了一个让人惊讶的举动，拿剪子将自己的长指甲全部剪掉了。

一个叫张福的太监哭着爬进寝宫门，说无法再伺候老祖宗外巡了。慈禧严令张福等人看好乐寿宫，不要想不开，一切都要等自己与皇上回来。

慈禧同时命令刚毅等人，务必随驾同行。

慈禧与光绪等众人出乐寿宫，绕过颐和轩时，恰巧经过珍妃井。此时，已经没有人再关心这口井了。

在顺贞门内，众多太监与宫女齐刷刷跪倒。当慈禧等人迈出顺贞门时，太监与宫女们哭声一片。

这些只能守在宫中的太监与宫女明显是被抛弃的人，离开了慈禧与光绪的庇护，他们知道，自己的命运将更加悲惨。

随行的太妃、格格、太监、宫女们自然也在擦眼泪，这个时候，除了慈禧不会哭、不能哭以外，其他人没有不掉泪的。

此时，美军第九、第十四步兵团正在攻击大清门。一声巨响，美军的炮弹轰开了大门。这声炮响，慈禧也听到了。

顺贞门外停着三辆骡车，其中两辆是轿车，一辆是蒲笼车。三辆车都是蓝布做围子，蒲笼车后面还拖着一个芦席缝起来的尾巴，非常难看。

慈禧与宫女娟儿上第一辆车，坐在轿内，大阿哥溥儁在跨辕的位置。光绪上第二辆车，溥伦跨辕。其他人一概挤在第三辆车上。

慈禧特别吩咐，路上如遇盘查，只说是乡下人。谁若乱说一句话，就把谁扔下车去。

当美军与俄军正在为攻打午门内斗时，慈禧等人的三辆骡车已经悄然驶出皇宫的后门——神武门。

此时，赶来护驾的健锐营部队与追击而来的3000名义和团在神武门外遭遇，健锐营立即向义和团开火，义和团拼命反抗。很快，日军与法军也赶到神武门，集体对义和团展开屠杀。

在这种混乱的场面下，三辆神秘的骡车竟然出了紫禁城，直接奔德胜门方向而去。听着外面的枪炮声与厮杀打斗声，相信车内的慈禧等人也是处于极端的恐慌中。

40年前的1860年，慈禧也经历了一次逃跑。那时是英法联军攻入北京，咸丰带着慈禧一路北逃，到了热河。没想到，40年后慈禧再次仓皇出逃，这时她已经成了当家人。

历史就是这么有戏剧性。正是这场混战为慈禧等人的出逃争取了时间，让慈禧与光绪没有落入联军之手。否则大清帝国的历史定将重新改写，中国近代史也因此会发生重大转折。

其实，慈禧等人的出逃也是早有计划的。

在8月6日的时候，联军从天津出发不久，慈禧就已经有了西逃的准备。当时的计划是10日离开京城，让东阁大学士崑冈为留京办事大臣。慈禧还曾派出军机章京外出长辛店打前站，这种出逃的计划已经让很多人深感不安。

部分大臣得知慈禧有外逃的计划时纷纷上奏，恳请慈禧留在紫禁城内，以安民心。加上车辆等装备置办不齐，慈禧便召回了外出的军机章京，暂时放弃了逃跑的想法。

8月12日，通州被攻陷，慈禧得知李秉衡兵败自杀后，大哭起来，再次动了逃跑的念头。

侵华日军士兵在通州城南门

那一天，慈禧不断召集群臣，商讨对策。共召见荣禄8次，召见载漪5次，晚上慈禧也没有休息，连续召见军机大臣。但奇怪的是，生死关头，没有人再发言。

8月14日中午，载澜与刚毅先后向慈禧通报，洋人已经打进北京城，建议立刻出逃。开始慈禧并不相信，说那是从甘肃赶来的回勇。

直到8月15日凌晨，当慈禧听到怪异的猫叫声，才相信洋人真的打进了城。在一片慌乱中，慈禧带着光绪仓皇逃出紫禁城。

据荣儿回忆，出逃车队出了神武门，过景山，往北经过地安门，直接奔向德胜门。车队走的不是大街，而是沿着小胡同穿行，就像走迷宫一样，大家都稀里糊涂。

走到德胜门，已经完全走不动了。京城的百姓知道洋人打进来了，都忙着向城外逃。道路上各种车辆拥堵不堪，大篷车、小轿车、马车、驴车、骡驮子，一辆接一辆。大家都希望尽快逃出城，每个人的脸上都写满了焦虑。

慈禧等人的车队远远排在后面，距离城门还有很远的距离，不知道要等到什么时候才能出城。此时，赵舒翘依仗人高马大，上前疏导，让慈禧等人的车队插到了前面。其他车辆虽然有很大的怨言，但似乎大家也都知道，敢于这样插队的人一定是皇亲国戚、王公贵族，所以也就抱怨两声而已。

出城要接受盘查，此时慈禧等人遇到了一点麻烦。一个清兵总觉得轿子里的人不对劲，要详细盘查。他的行为遭到了赵舒翘的怒斥，不识时务的清兵竟然还较起了劲，其他太监加护驾的兵丁一拥而上，将这名清兵架走。

慈禧等人顺利出了京城，直奔颐和园方向而去。一路上，都是逃难的人群。失魂落魄的老百姓与各路溃败而逃的散兵游勇相互混杂。

慈禧的车队由颐和园东门进入，内务府当值大臣恩铭在此接驾。一路惊险过后，总算逃了出来，慈禧在乐寿宫洗脸、抽烟，休息一下。

正当大家在凉棚里匆匆吃饭的时候，二总管崔玉贵向慈禧禀报，端王爷、庆王爷、肃王爷先后赶到，慈禧召见，简单说了两句后，立即催促上路。

此时，为了避免树大招风，慈禧命令崔玉贵带人打前站，自己与皇帝在第二批，各王爷在第三批，颐和园的清兵断后，防止联军追击。

从颐和园开始，车队又增加了两辆车，车队规模达到了五辆。车队继续向北走。帝国政权正式踏上了流亡之路，这是大清帝国政权的第二次流亡。但在清廷的官方文件中，此次西逃被称为"西幸""西巡"。

午后时分，正是一天最热的时候。太阳毒辣，幸好天空有几块重重的云彩，偶尔还能遮挡一下阳光。

出逃的车队不敢走大路，只走小路，或是在青纱帐的玉米地里钻来钻去。大家燥热不止，浑身都在淌汗，每个人的脸都被热得通红。一群平日在紫禁城里养尊处优、享受皇家生活的人，此时有多大的苦也只能忍着。

沿途吃喝成了大问题，虽然有人带了点散碎银子，但有钱也买不到东西。出颐和园的第一顿饭，是花钱包了农民的一片地，将地里的老玉米、豇豆摘下煮熟，煮玉米的水当作汤，直接喝掉。没有吃完的，全部带上。不知为何，慈禧一口都没有吃。

第一晚住宿在昌平县西贯市村。西贯市村子比较大，是个回民村。但村民不愿意与汉民混在一起，慈禧等人也不能暴露身份。无奈，只好选择村旁一个空旷的清真寺栖身。

破落的清真寺只有几间房，没门没窗户，光秃秃的土炕上除了一个破簸箕，什么也没有。还好清真寺旁有口水井，可以打水。李莲英在村民家要了一些小豆粥，其余人又继续生火煮玉米和豇豆。也许是真的饿了，慈禧最终还是吃了不好消化的老玉米。

在正房的西屋，慈禧与光绪睡在一间房里。破簸箕扣过来，垫上一块手巾便给慈禧当了枕头。光绪倚着墙角，用帽子遮住脸，两腿伸直，就算休息了。两人忍受着闷热与蚊子，度过了出逃以来的第一晚。

帝国的两位最高统治者，第一次同居一室，也是第一次如此狼狈。那个夜晚，不知道他们是否久久不能入眠。昨天还在高贵的紫禁城里，今天竟然沦落到如此地步，不知他们的内心会产生多大的波澜。

第二天，有一位姓李的大户人家送来了几屉刀切馒头、咸菜，还有两桶小米粥。或许是逃难的车队动静比较大，也或许是昨晚各王公大臣给慈禧与皇上请安时，让村民听见了。总之，村民都知道了，逃难的是太后与皇上。

李姓大户是开镖局的，在当地小有名气。慈禧起驾时，李姓大户赠送了3台骡驮轿。所谓骡驮轿，即前后两匹骡子，中间抬着一顶轿子。骡驮轿的优势是比人抬轿走得速度快，而且比骡拉轿车更舒适，少了很多颠簸感。

8月16日，慈禧等人沿着长城古道继续向西走。古道基本全是山路，随着后续护驾的人逐渐增多，整个皇驾的车辆也增加到20余辆。远远望去，空旷的山野上，逃难的车队就像一条蠕动的蚯蚓。

虽然紧张的心情缓和了一些，但条件依然艰苦。中途遭遇雷暴雨，逃难的人全被淋湿，雨水、汗水混合，衣服沾在身上，非常难受。道路泥泞难行，队伍行走极其缓慢。

经过居庸关时，逃难的人又见到了众多包着红头巾的义和团拳民与从京城方向逃来的三五成群的清兵。车队顿时又紧张起来，尤其是女眷，担心被义和团与清兵骚扰。还好，他们依仗人多势众，有惊无险。

居庸关地势很高，塞北的风刮得很硬。

过了居庸关，便是延庆州。路变成了石子路，颠簸起来让大家感觉很难受。正行进时，突然旁边玉米地里有人朝队伍开枪，顿时把所有人都吓坏了。人们立即想到的是，护驾，保护好太后与皇上的安全。

李莲英与溥伦各站在慈禧与光绪的轿旁，用身体挡住。王公大臣，护驾卫队也立即赶到。还好，土匪放了几枪后，便没了动静。

出逃以来，慈禧等人第一次遇到土匪袭击，让众人吃惊不小。

第二晚，慈禧等人夜宿在岔道口。这个地方本是一座大兵营，属于交通咽喉。城里有驻守的清军，有衙门，有炮台、有驿站。经过逃难清兵与义和团的劫掠，这座小城冷清了很多。

当晚的住宿条件明显强于头晚破败的清真寺，慈禧终于可以擦擦身子，喝一口热茶。这里的水让慈禧非常满意，说与玉泉山的一样，有一丝的甜味儿。

休息下来的慈禧突然发现有些不对劲，光绪为何总是抱着一个盒子？慈禧很好奇里边装着什么。趁光绪没注意，慈禧打开一看，里边竟然是五枚干枣和一个烧饼。那晚，慈禧久久没有睡去。

山河破碎的感觉压迫着每一个人。慈禧连续召见李莲英及各位王公大臣，急迫地向他们打听北京的消息。大家几乎与慈禧一起逃出来的，对于宫中的事情，自然也没有什么消息。

前边打前站的崔玉贵，下午一直忙着找延庆州的州官。直到三四点钟，崔玉贵方才找到知州秦奎良。但秦奎良根本不认识崔玉贵，崔玉贵也没有任何证件。双方只能不断在聊工作中寻找共同认识的人。最终，秦奎良确认崔玉贵所说不假。崔玉贵让秦奎良准备些食物，但秦奎良非常为难，兵荒马乱，根本无从准备。但他还是决定立即带上官印，与崔玉贵一起乘轿赶赴岔道口。临出发前，他找出一张破纸，匆忙写了几行字，交给了差役。

当秦奎良赶到岔道口时，慈禧与光绪已经睡去。

或许认为秦奎良没有任何贡献，崔玉贵根本没有向慈禧引见他。直到第二天起驾，秦奎良都没能见到慈禧与光绪，遗憾地错过了一次召见的机会。

# 二

# 吴永接驾

"报——！"

一名差役飞马跑到直隶怀来县衙。只见差役飞身下马，将一小团纸呈给怀来知县吴永。

"吴大人，这是朝廷的紧急公文。"

正在与其他工作人员借酒浇愁的吴永接过来，就立即皱起了眉头。紧急公文，怎么是一团烂纸呢？

吴永打开一看，顿时大吃一惊。这个烂纸片上居然写有："皇太后，满汉全席一桌；皇上、庆王、礼王、端王、肃王、那王（札萨克和硕亲王那彦图），各一品锅……"内容就是要招待慈禧与皇上，及各皇亲国戚。

县衙的其他官员也纷纷围过来，争相观看。所谓的朝廷公文，只有"延庆州印"，连玉玺都没有，必定是假的。有人建议弃之不理，也有人认为，务必要重视。

吴永根据当前局势判断认为，京城必然是已经陷落，皇室正在逃难中。

吴永决定第二天一早去接驾，当晚令城内全力做好准备。

8月17日清晨，天非常阴沉，慈禧等人从岔道口起驾。吴永带领随从从怀来县城出发，去中途的驿站榆林堡接驾。

榆林堡位于岔道口与怀来县城中间，是必经之路，也是中途休息的大型驿站。

上午突然电闪雷鸣，大雨如注。吴永的马走得非常缓慢，顶着大雨，冒着危险，在前方迎驾。或许吴永不会想到，这次接驾让他迎来了巨大的人生转折。

吴永，1865年生，浙江吴兴人，曾国藩的孙女婿。早年为直隶试用知县，因受张荫桓赏识，调任怀来知县。23岁时，他迎娶了曾纪泽的次女。

中午时分，雨停了，吴永抵达榆林堡。怀着忐忑的心情跟随李莲英面见慈禧。

吴永是第一个正式迎驾的地方官员，饱经风餐露宿之苦的慈禧见到吴永后哭了。根据吴永在《庚子西狩丛谈》中的记载，慈禧是这样说的：

> 予与皇帝连日历行数百里，竟不见一百姓，官吏更绝迹无睹。今至尔(你)怀来县，尔尚衣冠来此迎驾，可称我之忠臣……连日奔走，又不得饮食，既冷且饿。途中口渴，命太监取水，有井矣而无汲器，或井内浮有人头。不得已，采秫秸秆与皇帝共嚼，略得浆汁，即以解渴。昨夜我与皇帝仅得一板凳，相与贴背共坐，仰望达旦。晓间寒气凛冽，森森入毛发，殊不可耐。尔试看我已完全成一乡姥姥……今至此已两日不得食，腹馁殊甚，此间曾否备有食物？

一个最高统治者在一个小小知县面前哭泣，把吴永吓得不轻。吴永也跟着抽泣起来。

慈禧向吴永要吃的，吴永命人端来了一小盆豆粥，连筷子都没有。吴永连忙解释说，原本是熬了四大锅豆粥，但大部分被兵勇抢食。

没有筷子，就用秫秸秆，毕竟出逃这两天，多少习惯了这种艰苦。

吃完豆粥，慈禧问吴永，自己很想吃鸡蛋，不知是否有。吴永二话没说，带人出门寻找。兵荒马乱的，百姓都跑光了，去哪里找鸡蛋。吴永愣是挨家翻找，竟然真的找到了5枚鸡蛋，立即煮好，送给慈禧。慈禧吃了3个，光绪吃了2个。

吃饱喝足，慈禧抽着烟袋，还算比较惬意。

此时，李莲英又带来一个人，从甘肃千里奔突赶来勤王的甘肃藩司岑春煊。岑春煊带来了2000名精兵、5万两银子。慈禧大为感动，对岑春煊说："若得复国，必无敢忘德。"

直隶赵县沙河店财主靳老福为慈禧修建的行宫

39岁的岑春煊从甘肃星夜兼程赶来，想必也是一种投机行为。但他的宝押对了。从见到李莲英叫"大叔"开始，岑春煊慢慢得宠，很快就升任陕西巡抚。

出逃第三晚，慈禧等人夜宿怀来县城官署。吴永已经让人将官署里外打扫一新，慈禧住在吴永的卧室，有帐子、有缎被，还有八仙桌、太师椅。光绪住在签押房，条件也不错。晚饭非常丰盛，吴永早已命令地方的绅商准备了宴席，有肉、有鸡，一群皇室的人终于吃上了像样的饭菜。吃完饭，吴永把自己家眷的所有衣服全部拿了出来，给慈禧等人换洗。

至此，出逃的狼狈一扫而光。

对于吴永的表现，慈禧赞赏有加，临时任命其为前台粮办，也就是负责未来皇驾的吃饭问题。

从怀来县起，一路向西，沿途护驾、接应的队伍越来越多，慈禧等人完全没有了逃难的窘迫，基本与旅游差不多。

慈禧出逃，大致的路线是这样的：8月19日出怀来县，经宣化府、怀安县；8月27日进入山西境内，走天镇县、阳高县、大同县、怀仁县、山阴县、代州、崞县、忻州、阳曲县；9月10日抵达太原。

太原是山西的省会，条件优越，慈禧一行在太原停留了21天。既是休整，也是观望。按最初的计划，逃到太原就是终点，但由于八国联军扬言要进攻山西，让慈禧又产生了继续向西逃的想法。

10月1日起，经山西徐沟县、祁县、平遥县、介休县、灵石县、霍州县、赵城县、平阳府、太平县、曲沃县、闻喜县、安邑县、临晋县、蒲州府。10月19日，进入陕西境内。经潼关县、华阴县、渭南县、临潼县，10月26日抵达西安。

从8月15日逃离北京，到10月26日抵达西安，历时72天。这72天，是大清帝国首脑最长的一次逃亡。72天，一路西逃，一路流亡。那为什么要一直向西逃呢？

慈禧西逃的路线并不是事先规划好的，而是边走边规划。慈禧曾派军机章京出彰义门（广安门），赴长辛店考察，这说明最初是想向南逃。即使不是向南逃，至少也是先从南边走。因为彰义门位于紫禁城西南方向。长辛店属于今天的丰台地区，也是京城的西南方向。

如果慈禧按此路线出逃，近的就是保定，远的也有可能继续南下到正定，或南逃开封，或西逃太原。但慈禧最终没有选这条路线，而转向西北，然后再调头走西南方向，走大同、停太原、再到西安。为何会这样呢？

实际上，慈禧选择山西、陕西方向逃也是一个无奈之举，因为其他方向不是非常安全。

慈禧可以北逃，像40年前那样逃到承德，但是承德距离京城近，挨着东北，而东北此时已在俄国的控制范围。东北是清政权的发源地，即龙兴之地，按说慈禧逃到东北地区最理想。但无奈沙俄势力实在太强大。

俄国一直有个"黄俄罗斯"计划，企图控制中国北方广大地区。就在慈禧出逃前的一个多月，即7月9日，俄国沙皇尼古拉二世自任俄军总司令，调集18万军队，分七路侵入东北。其中一路参与京津之战外，其余各路强占了东北各地。海兰泡惨案、江东六十四屯惨案均发生在此时。

无论慈禧是北逃到承德，还是东逃到山海关，不管是否进入东北，都将成为俄军的俘虏。参与攻占天津、北京的俄军，在战争结束后，便沿山海关北上，挥师锦州。不管慈禧躲在承德，还是藏在山海关，恐怕俄军都不会放过她。

如果北逃蒙古呢？虽然满蒙一家亲，但当时的蒙古地区还是部落制，环境恶劣，交通不便，物资匮乏，长期锦衣玉食的慈禧等人是根本无法适应的。重要一点，慈禧出逃时已经进入处暑季节，在延庆山区就已经感到了凉意。逃到蒙古，正值寒冬时节，非把65岁的慈禧冻坏不可。更重要的是，蒙古地区也是俄国的控制范围。

如果是吃喝玩乐，图享受，走东南方向是最理想的。东南方向即走天津、过济南、经南京到江南。原来康熙、乾隆下江南，就是走的此路线。但哪条路都能走，唯独这条路线走不了。八国联军正是从天津打过来，沿京津铁路杀向北京，慈禧一行再从北京向天津走，那等于自投罗网，羊入虎口。

再者，即使绕过天津，逃往东南方向也不行。山东是德国势力范围，江南是英国控制地区。东南各省已经与洋人商量好，进行互保，慈禧逃到江南，封疆大吏们会真心提供保护吗？列强们自然也不会答应，一定会派兵进行威胁。

逃向承德、山海关与东北不行，蒙古也不行，天津、江南更不行。

或许原先计划的南逃还可以。如果一路向南，沿途可逃向直隶省会保定、正定，或是河南省会开封。但此路线也有很多问题。

首先，这条线路都是平原地区，一马平川，易攻难守。你逃得快，联军追击也很快。而且在当时，北京至正定已经通了火车，但火车控制在洋人手里，慈禧想坐火车是没可能。慈禧乘坐马车出逃，联军如果坐火车追击，那真是轻而易举的事。

即使慈禧逃到省城保定，联军到保定也是分分钟的事。事实证明，保定确是联军的复仇重地。因为保定是直隶省城，又是义和团闹事最凶的地方。从京城到保定，联军也正是坐的火车。10月20日，联军攻占保定。随后，将护理直隶总督廷雍砍了头。如果慈禧当时在保定，后果难测。

假如慈禧从保定继续南逃，只能逃向开封。开封是省城，又是大城市。条件虽然不错，但在开封仍然不安全。在中原地区，腹背受敌，北边联军在直隶，南边湖北就是英国势力范围。义和团闹得最凶的时候，英国的军舰已经在长江上游弋了。

另外要说的是，慈禧在回銮时，在开封停留了一个月，那时议和谈成，联军已撤军，形势一片大好。与紧张西逃的情形完全不同。

再者，南方还面临着重重杀机。张謇的《年谱·庚子年纪事》中记载："再到南京，游说退敌迎銮。"这句话暗藏着一个阴谋，那就是原湖南巡抚陈宝箴的儿子陈三立欲联合张謇及部分东南督抚，企图干掉慈禧。

陈三立与父亲陈宝箴因为戊戌变法时积极参与支持而遭到慈禧的清算，陈三立心有不满，试图报复。陈三立打算先说服刘坤一或者张之洞，将慈禧迎到汉口或者南京，然后建都南方。最后逼迫慈禧归政，否则就将慈禧杀掉。

据说张謇先后赴南京、上海游说，上海方面盛宣怀的幕僚何嗣焜、沈瑜庆都欣然同意。在南京游说刘坤一时，刘坤一比较怀疑计划的可行性。他提出，必须和张之洞一起干才行。结果，张之洞坚决反对。

刘坤一又派人去联系李鸿章，李鸿章立即否定了这个计划。他说："太后决不会肯来的，一般的旗人亦决不肯放她到南方来的！"

南下不行，唯有向西。按当时慈禧的计划，逃到太原即可。太原距离京城虽有千里之远，但尚可接受，京城似乎还在掌控之中。

慈禧在太原待了21天，是出逃后停留时间最长的地方。太原这地方，三面环山，对慈禧来说，地理位置不错。太原东有太行山，西有吕梁山，中间还有汾河穿过。最重要的就是太行山，联军想从保定或正定向西进入山西，都有大山阻隔。后来，联军欲进攻山西，在娘子关就遇到了很大的困难。

慈禧逃到太原，还有一个政治原因。山西巡抚毓贤是自己的忠实追随者。毓贤从山东调任山西后，大力发展义和团，势头之猛，几乎超越了直隶。在他的纵容下，山西民教冲突严重，各类教案频发。毓贤还策划了"省府集中处死外国传教士"一案，震惊了各列强。这也是八国联军扬言进攻山西的主要原因。

另外一点，太原这里晋商云集，非常富裕，便于搜刮财富。流浪的清廷，需要大量的粮饷支撑，这是基本的物质保障。同时，清廷不断颁发谕旨，下令各地调拨粮饷至太原。山东调拨26.6万两，湖南筹措13.7万两，湖北20万两……

在太原观望的慈禧并不踏实，她最担心两点：一是洋人是否会惩治自己；二是如何尽快与洋人议和。在太原的慈禧面临三个选择：一是在太原停留观望；二是继续西逃；三是启程回北京——荣禄、李鸿章等人就持这个态度，年轻的光绪也不希望这样逃亡，希望早日回到紫禁城，以稳定全国大局。

当听闻联军要攻打山西时，山西监察御史彭述上奏，建议西巡长安。他说：

"太原地狭物稀，且现距敌较近。诚不可以久居。"

据《庚子清宫档案汇编》记载，清廷特颁谕旨：

> 该省（山西）适值荒歉，千乘万骑，供应维艰，食用皆昂，民生滋累。每一念及，恝焉难安。且省城电报不通，京外往来要件，辗转每多延误。不得已谨择闰八月初八日启銮，西幸长安。

从太原只能向南逃，逃向西安是顺理成章的事。从太原到西安，慈禧又走了26天。落脚西安，便成了清廷的最后归宿。慈禧与光绪在西安待了近一年的时间。这一年，西安成了大清帝国的临时京都。

西安毕竟是古都，位置比太原更好，还有秦岭、太白山、灞源山拱卫，也比太原更繁华。用彭述的话说，就是"长安关河四塞，为自古帝王之都"。慈禧在这里生活得很踏实。

西安作为临时京都，史书上通称"西安行在"（行在，就是指天子巡行经过的地方）。为了维持"行在"奢华的生活，全国各地押运至北京的粮饷纷纷向西安集中。清廷特派刑部郎中俞启元和直隶候补知府吴永前往江浙、两湖地区，并设立转运局，负责将各地粮饷调拨至西安行在。西安地处中国的地理中心，方便各地物资转运及官员觐见。

据说慈禧在西安等待北京议和的过程中，有列强曾扬言威胁，要杀到西安，让慈禧心神不宁，计划继续西逃兰州。逃往兰州，这种说法似乎不可信。因为如果继续往西北逃，沿途地区只会越来越贫瘠，且粮饷调拨难度也越来越大。路途遥远，万余人的庞大皇驾根本承受不了。再者，俄国正在染指新疆等西北地区，向新疆方向逃仍不安全。

如果非要继续逃的话，穿越秦岭，逃向四川或许可能性更大，成都是个好地方。成都位于盆地中，四川天府之国，物产丰富。熟悉近代史的都知道，四川等西南地区一直被视为大后方，山高路远，崇山峻岭，是躲避战火的最佳地区。

东南西北中，到处都是不归路，慈禧混到这份儿上，也没谁了。西逃路漫漫，铺张的是皇家，苦的是沿途百姓。人们戏称清廷过路是"蝗灾"，慈禧就是"蝗虫"。

西逃这一路，慈禧没有牵挂百姓，真正牵挂的只有京城。京城的动向决定着大清帝国的命运，也决定着慈禧权力的得失。

在慈禧西逃的同时，在遥远的京城内，各级官员的命运并不比百姓好多少，同样遭遇了一场大劫难。

## 三

# 自杀的留京大臣

慈禧与光绪西逃，没有了清廷的京城，无异于一座被抛弃的都城。京城各大街道秩序混乱，人们蜂拥逃往城外。

大学士徐桐的家就在东交民巷一带，与众多外国公使馆相邻。8月14日一早，枪炮声惊醒了徐桐。徐桐并没有在意，他以为还是清军在攻打公使馆。虽然听说联军要打进北京，但8月14日的这天早晨，徐桐仍然像往常一样去上班。作为80岁的老臣，效忠朝廷毕竟还是本分。

在徐桐家的周围是清军攻打公使馆的前线，布满了各种工事，平日里清兵众多。这天出了府邸，发现工事里的清兵少了很多，大街上，行人奔走呼喊，各路清兵在紧急调动，气氛非常紧张。

徐桐意识到大事不好，立即返回家里。

全家上下也没有了往日的祥和，大家都各怀心事。徐桐面色沉重，一言不发，一边抽着烟袋，一边在院子里走来走去。

这时，徐桐的儿子徐承煜来了。他神色慌张，气喘吁吁告诉徐桐，洋鬼子已经进城了！

徐承煜带来的消息，让家里一片惊呼。徐桐呆呆地看着儿子，突然一屁股坐在椅子上。

家眷与仆人都慌了神，有人在哭泣，有人在收拾衣物，家里顿时乱作一团。

只有徐桐坐在那里，一动不动。他的嘴唇在微微抖动，似乎想说什么。拿着烟袋的手也开始在颤抖。

此时的徐桐知道，自己临终的日子到了。一直主张利用义和团攻击洋人的徐桐意识到，洋人打进城，必会进行疯狂的报复，而自己肯定在劫难逃。

他缓缓站起身，对着徐承煜说："儿啊，如今国难当头，京都失陷，父亲作为首辅之尊，必该殉国。"

"我们还是逃出京城去吧！"徐承煜忙劝解父亲说。

"临阵脱逃，不是大丈夫所为，况且太后与皇上还没有逃。作为臣子的我们，怎能说逃就逃呢？"

徐桐突然提高了声调，大声对徐承煜说："去，给我拿两条绳子来！"

徐承煜慌忙让仆人找来绳子。

徐桐将三个儿子全部召唤到身边，说："老大老二，你们无官，可以归隐老家。记住，以后要教导子孙，勤奋读书，就是不要为官。"

徐桐又对徐承煜说："老三，你身为刑部侍郎，贵为朝廷命官，理应与父亲一同殉国。"

徐承煜顿时明白了父亲的用意，原来父亲让自己拿两条绳子，就是希望自己也跟着一起死。

徐桐命人将两根绳子系到房梁上，地上摆好板凳。

此时，徐府上下已经是一片哭声，外面的枪炮声也越来越激烈。

徐桐命徐承煜与自己一起上吊自杀，徐承煜非常不情愿，但还是假装从命。当两人都站上板凳，将脖子钻进绳套内时，徐承煜又缩了回来。他对父亲说："徐家世受国恩，理应全家殉节报国，但若我与父亲同时赴死，则儿子无法为您料理后事，实则是不忠不孝之举。"

徐桐没有犹豫，此时他已老泪纵横，双手抓着绳子，仰脖对着房顶说："老臣无力救大清国于危难中，还望太后与皇上原谅。今天特以死报国，老臣去也。"说罢，徐桐蹬掉脚下板凳，上吊而亡。

徐桐的大儿子、二儿子跪倒放声大哭，家眷、仆人也都跟着大声哭泣。

徐承煜自然跪倒在徐桐面前，但也只是假装抽泣了几下。他站起身，非常严肃地对家人说："如今，北京城已破，洋人一定不会放过我们。如果大家落入洋人手中，必定受尽凌辱，尤其是女眷，这等于生不如死。如果我们全家主动殉节报国，还能留下千古英名。"

徐承煜话音未落，几颗子弹就打进了徐家房屋的窗户上。徐承煜被吓了一跳，他大喊："众人赶快行动，不要让洋人得逞。"

此时，众人反倒没有了哭声。有些女眷站起身，擦干眼泪，非常从容地整理好衣服、妆容，冷静地走到井边，喊了一声："徐大人，我去找您了。"随即投井而死。

但一口井也装不下那么多人，徐桐的大儿子、二儿子与家人纷纷选择了上吊。上吊前，他们彼此拥抱了家人，并向老父亲集体跪地磕头。

徐家的正房、偏房，每一处房梁上都吊满了人，义无反顾赴死的人似乎都像英勇就义般视死如归。而徐承煜一直没有死，他似乎在监督着每个人。徐承煜是高官，徐府的人没人敢对他说三道四。

自然也有人不想死，有男仆人跪倒在徐承煜面前痛哭，说老家还有妻儿老小，不想抛弃他们，希望能让自己逃走。但此时的徐承煜已经极度冷血，他哪里还会放走别人。徐承煜一脚将男仆人踹倒，直接将他拖到井边，让其头朝下，直接扔了下去。徐承煜还找来一块大石头，将井口死死堵住。

徐府内一片安静，除了徐承煜，其余人全部死了。徐府外面似乎已经听到了联军的喊杀声。

徐承煜最终也没有选择与家人同死，而是立即关上徐府大门，逃了出去。这样一个怕死鬼，自然也没落得好下场，他刚逃出胡同，就被日军发现。

日本士兵端枪追击徐承煜，喝令其站住。徐承煜听不懂，他也不敢停下。日本士兵开枪，将其大腿打伤，他一下瘫倒在地。

几个日本兵迅速上前将其绑住，押往兵营。经过初步审讯，徐承煜老实交代，自己就是刑部侍郎。刚刚进城就抓到一个大清帝国的高官，联军非常高兴。

8月14日、15日，是京城最混乱的两天，也是京官自杀、出逃最集中的时期。

自义和团进京后，京城秩序陷入前所未有的狂热中。京城大小衙门，被义和团控制，一些下层的小京官率先逃离。有的逃到老家，有的暂时躲避在京郊。

　　义和团四处烧杀抢掠，再次加剧了京官的恐慌。有些人担心财富被洗劫，纷纷通过钱庄将钱汇往外地。

　　义和团火烧前门，慈禧下令攻打外国使馆后，局势再度恶化。京官出现逃离高潮，史料中称"官民搬徙，十室九逃""逃出者十居其三"。

　　敏感的高官，或是比较厌恶义和团的高官，深感局势不妙，纷纷想办法让家属率先逃离京城。

　　据《高枏日记》载：有些京官以告假的方式离开北京；也有人通过清军的关系离开北京；有人托关系弄来一纸调令，借机逃离北京；也有人以出差为名，离开京城这个是非之地。

　　进入7月份时，战局紧张，很多官员无心办公，有些衙门几近停摆。清政府要求各部门，清点擅离职守者。"如未经告假私行出京人员，著即行革职。其已经递呈告假者，将来到署销假，著将各该员前资注销。"

　　徐桐是翰林院的掌院，作为保守派大臣，徐桐对逃离者极其厌恶、痛恨。他要求手下官员每天必须报到，自己亲自点名。

　　点名很有仪式感，官员没法造假。首先由专人念名字，念到谁，谁就要到徐桐的案前行作揖礼，然后在自己的名字下面，写一个"到"字。最后，由徐桐用红笔画钩。由于徐桐要求严格，翰林院逃跑的官员非常少。至7月下旬，翰林院仍有120余人，逃跑者不到20人。

　　留在北京的日夜惶恐，逃出北京的日子也不好过。首先面对的便是义和团与土匪的打劫。

　　6月底，太史杜莜生护送家人逃离北京，在西便门他们遭遇土匪拦截，被集体殴打，杜夫人被打得遍体鳞伤，浑身是血。

　　官员出逃也成了某些人捞钱的机会。载漪与义和团、董福祥发明了"路照"，也就是通行证。通行证需花钱购买，数额视官职大小、财产多少而定。凭此通行证，可保证离京者顺利通过直隶，达到直隶与山东交界处。但进入山东境内，他们又遭遇了李秉衡的清军阻拦，再次遭遇洗劫。

　　大量官员的出逃，造成马车、船只紧俏，行情暴涨。如果从北京坐船，只能去天津，但无异于自投罗网，船运全部停止。坐马车出行，有的刚出城不久，马车就被清兵抢了去。

另外，路费暴涨的问题同样困扰着京官的逃离。据时人赵声伯记载，当是从北京到保定，"车价需百金一辆，尚不可得"。国子监的官员叶昌炽在送家属逃离时，因为被车夫反复勒索而没有成功。

京官逃离，主要有几个方向。一是跟随慈禧与光绪，一路向西。一路是南下逃向直隶省会保定，如荣禄与崇绮。再者就是逃往山东或河南。开封官员张守炎在给亲戚的信中写道："京官出京者甚多，日内来汴者络绎不绝""昨徐梧生携眷到汴，尚未得晤谈。其他京官来者极多""闻京内及出京在途官员，被劫被害者不计其数。"

8月15日，联军攻进内城。在慈禧与光绪出逃的时候，唯独没有见到领班军机大臣荣禄。当时，荣禄还曾正常到军机处上班，又去了乐寿宫准备等待召见，结果发现，慈禧与光绪早已逃了，具体逃向哪里，荣禄根本不知道。

绝望之下，荣禄与户部尚书崇绮等人也乘坐马车迅速逃至保定。几天后，西逃至怀来的慈禧发布谕令，命荣禄留京办事。但由于通信不畅，慈禧与荣禄根本联系不上，互相都不知道对方在哪。直到后来，荣禄才发现慈禧已经逃到山西，而在保定的他，时刻想要尽快赶到慈禧的身边。

崇绮与家人在逃跑的过程中出现了事故，家人的车辆被联军拦截。包括崇绮的妻子瓜尔佳氏、女儿、小妾、儿媳等几乎所有的女眷，全被联军掳到天坛关押。在关押期间，这些女人遭到联军的集体奸污，甚至遭数十人轮奸。

多天后，家眷全部被放回。崇绮的儿子羞愧异常、悲愤难抑，将自家的孩子处死之后，自己上吊自杀。其他女眷跟随瓜尔佳氏，集体上吊自杀。也有说法是，崇绮全家没有被联军抓捕，而是集体自焚而死。

在保定的崇绮事后得知此事，70岁的他痛哭失声，几度晕厥。最终，他在莲花书院自缢身亡。据说，在上吊前，他一边哭，一边自己搓绳子，搓了一夜才上吊。他临死时留下遗言："圣驾西幸，未敢即死，恢复无力，以身殉之。"

京城失陷后，有一个有意思的现象。真正率先想到逃离的都是王公贵族、富商巨贾及大小官员。这些平日里养尊处优的人，在危难之际，也是最怕死、最无情的人。相对来讲，北京百姓则逃离得比较少。或许百姓更清楚，只是换了一个统治者而已。

德胜门与西直门是逃离出京最重要的两个出口，在北京城破后，这两个出口被蜂拥而至的马车队伍彻底堵死，很多人并没有及时逃离。哭喊声、吵架声、叫骂声不绝于耳。

同样70岁的军机大臣王文韶，因为慈禧念其年事已高，准其随后同行。王文韶的马车也因为交通拥堵无法出城。备感耻辱的他骂自己是"没良心的狗奴才"。在联军的追赶中，王文韶四处躲藏，极为狼狈。不过，幸运的是，王文韶最终还是在怀来县城追上了慈禧。此时的堂堂军机大臣已经衣衫褴褛，俨然一个要饭的老头。

据杨典诰的《庚子大事记》记载："连日阵亡将校六百四十员，其余文武大小官绅耆民等阖家引火自焚、仰药以殉、投井而殒者一千七百九十八名，家属之多者，如三品衔兼袭骑都尉候选员外郎陈銮一户，男女三十一人，同殉。"一家31人全部自杀，成为北京城集体自杀人数最多的一个家庭。

在史料中提及的自杀者，包括宗室奉恩将军札隆阿与儿子、儿媳、女儿和孙儿，全家自缢而亡。集体上吊的还有庶吉士宗室寿富一家。

宗室侍读宝丰，全家吞金而死；宗室侍读崇寿，将全家老少全部杀死后，自己剖腹自杀；护军参领续林也是杀死全家后自杀；奉天府尹福裕一家七口，全部溺死；二等侍卫全成一家五口，服毒自杀。同样选择服毒自杀的，还有国子监祭酒熙元，在联军进城后，他迅速回到家中，与老母亲一起服毒自杀；同为国子监祭酒的王懿荣与妻子选择了投井自杀。

选择自焚的也很多，一品官富谦全家12口、中书玉彬一家、都统御前侍卫奕功一家、吉林将军延茂一家。奕功全家10口人到后院，点燃柴草，自焚而死；没有烧死的，爬到井口，投井自杀。延茂是一位守城将军，负责安定门的防守。防守失败后，延茂回到家中，与母亲、兄弟全家共12口集体自焚。

实际上，自杀的官员很难统计清楚。有史料称，全家集体自杀的皇亲国戚达30余家，王公贵族全家自杀人数多达2000余人。

77岁的礼部右侍郎景善的死可谓有些传奇。临死之时，他还不忘写日记。8月15日，联军四处杀人抢掠，搜捕官员。景善将自己的银子藏好后，望着空荡荡的家，无限唏嘘，他在日记中写下了最后一句话："奴仆星散，至无人为予治晚餐。"刚刚写完日记，他的大儿子恩珠就把他拖拽到井旁，将其推到了井里。

恩珠是义和团拳民，他要让父亲为清廷殉节。恩珠杀死父亲后就逃跑了。

英军突然破门而入，在搜索财物时发现了景善的日记。这本日记最终被带回英国，当后来中国人接触到这本日记时，已经被英国人翻译成英文。

一位英军的随军记者米德尔在紫禁城东北角楼外的一座大宅门口休息时，突然闻到一股尸体的臭味。他进入大门后，发现院子里有多具烧焦的尸体，还有断剑、破碎的衣服。进入房间后，他惊讶地发现，房梁上吊着6个人，3个大人3个孩子，死状可怖。这个记者据此推断，院子里的人曾与联军士兵有过拼杀，或许就是这个抵抗的时间，让家人得以体面地自缢而死。

留在京城的官员不仅面临着联军的威胁，还面临着舆论的审判。叶昌炽在《缘督庐日记》中写道："此次随扈一等，若留京困守者，既不殉难即属汉奸，否则亦于洋人声气相通者也。"

一些不敢自杀的官员不是被联军抓到处决，就是遭到羞辱。兵部主事王铁珊，被德国士兵耍弄，开枪打在其非要害部位，让其痛苦嚎叫，打了几十枪，王铁珊才死亡。

有些高官还遭到了人格羞辱。德国士兵抓到怡亲王后，命其在兵营里为士兵洗衣服。克勒郡王被日军逼着拉皮条，介绍贵妇、小姐卖淫。庆部郎宽被俄军抓到，命其给马洗澡。第一天，他就被军马踢瞎了眼。还有很多王公贵族被联军逼迫到大街上搬运尸体。联军羞辱礼部尚书怀塔布的方式更不一般。怀塔布被命令为联军将军拉车，稍微拉慢了就挨鞭子抽，或许怀塔布也是个脸皮比较厚的人，他挨了抽还要赔笑脸。

联军进京，京官大量自杀，活着的官员又被洋人肆意驱使、侮辱，大清帝国受到了前所未有的羞辱。在西逃路上的慈禧根本没法体会到。

# 四

## 慈禧的反思

9月5日，慈禧的皇驾继续在晋北的山区上西行。慈禧已经习惯了山路的蜿蜒曲折，今天她的心情不错，她让宫女将轿帘撩起，以最大的视野欣赏着外面的景色。

初秋的晋北，天高云淡，丝丝的凉意沁人心脾。远远望去，山上仍是一片郁郁葱葱，高低起伏的山脉仿佛一幅优美的画作。路边的黄花在微风中摇摆，像是在翩翩起舞。

大清的山川如此壮美，慈禧完全被这样的景色陶醉了。

"娟子，你看看山上的城墙，是不是长城啊？"

顺着慈禧手指的方向，宫女娟子朝远处望去，果然是长城。

"这是到了哪里？"慈禧问李莲英。

"老佛爷，前边就是雁门关啦。"李莲英如实禀报。

"雁门关甚好，听说是兵家必争之地，我一定要下去看看。"

又走了10多里，车队在长城脚下停住，慈禧要求下来走走，观赏一下风景。娟子与荣儿一起搀扶着慈禧走下轿，李莲英、岑春煊等人也下马跟随。

慈禧边走边问李莲英："雁门关是否真的有大雁经过？"

李莲英答道："听说每到春天，就有南方的大雁北归，口衔芦叶，飞到这里都要盘旋很久才肯离去。"

慈禧又问："我们比大雁如何？"

这个问题突然把李莲英难住了，李莲英停顿了一下，说："大雁喜欢群体活动，组织严密。为繁衍生息，往往会根据季节进行长途跋涉。依奴才看来，老佛爷您就是大雁中的头雁，是带领大家克服困难、持续前行的领头人。此次西行，从山西的地理位置来看，其实就是南下。大雁南下为了过冬，我们南下是为了避祸，乃逢凶化吉之意。"

慈禧哈哈大笑起来，李莲英也笑了，旁边的人也跟着笑了起来。

"那我今天就登上雁门关长城看看。"慈禧顿时来了兴致。

在宫女的服侍下，慈禧缓慢登上了长城。登高望去，险要的山峦，满目葱茏。望着如诗如画的美景，慈禧若有所思，她转头问岑春煊："岑大人，你说这大清的江山是否会变了颜色？"

这句话可把岑春煊吓着了。他立即跪倒在地，向慈禧不断叩头："老佛爷，我大清的江山必定永固，世世代代永不变色。"

慈禧叹了一口气，说道："话虽然这么说，但此番洋人已经占了北京城，如果我与皇上慢了一步，恐怕这大清的江山就难保了。"

岑春煊忙说："老佛爷，您不必担心。皇驾西幸就是老天的保佑，您与皇上一定还会重返紫禁城。"

"好！借你吉言。"慈禧让岑春煊起身。

慈禧走下长城，不断地在关口周围驻足、游览。

走出关口后，岑春煊发现，慈禧不断地回头，情绪低沉，一言不发。慈禧为何突然变得如此伤感、忧郁呢？擅于察言观色的岑春煊果断俯下身，从路边拔了一把野黄花，双手捧到慈禧面前。"老佛爷，黄花犹金，永不凋谢。"

慈禧慢慢接过黄花，忽然眼泪流了下来，并不断地抽泣着。

这是慈禧西逃以来的第二次哭泣。第一次在怀来，因为路途的艰辛而哭。这一次是触景生情。

慈禧哭泣着说："塞上寒意来得早，这黄花开得太迟，如果是在北京，早已是盛开的样子。"

岑春煊明白了，慈禧原来在怀念紫禁城，是情伤感怀。

"我们已经西巡24天，紫禁城没有了主人，还不知道会遭遇哪些劫难。"说到此处，慈禧越加伤心，泪水打湿了衣服。

"老佛爷，您不要太担心，保重好身体才是重要的。相信只要有您在，洋人就不敢乱来。"李莲英忙安慰慈禧道。

岑春煊向李莲英使了一个眼色，李莲英立即明白了。

"老佛爷，时候不早了，我们该赶路了，我们到前边的驿站再休息。"

在李莲英等人的劝说下，慈禧坐回轿中，皇驾继续西行，慈禧闭着眼睛，一直没有再说话。

慈禧在雁门关感怀忧伤，更多还是对京城的留恋，对权力的不舍。西逃的日子还没有尽头，随着继续西逃，她距离京城越来越远，伤心也是难免的。

从某种角度来说，慈禧的忧伤与哭泣也是一种反思。事实上，这种反思从怀来县城就已经开始。

西逃初期，仓皇狼狈，慈禧受了很多苦。与在皇宫里养尊处优不同，逃亡的经历让她体会到了各种艰辛。

在地方接待稳定，皇驾出行正常后，慈禧逐渐开始对今年以来的整个事件进行了反思。8月20日，西逃的第六天，慈禧到达怀来县城。

慈禧在怀来县城住了两天，一方面可以好好休整一下，另一方面也是感激吴永的接驾。据吴永后来回忆，慈禧在与吴永的聊天时，曾说了这样一段话："依我想起来，还算是有主意的，我本来是执定不同洋人破脸的，中间一段时间，因洋人欺负得太狠了，也不免有些动气。虽是没拦阻他们，但始终总没有叫他们十分尽意的胡闹。火气一过，我也就回转头来，处处都留着余地，我若是真正由他们尽意地闹，难道一个使馆有打不下来的道理？不过我总是当家负责的人，现在闹到如此，总是我的错头。上对不起祖宗，下对不起人民，满腔心事，更向何处诉说呢？"

从这番话可以看出，慈禧是说了实话的。与洋人开战，是慈禧动了脾气，但也留有余地，拿捏着分寸。捅了这么大的篓子，慈禧也承认，最终的责任还是自己。最让慈禧郁闷的还不是惹了祸，关键是身边没有诉说心事的人。

在西逃的路上，类似这样的反思还有很多。慈禧在山西大同时曾直言："这是我一生当中唯一的一次失误，由于一时的软弱，终成大错。"这里慈禧所说的软弱，显然不是指对洋人的软弱，而是听信了某些主战派大臣的谗言。

慈禧听说京城陷落的惨状后，曾非常痛心地对荣禄说："不料竟至于此，诚可愧痛。"迫于洋人的压力，8月30日，在慈禧到达山西大同县时，正式开始下令，剿办义和团。大同两名拳民在皇驾经过时，竟然还穿着义和团的服装，四处招摇，完全不知形势的发展。二人遭逮捕后被就地正法，成为慈禧转变态度的第一批牺牲品。

9月6日,在山西崞县。慈禧发布谕旨:"此案初起,义和团实为肇祸之由。今欲拔本塞源,非痛加刬除不可。直隶地方,义和团蔓延尤甚。严行查办,务净根株。倘仍有结党横行,目无官长,甚至抗拒官兵者,即责成带兵官实力剿办,以清乱源而安氓庶。"

10月4日,慈禧抵达山西介休,再次下令:"将各处拳民,分别剿抚,以靖地方。"一名叫郭敦源的中年人,自称义和团头目,身着义和团服装,手舞足蹈,神神道道,竟然在皇驾经过时冲撞仪仗。慈禧震怒,将此人即行处决。从这时起,凡支持义和团的官员也开始遭受处罚,介休知县陈日稔被革职,永不叙用。

10月7日,两宫逃至山西赵城县,也就是今天的洪洞县赵城镇。慈禧继续要求对义和团严办,命山西藩司李廷雍严厉剿办拳匪。同时,对山西巡抚毓贤进行正式免职。

早在9月初,慈禧抵达太原时,毓贤就曾求见慈禧,慈禧对这个疯狂支持义和团杀洋人的毓贤已经比较厌恶,没说几句话就把他打发了出去,随后就口头将其免职。

在惩办义和团的同时,为了安抚地方,慈禧多次下令,减免、缓征地方赋税。

9月10日,在抵达太原的当天,慈禧下旨:"慈舆巡幸太原,启銮以来正值秋禾遍野,随扈官弁兵勇车马繁多,于农事不免有损。朕心轸念实深。应将山西天镇、阳高、大同、怀仁、山阴、代、崞、忻、阳曲等州县属凡跸路所经地方本年应征钱粮,加恩豁免。其已经完缴在官者,将其流抵次年正赋,以示体恤。"

减免征税的地区大多是皇驾途径的州县,目的也很明确,就是对当地接待的一种补偿,以此顺利保证慈禧西逃。

9月底,慈禧再次发布旨令,继续扩大减免征税地区,除以上地区外,又增加了太原、祁县、介休、临汾、闻喜、临晋等未来要经过的州县。以上这些地区,本年钱粮全免。

10月17日,在途经山西蒲州府时,慈禧发现,当地旱情比较严重,农民生活贫苦,遂下令减免山西税赋,将缓征改为豁免,覆盖面再次扩大。

不过，真正能体现慈禧悔过的则是1901年2月14日，慈禧在西安以光绪名义发布了《罪己诏》。

"罪己诏"，是君主的一种检讨书，往往在出现重大的天灾人祸后，皇帝向天下检讨自己的施政得失。慈禧以光绪的名义发布《罪己诏》，其实就是慈禧自己的检讨书。因为光绪也不用检讨，慈禧支持的事情，比如招抚义和团、对洋人开战等，光绪基本都是反对的。慈禧发布《罪己诏》，恰恰证明光绪是正确的。

慈禧的这份《罪己诏》字数比较多，据《上谕档》，主要内容如下：

> 本年夏间，拳匪构乱，开衅友邦，朕奉慈驾西巡，京师云扰。迭命庆亲王奕劻、大学士李鸿章作为全权大臣，便宜行事，与各国使臣止兵议款……既有悔祸之机，宜颁自责之诏，朝廷一切委曲难言之苦衷，不能不为尔天下臣民明谕之。
>
> 此次拳教之祸，不知者咸疑国家纵庇匪徒，激成大变，殊不知五六月间，屡诏剿拳保教。而乱民悍族，迫人于无可如何，既苦禁谕之俱穷，复愤存亡之莫保。迨至七月二十一日之变，朕与皇太后誓欲同殉社稷，上谢九庙之灵。乃当哀痛昏瞀之际，经王大臣等数人扶掖而出，于枪林炮雨中仓皇西狩。是慈躬惊险，宗社贴危，阛阓成墟，衣冠填壑，莫非拳匪所致，朝廷其尚护庇耶？
>
> 夫拳匪之乱，与信拳匪者之作乱，均非无因而起。各国在中国传教，由来已久，民教争讼，地方官时有所偏，畏事者袒教虐民，沽名者庇民伤教。官无持平办法，民教之怨，愈结愈深。拳匪乘机，浸成大衅。由平日办理不善，以致一朝骤发，不可遏抑，是则地方官之咎也。
>
> 涞涿拳匪，既焚堂毁路，急派直隶练军弹压，乃练军所至，漫无纪律，戕虐良民。而拳匪专持仇教之说，不扰乡里，以致百姓皆畏兵而爱匪。匪势由此大炽，匪党亦愈聚愈多。此则将领之咎也。
>
> 该匪妖言邪说，煽诱愚人。王公大臣中，或少年任性，或迂谬无知，平时嫉外洋之强，而不知自量，惑于妖妄，诧为神奇。于是各邸习拳矣，各街市习拳矣。或资拳以粮，或赠拳以械，三数人倡之于上，千万人和之于下。
>
> 朕与皇太后方力持严拿首要，解散胁从之议，特命刚毅前往谕禁，乃竟

不能解散。而数万乱民，胆敢红巾露刃，充斥都城，焚掠教堂，围攻使馆。我皇太后垂帘训政将及四十年，朕躬仰承慈诲，夙昔睦邻保教，何等怀柔？而况天下断无杀人放火之义民，国家岂有倚匪败盟之政体？当此之时，首祸诸人叫嚣跋扈，匪党纷扰，患在肘腋。朕奉慈圣，既有法不及众之忧，浸成尾大不掉之势。兴言及此，流涕何追！此则首祸王公大臣之罪也。

然当使馆被围之际，屡次谕令总理衙门大臣前往禁止攻击，并至各使馆会晤慰问，乃因枪炮互施，竟至无人敢往，纷纭扰攘，莫可究诘。设使火轰水灌，岂能一律保全？所以不致竟成巨祸者，实由朝廷极力维持，是以酒果冰瓜，联翩致送，无非朕仰体慈怀，惟我与国，应识此衷。

今兹议约，不侵我主权，不割我土地，念列邦之见谅，疾愚暴之无知，事后追思，惭愤交集。惟各国既定和局，自不致强人所难。着奕劻、李鸿章于细订约章时，婉商力辩，持以理而感以情。各大国信义为重，当视我力之所能及，以期其议之必可行。此该全权大臣所当竭忠尽智者也。

当京师扰乱之时，曾谕令各疆臣，固守封圻，不令同时开衅，东南之所以明订约章，极力保护者，悉由道奉谕旨，不欲失之之意。故列邦商务得以保全，而东南疆臣亦藉以自固。惟各省大吏平时无不以自强为辞，究之临事张皇，一无可恃，又不悉朝廷事处万难，但执一偏之词责难君父。试思乘舆出走，风鹤惊心，昌平、宣化间，朕侍皇太后素衣将敝，时豆粥难求，困苦饥寒，不如氓庶，不知为人臣者，亦尝念及忧辱之义否？

总之，臣民有罪，罪在朕躬。朕为此言，并非追既往之愆尤，实欲儆将来之玩泄。近二十年来，每有一次衅端，必申一番诰诫。卧薪尝胆，徒托空言，理财自强，几成习套。事过以后，徇情面如故，用私人如故，敷衍公事如故，欺饰朝廷如故。大小臣工，清夜自思，即无拳匪之变，我中国能自强耶？夫无事且难支拄，今又构此奇变，益贫益弱，不待智者而知。尔诸臣受国厚恩，当于屯险之中，竭其忠贞之力：综核财赋，固宜亟偿洋款，仍当深恤民艰；保荐人才，不当专取才华，而当内观心术。其大要无过去私心、破积习两言。大臣不存私心，则用人必公；破除积习，则办事着实。惟公与实，乃理财、治兵之根本，亦即天心国脉之转机。应即遵照初十日谕旨，妥速议奏，实力奉行。

　　此则中外大臣所当国尔忘家、正己率属者也。朕受皇太后鞠劳训养，垂三十年，一旦颠危至此，仰思宗庙之震惊，北望京师之残毁，士大夫之流离者数千家，兵民之死伤者数十万，自责不暇，何忍责人？所以谆谆诰谕者，则以振作之与因循，为兴衰所由判，切实之与敷衍，即强弱所由分。固邦交，保疆土，举贤才，开言路，已屡次剀切申谕。中外各大臣其各凛遵训诰，激发忠忱，深念殷忧启圣之言，勿忘尽瘁鞠躬之谊。朕与皇太后有厚望焉！

　　慈禧的这份《罪己诏》以上谕的形式下发，是最高级别的清廷文件。对于此次国难的责任问题，也分别提到义和团、王公大臣及清军，甚至还有改革的问题。但最后，归根结底还是"罪在朕躬"。如果不这样说，《罪己诏》也就失去了意义。

　　通常来讲，《罪己诏》都是给天下百姓看的，昭告天下，希望得到百姓的原谅。但慈禧这个《罪己诏》，更多的却是给洋人看的。百姓的态度无所谓，重要的是洋人，因为在议和的关键阶段，不说点软话是不行的。

　　简单一句话，慈禧认怂了。相反，光绪却有了脾气。

# 五

## 光绪的表现

　　9月21日晚，太原府署内灯火通明。领班军机大臣荣禄抵达太原，刚刚下轿的荣禄不顾疲劳，立即奔向慈禧的房间。

　　慈禧与光绪正在吃饭，对于荣禄的到来，慈禧还是比较惊喜的。慈禧知道，荣禄陪伴自己多年，最了解自己。也只有荣禄才能真正帮助自己处理棘手的事情。

"荣大人，皇上西幸那天你在哪里？"慈禧问道。

"回太后，奴才那天早晨去了乐寿宫，准备给您请安，但还是迟了一步。奴才罪该万死。"

"听说你又去了保定？"光绪又问道。

"回皇上，洋人在京城烧杀劫掠，肆意报复，众多皇亲国戚、王公大臣惨遭杀戮，奴才也是迫不得已。"荣禄开始哽咽。

慈禧与光绪都没有说话，气氛陷入沉寂。

"你从保定赶来，一路上有什么洋人的消息吗？"慈禧再次开口问道。

"奴才听说，洋人要从娘子关向山西进攻。"荣禄说。

"欺人太甚！"慈禧突然提高了嗓门，"娘子关是谁在驻守，有多少兵力？"

"娘子关是直隶通往山西的必经之路。由刘光才、李永钦率领忠毅军、武功军、晋威军等各营防卫。"

"他们可守得住？"光绪急切地问道。

"娘子关地势险要，易守难攻，有六七成把握能守住。"

慈禧让荣禄退下，独自一人来到院子里。在一株葡萄架下，她站立了很久。娟子拿来外套，给慈禧披上。

"请皇上过来。"慈禧吩咐娟子。

光绪到了院子里，默默地站在慈禧身边。

"皇上，我们母子二人，离开京城已经有一个多月。车马劳顿，一路辛苦。我本想，西幸到山西，也该差不多了。现在看来，我们还要往西走，还是去西安吧。"

"亲爸爸所言，儿不能听。作为一国之君，抛弃京城百姓，已经不能被原谅，如今还要继续西巡，到何时才是尽头？"光绪突然来了脾气，大声说道。

光绪的态度让慈禧很吃惊。她望着眼前这个年轻的男人，突然觉得很陌生。一个从小被自己带大，长期在自己身边，一直唯唯诺诺，被自己控制的皇上，今天却突然发起了脾气，开始顶撞自己。慈禧也来了性子，说："皇上眼光要放长远，洋人若打进山西，我大清皇室颜面何在，'天朝'的尊严何在？"

光绪的脾气没有消，大声说："巡幸西安难道就有尊严了吗？亲爸爸您尽管去，儿可单独赴京城与洋人谈判议和。"

光绪要单独去和洋人议和，听到这句话，慈禧有点怒了，她大声说道："巡幸西安，我意已决。皇上必须同行。"

光绪愤而转身回到房间，连招呼都没有打。

这一晚，慈禧没有睡好。

自9月10日到达太原后，在太原停留了11天，是出逃以来在一个地方停留的最长时间。太原商业发达，交通方便，物资供应充足，同时清廷需要紧急处理荒废的政务。最重要的原因，则是观望洋人的动向，如果洋人不再追击，西逃便可停止，安心等待议和。

接下来的几天，慈禧与光绪的关系一直比较紧张。出逃后，慈禧一改往日在宫中的严厉，对光绪和善有加，时常关心光绪的生活起居及身体健康情况。自从得知慈禧要继续西逃后，光绪的心情明显坏了起来，对抗情绪比较严重。

慈禧执意西巡长安的原因并不复杂，主要还是担心八国联军的追击。太原距离北京虽有千里之遥，但八国联军已经开始侵略到直隶的大部分地区。从直隶过山西，只是顺便而已。慈禧在太原，心里肯定无法踏实下来。

9月30日，慈禧召集皇上、载漪、荣禄、岑春煊等人开会，就明天准时起驾一事进行最后会商。谁知，光绪再次爆发了。

光绪大声说："明日赴西安，朕不能去。太后年事已高，在太原已经没有安全的忧虑。朕还年轻，朕也不怕死。作为帝国之君，朕若退缩，有辱清室与国家颜面，愧对列祖列宗。朕愿意只身赴京，与洋人议和，以挽危局。"

还没等慈禧说话，载漪坐不住了，他对光绪说："洋人占我京城，辱我河山，皇上去与洋人议和，这成何体统？我大清入关二百五十六年，何曾有过这样的耻辱？简直是荒谬。"

载漪居然敢指责光绪，光绪顿时怒火不打一处来，指着载漪的鼻子大声骂道："国事糜烂至此，概因你轻信拳匪，蛊惑太后，奸臣误国，你实为祸首。你还有何颜面坐在这里！"

载漪也被光绪的脾气吓到了，他从来没有见过这样的光绪。

光绪极力反对西巡，慈禧也是有些头疼。但此时，为了自己的安全，为了自己手中权力的稳固，西巡计划一定要进行下去。

关键时刻，慈禧强硬的一面再次迸发，她一拍桌子，对光绪道："母子同心，才能共御外侮。时外敌入侵，国难当头之际，皇上怎能单独去与洋人议和？若传将出去，恐皇上会落下卖国的骂名。如此一来，我大清还有何脸面？为了大清江山的长久稳固，我母子二人暂且忍耐一时又何妨？明日按时起驾西巡。"慈禧的态度不容置疑。

被慈禧这么一教训，光绪顿时又没了话说。

10月1日一早，在瑟瑟的秋风中，慈禧一行继续西行。荣儿注意到，在宣布起驾的那一刻，一直红着眼圈的光绪掉了眼泪。

其实，慈禧害怕的不只是八国联军，还害怕光绪与列强单独接触。反对西行，慈禧还能忍，但光绪执意要单独回北京与列强去议和，这对慈禧来说，是绝对不能容忍的。

慈禧深知，控制住光绪，才是自己执政的基础。慈禧之所以能长久把持权力，做到独断专行，主要原因就是将皇帝掌控在自己的手心。一旦光绪回到北京，则正中列强的下怀。列强始终希望慈禧归政光绪，若光绪与列强联手，自己定会大权旁落，甚至还有生命之忧。对于这点，慈禧还是看得很清的。

悲催的是，29岁的光绪在最有可能脱离慈禧控制的时候，还是选择了服从。此举再次注定了光绪悲情天子的命运。

其实，光绪的悲剧从登基的那天起就已经注定了。按照清廷的祖制，光绪并不是同治皇帝的合法继承人，只是被慈禧强行扶上位。光绪既是慈禧的外甥，又是慈禧的侄子。4岁的他便被40岁的慈禧抱上了皇位。在光绪少不更事的年纪，慈禧一方面大权独揽，垂帘听政，另一方面对小皇帝各种挟制、吓唬。

梁启超在《戊戌政变记》有这样一段记载：

> 西后待皇上无不疾声厉色，少年时每日呵斥之声不绝，及稍不如意，常加鞭打或令长跪，故积威所久，皇上见西后如对狮虎，战战兢兢，因此，胆为之破。

光绪在慈禧的淫威下慢慢长大。长期受制于人，让光绪似乎养成了逆来顺受、懦弱无比的性格。人们都称他是傀儡皇帝。

前文已有提到，戊戌变法，是慈禧放权、光绪执政的一个结果。或许是光绪被慈禧压抑得太久，也或许是光绪极力想证明自己的执政能力。总之，变法操之过急，甚至直接威胁到了慈禧的地位。

戊戌政变后，光绪被幽禁于南海瀛台，从此失去了自由。这段时间，可谓光绪人生最黑暗的时期，慈禧不仅从生活、情感上对光绪进行折磨，还曾想废掉皇帝，甚至除掉光绪。

自从慈禧宣布光绪重病，向全国寻求诊治医生时起，坊间就已经传闻，慈禧企图杀害光绪，光绪的生命岌岌可危。光绪的处境是悲惨的，甚至是危险的。光绪甚至发出感叹，自己不如汉献帝。

1900年1月，刚刚进入新世纪，慈禧便公开宣布立储，废掉光绪的计划再次坐实。光绪面对的威胁再次加大。

立储以来，让端王载漪为首的大阿哥党势力骤起。为了尽快夺权上位，载漪等人公开利用义和团煽风点火，不断生事。

光绪最危险的时候也正是载漪等人最猖狂的时期。在义和团运动的高潮阶段，载漪等人竟然率领义和团闯进宫内，企图杀害光绪。若不是慈禧及时出面阻止，光绪就真的死在了义和团的手里。其实，慈禧也有杀光绪的心，只不过是不想让载漪等人如此蛮干。

在对待义和团与列强的态度上，光绪积极主张对内剿办义和团，对外与列强和谈。光绪的立场与慈禧完全背道而驰，慈禧不得不多次召开御前会议讨论此事。慈禧不顾众人反对，强行与各国宣战。光绪对此则有清楚的认识，他认为，"况诸国之强，十倍于日本，合而谋我，我何而御之？敌器利而兵精，非回之比"。

对于开战后的结局，光绪更悲观，但他的认识比慈禧显然更冷静。"盖知启衅必足以忘国也"，"寡不以敌众，弱不可以敌强，断未有以一国，能敌七八国者"。相比慈禧，光绪更关心黎民百姓的生死，"可惜十八省数万万之生灵，将遭涂炭"。

对于帝国命运走势，作为君主，光绪既没有决定的权利，也没有阻止的能力。

7月19日，天津陷落5天后，光绪做了一个大胆的举动：给美国总统写信，向美国求救。

光绪的求救信被人悄悄送出京城，风驰电掣般被送往山东。在山东又以加急电报的形式发到上海。上海方面也不敢怠慢，用越洋电报发送给中国驻美公使馆。中国公使又火速将密信呈递给美国总统麦金利。

光绪在信中说："为了解决目前的困境，中国对美国寄予特别的信赖。我们诚恳率直地致信于您，希望阁下能想方设法，采取行动，协调各国一致为恢复秩序与和平作出努力，恳请您，并万分焦虑地期待您的回复。"

美国也是列强之一，但光绪相信，只有美国是对中国没有野心的大国。

美国总统麦金利收到光绪的求救信非常惊喜，立即给光绪回了信，写得比光绪的信还长。麦金利首先解释了西方各国为何要出兵北京的原因，目的只有一个，那就是解救驻华使馆工作人员，因为这是符合国际公约的。同时，麦金利还提了一个条件，他要求清政府恢复并保障各使馆与外界的自由联络，并消除相关对生命与财产的一切威胁。

美国虽然愿意帮助中国，但并没有产生什么效果。大局依然没有转变。

当八国联军的子弹射入宫中时，慈禧慌了手脚，决心逃跑。但在此时，光绪是反对的，他说："无须出走，外人皆友邦，其兵来讨拳匪，对我国家非有恶意。臣请自东交民巷向各国使臣面谈，必无事矣。"

这是慈禧绝不会答应的，她宁愿带着光绪逃，也不能让光绪单独与洋人接触。大清帝国的体面还在其次，自己手中的权力是最重要的。

光绪不愿与列强交战，不是害怕丢掉自己的权力，而是怜惜天下苍生。在御前会议上，光绪就表现出了这一点。他拉着许景澄的手曾痛哭说："朕一人死不足惜，如天下生灵何？"

虽然是九五之尊的皇帝，但光绪常常说"怎能以血肉相博耶""奈何以民命为儿戏？""一旦临阵，枪林弹雨之中，徒手前敌，其能久恃乎？是以不叫民战，直置弃之"这样的话。

光绪心中尚有苍生社稷，而慈禧只为自己弄权。在出逃前，慈禧对光绪再次进行了重大打击，将他宠爱的珍妃推入井中溺死。有说法是，光绪当面向慈禧跪地求情，痛哭流涕。也有说法是，光绪听闻珍妃被害后，全身战栗不停。显然，遭到沉重精神打击的光绪，对慈禧既恨又怕，且无可奈何。

让光绪没想到的是，逃出京城后，反倒获得了一定的自由。一方面慈禧一改以往对自己冷漠、残酷的态度，变得关心、体贴起来。如此巨大的转变让光绪也很不适应。

另一方面，在逃难的过程中，慈禧也无法全面地控制光绪。或许慈禧是此次事件的最大责任人，决策错误让她有了一定的自责与愧疚。在这种环境下，光绪才有了一定的底气敢于顶撞慈禧，敢于微微向慈禧说"不"。但年轻的他在久经政治权谋历练的慈禧面前，毕竟还是太嫩了。

光绪不会想到，慈禧对他如此爱护，背后则是更大的险恶。慈禧知道，与列强议和谈判，列强必定会提出惩治祸首的要求。其实，最大祸首就是慈禧自己，但如果把光绪绑在一起，那样责任可能就会转嫁一些。公开发布的谕令，包括《罪己诏》都是以皇帝的名义，这个责任，皇帝也是推脱不掉的。

再者，与列强过招，手里必须有王牌，而光绪就是这样一张王牌，挟制住皇帝，就是谈判的筹码，有皇帝在，列强不敢做得太过分，可谓挟天子以令列强。

显然，西逃这段时间，是光绪自戊戌变法以后最自由的时期。但光绪也很不习惯，被禁锢惯了的他，畏首畏尾时常是自然流露。

西逃以后，慈禧在决定重大决策时，往往都会征询光绪的意思。但光绪并没有表现出一个年轻有为的皇帝担当，而是支支吾吾，不敢作为，很少有自己的主张与立场。即使有，也不敢长时间地坚持。当慈禧从太原决定继续西幸长安时，光绪虽反对，但也没敢与慈禧对抗，最后还是乖乖地跟着慈禧一起走。

用现在的话讲，光绪很像一个"斯德哥尔摩综合征"的病人，在慈禧的精神虐待中，光绪在某种程度上还对其产生了依赖感。这或许是因为害怕、恐惧，也或许是对自己没有自信。

不过，从后期光绪命运来看，光绪还是低估了慈禧的残忍。如果光绪知道慈禧会对自己下毒手，不知道会不会逃出慈禧的控制。

事实上，自戊戌政变光绪失去自由始，到1908年光绪突然驾崩止，光绪真正能逃脱慈禧控制的机会就在西逃这段时间，尤其是刚刚出逃的前几天。

出逃紫禁城时，仓皇狼狈，慈禧如丧家之犬一样，实际护驾的清兵大约30人。在第一个夜晚，皇驾宿于西贯市村的一座没有围墙的破败清真寺内。这是光绪逃跑的第一次最佳机会，这时慈禧对光绪的控制力最弱。

当时光绪与慈禧第一次同居于一室内。房间没有窗户、没有门，光绪完全可以在慈禧深夜熟睡的时候逃跑。当时值夜班的只是几个太监与清兵而已，光绪说要如厕，没人敢阻拦。

在《德宗遗事》中记载了一个细节。在宣化府附近渡洋河时，由于河水较深，找来附近熟悉地形的村民帮助抬轿，慈禧的轿子第一个被抬过河，光绪的轿子不知为何落在了后面，其他文武官校及内侍等人都已经过河，只有光绪与肃亲王善耆两人没有过河。两人以为，其他人过河后会再回来帮助抬轿，谁知道，并没有人帮忙。光绪向善耆大发脾气，责怪他办事不力。善耆则说，自己是皇上的人，不必担心。随后，善耆就到附近的村子找人手去了。此时，只留下光绪傻傻地站在河边。这是又一次绝佳的逃跑机会，但他没有。

当时的光绪年仅29岁，也没有什么疾病，正是身体强壮之时。他若跑入玉米地里，瞬间就不见了踪影，以当时的力量，慈禧根本没法寻找。

光绪若逃跑，他能跑到哪里去呢？显然逃回北京是上策。北京虽落入八国联军之手，但列强普遍对光绪有一定的好感。让列强来保护光绪，列强必以此为筹码，强令慈禧归政。

如果是这样，中国历史就要改写了。遗憾的是，光绪没有勇气逃跑，不敢背叛慈禧。他继续跟着慈禧，主动选择做个受气的"小媳妇儿"。

# 六

## 瓦德西进京

正当慈禧与光绪狼狈西逃的时候，在遥远的欧洲，德国皇帝正在进行着一项秘密的部署。

8月18日，慈禧西逃第四天，如"乡姥姥"一般的慈禧正在直隶怀来县城休整。同一天，刚刚被任命为东亚联军总司令的瓦德西将军带领几名副手走进位于德国中部城市卡塞尔的德国夏宫，皇帝威廉二世将在这里召见他。

卡塞尔是一座被森林包围的城市，群山环绕，静谧安详。同时，卡塞尔还是一处避暑胜地，每到夏天，威廉二世都要到这里办公。

威廉二世特别为瓦德西等人准备了一个简短的欢迎仪式，军政高层悉数到齐。在一阵礼乐声过后，瓦德西等人依次向威廉二世行单腿跪拜礼。

威廉二世起身，向瓦德西隆重颁发大元帅帅笏。所谓帅笏，相当于一个令牌，是号令三军的权力象征。

随后，威廉二世发表了激情四射的演讲。他在演讲中，提到了德国未来发展的构想以及现阶段军事建设的计划，同时对德国驻华公使克林德的遇害表示沉痛哀悼，对瓦德西的优秀品格与军事才干给予了高度的赞扬，并对其率领德军远征中国寄予厚望。远征中国、开辟东方成了此次演讲的关键词。

阿尔弗雷德·格拉夫·冯·瓦德西，1832年生，军人家庭出身。先后任总参军官、驻巴黎武官、德国总参谋长、陆军元帅。曾指挥过普法战争。1900年8月，成为继英国西摩尔之后的第二任八国联军总司令。

仪式结束后，威廉二世邀请瓦德西进入自己的办公室进行私下交流。刚刚坐下，威廉二世就迫不及待地问："听说北京的各国使馆人员已经全部被杀，你有什么打算？"

"陛下，我所得到的消息不是这样的，目前在北京使馆的外国人虽然受到了严重的生命威胁，但现在已经度过了危险期。"瓦德西说。

威廉二世又问："北京不是正在下大雨吗？联军无法进入北京，他们是如何度过危险的？"

"就在前两天，联军已经攻入北京，北京城已经彻底被联军控制。"瓦德西回答。

威廉二世露出了非常惊讶的表情。他又问："那中国的皇帝去了哪里？"

"据说中国的皇帝与慈禧已经逃亡。"瓦德西说。

德皇的表情变得复杂起来，惊讶中带着深深的失望。"原本希望德国军队能在你的指挥下占领北京，为德国赢得荣誉，没想到，他们已经抢先了。真是太遗憾了。"

"陛下不必为此遗憾，占领北京后，北京、天津以及广大的华北地区还需要长时间的治理，这都需要德军参与。"瓦德西安慰威廉二世说，"清室的出逃，其实对我们也是好事，如果中国皇帝落入联军手里，那缔结和约则是非常轻松的事情。现在他们逃了，联军想谈判也没那么简单，这时候就要看我们德军的作用了。"

"那就尽量为德国索取更多赔款，只有银子才是真的。你知道，我们德国急需用这笔钱打造一支强大的海军舰队。"威廉二世叮嘱着瓦德西。

瓦德西点了点头，他问威廉二世："陛下是否想在中国山东地区扩大利益，或者占据烟台？"

"正是正是，东亚贸易的发展对德国至关重要，如果能占领山东，那再好不过。上次德曼海军上将没有攻下烟台，希望你能完成这个任务。到中国后，你还可以指挥铁甲舰队。"威廉二世再次向瓦德西提出了要求。

为了瓦德西的安全，威廉二世派出两名御前侍卫保护：一位是侍卫官纳瑟尔，一位是传令官伯恩。同时，威廉二世还给瓦德西准备了200瓶兰斯香槟酒与50瓶潘趣精粹酒。

威廉二世会见完毕后，瓦德西赶往意大利那不勒斯港，他与他的德军部队将从那里起航奔赴中国。

瓦德西即将远征中国的消息传遍了德国，彻底点燃了德国人的爱国热情。在瓦德西所经过的城市，在汉堡、汉诺威、柏林、莱比锡、慕尼黑等地，为瓦德西送行的人群都达数千人。每座城市的火车站都被德国人包围，他们呼喊着口号，为瓦德西加油助威。

瓦德西喜欢写日记，在他的日记中记载了这种盛况："我的远征军之成立与出发以后，德国人民的爱国热情，因西方各国由德国统帅而日益强烈。我所到之处，人山人海，欢迎盛会，越来越多。凡我所经过之车站，无不聚满群众，往往数千人以上，真是一种巨大的爱国波涛。"

8月22日，那不勒斯港，一艘巨大的"萨克森"号轮船停泊于此。意大利也为瓦德西的出征举行了隆重的欢送仪式。此时，意大利军队也有士兵在中国。上午11时，瓦德西与妻子吻别。"萨克森"号轮船拉响了长长的汽笛，正式起航。

经过一个月的航行，9月25日瓦德西抵达天津大沽口海面。27日瓦德西进驻天津城，并成立联军最高指挥部。

10月17日，瓦德西率领德军正式开进北京。此时距离慈禧出逃已经过去两个月，慈禧正在山西蒲州府。

北京哈德门外，500名联军士兵分列道路两旁，各联军将领列队迎候新任联军统帅。日军中将山口素臣、英军巴罗少将、斯图亚特少将，美军将军查飞、威尔逊等人依次排列。

瓦德西在与联军众将领一一握手后，继续向皇城行进。美国与印度的骑兵卫队在前面开道，各国将军骑马跟随在瓦德西之后。后面是瓦德西的德军参谋与联军将官。日本骑兵卫队负责殿后，最后面则是一面高大的瓦德西帅旗。

庞大的进城仪式吸引了众多的京城百姓。一个新的统治者再次踏进了帝国的都城。

车队进入大清门，在城墙上的德国炮兵用中国大炮向瓦德西鸣炮致敬。瓦德西最终进入西苑，入住仪鸾殿。日本炮兵在大理石桥上鸣炮欢迎。

仪鸾殿本是慈禧的寝宫，瓦德西精心选择了这个地方，他认为，自己作为联军统帅，只有住在仪鸾殿才能体现联军对京城的占领，体现对大清帝国的征服。

经过联军的洗劫，仪鸾殿各处凌乱不堪。为了欢迎瓦德西，联军派人对仪鸾殿进行了临时清理，打扫了几天也没有弄干净。最后将杂物堆积到一个房间里才算完事。

虽然是联军的统帅，但瓦德西并没有参与攻占北京城的战争，因此，瓦德西在联军将领中的威望并不高。瓦德西也深知这一点，在征讨直隶其他城市时，德军出力最大，派兵人数最多，自然所施暴行也排在联军之首。


瓦德西比慈禧年龄大些，住进仪鸾殿后的瓦德西，除了感受慈禧的生活环境以外，逐渐对中国的传统文化痴迷起来。

瓦德西是京城的最高领导者，北京的巨商富贾时常邀请瓦德西参加各种饭局、演出等社交活动。瓦德西喜欢社交，他希望借此尽快熟悉中国的文化。

与其他外国人的思路不同，为了取得中国人的信任，瓦德西聘请了大量的中国士绅作为自己的智囊团。这些穿着长袍马褂的中国人，每天出入仪鸾殿，与联军最高统帅接触，也极乐意。

瓦德西是一名军人，行伍出身，对于指挥军事战争、领导军队，或是维护社会治安都不在话下，但如何笼络人才，尤其是中国的知识分子，却是令瓦德西头疼的问题。

在一次智囊会议上，瓦德西专门就此提问，他向中国士绅坦承："自联军治理北京、天津以来，做了很多事情。但在文化方面，建树不多。我希望能在全国学界选拔一些优秀的人才，有什么好的方法？"

一位姓丁的士绅建议，中国书院如外国学堂，不如在京城最大的金台书院举行考试。凡是想当官的，全部由您来主考、面试。

瓦德西觉得这个方法不错，便让丁士绅为考试总裁，主持一切考试相关事宜。第二天，丁士绅向瓦德西上报预算，共5万两银子。瓦德西大为赞赏，称赞中国人懂得节俭。其实，这个丁士绅早已动了大捞一笔的贪心。

第三天，北京各主要街道贴出由瓦德西亲笔签名的招考公告：瓦德西将军考试金台书院，名次靠前者，都能得到优厚的奖金。

公告贴出后，北京城内的读书人摩拳擦掌、跃跃欲试。倒不是他们有什么雄才大略，完全是利益驱使。经过义和团动乱与八国联军的洗劫后，很多知识分子贫困潦倒，生存困难。如今有这样挣钱的机会，怎可能错过。

三天，共有3000多人报名参加。

丁士绅立即上报瓦德西，要求立刻暂停，说座位不够用，而且预算也要超出了。丁士绅非常担心自己捞不到钱。

瓦德西并不在意，他只希望自己的选拔能真正笼络住京城知识阶层。至于预算的问题，超出还可以再追加。

考试当天，金台书院热闹异常。几千人同时开考，他们不是为大清帝国而考，而是为西方列强。开考前，每个考生都得到了两块儿外国小点心。

拿到试卷后，几乎所有人都傻了。试卷只有两道题。一道是《不教民战》，一道是《飞旆入秦中》。

第一道题用意明显，与义和团有关。似乎是对纵容义和团攻击洋人的行为提出批评。这明显是让批评清廷、批评慈禧啊。第二道题中的"旆"，就是指旗子，秦中，貌似指的就是在西安的清廷。这道题的意思似乎指联军取代清廷。

这样的题怎么答，太难太难。不过，考虑到洋人的厚赏，很多人心一横，还是硬着头皮作答。总之，就是专捡洋人喜欢听的写。

考试完毕，丁士绅阅卷。他将100名优秀者的文章呈给瓦德西评判。瓦德西虽然不懂中文，但喜欢中国的书法，凡是书法工整、漂亮者，他全部给高分。但看了这些人的文章，他皱起了眉头。

瓦德西发现，对清廷的批评呈一边倒，没有人为其辩护，没有人写出不同的意见；对联军的赞扬也是一边倒，没有人提出批评。中国的读书人怎么是这样的呢？瓦德西搞不明白。这难道不是投机行为吗？丁士绅告诉他，这就是中国人所说的"墙头草"。

除了文化试验以外，瓦德西还对中国人进行了一次身体测试。原因是，德军在出征娘子关时遭到了惨败。瓦德西像很多西方人一样，始终认为中国人是东亚病夫，但为何比德军更强悍呢？

瓦德西决定再进行一个试验。他让26名德军军医与52名助手分别到北京13个城门处，对出入城的中国男人进行随机抽检。结果，检查一个月后他们发现，中国18岁至60岁的男子，每100人中有95人达到了德军征兵的标准。

这个结果让瓦德西大吃一惊。他立即向德皇汇报，威廉二世完全不相信。他立即派出30余名科学家赴中国调查。德国科学家在直隶各地调查了一年多，他们普遍认为，中国人的智商、体力等并不比白人差。重要的是，中国人还特别勤奋且忍耐力惊人。

威廉二世看到这个报告后，据说原本要瓜分中国的野心顿时打消了一半。

瓦德西对此感触颇深，他在《瓦德西庚子回忆录》中写道：

中国文化在四百年以前，常有若干方面比欧洲文化优秀得多。但自从那时以后，中国就呈现出停顿不止的样子。尤其是对于火车、轮船等现代技术所引起的世界大变迁，未能加以理会……所有的上流阶级对于世界情形毫无所知，只是骄傲自大、盲目反对白人。至于官吏人员，则为腐败之气所充塞，毫无精神可言。其在皇室方面，则又似乎不能再行产生振作有为的杰出人物。

1900年的冬季，当瓦德西还在思考着中国的时候，京城百姓正在热议他的花边绯闻。街头巷尾，茶余饭后，经常能听到百姓这样聊天：

"听说了吗？洋人头子与赛二爷睡到一起了。"

"当然知道，北京城能有今天，还要感谢人家赛二爷呢。"

这个"赛二爷"就是大名鼎鼎的赛金花，一个著名的妓女。

赛金花，原名傅彩云，1872年生，原籍苏州，安徽黟县人。1887年，48岁的前科状元洪钧回乡守孝时，巧遇15岁的傅彩云，对其情有独钟，便将其纳为妾。后来，洪钧出使俄国、德国、奥匈帝国、荷兰四国，成为驻外公使。因原配夫人畏惧出洋，便让傅彩云陪同。坊间传闻，正是在德国期间，傅彩云学会了一些德语，并认识了瓦德西。

1894年，洪钧回国时病逝。傅彩云在上海成为妓女，后北上天津，改名"赛金花"。当八国联军攻入北京时，赛金花正在北京的石头胡同。

据赛金花自己回忆，她说自己与德军交往比较多，并与瓦德西交往密切。鉴于这种关系，她常常为联军采办军需物资，同时还为联军介绍良家妇女。

对于自己与瓦德西的交往，赛金花则有两种矛盾的说法。在《赛金花本事》中，赛金花说：因为结识了某位德军军官，继而认识瓦德西，瓦德西还派马车来接她。但在《赛金花外传》中，赛金花又说自己早在德国时就认识了瓦德西。

《梅楞章京笔记》中记载，德军军法处的翻译葛麟与赛金花交往比较多，常去赛金花处游玩，还曾带赛金花进过中南海。但他说，瓦德西的紫光阁办公室根本不允许女人进入。

戏曲理论家齐如山回忆，1900年年底曾见到过瓦德西，当时赛金花恰巧也在。但当时的她略有惊慌之色，恐避之不及。由此说明，瓦德西与赛金花并不是老相识。

1901年4月17日晚间，仪鸾殿发生火灾。据传闻，当时赛金花正好与瓦德西睡在一起，两人是光着身子跑出来的。

事实上，花边绯闻大多是无中生有。百姓乐于议论，媒体乐于传播，赛金花本人乐于造谣。

作为妓女，丈夫死了后，便没有了固定的经济来源。赛金花便是利用瓦德西来抬高自己的身价，编造了各种故事。编得多了，自己也就信了。

瓦德西是喜欢写日记的人，在他的《瓦德西拳乱笔记》中根本找不到赛金花的名字。

最夸张的是，赛金花不但说自己挽救了北京城，还成功劝说了克林德夫人，让其不要追究慈禧的责任，最终得以让慈禧免于一劫。

但讽刺的是，慈禧回銮后，却将她投入大狱，又将其遣返原籍。

赛金花之所以敢如此造谣，还有一个原因，就是她深知：慈禧在西安，根本无暇顾及。


# 七

## 饥饿的行在


关中平原的冬季，北风狂野、粗犷。

安静的西安北门城楼上突然一阵骚动，几十人簇拥着一个官员登上城楼。西安知府胡延陪同陕西新任巡抚岑春煊视察。

"陕西旱情严重，目前灾民如何？"岑春煊问胡延。

"回大人，今年秦陕大旱，赤地千里，饿殍遍野。饥民多涌入西安。"胡延道。

"目前西安的饥民有多少人？"岑春煊问。

"西安城里城外，大约有十万之众。"胡延答。

岑春煊吃了一惊，表情木然地看着远方。

"大人您看，城外的众多窝棚都是饥民所住。"胡延抬手，指向远方。

岑春煊放眼望去，城外窝棚密密麻麻，一眼望不到头。岑春煊皱眉对胡延说："两宫西幸长安，长安乃行在重地，现在饥民围城，恐危急两宫的安全。"

胡延说："大部分饥民都已经被阻止在城外。但驱赶不是长久之计。若保西安稳定，必须要对饥民实行救助。"

岑春煊点头赞同。胡延又说："寒冬已至，为了彰显太后与皇上的恩泽，可以遍设粥厂与暖厂，对饥民实施救困。"

岑春煊苦笑了两声，说："救助饥民，理应所为，但两宫蒙尘在外，开支浩繁，恐难以支持。"

胡延说："救难饥民，实乃挽救人心。两宫西狩，国体蒙羞，人心动摇。现驻跸西安，行此善举，正是昭示天下的最佳时机。"

岑春煊没有说话，他又望向了西安城内。从城楼向城内看，市井繁华，车水马龙，与城外凄凉的景象形成了鲜明的对比。

胡延紧跟着又说："城内椰子街，有座残破土庙，众多饥民在此避寒。但每日均有人冻毙于庙中，其状惨不忍睹。"

岑春煊没有再问。他指着远方的一处宏大建筑问胡延："远处建筑宏伟，院落宽敞，可是督抚衙门？"

"正是督抚衙门重地。"胡延说。

岑春煊叹了口气，对胡延说："两宫在此，护卫任务繁重，你我作为陕西的臣子，责任重大，容不得有半点闪失啊！"

随后，岑春煊下了城楼，直奔督抚衙门而去。

1900年10月26日，慈禧一行抵达西安。皇驾经长乐门直接进入总督署衙门。一路黄土铺道，沿街张灯结彩，百姓跪地迎接。太后与皇帝大驾光临，是西安重中之重的大事。慈禧与光绪在西安共待了347天，在这将近一年的时间里，西安被称为"行在"。

"长安自古帝王州，山川四塞，雄踞上游。"由此，西安被清廷认为是理想的避难之地。

督抚衙门分为南北两院，南院为总督行馆，北院为巡抚衙门。慈禧最初住在南院，由于空间比较狭小，很快又搬到了北院。

作为行宫，总要有些皇家威仪。北院上下进行了一次翻修，各廊柱全部漆成红色，"东辕门""西辕门"同样被描上红漆。模仿大清门式，正门竖立一直匾，上书"行宫"两个大字。250名董福祥的甘军负责把守正门。

正门、左门全部关闭，只能从右门出入，右门安排侍卫与仪仗。同时在右门设置军机处、六部九卿、抚藩桌的办公用房。其余房间设置为内朝房、退息处、召见处、亲王办事处，主要供两宫与亲王办公和居住使用。值得注意的是，大阿哥溥儁同光绪、皇后一样，也分得了三间房。

　　为了区分各办公场所，所有办公地点，只贴一张红纸，上写"某部公所"等字样。

　　这个行宫基本就相当于北京的紫禁城，在慈禧等人看来，"行宫局促，可以闭目得之矣""仅蔽风雨"而已，不将就也不行。连皇上所需的典籍，都要到西安的旧书摊上去买。

　　各亲王分别居住，如端王住在皇华馆、庄王住在道署、庆王住在武备学堂。其余的六部堂官大多居住贡院，司官则大多住在会馆，或租赁房屋。户部设在储备钱粮的藩库，都察院安置在西长安门外。各部门之间在联系时，使用木质关防，木牌上刻有"行在某部关防"的字样。在西安初期，由于经费欠缺，各大小官员只能身着便服，另戴官帽与官靴加以区分。

　　在西安驻留的初期，由于财政紧张，对于行宫的装潢非常节俭。有人建议将地面的砖石全部换成新的，慈禧没有同意。有的房间玻璃破了，也只是拿红纸粘贴一下而已。慈禧与光绪的卧室铺的毡子也是旧的，有人提议换个新的，慈禧也没有答应。清室人员的穿衣打扮也非常滑稽，皇后与妃子、宫女们几乎都是青衣棉袍，犹如干活的丫头。皇上穿着粗劣貂皮制成的马褂，像个商人。太监们用蓝布裹头，像营兵一样。大清帝国200多年，如此这般的尴尬真是极为罕见。

　　话说岑春煊进入行宫，拜见慈禧。或许是岑春煊有些急，在太监掀门帘的时候，岑春煊迈步就往里走，结果被绊了一个趔趄，差点摔个跟头。原来，慈禧寝宫的门是个圆形的月亮门，而门上挂的棉门帘却是长方形的。这样就形成了一个错觉，以为门也是长方形的。如果不看脚下的话，很容易在进门时被绊倒。

　　行完跪拜礼后，慈禧问岑春煊，何事奏见。

　　岑春煊对慈禧说："太后圣驾临幸西安，适值关中大旱，荒歉无收，物价飞涨，饥民围城，恐影响行在安危。"

　　慈禧问："行在守卫力量如何？"

　　岑春煊说："现随驾的军队只有董福祥的甘军，在下的威远军，以及禁卫军神机营、虎神营，另有一批入卫的军队，总兵力不及万人。"

　　"对于饥民围城，你有何办法？"慈禧问岑春煊。

　　岑春煊回道："以目前形势，臣拟祭拜太白山神，拈香祈祷求雨，另依惯例，需开设粥厂30余处，暖厂20余处。"

慈禧思考了一下，说："巡幸陕西，一路供应紧张，可见民生艰难。岑大人赈济灾民，既要广施仁义，又要厉行节俭。"

岑春煊退下后，立即着手准备进行赈济。西安城内外，陆续搭建起了几十座大小粥厂，城外饥民云集，粥厂更是达到了32座。同时，还营建了众多暖厂。所谓暖厂就是，为饥民提供棉衣取暖的场所。每座粥厂与暖厂外，总是排着长长的队伍，每天有10多万人接受救济。

与此同时，岑春煊亲自登临太白山，祭拜山神。祭神求雨，这是中国古代的一种信仰。太白山是当地的最高峰，地位神圣。岑春煊曾先后三次到太白山，烧香祭拜，祈求上天降下甘霖。据说，慈禧在行宫里，也供奉有太白山的水，并日夜烧香祈祷。

清廷的赈灾可谓多管齐下，既有官方的救助，也有民间的接济。据统计，清廷先后拨付陕西赈银900余万两，赈粮120余万石。尽管如此，由于上下贪腐的原因，很多粮食并不能足额分给饥民，饥民饿死的事情仍然时有发生。

与其说慈禧关心饥民，不如说她更关心自己的安全。让岑春煊退下后，她立即命人传荣禄。

过了好久，荣禄才被人抬了过来，一脸痛苦。看着荣禄的样子，慈禧忙问："荣大人，身体有恙？"

荣禄回答："近日左脚常常肿痛，不敢触地，无法行走，甚是痛苦。"

慈禧关切地说："荣大人，日夜操劳，水土不服，应多加保重身体。"

其实，荣禄的毛病根本不是水土不服，很可能是痛风。

慈禧问："西安防卫形势如何？"

荣禄回道："山西乃陕西屏障，各关隘层层把守，重兵防御。仅晋陕边界要道韩侯岭就驻扎有贵州提督夏毓秀率领的五千精兵。豫陕边界之潼关、洛南及黄河北岸一带，已增派有三营进行防御。料洋兵也不敢进入陕西，太后无安全之忧。"

慈禧点头，对荣禄说："不过，陕西大旱，饥民围城，行在防卫吃紧，速调江南王世雄、云南蔡标统帅所领军队赶赴西安护驾。召回陕西提督邓增与陕安镇总兵姚文广，扩充兵勇。"

荣禄一一记下，点头称是。

慈禧又问："行在的粮饷问题如何？"

荣禄说："各地陆续成立了粮饷转运局，刑部郎中俞启元与直隶候补知府吴永一直在各省催缴。各地粮饷的调拨、供应不成问题。"

慈禧方才慢慢舒了一口气。

自从慈禧驻跸西安后，各地粮饷的运输车辆纷纷向西安集中。一条条大道上烟尘四起，插着黄旗的粮饷车满载着各地的民脂民膏，源源不断地驶向西安。

西安作为临时的京城，在各地的供应下车马繁忙，京师气象顿起。首先行宫开始进行豪华装修，各处全部修葺一新，俨然已具皇家气派。

另外，行在的清廷各部急缺办事官员，慈禧多次下令，命京城逃散的官员迅速赶往西安。同时，对行在官员的待遇进行提升，一、二品官员生活补贴每月为120两，三、四品官员每月为60两，五、六品每月为45两，七品以下每月为30两。大概到了1901年春节的时候，各部办公的大小官员已经达到300余人。

当物质逐渐丰裕后，慈禧与清廷的生活逐渐再次奢靡起来。最容易恢复皇家气派的便是吃喝方面。根据皇宫御膳房的规格，在行在设立荤局、素局、菜局、饭局、茶局、酪局、粥局、点心局。每局设有1名专职太监，10名左右厨师。每天菜单上的菜品数量多达100余种，由慈禧亲自过目审定。

据溥仪后来回忆，慈禧每顿饭有100多道菜，需要六张桌子才能放下。每日三餐，所需费用大概在200两。不过，这在慈禧看来，已经十分节俭。

很多人对慈禧用膳的奢侈都很惊讶，这其中有一个特殊的原因并不为大众所知。《满族食俗与清宫御膳》的作者吴正格考证，认为慈禧用膳的奢侈是人为制造复杂，以防有人投毒。这是有道理的。每顿饭100道菜，每样只尝一两口，总之，要在所有剩菜端出时，保持一样均等的状态。也就是说，只有最贴身的太监与宫女才知道慈禧爱吃什么。

慈禧的奢侈有些人看不懂，也不理解，便向她提了意见。吏部侍郎张英麟当面跟慈禧说："愿太后无忘出居庸时，引一杯水尚不可得，躬行节俭，损膳减食，为自强之本。"

这句话可惹恼了慈禧，若不是荣禄与王文韶等人极力劝阻，慈禧差点杀了张英麟。最终，张英麟被免职。

冬天，慈禧爱喝牛奶，内务府专门成立了一个叫牧牛苑的部门，由五品官负责管理，特意从河北买来6头奶牛，每月光饲养的费用就达600两。夏天，慈禧喜欢喝冰镇杨梅汤，清廷命人用大车去百里之外的太白山上去拉冰块。

吃饭还是小事，朝廷威严、皇家尊严才是大事。各地贡物送来的大多是吃的、用的，很少有衣物。慈禧一面命人从北京的宫中带衣服过来，一面组织大量绣女做衣服。对于龙袍等皇家服饰，只能由织造局负责。

两江总督刘坤一接旨后，命令江宁、苏州、杭州三地织造局赶制龙袍。龙袍的制作非常复杂，三地织造府分工不同，江宁负责彩织锦缎，苏州负责绫绸纱罗、刺绣，杭州负责御用袍服、丝绫、杭绸等。

据现代织绣专家估计，一件龙袍的制作成本约为1000两银子，制作时间大概在两年半左右。特殊时期，要加急赶工。如此一来，成本必然翻倍。一件龙袍2000两，仅仅一件是不行的，这还仅仅是光绪的，再加上慈禧的，还有其他大臣的各种服饰，没有一二百件下不来。

有吃有喝有穿，没有娱乐也不行。当时最流行的娱乐项目便是看戏，西安便新建了很多戏园子，请来一些京城的名角来唱戏，王公贵族、六部九卿喜欢看，但唯独慈禧不喜欢看。其实不是慈禧不喜欢，而是没心情。

最痴迷看戏的还是大阿哥溥儁。12月19日，溥儁与载澜带着太监到城隍庙看戏。恰巧，甘军的部分将官也在此看戏，双方因争抢座位发生斗殴，太监等人被打。太监依仗溥儁的势力，向岑春煊告状，污蔑戏园子主人。岑春煊下令，将戏园子主人逮捕，查封戏园子。溥儁捅娄子后，遭到慈禧一顿责骂。

溥儁在西安闲得无聊，还时常勾搭宫女，举止轻佻，言语放荡，这样一个皇储，让慈禧非常失望。

绘画也是慈禧休闲娱乐的一部分。在西逃时，一位云南的宫廷画师缪素筠始终跟随慈禧左右。慈禧称其为"缪先生"。

西安八仙宫是慈禧常去的地方，除了拈香祈福、书匾题字，就是赏花作画。慈禧爱画牡丹，绘画不仅有缪先生教授，清廷在西安还专门为慈禧聘请了当地著名画师甘棠。甘棠的作品"一架葡萄"，令慈禧爱不释手。

为了维持西安行在的运营，维系流亡政权。清廷命各地加紧向西安输送银钱及物资。

山东巡抚袁世凯奏报，山东拨付银21万两，搭解截存江西银10万两，安徽、江苏银16.65万两。所谓搭解截存，就是将各省运往北京的银转运到西安。

湖南巡抚俞廉兼三奏报，湖南已经筹措31万两，交特日昌等商号汇往平遥。

湖广总督张之洞奏称，两湖地区已解好米10万石，另有银19万两。

江西20万两；四川10万两；河南18万两、1万石米麦；两江第五批10万两；江苏25万两……

全国各地调拨到西安的银两一共多少呢？据负责总统筹的岑春煊奏称，截至1900年年底，就已有500万之多，另外，还有粮食大约100万石。

尽管如此，慈禧仍不满足，她甚至开始亲自卖官。

一个姓施的官员，当时任潼关厅，一直想再往上升两级。最快的方式当然是花钱运作。慈禧逃到西安后，他看到了机会。通过贿赂，他先认识了李莲英，让其帮忙在慈禧面前说两句好话。

李莲英收了钱，当即向慈禧提出，当地有官员想花钱上位，买道员。慈禧也没惊讶，她表示，朝廷蒙尘在外，官价可以便宜些，但想升道员，就是升两级，怎么也要一万两银子。

李莲英命人转告姓施的官员，施某一听乐了，一万两很便宜啊！他立即开出银票，命差人送给李莲英。

不知道什么原因，这个差人进入行宫后没找到李莲英。转来转去，竟然误闯入慈禧的院子。值班太监抓住差人审问，差人吓得两腿筛糠。

太监问："谁派你来的？"

差人说："是陈大人。"差人的直接上司姓陈。

太监立即上报给慈禧，慈禧当即大怒："岑春煊想造反不成！"慈禧认为，这是岑春煊派人在监视自己。

原来，太监听错了，差人说的是"陈"，而太监听成了"岑"。这两个字的字音非常接近，陕西人更是分不清。

慈禧责令将此差人交岑春煊亲自审问，这下把岑春煊也搞怕了，不知如何是好。岑春煊一怒之下，想杀了这个给自己找麻烦的差人，但手下告诉他，千万不能杀，否则老佛爷会认为是杀人灭口，那样就更说不清了。

最终，岑春煊将此案交长安知县审理。差人被处斩，施某被革职，施某身边的官员全部流放新疆。一万两银票最终下落不明，谁都说没看见。如果真的想调查，直接去钱庄查查就知道，谁提取了这笔钱。

由于与列强议和一事始终不顺利，慈禧在西安的生活并不是很惬意。相反，她承受着巨大的精神压力，奕劻与李鸿章、各督抚，甚至列强，都希望慈禧尽快回到北京，主持大局。慈禧长期躲在西安，滋味肯定是不好受的。

"两宫到行在后，太后常有胃痛之疾，不服水土，夜不能寐，辄哭，时命数太监捶背，日夜不休。"

不管是胃痛，还是水土不服，或是失眠，都是焦虑与恐惧在作怪，这与强大的精神压力有直接关系。当王公大臣们去看戏时，太监也让慈禧一起去看戏散心，但慈禧说："你们去吧，我是断没心肠听戏的。"

在西安的日子，慈禧日夜盼望早日回銮，重回紫禁城。因此，她对京城来的电报格外期盼，甚至有如饥似渴的感觉。强烈的盼望有时会变成剧烈的失望。

慈禧说："我一日不见京电，便觉无措。然每见一电，喜少惊多，心实胆怯。"

1901年2月14日，慈禧下达《罪己诏》后，"太后每见臣工，恒涕泣引咎"。

或许是发自内心的愧疚，也或许是一种政治作秀，慈禧是真的哭了。但真的有引咎之心吗？那绝对是不可能的。一直反感列强让其归政的慈禧，怎可能放弃权力呢？

在西安的慈禧不踏实，盼望京城早日议和成功，但京城内的留京办事大臣同样不顺利。慈禧逃了，但他们无处可逃，只能在列强的刺刀下小心翼翼地与洋人接触。

第七章　议和、回銮

# 一

# 中间人赫德

京城陷落，清廷流亡，此正是亡国的先兆。都城易手，被八国联军控制，很多王公贵族被迫出逃、自杀，但也有一部分大臣留了下来，他们在无序与惊恐中等待着命运的安排。还有一部分人冒着危险，试探着与列强进行接触。

8月21日，慈禧出逃的第七天。北京城的混乱还没有结束，满目疮痍的街道一片冷清，百姓闭门不出。

下午4时，两辆骡车悄悄驶出东四牌楼九条胡同。骡车轿帘紧闭，谁也不知道里边坐的是什么人。骡车后面跟着两名骑马的洋兵，洋兵荷枪实弹，全副武装。

马蹄声已经是这座城市的熟悉声音。北京城的百姓，听过皇驾出行仪仗队伍的马蹄声，那是一种整齐的声音，意味着威严、有序。一周前，他们刚刚听过了八国联军进城的马蹄声，那是一种紧张、杂乱的声音，意味着战乱、破坏。

尽管此时的马蹄声并不大，仍然吸引了沿街百姓的好奇。很多人不敢出门，偷偷从窗户缝与门缝向外窥探。他们仍在恐惧中，联军的烧杀抢劫还没有停止，他们不知道，下一个被抢、被杀的人会不会是自己。

在崇文门内高井庙，骡车与车队在一处高门楼的府邸停了下来。从骡车内先后走下四名清廷官员模样的人，他们与看门人耳语了两句后，迅速进入府邸内。

四名清廷官员要拜见一位洋人。这是一次非同寻常的拜访，也是京城陷落后，清廷官员第一次与列强的高级官员接触。

四名官员分别是崑冈、裕德、阿克丹、张德彝。四人中，以崑冈的品级最高，为大学士、宗室。

崑冈，字筱峰，清宗室，满洲正蓝旗人。同治元年进士，改庶吉士，散馆授翰林编修，历任内阁学士、侍郎、副都统、都统、左都御史、总理衙门大臣等职。

另外三人中，裕德为兵部尚书，阿克丹为兵部侍郎，张德彝为英文翻译官。

崑冈等人要拜访的是一位英国人——时任海关总税务司的赫德。这是一位已经在中国工作46年、任职总税务司37年的"中国通"。

罗伯特·赫德，1835年2月生，英国北爱尔兰人。1853年毕业于贝尔法斯特王后学院。次年，19岁的赫德来到中国。先是在香港接受见习翻译的培训，后被调往宁波、广州的英国领事馆工作。1859年，赫德辞去英国领事馆工作，任广州粤海关副总税务司。1861年，26岁的赫德代理海关总税务司一职。两年后转正，1864年，清廷授予赫德按察使衔，成为正三品官员。

在义和团大闹北京的时候，赫德被迫躲进英国公使馆。结果遭遇长期的围困。8月14日，使馆区解围，赫德选择崇文门内高井庙的一处宽阔的四合院作为海关临时办公场所。

对于崑冈等人的到访，赫德并不意外。因为在8月16日，慈禧出逃的第二天，总理衙门的掌印司员舒文就曾找到赫德，舒文表示，希望赫德念及多年的工作交情，能一起携手挽救大局。舒文急切想知道各国的态度，想让赫德帮忙从中牵线搭桥。舒文与赫德是老相识，赫德因工作原因，常常去总理衙门办事，而接待他的正是舒文。

8月18日，赫德给舒文回信，称：

时任中国海关总税务司赫德

　　窃以为此事不如请列位总办于二十五日（8月19日）下午四点钟到崇文门内高井庙晤商一切，或备文照知，均无不可。各国并无害国伤民之主见，如有大臣出头商定，定可转危为安，应愈速愈妙，迟则不堪设想。

　　第二天，舒文如约前往，但遭到联军巡逻兵的阻拦，最终他没能见到赫德。

　　在舒文与赫德接触的同时，崑冈等人也在进行着紧急磋商。北京城被攻破后，秩序混乱，消息中断。崑冈只知道慈禧与光绪出逃了，但具体哪些人跟随两宫、哪些人还留在京城，都不是很清楚。

　　由于城内道路管制，出行也极为不便。崑冈只好与居住在自己周围的大臣互相通气，也就是局限在东四牌楼以北一带。这片区域是日军管制区，相对秩序较好，互相聚会并不受干扰。

　　大家聚会的地点便是东四牌楼九条胡同的舒文家中。8月20日，崑冈、裕德、阿克丹与吏部尚书敬信、步军统领崇礼、吏部侍郎溥善、理藩院侍郎那桐等七人再次相聚于舒文宅邸内，讨论如何与洋人接触的问题。

　　舒文立即致信赫德：

　　此事既承赫大人分心，我们应当先去晤面方合情理，您们总办无须再去，徒事耽延……特此专函奉布，即希阁下于明日两三点钟派洋兵到东四牌楼九条胡同舒宅，以便保护各堂会同前往，届时务望台端在高井庙内等候，是为至祷。

　　第二天，也就是8月21日，赫德果然派出了护卫洋兵，但还是出了一点差错。原计划下午2~3时到的洋兵，快4点钟才到。那桐、溥善等人以为赫德没有同意这次会晤，便提前回家了。崑冈、裕德、阿克丹等人不甘心，继续等待。

　　护卫洋兵姗姗来迟，崑冈等人立即登上早已准备好的骡车，前往高井庙。

　　坐在骡车内的崑冈心情一定是非常复杂的。因为在两宫钦定的留京办事大臣中并没有崑冈等人。根据军机处档案资料整理发现，最早的钦定留守人员为载滢、溥伟、载振、载润、载泽、溥侗、载沣、崇纲、溥静、凯奏、载勋、崇绮、刚毅和徐桐等人。

8月17日，慈禧又特别指定荣禄、徐桐、崇绮为留京办事大臣。其实，慈禧并不知道，此时荣禄与崇绮已经逃往保定，而徐桐在城破时已经在家中自缢身亡。

也就是说，在八国联军攻入北京城后，清廷留京人员除了自杀的、被抓的，留下来的官员个个恐慌，根本不知道该怎么办。

侍讲学士叶昌炽在日记中有如下记载："洋人之陷都城，谕十日矣。中国君臣堕瓯不顾，闻洋人颇欲言归于好，举朝无接谈者。"

只是叶昌炽尚有不知，崑冈等人已经在行动。

在去会晤赫德的路上，崑冈一路闭着眼睛，没有说一句话，其他人也都沉默不语。这将是一次沉重的会晤，"天朝"颜面尽失，剩下的只有屈辱。慈禧与皇上跑了，躲开了洋人，而身为臣子的大臣，在危难之际，只能硬着头皮顶上。

进入海关公所，赫德出来迎接。赫德笑容满面，率先向崑冈等人用中文问好。赫德的中文不错，这让略微紧张的崑冈等人稍微放松了心情。

会议室内，茶水、点心都早已准备好，赫德招呼崑冈等人坐下。

崑冈等人略显拘谨，赫德率先开口问："联军占领了北京，导致各种意外事件频发，纵火、抢掠不断，众位大人是否受了惊吓？现在家中可好？"

崑冈的表情有些僵硬，回答说："尚好，尚好，感谢赫大人的关心。"随即，崑冈便向赫德表示了歉意："近期发生了一些不愉快的事情，我们深感不安，实在对不住各国大臣与赫大人，在此向您致歉。"

赫德一脸严肃地说："朝廷指使清军攻打外国公使馆，这是严重践踏国际法的行为。你们的道歉只能代表个人，并不能代表清廷。联军方面对此事一直耿耿于怀，断然不会这么轻易结束。"

崑冈尴尬一笑，连忙又以恳求的语气说："各国联军占领北京，已经宣示了强大的武力，我们也表示臣服。只是希望各国能约束士兵，不要骚扰百姓。若能保我大清帝国宗庙社稷与百万生民的性命，我们自然会感恩各国的功德。"

"联军乃文明之师，诸国向来以百姓福祉为第一，这个你们不用担心。至于宗庙社稷嘛，这个应该问题不大。"

赫德说联军是文明之师，估计崑冈等人心里会骂街了。但崑冈依然赔笑，说："只要宗庙社稷安在，其他均好商议。"

裕德接着说：“如今局势糜烂，两宫西巡在外，此不是长久之计，我们希望能尽快与西洋各国展开和议。”

赫德沉默了一会，慢悠悠地说：“至于帝国提出议和一事，完全可以理解。但以诸位的身份，根本无从谈起。”

崑冈说：“重大事情我们一时亦不敢擅定，唯目前最急者，就是保护宗庙社稷、东西两陵以及禁城以里大内各地方。”

赫德说：“外事一向庆王爷主持，如今庆王爷在哪里？”

阿克丹说：“庆王爷随太后与皇上西巡，并不在京。”

赫德不紧不慢，又说：“贵国若真有议和之意，还须让庆王爷尽快回京，不能再迟疑。”

崑冈说：“太后已命李中堂为全权大臣，中堂不日将来京，商谈和议。”

赫德略微撇了撇嘴，说：“至于李中堂嘛，来不来均可。”

裕德忙问为什么。赫德接着又说：“庆王爷在总署办事多年，常年与诸国打交道。庆王爷谨慎内敛，钟爱和平，从不对外开启衅端。各国与庆王爷交往非常愉快，对庆王爷的印象也非常好。”

阿克丹有些着急地问：“庆王爷已经随两宫西巡在外，如何是好？”

赫德没有说话，注视着阿克丹。阿克丹的目光躲闪了一下，忙端起茶杯，低头喝茶。

赫德说：“不管用什么办法，你们必须尽快让庆王爷回到京城，共商和局大事。否则一切后果自负，那时就别谈什么宗庙社稷了。”

崑冈忙说：“西行路上，山高路险，一路找寻、往返，定会大费周折，还望赫大人多宽限几日。”

赫德没有答应崑冈的要求，马上端茶送客。崑冈等人一脸严肃，心情沮丧。

坐在回去的骡车上，大家还是没有说话，裕德突然哽咽起来。

裕德或许是为了京城的满目疮痍而哭，或许是为朝廷的支离破碎而哭，或许是为议和的艰难而哭。

哭毕竟解决不了问题。崑冈立即命太仆寺卿陈夔龙拟一份奏折与公函。公函即为致庆亲王奕劻的信。同时命总署章京朴寿携带奏折与公函，到庆亲王府，带上王府的人，迅速出城向西，沿途打听庆亲王的下落。

这边忙完，崑冈又让人给赫德送信，望其宽限几日。

此时的奕劻因年事已高，不堪路途颠簸，已经病在途中。8月24日，朴寿在直隶怀来县见到正在休养的奕劻。奕劻让朴寿在西贯市村等待，同时命人先把奏折送往行在。奕劻需等待慈禧与光绪的批示，方才能回京。

8月25日，崑冈与裕德、阿克丹继续前往高井庙会晤赫德，这次多了敬信、那桐两人。崑冈等人直接拿出八条建议，内容以京城善后治理为主。崑冈希望赫德能转告各国使臣，在各国使臣与清廷留京官员建立定期会晤机制。崑冈特别向各国使臣强调，已经联名上奏，要求庆亲王尽快回京议和，大约在9月3日可以回到京城。

与此同时，崑冈还联系上了美国人毕格德。毕格德也是一位长期在中国工作的中国通，曾任职美国驻天津领事馆，后加入李鸿章幕府，充当英文翻译长达20余年。

没想到，毕格德比赫德还不好打交道，直接拒绝。理由很简单，崑冈等人既不是王爷，又没有清政府授权。总之，资格太低，人家不愿意搭理他们。

8月26日，崑冈接到一份公函，是公使团领袖、西班牙公使葛络干发来的。崑冈打开一看，公函上写："各国统兵各员及公使人等，定于初四日辰刻，俱入大内，瞻仰宫廷，以资保护，请约一二大员先行进内，通知宫内人等。"

原来，八国联军要在紫禁城举行阅兵式。

这封公函意味着北京城失陷后，列强与清廷官方首次建立了正式联系。崑冈不敢怠慢，立即与那桐等人到东华门处，同日军福岛少将等将领一起进入宫内。崑冈与内务府大臣世续、文廉沟通后，召集太监、宫女及各处值班人员进行开会，通知大家，28日将举行联军阅兵式，望大家不必惊慌。

8月28日，八国联军3100余名士兵从大清门进入，沿中轴线穿越紫禁城。崑冈、敬信、裕德、阿克丹、那桐等人悉数陪同。阅兵结束后，崑冈等人陪同联军将领在御花园休息。崑冈很清楚，自己的表现将关乎着未来议和能否顺利进行。在那一个小时内，崑冈等人向联军赔尽了笑脸。

8月29日，各国公使依次到崑冈等人的宅邸进行拜访。拜访只是例行问候，并没有涉及政治话题。第二天，崑冈又与敬信、裕德等人一起答拜各国使馆。同样，也是例行回访，进行答谢，也不涉及敏感问题。至此，清廷官方与列强正式建立了联系渠道,与列强交涉的大门正式打开。此时,北京城破已经16天,慈禧出逃15天。这一天,慈禧与光绪正在山西阳高县。

再说奕劻。8月27日,崑冈等人的奏折送到慈禧手里。清廷颁布上谕:"着奕劻即日驰回京城,便宜行事,毋庸再赴行在。全权大臣李鸿章现亦有旨令其迅速来京,仍会同妥善办理。"同时,慈禧命崑冈、崇礼、裕德、敬信等人为留京办事大臣,随时商办一切事宜。直到这时,崑冈等人才正式获得朝廷的授权。

接下来,就是奕劻返京的问题。崑冈与赫德多次磋商,最终确定,奕劻于9月3日正式回京。同时要求日军派兵自清河始,对奕劻予以保护。

9月1日,奕劻抵达昌平西贯市村,也就是慈禧出逃第一晚住宿之地。奕劻让随行的朴寿通知赫德,因为连日下雨,道路泥泞,加上身体有病,进城可能会稍晚一些。

得知奕劻即将返京议和,列强内部出现了争斗。俄国方面找到亲俄的官员联芳,希望能将奕劻接到万寿山,再从阜成门进京。俄国的用意很明显,这条路线都是俄国控制区。俄国想直接控制奕劻,因为谁控制了奕劻,谁就掌握了谈判的主动,将来会对本国更有利。

日本、英国发现了俄国的企图,立即采取行动。两国商议,日军派骑兵护送奕劻,英军在西直门外等候,两军联手将奕劻直接护送到亲王府。

一代老臣,62岁的奕劻,拖着病体,在日军的保护下,星夜启程回京。一路颠簸、一路泥泞。作为曾经的总理衙门负责人,奕劻长期与外国人打交道,他与洋人交涉自然有丰富的经验。但他也知道,这次与洋人议和是个既艰苦又屈辱的活儿。但这烫手的山芋只能自己来接,狡猾的李鸿章还在南方观望。

奕劻,1838年3月生,满洲镶蓝旗人,初封辅国将军,后晋爵贝子、贝勒,1872年,加郡王衔,任御前大臣。1884年,任总理各国事务衙门大臣,进庆郡王。1894年,晋爵亲王。1898年,加恩世袭罔替,成为铁帽子王。

9月3日凌晨2点,奕劻抵达清河。深夜的北京城一片寂静。德胜门外响起了整齐的马蹄声,英军的骑兵中队抵达于此,等候奕劻的到来。

凌晨4点,疲惫的奕劻在英军的列队欢迎下进入北京城。奕劻成为京城内清廷级别最高的官员代表。

经过休息,下午4点30分,奕劻正式会见日军指挥官柴中佐。对于日军的帮助，奕劻表示非常感谢。

奕劻虽为全权大臣，但仍独步难行。没有李鸿章，他一人根本无法与列强展开谈判。奕劻催促李鸿章尽快北上，但李鸿章一直敷衍。这让奕劻很尴尬。

9月11日，奕劻向慈禧奏报："李鸿章现尚在沪，虽经奴才电催，到京尚需时日。而各使臣均以尚未奉到本国国家训条为词，意存叵测，难保无恫喝要挟各情事。当此时势忧危，大局糜烂，办事艰窘情状，自在圣明洞鉴之中。"

奕劻身体不好，其实，比他大15岁的李鸿章也是有病在身之人。奕劻在北京处于列强监视之下，自然很难受。而李鸿章在上海，也很难熬。

# 二

# 李鸿章北上

相比北京城的劫难，上海则显得异常太平，各大茶馆、酒楼依旧高朋满座，人们谈论的主要话题都与北京有关。狼狈西逃的慈禧与光绪可能不会想到，他们已经成为上海市民茶余饭后的八卦谈资与讥讽对象。

8月29日晚9点多钟，一艘从日本横滨来的轮船驶入上海吴淞港口。这艘轮船的到来，没有引起人们的注意。吴淞港内外，各国军舰云集，一艘普通的轮船似乎无法引起人们的兴趣。

轮船靠岸停好，客舱里的乘客陆续下船。一位30岁出头的年轻人跟在队伍的最后面。他戴了一顶礼帽，刻意压低了帽檐。

在经过海关时，稽查人员看着他的证件，突然瞪大了眼睛，并上下左右反复打量着他。稽查官员的长时间审视，让年轻人很不自在。

"你就是孙文？"稽查官员问。

年轻人轻声说："是我。"

稽查官员立刻起身，迅速走进一间办公室。很快，办公室又出来了三五个人。一位领头的官员问："孙文，你来上海做什么？"

年轻人镇定地回答道："拜见李鸿章中堂大人，共商与外国议和之事。"

"你知道你是朝廷通缉的人员吗？"领头的官员又问。

"当然清楚，不过这次我是为了拯救朝廷而来。"年轻人回答。

"哼！今天若是没有日本领事馆的担保，你早被逮捕了。"领头的官员说完，一挥手，放年轻人过了海关。

出了海关，一位清廷官员模样的人立即迎了上来，拥抱、寒暄。

欢迎孙中山的人就是李鸿章的幕僚刘学询。孙中山为何要从日本来到上海？正如他所说，要拜见李鸿章。而李鸿章此时就在上海。

本来在6月17日，孙中山有机会在广州见到李鸿章。同样是因为孙中山被朝廷通缉的原因，没能如愿。

那天，孙中山的日本朋友代表其本人从香港北上广州，与刘学询见面会谈。双方主要讨论的是"两广独立"与筹借款项一事。李鸿章对孙中山的设想比较感兴趣，也满足了他关于向清廷建议特赦及借款的要求。

但计划不如变化快，7月8日，应南方13位督抚联名要求，清廷授李鸿章为直隶总督兼北洋大臣。担任直隶总督兼北洋大臣，对李鸿章来讲，是恢复旧职。自甲午战败，李鸿章被免职后，就一直没有再掌大权。这次让李鸿章官复原职，意在催他尽快北上。

当北京大栅栏的烈火燃起的时候，京城的局势已经不可控制。6月16日，清廷即开始电召李鸿章北上。此时，义和团运动正在高潮期，当他们得知朝廷要让李鸿章北上后，便发出了强硬的威胁，要刺杀李鸿章。

要说李鸿章不害怕也是假的。6月18日，盛宣怀提醒李鸿章："一国与各国战，断无是理……须先照会各国水师提督，方能北上。"

清廷催促他北上的电报一封接一封。

7月3日，清廷电催："懔尊前旨，迅速来京，毋稍刻延。"

7月7日，清廷再次发电报："前迭经谕令李鸿章迅速来京，尚未奏报启程，如海道难行，即由陆路兼程北上，并将启程日期先行电奏。"

7月9日，清廷再次催促："如能借到俄国信船由海道星夜北上，尤为殷盼，否则即由陆路兼程前来，勿刻稍延，是为至要。"

李鸿章迟迟不动，理由只有一个："政府尚无主见，我去无济于事。"

李鸿章北上主持大局，逐渐成为众望所归。刘坤一说："危局惟公可撑，祈早日启节，以慰两宫焦盼，天下仰望。"张之洞说："国家社稷生死存亡均系大人一身，望即刻启程。"

对此，李鸿章一直百般推脱，表示"水陆梗阻，万速难达""政府悖谬如此，断无挽救，鸿去何意"。

李鸿章虽一直拒绝北上，但也很清楚，躲是躲不过的。他密电驻守山海关的宋庆，计划由秦皇岛登陆。同时他又电令自己的老下属直隶布政使周馥，嘱其准备车马。

7月14日，天津陷落，京城大震。李鸿章仍没有北上的意思，清廷急了，慈禧也忍不住了，再次电催李鸿章："现在事机日紧，各国使臣亦尚在京，迭次电谕李鸿章兼程来京，迄今并无启程确期电奏。该大臣受恩深重，尤非诸大臣可比，岂能坐视大局艰危于不顾耶？著接此奉旨后，无论水陆，即刻启程，并将启程日期速行电奏。"

话说到这份儿上，李鸿章不能不重视，毕竟长此拖延下去也不是办法，只好回复清廷：17日即启程。

7月17日，广州潮湿闷热。在广东各省级大员的欢送下，78岁的李鸿章在广州天字码头登上了招商局轮船公司的"安平"号轮船。李鸿章即将告别广东，正式开始北上之旅。

此刻，李鸿章的心情是非常复杂的。自半年前任两广总督起，他在广州大力扫黑，杀了不少人，广东的治安改善、税收提升。仅仅半年后，就要离开岭南，李鸿章不太情愿走，并不是真的舍不得广东，而是不愿意去北方"救火"。

在登船之前李鸿章接见了中外记者，就当前局势回答外界的质疑。

《申报》记者问："义和团大闹华北与京津，您认为是什么原因引起的？"

李鸿章说："义和团的拳民多为失地的农民，且多为愚民，容易受人蛊惑。义和团的壮大，虽然官府有引导失误的责任，但传教士与教民也难辞其咎。"

对于清廷悍然对外宣战的问题，李鸿章认为，清廷所发布的上谕并非宣战书，并没有针对世界上任何国家。所谓宣战，无非只是一个动员令，号召全体国民抵御外侮而已。慈禧太后则是受人迷惑，无法明辨是非。

有记者问李鸿章，北上以后如何处理当前局势。李鸿章则坚定地回答："惩办祸首，遣散拳民，与各国议和。"

这也是李鸿章第一次公开自己的态度。长期与洋人谈判的李鸿章非常清楚，要想与列强议和，惩办祸首是第一步。而对于义和团的处置问题，李鸿章则比较保守。

轮船启动前，南海知县裴景福告诉李鸿章："外洋有电，诸领事皆额手称庆。"

李鸿章非常淡定地回答了一句："舍我其谁。"

"舍我其谁"，彰显了李鸿章的一种豪迈，但在谈及大清帝国的前景时，李鸿章又开始黯然神伤。随着大沽口与天津城的陷落，京城危在旦夕。李鸿章闻此消息后极为悲痛，经常以泪洗面。年事已高的他，经此刺激后身体变得非常虚弱，还时常咯血。

作为李鸿章的同乡与私交甚密的官员，裴景福向李鸿章请教对当下局势的看法，李鸿章突然哽咽起来，他说："论吾国兵力，危急当在八九月之交，但聂功亭（士成）已经阵亡，马（玉崑）、宋（庆）诸军零落，牵制必不得力。日本调兵最速，英国助之，恐七八月不保矣。"

"内乱如何得止？如何得止？"李鸿章颤抖着身体，不停地哀叹。

裴景福一边安慰李鸿章，一边试探着询问应对之策。

"不能预料！唯有竭力磋磨，展缓年分，尚不知做得到否？吾尚有几年，一日和尚一日钟，钟不鸣，和尚亦死矣。"李鸿章抽泣着说。在北上出发前，作为老臣，李鸿章的这种声音几乎是一种悲壮的哀鸣。

在"安平"号启动前一刻，李鸿章向清廷电奏。这封奏折是提前拟好，并取得了盛宣怀、刘坤一、张之洞等人的联合签名，是联名而奏。

此奏折代表了李鸿章等南方督抚大臣的态度与处理意见，内容如下：

一、请明降谕旨，饬各省将军督抚仍照约保护各省洋商教士，以示虽已开战，其不与战事者皆为国家所保护。益彰圣明如天之仁。且中国官员商民在外国者尤多，保全尤广。

二、请明降谕旨，将德使被戕事切实惋惜，并致国书于德王，以便别国排解，并请英、法两国，以见中国意在敦睦，一视同仁。

三、请明降谕旨，饬顺天府尹、直隶总督，查明除因战事外，此次匪乱被害之洋人教士等，所有损失人命财产，开具清单，请旨抚恤，以示朝廷不肯延及无辜之恩义。不待外人启口，将来所省极多。

四、请明降谕旨，饬直隶境内督抚统兵大员，如有乱匪乱兵，实系扰害良民，焚杀劫掠，饬其相机力办，一面奏闻。从来安内乃可攘外，必先令京畿安谧，民心乃固，必先纪律严肃，兵气乃扬。

电报发出后，轮船一声长鸣，"安平"号正式起航。李鸿章北上，需先绕经香港。轮船沿珠江南下，滔滔江水不复还。当天，"安平"号抵达香港。港口码头礼乐齐鸣，香港总督卜力在港口欢迎李鸿章。

几乎与李鸿章抵达香港同时，孙中山的轮船也从越南西贡返回到香港海面。由于孙中山仍遭通缉，无法登岸，只能待在船上。孙中山希望这次能与李鸿章见上一面，这是他渴望已久的。

早在1894年1月，年仅28岁的孙中山就渴望与李鸿章见面。他带着三封推荐信北上天津，但李鸿章却拒而不见。

过了6年，孙中山已经今非昔比，他希望通过会面或是合作的方式，让大清帝国的中堂大人为自己的革命事业加持。

在香港，李鸿章拜会了各国驻香港各领事。卜力趁此机会，极力撮合李鸿章与孙中山见面，甚至还想用扣留的方法，挽留李鸿章。

仅仅相隔一个月，李鸿章的心态也发生了很大变化。如果说一个月前，李鸿章对孙中山的计划还有兴趣，那么现在重获朝廷倚重的李鸿章似乎更倾向于为大清帝国效忠卖力，鞠躬尽瘁。

遗憾的是，孙中山与李鸿章会面的计划再次告吹。

7月18日，李鸿章离开香港。但他并没有直接北上至秦皇岛，而是选择了"间道进京"。7月21日，李鸿章抵达上海。

关于在上海停留，李鸿章有着一定的考量。一是观望各方的态度。清廷方面，慈禧是否有悔过之意。列强方面，外国是否欢迎自己。二是李鸿章冒着酷暑北上，确实也非常辛苦。原本身体虚弱的他，饱受颠簸之苦，实在吃不消。

而各国对此事也是态度不一。首先，英国方面并不欢迎李鸿章北上，英国认为，李是亲俄派。同样，日本、美国也不信任李鸿章。德国则公开反对李鸿章北上。他们认为，李鸿章来谈判，只会有利于俄国。重要的是，列强认为，此时清政府被拳党把持，李鸿章不具有合法性。相反，只有俄国政府大力支持李鸿章北上，"早乘我俄舰入赴津，我军当随处保护"，这更加剧了其他列强的猜疑。

在上海登岸时，李鸿章随行的200名武装护卫队员被英国方面阻止入境。最后，20名护卫队员被解除武装，允许作为李鸿章的随从进入上海。

李鸿章在上海期间，一直住在刘学询的宅邸。尴尬的是，各国领事无一去拜访，英国的部分媒体甚至认为，李鸿章是端王的代表。

7月27日，刘坤一专程从南京赶赴上海，与李鸿章会面。自东南互保发起以来，两位地方总督首次会晤。刘坤一希望李鸿章尽快北上。

但李鸿章认为，外国驻华公使在北京安全没有大问题，而且列强也没有谈判的意思，若自己匆忙赴京，恐引发波动。此时，李鸿章的策略就是"洋兵已前进，一月内大局可定。吾稍缓待，虽严谴不顾也"。

8月4日，八国联军从天津向北京进犯。危急之际，清廷授李鸿章为全权大臣，将李鸿章的地位再次提升，希望其尽快北上。由此，李鸿章身份的合法性问题得以解决。

在清廷的北上催促中，李鸿章回奏：自己拉肚子，走不了了。

电报是这样写的：

> 抵沪后触暑腹泻，本拟稍瘥即行，乃连泻不止，精神委顿。因念国事至急，理当尽瘁，惟半月以来元气大伤，夜不能寐，两腿脆软，竟难寸步，医药杂投，曾无少效，拟恳圣慈赏假二十日，俾息残喘。

8月18日，袁世凯致电李鸿章，告知其联军已经占领北京，各国使馆解围，两宫已经西狩。袁世凯在电报中非常哀痛地请求李鸿章尽快北上，设法议款，挽救危局。8月25日，云贵总督丁振铎电奏李鸿章，希望李鸿章与刘坤一等人一起，保全东南，以图中兴。

似乎大清帝国的生死存亡已经全部依赖于李鸿章一人。由此可见，李鸿章在出发时说出的"舍我其谁"真不是一句自夸之言。

这么多人，这么密集的催促，李鸿章竟然在上海纹丝未动。

李鸿章是这么解释的：

> 立简重臣，先清内匪，善遣驻使，速送彼军。臣冒暑遄征，已临沪渎，屡奉敦促之旨，岂惜扶疾以行？惟每读诏书，则国是未定，认贼作子，则人心未安。而臣客寄江南，手无一兵一旅，即使奔命赴阙，道途险阻，徒为乱臣贼子作菹醢之资。是以小作盘桓，预筹兵食，兼觇敌志，徐议排解，仍俟布置稍齐，即行星驰北上。

简单说，就是李鸿章认为时机还未到，自己的安全也没有保证。

在此背景下，孙中山再次找上门来。8月29日，孙中山抵达上海后，因孙中山必须接受日本监控，刘学询将其安置在租界内的一处日本旅馆内。

刘学询与孙中山进行了多次接触，两人会谈的内容多是以起义、革命为主。关于孙中山与李鸿章确切的见面时间，目前还没有史料记载，但孙中山在上海只停留了三天，随即便返回了日本。因此，两人的见面时间就是在8月29日至9月2日之间。后来，孙中山在台北给刘学询写过一封信，提到了他们二人在上海密谈的内容，主要有以下四点：

> 一、鉴于八国联军当时已经进入北京，孙、刘对清帝回到北京或西迁分别讨论了两种方案。
>
> 二、双方约定：如果清帝西迁，则在广东起事，先占"外府"，然后袭取广州，建立一个"独立"于清朝的政权。
>
> 三、议定推举李鸿章为"主政"。
>
> 四、由刘学询负责筹集军费。

不过，见面只是见面，至于孙中山给刘学询的信中谈到的密商内容，人们相信不是李鸿章亲口谈的。双方更多还是客套寒暄、探查底细。作为一个在大清官场久经历练的高级官员，李鸿章断然不会和孙中山谈这些具体的事情，而且李鸿章身为全权大臣，在双方还只是第一次见面的情形下，李鸿章一定会谨慎更谨慎。

9月14日，慈禧已经逃至太原。在上海停留、观望了55天后，在全国上下的期盼与瞩目中，李鸿章拖着病弱之躯乘船北上天津，俄军军舰一路护卫。大清帝国的残局正在等待着李鸿章收拾。

奕劻已经在9月3日先返回北京，等待李鸿章的到来。

在从上海出发前一天，李鸿章与俄军海军中将阿列克谢耶夫在俄军"满洲人"号上进行了会晤。在与俄军的交流中，李鸿章大骂载漪、载澜、赵舒翘等人是"疯子和混蛋"。在谈到俄军将进攻盛京时，李鸿章极力劝阻。他向俄军打比方，盛京就像莫斯科对俄国那样神圣。阿列克谢耶夫承诺，不会用武力占领盛京。

李鸿章离开上海前，已经通知了各国。各国海军将领立即召开了会议，除德国外，大家一致允许李鸿章通过北上防线。同时，美军立即通知京津统兵将军，对李鸿章进行沿途保护。

9月20日，李鸿章抵达天津。这座李鸿章十分熟悉的城市，已经满目疮痍。直隶总督署也化作一片废墟。在无尽的伤感中，李鸿章正式接过了直隶总督关防、盐政印信、钦差大臣之印，正式接任直隶总督。李鸿章站在废墟上痛哭失声。

5天后，联军的新任统帅瓦德西率领德国远征军抵达大沽口。但瓦德西以"只管战事，不管交涉"为由，拒绝与李鸿章会面。德国与英国也拒绝承认李鸿章"全权议和大臣"的身份。

10月5日上午10时，在俄军的护卫下，李鸿章离开天津，前往北京。不知道为什么，李鸿章没有选择火车。10月11日，李鸿章抵达北京，入住位于金鱼胡同的贤良寺内。贤良寺是李鸿章的老住所，这里与奕劻的庆亲王府是京城仅有的两处不受联军控制的地方。

相隔半年，李鸿章重返京城。京城的毁坏程度让李鸿章瞠目结舌，持续的战火让城内没有一处完好的建筑。李鸿章悲叹不止。

如果说，李鸿章躲在上海、待在天津还只是停留在幕后，那么，到了北京就等于真的上了前线阵地。李鸿章只能向前，不能退缩。李鸿章在北京的日子比在上海还难过。

由于各国意见不一，很多国家政府还没有具体指示，列强也不愿意配合李鸿章，李鸿章每天只能四处奔波，向列强探听口风。不过，英国政府却发出了逮捕李鸿章、将其扣为人质的命令，这可把李鸿章吓得不轻。

# 三

# 处决祸首

尽管英国发出了威胁，但李鸿章已经到了北京，他不敢退缩，也毫无退路，硬着头皮也要上。经过长达两个月的反复沟通，列强终于同意集体与大清帝国谈判。

1901年2月5日7点，清晨的北京城内开始忙碌起来。临近春节，京城似乎比以往更热闹。八国联军攻陷北京已近半年时间，城内的生活秩序早已恢复正常。

位于紫禁城东侧，金鱼胡同的贤良寺内一片静谧。

虽已是立春时节，但北京的寒冷丝毫没有减退。李鸿章早早起了床，他的肠胃有些不舒服，半夜醒来了两次。

仆人给李鸿章准备好了早餐：馒头、鸡蛋、小米粥、酱豆腐、素什锦小咸菜。李鸿章坐在桌子前，盯着早餐发呆，一副心事重重的样子。

大儿子李经方忙劝李鸿章："父亲，早饭不能不吃啊！"

李鸿章说："唉，我老了，年迈体虚，胃口又不甚好，实在是吃不下。"

"今天与洋人谈判，必是耗费口舌与脑力的事情，您不吃饭顶不住啊！"李经方关切地说。

李鸿章叹了一口气，说："京城被占，两宫西狩，洋人气焰正盛，今日开议，必是一场硬仗。"

李经方说："是啊，父亲身体要紧。有了精神才能扛得住洋人。"

李鸿章没有说话，拿起勺子，开始小口喝粥。看父亲已经开始吃早餐，李经方忙为父亲剥了一枚鸡蛋。

"父亲，洋人态度强硬，一直要严惩祸首，势必杀人才罢休，您如何应对？"李经方问。

李鸿章咬了一口鸡蛋，说："儿啊，真正的祸首都是皇室近亲，关乎大清帝国的尊严，怎可能杀掉他们？我一个汉臣，只能尽力争取，挽救大局。"说着，李鸿章开始咳嗽起来。咳喘已经是他的老毛病。

实在没有胃口，李鸿章放下碗筷，在李经方的搀扶下走到院子里遛弯儿。

贤良寺是李鸿章每次进京的常驻地，夏天时，院内花草茂盛，草木葱茏。此时，萧瑟凋零，一片孤寂。李鸿章走得很慢，始终沉默不语。

半个小时后，李鸿章停住了脚步，缓慢地说："我该出发了。"

仆人早已将骡车备好，李鸿章坐上车后，大声说道："出发！"这句话非常洪亮，俨然一位出征的将军。

李鸿章抵达英国使馆门前，右二为英军盖利斯将军

早些时候，在紫禁城西北的太平仓胡同庆亲王府内，奕劻也已经坐上了骡车。

李鸿章与奕劻要去的是同一个地方，东交民巷的英国公使馆。他们要代表清廷与11国代表进行谈判。这是与列强第一次大规模集体谈判。

从贤良寺到英国公使馆比较近，大约只有3里路。从庆亲王府到英国公使馆却很远，大概有15里。这两段路，李鸿章与奕劻走得都不轻松。

李鸿章率先抵达了英国公使馆，但他没有下轿，他知道，奕劻还没有到。20分钟后，奕劻的骡车也来了。两人寒暄了几句后，一起走进使馆。

对于奕劻与李鸿章的到来，使馆没有任何欢迎的仪式，连一句热情的笑脸都没有。

上午9时，各国代表依次到齐，个个表情严肃、不苟言笑的样子。除了英国、法国、美国、俄国、德国、日本、意大利和奥匈帝国等八国外，还增加了西班牙、比利时和荷兰三国。这三个国家虽然没有派兵参与征讨，但是也提出了各种要求。

这次会议的主题是惩办祸首。在一个半月前，也就是1900年12月24日，11国代表向奕劻与李鸿章提交了议和大纲，共12款。其中第二款中规定："西历九月二十五日，即中历闰八月初二日上谕，内及日后各国驻京大臣指出之人等，皆须照应得之罪分别轻重，尽法严惩。"

规定中提到的闰八月初二日上谕，是清廷发布的第一道惩办祸首谕旨。

据《上谕档》，谕旨中称：

> 庄亲王载勋、怡亲王溥静、贝勒载濂、载滢均著革去爵职。端郡王载漪著从宽撤去一切差使，交宗人府严加议处，并著停俸，载国公载澜、都察院左都御史英年均交该衙门严加议处，协办大学士吏部尚书刚毅、刑部尚书赵舒翘著交都察院、吏部议处，以示惩儆。

惩办祸首是议和的第一步，清廷也非常清楚，但惩办谁、如何惩办则是双方的分歧所在。

早在8月18日，即京城陷落的第三天，俄国方面就曾提出"惩办各大员之扰乱大局者"。俄国则是第一个提出惩办祸首的列强。

9月8日，德国驻京公使穆默致电张之洞，提出将惩办祸首作为交涉的先决条件，"如欲办理此事，必俟中国朝廷先将有罪诸人严行惩办"。

英国、德国甚至认为，真正的祸首是慈禧，只有将慈禧惩办才能开始谈判。英国在《字林西报》上发文，声称"盖皇太后有兆乱之责，人人所知，凡驱逐洋人及戕害教士之上谕，俱系皇太后出名"。英国、德国的要求引发了俄国的不满，俄国有意扶植后党，与英国争霸。

刘坤一、张之洞告诉英国，为了保证英国在长江中下游的利益，希望尊敬皇太后，惩治最高统治者也不符合中国的传统文化。

李鸿章在上海期间，荷兰公使克罗伯也曾当面向其表示："密言各使欲请西太后归政，严办端、庄、刚庇匪诸人始可议和。"

中国驻外公使纷纷提出将载漪视为胁从。驻法国公使裕庚建议，应该按照康熙惩治鳌拜一样来处理载漪。

为了回应列强的要求，张之洞率先提出，各省应联衔会奏，要求严惩董福祥、李秉衡，"立予罢斥之罪，解其兵柄"。

张之洞的建议得到了积极响应。9月15日，李鸿章、张之洞、刘坤一、袁世凯联名上奏，要求严惩祸首：

> 欲求救急了事之法，惟有仰恳圣明立断，先将统率拳匪之庄亲王载勋、协办大学士刚毅、右翼总兵载澜、左翼总兵英年及庇护拳匪之端郡王载漪、查办不实之刑部尚书赵舒翘等先行分别革职撤差，听候惩办，明降谕旨归罪于该王大臣等以谢天下，以昭圣德，臣鸿章即可宣告各国，与之克期开议。

在这份联衔会奏的基础上，清廷终于公开下旨，要求惩办载勋等人。谕旨中提到了载勋、溥静、载濂、载滢、载漪、载澜、英年、刚毅和赵舒翘九人，但列强对清廷的惩办力度非常不满。不满之一是力度过轻，只是"撤职""严加议处"。不满之二是没有惩办清军将领董福祥、山西巡抚毓贤。列强发出威胁："非开议不停兵，非惩恶不开议。"

李鸿章在到达北京的第二天，便与奕劻联名上奏，希望清廷能自行主动惩办诸王公大臣，必须从严治罪，驱逐出行在。最重要的是，不能让他们继续留在清廷。

对于如何从重惩办这些人，慈禧一直没有露底。或许她知道，与洋人谈判，总会讨价还价的，如果自己把底线拉得过低，恐洋人还会得寸进尺。

李鸿章对于清廷的惩办力度也同样不满意，但他又不能明说，比如公开建议，要处死几人。李鸿章不方便说，列强却很直接，提出"前旨王大臣九人及董、毓均须正法"。

列强们不是说说而已，而是以武力相威胁，并付诸行动。10月21日，1万余名联军占领直隶省会保定。10月23日，联军将直隶总督廷雍、城守尉奎恒、参将王占奎、按察使沈家本、候补道谭文焕五人逮捕。11月6日，在凤凰台将廷雍、奎恒和王占奎枭首示众。这是联军处决的大清帝国最高级别官员。

廷雍等三人的遇害震动了清廷。据《上谕档》，11月11日，清廷下发第二道惩办祸首谕旨：

> 端郡王载漪，着革去爵职，与已革庄亲王载勋，均暂行交宗人府圈禁，俟军务平定后再行发往盛京，永远圈禁。已革怡亲王溥静、已革贝勒载滢，着一并交宗人府圈禁。贝勒载濂，业经革去爵职，着闭门思过。辅国公载澜，着停全俸。降一级调用都察院左都御史英年，着降二级调用。前协办大学士吏部尚书刚毅，派往查办拳匪，回京复奏，语多纵庇，本应从重严惩，现已病故，着免去置议。刑部尚书赵舒翘，查办拳匪，次日即回，未免草率，惟回奏尚无饰词，着革职留任。已革山西巡抚毓贤，在山西巡抚任内，纵容拳匪戕害教士、教民，任情妄为，情节尤重，着发往极边充当苦差，永不释回。

第二道谕旨虽然增加了惩办祸首的人数，但是惩办力度并没有变化。李鸿章、张之洞等人认为，如此处罚，实在过轻，列强定不会满意。督抚不满意，列强自然更不会满意。列强的意思其实很简单，必须处决几个人。捅了这么大娄子，犯了这么严重的错误，不杀几个人怎么行？

双方再次陷入僵局之际，刘坤一提出，将惩办祸首列入应议的条款之中。经过李鸿章的争取，各国同意此要求，于是才将惩办祸首的规定写进议和大纲的第二款。虽然列入了议和大纲，但是详细的惩办措施仍需双方商议。

双方的一个重大分歧就是对于董福祥的惩办。清廷始终回避、袒护，令列强非常不满。12月11日，清廷下令，将董福祥革职留任，裁撤所部5000余人，令其立即返回甘肃，以观后效。

列强指责清廷庇护董福祥，清廷解释说，各亲王大臣都不庇护，何况一个武夫。无法严惩董福祥，理由在于若操之过急，恐发生激变，如此一来，必会伤及众多西部的传教士。列强认为，此说法也有道理，最终还是妥协了。

但不杀几个王公大臣，列强是决不罢休的。于是，11国使臣向奕劻与李鸿章发出邀约，在1901年2月5日这天，双方就惩办祸首的问题进行详细磋商。虽说是谈判，但气势严重不对等。在奕劻与李鸿章的对面，11国代表咄咄逼人，反观奕劻与李鸿章，一个62岁，一个77岁，两人都已是垂垂老矣，且都有病在身。

谈判开始，英国公使开门见山地说："拳匪祸乱，焚烧屠杀太重，殃及甚大，如此罪魁祸首，定要处死，他们不死不足以平愤！"

德国公使愤然说："我国公使克林德惨死，虽然处决了恩海，但是必须有王公大臣为此偿命，否则我们的皇帝决不答应！"

法国公使态度也很强硬，说："清廷既然公布了罪犯的名单，理应全部处死！"

奕劻不紧不慢，他说："议和大纲中已经明确规定，要按情节轻重来处罚，怎能全部处以死刑？"

英国公使说："载漪、载澜两人是引义和团进京的主谋，且载漪还在府内设立义和团总坛，招抚天下义和团。围攻西什库教堂，也是载漪主使。载澜作为右翼总兵，与载漪互相配合，罪不可恕。两人必须极刑处死！"

李鸿章争辩说："载漪、载澜两人是懿亲，不能处死，现在将他们发往新疆流放，已经和死刑无异。"

德国公使拍起了桌子，大声说："我们不管是什么亲戚，必须死刑！"

日本公使又说："除了刚刚提到的几名罪犯，我们陆续又调查出，启秀、徐承煜监斩主和派也负有很大的责任。"

"听说徐承煜已经被你们处死。"奕劻忙说。

李鸿章接着说："你们所说的启秀、徐承煜罪状，证据并不充分。比如他们监斩袁昶与许景澄两人，只是例行公事，并不足以治罪。"

李鸿章的辩解让各国公使嗤之以鼻。

俄国公使说："已经死亡的罪犯，除了革除官职以外，还应剥夺一切抚恤与荣誉。其他人一概应处以死刑。"

奕劻回应："革除官职、剥夺抚恤与荣誉，这些都是没问题的，大清惯例也如此。但对于死刑问题，未免要求过高。"

德国公使像暴躁的克林德一样，又拍起了桌子，大吼道："仅仅杀一两个人断然是行不通的！"

气氛骤然紧张，场面一度陷入了尴尬中。

英国公使缓和了一下情绪，说："载漪、载澜两人罪大恶极，但他们又是皇室的亲人，不处以死刑，我们又无法接受。李大人您有什么办法？"

李鸿章咳嗽又犯了，吐了两口痰后，说："懿亲关乎皇室的尊严，希望在座各国公使能谅解。我建议，可以给他们两人一个假死罪，比如先判处斩监候，再由皇帝赦免，给皇帝个面子，最后改为流放新疆或永远监禁。"

各国使臣互相看了看，没说话。美国公使问："到底让谁真的受死呢？"

紧接着，李鸿章又说："清廷可以下令，赐载勋自尽。自尽也是死刑，这样给王公大臣留个体面。"

李鸿章终于在谈判桌上代表清廷表态，将会处死载勋。这让各国代表得到了很大的安慰。

李鸿章又说："至于英年与赵舒翘，各国似乎不太了解，他们其实并不当家，至于处罚，最多不过流放新疆。"

英国公使一个劲儿地摇头，其他公使也纷纷表示反对。

接着，美国公使提到了极端排外官员毓贤。

美国公使说："毓贤作为山西巡抚，不仅煽动义和团屠杀外国传教士与教民，还设计诱骗他们在巡抚门前集合，结果被集体屠杀，毓贤还亲自动手杀人。敢问中堂大人，这样的人，仅仅流放就可以了吗？"

说到了毓贤，各国代表群情激愤，纷纷要求要处决毓贤。

李鸿章沉默了一会儿，说："毓贤已被革职，并让其流放极边，至于是否处死，倒是可以再考虑。"

德国公使要求李鸿章就毓贤问题当面承诺，但李鸿章拒绝了。

这次会议持续了大约3个小时，一直争论到中午。各国商定，三天后拿出协商结果。

当大家纷纷离席的时候，李鸿章一直瘫坐在椅子上，长时间的争论让他精疲力竭。在众人的搀扶下，他才缓缓起身，向外面的骡车一步步挪去。

三天后，各国给出统一意见，要求载漪、载澜定为斩监候，流放新疆，永远监禁；载勋赐令自尽；英年、赵舒翘、毓贤、启秀和徐承煜应当斩立决；董福祥则被彻底剥夺兵权。

列强的强硬让慈禧很无奈。2月13日，清廷第三次发布惩凶谕令，对于载漪、载澜、载勋的处置，基本满足了列强的要求。毓贤同样处以死刑。对于英年、赵舒翘、毓贤、启秀和徐承煜等人，则没有处以死刑。

谕令发出，各国再次强烈反对。联军统帅瓦德西发出威胁，欲向西安进攻。清廷被迫妥协，于2月21日即大年初三发布了第四道上谕，英年、赵舒翘定为斩监候，赐令自尽；启秀、徐承煜即行正法。

1901年的春节，是庚子年向辛丑年转变的开始。春节本应是喜气祥和的日子，但这一年的春节却成了大清帝国祸首的法办之日。

2月18日，除夕。兰州城内万家灯火、鞭炮齐鸣，人们正沉浸在迎接新年的喜悦中。陕甘总督府内，三位当地的高官正在喝着闷酒，吃着饺子。

一位是署理陕甘总督李廷萧，一位是甘肃按察使何福堃，一位是已经被革职的原山西巡抚毓贤。毓贤1900年9月26日即被革职，后迫于列强压力，被发配新疆，现是路过甘肃。三人在一起唉声叹气，感叹时局的剧烈变化，完全没有过节的气氛。

突然，清廷上谕送到，李廷萧进行朗读：

> 已革巡抚毓贤，曾在山东巡抚任内妄言拳匪邪术，至今为之揄扬，以致诸大臣受其煽惑。及在山西巡抚任内，复戕害教士、教民多命，尤属昏谬凶残。罪魁祸首前已遣发新疆，计行抵甘肃，着传旨即行正法，并派按察使何

福堃监视行刑。

听完谕旨，跪在地上的毓贤只是轻微笑了两下，他知道，该来的已经来了。他与李廷萧、何福堃商量，请将行刑日期推后几天，以方便料理后事。三人约定，在大年初六（2月24日）行刑。

这个除夕，兰州的百姓彻夜未睡，守岁过年。毓贤与李廷萧、何福堃三人也同样各怀心事，一夜未眠。

正月初一，各家各户开始拜年，街坊邻居互致问候，大家欢声笑语。

总督府内一片死寂。李廷萧突然自杀了。

李廷萧原是毓贤的下属，在山西任布政使，同样参与了煽动义和团，仇杀传教士与教民的活动。如果说毓贤是祸首，他就是第一帮凶。

在这个节骨眼自杀，显然是畏罪。李廷萧清楚地知道，惩办完大祸首，就会轮到自己，自己早晚难逃一死。

大年初二，在李廷萧家灵堂前，毓贤痛哭，突然他又仰天大笑起来，说："我死，份也，君胡为先我而死？请小待，当聚谈于重泉下。"

第二天，毓贤与妻妾一起去照相馆，隆重地照了几张相。同时，还选好了棺材。

此时，毓贤将被正法的消息传遍兰州城。城内众绅民纷纷上书，要求放人。有人还四处张贴告示，发动百姓去总督府请愿。

兰州城内气氛紧张，总督府被重重包围。何福堃预感大事不妙，决定立即对毓贤行刑。大年初四半夜，何福堃亲率50名清兵赶至毓贤住所，喝令毓贤伏法。

毓贤很坦然，在家属的一片号哭声中，他缓慢走出家门，又整理好衣服，昂首等待处决。何福堃一声令下，刀斧手将毓贤斩首。

毓贤，这个极端仇外，从山东到山西，纵容、煽动义和团，并大肆屠杀外国传教士与教民的地方高官，生命终于走到了尽头。

就在毓贤被处死的前一天，大年初三，圈禁于山西蒲州的载勋被赐令自尽。

开始时，载勋还完全被蒙在鼓里。兵部左侍郎葛宝华携谕旨来到山西蒲州，当地为了迎接他，例行放炮迎接。载勋听到后，还很纳闷，问随从为何有炮响。随从说，是钦差来看他。

葛宝华登门，载勋顿时来了精神，关切地询问太后在西安的情况。葛宝华没有工夫回答载勋，在他家的一间空房内，葛宝华命人将白绫吊于房梁上。随后，葛宝华来到载勋的房间，命其听旨。载勋顿感不妙，询问是否要杀头，葛宝华没有回答，宣读完谕旨后，命载勋到后面空房内自尽。

载勋还心有不甘，说："自尽耳！我早知必死，恐怕老佛爷亦不能久活。"

在与亲人告别后，载勋走到那间空房内，见一切准备妥当，当即说："钦差办事真周到，真爽快！"载勋毅然赴死。

相比毓贤和载勋，赵舒翘则非常怕死，很不爷们儿。

大年初六，2月24日，赵舒翘被令自尽。新任陕西巡抚岑春煊监督执行。

自尽，只是自己选择死亡的方式。赵舒翘先是选择吞金，但或许是吞的太少，一直没有死。然后又吞鸦片，还是没有死，最后服毒，仍然没有效果。

其实，赵舒翘一直在拖延，他最盼望突然有人飞马传来圣旨"刀下留人"。

赵舒翘的做法连他夫人都看不下去了，跟他说，不要再抱希望，放心赴死，她会选择一起赴死。

折腾半天也不死，岑春煊也等不及。他命人将赵舒翘绑缚手脚后，用厚纸蘸上烧酒，糊住赵舒翘的七窍，活生生将其闷死。

同一天，英年也被赐令自尽。2月26日，大年初八，启秀与徐承煜在北京菜市口被斩首。有意思的是，徐承煜也是一个贪生怕死之人，在临刑前，他各种撒泼打滚。

1901年的春节成了大清帝国主战派高官的催命节。他们在疯狂支持义和团、力主对外国开战的时候绝不会想到，自己最终会落得这样一个结局。

刚毅的死不能不提，他不是自杀，也不是因罪治死，而是患痢疾而死。刚毅为人并不刚毅，在跟随慈禧西逃的过程中，或是因年老体衰，或是因饮食不对，在山西时长期腹泻，最终在1900年10月11日死于山西曲沃县（今侯马市)。

至于载漪、载澜两人，不仅逃过一死，反而还过得优哉游哉。载漪并没有去往新疆，而是转投内蒙古阿拉善罗王府。罗王是载漪的大舅哥，有近亲的特殊照顾，载漪在阿拉善的日子非常不错。载澜确实去了新疆，在新疆首府迪化，仍然过着奢侈的王爷生活。最豪奢的是，不远万里从天津请来戏班与名角，为其唱戏。

其实，列强要求惩处的祸首并不止这几个高官。1901年4月1日，各国公使又向清政府提交了要求惩办的地方官员清单，从总督到知县，再到地方士绅，共计142名。

因虐杀外国传教士与教民情节严重，45个地区被停止文科考试五年。6月11日，清廷发布谕令，公布具体名单。

轰轰烈烈的祸首惩治结束后，议和迈出了关键的一步。但紧接着又面临一个巨大的问题，就是赔款。李鸿章专门告诉赫德，惩凶容易，赔款则很难。

# 四

## 议和赔款

初冬的西苑，湖面已经结冰，树木的残枝败叶铺满了一地。此时，仪鸾殿正在进行着一场非常重要且又十分尴尬的会晤。

1900年11月15日，奕劻、李鸿章拜访瓦德西。这是李鸿章与瓦德西的第一次见面，两人到北京差不多都是一个月的时间。

奕劻仍然是寡言少语。李鸿章满脸堆笑，对瓦德西说："将军初次到北京，值此时节，正是欣赏红叶的好时机。不知阁下是否到过香山？"

瓦德西似乎有些心不在焉地说："近来军务繁忙，实在没有闲暇时光。不过我相信，北京的红叶应该像柏林的冬雪一样闻名。"

李鸿章忙说："是啊是啊，四年前，我曾到访贵国。可惜，那时正值夏季。虽没有见到冬雪，但还是有幸见到了贵国皇帝，实乃三生有幸。"

"哦，原来是这样。"瓦德西漫不经心地说。

李鸿章又说："在汉堡，我还见到了著名的俾斯麦首相。我们就像老朋友，真是一见如故。"

"哦，俾斯麦首相与我的私人关系也很不错。"瓦德西接过话茬。

"在贵国期间，我参观了造船厂、军工厂，切身感受到了贵国强大的工业实力。我大清国已派出数批留学生，正在虚心向贵国学习。"

两人聊来聊去，李鸿章似乎一直在套近乎，但瓦德西始终比较冷漠。

客套半天后，李鸿章还是忍不住切入了正题。

李鸿章问道："将军大人，我听说联军可能还要向陕西进行讨伐，不知是否属实？您的下一步计划是如何打算的？"

瓦德西笑了起来，他说："如何对其他地区进行讨伐，还需各国联合讨论，目前实难奉告啊。不过，我可以告诉你的是，我们可以随时扩大讨伐范围。"

"两宫正西幸西安，希望将军能为大清国保留一点颜面。"李鸿章恳求道。

瓦德西哈哈大笑起来。

李鸿章还想问点什么，但瓦德西始终闷头在喝茶。奕劻颇觉得尴尬，看了一下李鸿章。李鸿章只好起身向瓦德西告辞。

出了仪鸾殿，李鸿章一脸沮丧。李鸿章本来还想向瓦德西打听一下有关赔偿的问题，但没有一点收获。奕劻与那桐也没有闲着，他们同样在积极地打探着。

12月24日，天气阴沉，北风呼啸，偶有雪花飘下。上午8点，原本热闹异常的崇文门一带行人稀少，街道冷清。

一辆骡车缓慢地驶向高井庙，骡子喘着粗气，嘴巴里吐出的哈气都成了白烟。骡车在赫德宅邸门口停住，一个身穿裘皮大氅、体形高大肥胖的中年官员走下骡车。他是留京办事大臣那桐。

那桐的随从轻敲大门，大门打开，那桐快步进入。

"大人，今天天气如此冷，竟然还赶了过来。"赫德微笑着与那桐打招呼。

那桐拱手致礼，说："议和大事，关乎我大清命运，我岂敢怠慢。"

赫德招呼那桐坐下，给其端上了热茶。

"现在各国对赔款一事，有何最新进展？"那桐迫不及待地问赫德。

赫德回答道："赔款之议早已开始，各国私下都有讨论，但赔多少、如何赔则难有一个结果。"

"那么，您有何高见？"那桐又问。

"贵国经过甲午一战，赔款甚多，至今仍没有偿完毕，如今若再大量赔款，恐怕吃不消啊。"赫德说。

"是啊，是啊，旧债加新债，实在难以承受。"那桐说。

二人说话间，奕劻赶到。奕劻没有坐下，忙向赫德说："赔款和谈一事，还望税务司大人能从中调节，国力不济，实在困难。"

赫德微笑着说："据我估计，按大清国的实力，赔款不会少于5000万磅。你们要有心理准备。"

奕劻与那桐都愣了一下。奕劻忙说："我们还是赶快去西班牙公使馆吧，时候不早了。"

赫德起身致意，说："抱歉，庆王大人，恕卑职无法随行，因为我虽然给中国做事，但毕竟还是英国人。出于避嫌的需要，我不能去参加会议。"

奕劻与那桐笑了笑，奕劻说："理解理解。"

随后，奕劻与那桐二人出门，各自坐上骡车，向西班牙公使馆而去。

雪花越来越密集，地上一片浅白。骡车后面形成了两道清晰的车辙印迹。

奕劻与那桐要参加的是一次重要的公使会谈，将与各国公使就赔款问题展开交涉。其中最重要的一个环节就是对议和大纲进行确认。

两天前，赫德带领奕劻与那桐分别拜访了英国、美国、法国等多国公使，就议和大纲问题进行了商谈。议和大纲内容已由李鸿章电告给西安行在。慈禧表示，全力应允，能补救一分是一分。

在会议结束后，奕劻偷偷向俄国公使询问，各国对赔款问题有何商议。俄国公使向他们透露，英国与德国已经有了私下接触，但具体内容尚不知。

在赔款无法避免的情况下，奕劻最关心的就是赔款的具体数额。

对于赔款问题，列强自然也是最上心的，毕竟谁不喜欢真金白银呢？早在10月份，英国就私下与法国对赔款问题进行了沟通。10月5日，法国首先通报，要求"合理地赔偿各国政府与私人"。法国的要求得到了各国的赞同，但日本却另有想法。

日本不是不想要赔偿，主要是甲午战争的2.3亿赔款还没有结束。日本担心，如果其他各国狮子大开口，那么势必会影响到对自己的赔偿。

这个问题其实也是各国最关心的，赫德就一直非常忧虑。虽然他长期担任大清帝国的海关总税务司一职，但对于中国到底有多大的赔款能力，他根本搞不清。赫德很悲观，不过，他有两点判断。一是，此次赔款一定会超过甲午战争，甲午战争只是赔偿日本一国，此次赔款最少要赔八个国家，甚至还会更多。二是，对于具体的赔款数额，赫德估计，总数可能不会超过5000万镑（约合平银3.3亿两）。即使这个数目，中国恐怕也难以支付。

赫德是第一个估算出赔款数额的外国人，这也为后期的赔款商定提供了参考意见。赫德给出的数据是有根据的，他提交了一份中国的财政报告，认为清政府的最新财年岁入是8820万两，而岁出是10112万两，其中2400万两是借款开支，用来赔偿之前的赔款和借款。赫德推算，清政府的实际税收只有不到1亿两，4亿多的人口每人每年仅负担2钱多一点。也就是说，中国的税负水平是非常低的，完全可以继续增税。如果通过增税的方式，每年多收入2000万两即可用来对外赔偿。

德国外交大臣李福芬直接公开表示，如果赔偿5000万镑，那么德国应该获得1500万镑。德国认为自己要占大头，恐怕与克林德被杀，及后期征战出兵最多有关。不过从后来的实际赔款来看，德国人所获的赔偿款并不是最多的，这也说明德国人最贪婪。

有人提议，成立国际管理委员会，通过共管的形式管理中国的财政。11月15日，赫德第一次公开自己的意见。他表示，反对国际共管中国财政。他认为："赔款当然不是容易的事，如果再规定由一个国际管理委员会管理中国财政，对海关将造成不利的局面。"

其实，赫德怕别人干涉自己对中国海关的控制，他也在打着小算盘。

德国人对赔款非常积极。议和大纲确定后，德国首相布洛夫致电德国驻伦敦大使，催促讨论赔款问题。布洛夫提出，希望中国偿付赔款的方式更稳定，如此方能更长久。同时，德国也反对国际共管中国财政。

同是侵略者，美国人做事总是与其他列强不同。12月29日，美国国务卿海约翰致电美国驻华公使康格，他提出了三点要求：一是希望中国的赔款尽可能保持在一个限度内，以确保中国的偿付能力。二是赔偿尽量以货币支付，而不是领土支付。三是赔款总数尽量控制在2亿两白银。

如果说赔款是放血，那么割让领土就是截肢。美国自然清楚，对经历过放血又经历过截肢痛苦的大清帝国来说，放血总比截肢强。血放了还能再生，肢体截掉就再也回不来了。

赫德向清政府提出："拟四五十年内，每年须筹三千万，系指分期四五十年本利一并在内，如能不借银行之款，即与各国商定担保之法，分年归还，免出利息，数目不必商减，便宜实多。"

盛宣怀将赫德的提议，向袁世凯等人转告。袁世凯赞同分期摊还的方法，刘坤一、张之洞也非常支持。张之洞还进一步提出：借债只能借国债，不能借洋债，"借之民间，各省派定借数，照英国国债办法，每年付息三厘，与国同休，永不还本"。谁知，其他督抚极力反对张之洞的提议，认为是馊主意。

1901年1月13日，刚刚晋升为会务商办大臣、专门负责赔款一事的盛宣怀致电清廷，表示奕劻与李鸿章都认为赔款数目太多，恐难以承受。"无论何项办法，四十五年，每年须筹出三千万两，彼盖连借款利息计算在内，共需十数万万之谱。"盛宣怀担心，这么多的赔款会让大清帝国陷入万劫不复的地步，"只能还债，断无发展余地"。

2月22日，在英国政府的强力推动下，经各国授权，英国、法国、德国和日本驻华公使成立"赔款委员会"，该委员会汇总了14国（英国、法国、美国、德国、俄国、日本、意大利、奥匈帝国、西班牙、比利时、荷兰、葡萄牙、瑞典、挪威）的索赔清单，还专门就中国的财政状况进行询问。赫德也参与其中。

清廷西逃后，户部遭到劫掠，各种文件残缺不全。部分户部官员已经逃到西安，对于清政府的家底儿情况，除了赫德的意见可供参考外，还需要进行详细的摸底。

据曾参与谈判的中方代表杨文骏回忆，仅仅他参加的会谈就多达14次，每次开会都要三四个小时。各国代表对中国官员徐寿朋、那桐、周馥等人进行反复询问。列强代表询问非常详细，各项税收比例，征收手段，各省情况都一一进行调查。

列强摸过清政府的家底后，突然继续加码。5月7日，各国在华公使团集体提出，赔款总额要增加到4.5亿两白银。列强是这样算的，中国人口数量约为4.5亿，以此为基准，按人头税计算，每人摊派1两，总计海关银4.5亿两，消息一出，举国震惊。

美国依然认为，各国要价过高。美国驻华谈判代表柔克义暗地致电刘坤一与张之洞，让他们提出反对意见。其实，即使没有美国人，刘坤一与张之洞也认为赔款过高，但他们的反对力量在各国公使面前还是太弱小。

美国人胳膊肘往外拐，这让德国人非常恼火。在一次公使团会议上，德国公使怒斥美国代表柔克义。柔克义则说，美国认为适当的赔款可以保证中国不会崩溃，否则一旦垮掉，再多的赔款也毫无意义。其他各国代表也强烈反对美国人的做法，认为这是假慈悲。

美国人不服，在海约翰的指示下，柔克义将赔款问题移交至海牙国际仲裁法庭。但海牙国际仲裁法庭驳回了柔克义的请求，裁定中国赔款仍为4.5亿两白银。

不过，这个数额还是低于李鸿章的预期，他后来承认"对于列强提出之赔款总额，本来预想为20亿马克（约6.55亿两白银）"。

赔款数额相对好确定，但偿还方式则一直争论不断。2月21日，德国向英国提出：应以中国增加关税作为担保借债，以此可以让大家尽快获得现金。

赫德则强烈反对清政府大量举债。赫德认为，若举债，银行方面会收取高额佣金，为了吸引投资者，国债发行折扣必然要大。这样对中国非常不利，无论是清政府还是百姓都难以承受。

德国对赔款问题总是最急迫。德国皇帝威廉二世认为进展太过缓慢，他催促德国代表施妥博专门赴英国，德国提出，应该向中国施加一切压力，以达到增税的目的。德国希望中国增加关税5%至10%。对此建议，英国表示反对。

英国主张分期摊还，德国主张关税担保、借债，俄国则主张现款支付。俄国倡议，由德国、法国、俄国三国担保，让中国向各国借款偿还。但对于此方法，英国表示反对，英国认为自己信用最高，不参与担保，而且国会也不会通过。美国也反对俄国的做法，美国认为这样会形成国际财政管制，对中国的行政主权不利。

赫德作为海关总税务司，最反对增加关税及关税担保。主要是因为原来的各种借款都使用过这种方法，频繁使用麻烦太大。

赫德提出，应该在田赋、厘金与盐税中，尤其是使用盐税作为担保最好。

赫德的建议又遭到了地方督抚的反对。张之洞说自己焦急万状，他明确表示，反对将现有的盐课、常税、折漕等用来抵洋债。

奕劻与李鸿章提出，应以盐课、盐厘、常关税并200万厘金，共1500万，分

30年还本。

张之洞认为，若用盐税抵债，各地盐枭都会成为盐匪，长江一带就会动荡不止。他建议，先商定分期摊还，然后另筹新款以作抵押还债。张之洞直接抨击李鸿章，"合肥（指李鸿章）成见太深，办法太谬"。

对于赔款，在地方督抚中，属张之洞反应最为强烈。英国驻华参赞杰弥逊专程赴武汉，拜会张之洞，以听取他的意见。

张之洞明确提出，可以免掉出口土厘与进口洋厘，并在此基础上将进口税提高至值百抽十。4月份张之洞又提出，最好分10年还清，每年还4800万两。对于关税、盐课、厘金，可加倍征收，不足的地方再向民间捐借。

张之洞的意思是缩短还款期限，少还利息，同时不过分加重百姓的负担。

李鸿章并不认同张之洞的意见："与其贪早之省利而力有不及，或以失信召侮，何如稍宽年限，使财力得纾，日后中国能有转机，每年多筹数百万金而当非难事。"

对于张之洞与李鸿章等人的争议，西安行在与军机处对两边分别安抚、调和。张之洞与刘坤一等人最大的担心是将来摊派到自己头上的数额过多，影响地方发展。

李鸿章毕竟是全权大臣，他最终与各国商定，还款期限为39年。张之洞虽有不满，但也没有办法。

进入七八月份，是赔款磋商最为密集的时间。炎炎夏日下，奕劻与李鸿章两位老臣反复奔走。这个时间点也是京城陷落、两宫西逃一周年的日子。为了早日让列强撤兵，让两宫回銮，清廷采取了尽量妥协的办法。

最终，赔款商定为4.5亿两白银，分39年还清，年利息为4厘，共计白银9.8亿两。前9年每年摊还1882.9500万两，以后逐年递增，大概需要偿还2000至3000万不等。全部赔款由清政府发行定期公债，交付各国银行。清政府以海关、常关、盐政三项收入作为担保。

1901年9月7日，北京，西班牙公使馆内。

上午11时，清廷代表、全权大臣奕劻与李鸿章、联芳步入会场。李鸿章步伐缓慢，由专人搀扶。同时，英国、美国、法国、德国、俄国、日本、意大利、奥匈帝国、西班牙、荷兰和比利时等11国公使组成的外交团代表列坐入席。

中方出席代表如下：

大清国钦命全权大臣总理外务部和硕庆亲王爱新觉罗·奕劻；

大清国钦差全权大臣便宜行事太子太傅文华殿大学士北洋大臣直隶总督部堂一等肃毅伯李鸿章；

大清国外事代表联芳。

外国出席代表如下：

英国钦差便宜行事全权大臣萨道义（Sir Ernest Mason Satow）；

美国钦差特办议和事宜全权大臣柔克义（M.W.W.Rockhill）；

法国钦差全权大臣驻扎中国京都总理该国事务便宜行事鲍渥（M.Paul Beau）；

德国钦差驻扎中华便宜行事大臣穆默（Alfons Mumm von Schwarzenstein）；

俄罗斯钦命全权大臣内廷大夫格尔思（M. M. de Giens）。

日本国钦差全权大臣小村寿太郎（Komura Jutarō）；

意大利钦差驻扎中华大臣世袭侯爵萨尔瓦葛（Marquis Salvago Baggi）；

奥匈帝国钦差驻扎中华便宜行事全权大臣齐干（M.M.Czikann von Wahlborn）；

西班牙波旁钦差驻扎中华全权大臣葛络干（M.B.J.de Cologan）；

荷兰钦差驻扎中华便宜行事全权大臣克罗伯（M.F.M.Knobel）；

比利时钦差驻扎中华便宜行事全权大臣姚士登（M.Joostens）。

会议现场没有仪仗，没有奏乐。气氛压抑，双方表情都非常严肃。会议由列强外交团长葛络干主持。

葛络干首先就庚子事件做了简要回顾，阐明八国联军是在迫不得已的情况下出兵中国。同时将双方最后商定的结果进行宣读、公示。

工作人员将《中国与十一国关于赔偿1900年动乱的最后议定书》文本呈上桌案，双方签字画押。

所谓《最后议定书》即《辛丑条约》。1901年为辛丑年。

所有程序履行完毕，团长葛络干宣读致辞：

尊敬的阁下，我们刚刚签署了一份十分重要的文件，它将使诸国与大清帝国重建友好关系。这个文件的产生源于一些非常特殊的事件，在此，我们不想回忆起这些事件。我尊敬的同事们和我希望，随着本议定书各个条款的认真履行，这些事件将慢慢地被淡忘。

而中国应表现出建立良好的国际关系的意愿，这个议定书将带来和睦和友善。这是与会的各国政府和他们的代表的真诚愿望，在漫长的谈判中，他们和你们磋商，尽一切努力向你们表示他们的诚意，并做出了一切可能的让步。

能为达成这一令人满意的结果做出贡献，我们感到高兴，我谨再次向殿下和阁下表示，我们衷心祝愿大清帝国国泰民安。

奕劻作为中国的全权代表发言，他说：

诸位全权大臣阁下，吾谨以大清帝国和硕亲王名义并偕余之同僚，对使团长阁下致辞深表谢忱！适才签署之重要文件弥足珍贵，盖因其已清除去岁空前惨痛罪行之遗憾，并已促成吾大清帝国与诸贵国重修旧好。

吾人感谢诸位阁下于此前冗繁之谈判中所持之善意与妥协。余今谨向诸位阁下郑重宣示，去岁之事件将不复再现。值此，吾人谨向诸贵国皇帝陛下、国家元首表达衷心之愿望：吾人愿与诸贵国永结同好，和睦同处。

敬祝诸位阁下吉祥、康乐！

双方表面一番客套，纯粹是外交语言，实则内心各有想法。李鸿章眯缝着眼睛，有气无力地坐在那里听着。他似乎已经没有了多少兴趣。

《辛丑条约》共计12款，19个附件。重要内容有如下几项：

第一，赔款。赔偿各国白银4.5亿两，分39年还清，年息共计约9.82万两，创下中国赔款最多的纪录。

第二，使馆区派兵驻守。北京东交民巷一带仍为外国使馆区，各国自行派兵驻守，中国人不得在此居住。

第三，拆除大沽口至北京沿线的所有炮台，同时，允许各国在北京至山海关等12处地区驻扎军队。

第四，对于发生义和团、屠杀传教士与教民的地区，停止文武各等考试5年。

第五，向德国、日本派出亲王、大臣专使谢罪。并在德国公使克林德遇害之地设立石牌坊。

第六，惩治支持义和团的各级官员。

第七，总理衙门改为外务部，专门负责与外国沟通、交涉，列六部之首。


《辛丑条约》的签订是一件大事，是中国迈入新世纪的当头一棒。按历史阶段的划分，《辛丑条约》的签订标志着中国进入半殖民地半封建社会。

如此多的赔款，各国进行了不同比例的瓜分。具体瓜分数额如下：

俄国：13037.1120万两，约合1.3亿两，占比也最大，达28.79%；

德国：9007.0515万两；

法国：7087.8240万两；

英国：5062.0545万两；

日本：3479.3100万两；

美国：3293.9055万两；

意大利：3293.9055万两；

比利时：848.4345万两；

奥匈帝国：400.3920万两；

荷兰：78.2100万两。

另外还有43万余两，分别被西班牙、葡萄牙、瑞典和挪威等四国瓜分。

也就是说，中国对外赔款的国家多达14个。这笔赔款也叫庚子赔款。

让中国人绝对没有想到的是，几年后，这笔赔款又开始退回了。第一个提出退款的是美国。1904年12月，当中国驻美公使梁诚就赔款是用黄金还是白银的问题与美国国务卿海约翰争论时，海约翰竟然说"赔款实在是太多了"。梁诚立即抓住此话不放，开始与美国展开谈判。

美国退还庚子赔款只有一个要求，那就是必须将这笔钱用于教育。因为美国人认为，庚子之乱的根本原因是中国的教育落后，导致百姓愚昧。

有了美国的带头，其他各国也开始行动，先后退还了部分款项。其中，英国退回了赔款额的40%、比利时50%、俄国20%、荷兰20%、意大利15%。

燕京大学（北京大学的前身）、清华大学、协和医院等大名鼎鼎的教育、医疗机构都是受益于庚子退款。

《辛丑条约》的赔款虽然创下了历史纪录，但是最终因为延付、停付及退还，实际赔款并没有那么多。1939年1月，中国政府宣布，停止支付庚子赔款。也就是说，从1902年开始，到1939年止，赔款周期共37年。据相关统计，赔款实际支付为6.64亿两白银，扣除各国的退款，中国实际支付赔款数额共5.76亿两白银，约占总额的58%。

退款是后话，眼前的问题是筹集赔款。羊毛出在羊身上。如此巨额的赔款还是要转嫁到中国百姓的头上，所有赔款都需要各省进行分摊。

分摊省份涉及19省，根据各省的财力不同，分摊比例自然有多有少。各省每年分摊的款项如下："江苏：297.25万两；四川：261.8万两；广东：231.9万两；江西：216.6万两；湖北：167.4万两；浙江：156.4万两；河南：126.8万两；安徽：125.7万两；山西：116.3万两；湖南：100.4万两；山东：99.3万两；福建：99.0万两；直隶：85.8万两；陕西：70.4万两；新疆：40.0万两；广西：30.0万两；甘肃：30.0万两；云南：30.0万两；贵州：20.0万两。"

这19个省每年共需支付2305.05万两白银。清政府分摊到各省，各省再分摊到各州县，层层追加。如广西，本规定分摊30万两，结果各地在征收费用时，以"补平、补色、汇费"等名目进行多收，最终收上来有34万两。除上交清政府外，其余费用自然会落入地方金库或是贪官污吏的腰包中。

为了筹措天价赔款，清政府动用了各种手段，如裁减军费、俸禄，开办房捐、粮捐，盐斤加价，茶糖烟酒加厘、鸦片税厘等多种方式。

对此，各地怨声载道。河南巡抚锡良称："种种搜刮，无微不至……民力不支。"湖北巡抚端方在给新疆巡抚饶应祺的信中说："各项要需新案赔款，点金乏术，唤奈何。"

在中国百姓唉声叹气的时候，各国列强则是一片喜悦，因为他们所获的赔款远远超出了他们的预期。说白了，就是赚大了。清廷如此大方，一方面是没有谈判的筹码，另一方面是希望能尽快满足列强，让八国联军赶紧撤军。

其实，在惩凶与赔款谈判的同时，撤兵也在同时进行中。

# 五

## 联军撤兵

1901年4月17日的深夜，北京城万籁俱寂。突然，西苑仪鸾殿的房顶上窜出一股火苗，联军统帅瓦德西居住的仪鸾殿着火了。

起火点位于厨房。生火做饭后，炉子没有及时熄灭，引燃了周边可燃物。包括瓦德西在内，值班的军官与士兵也都在沉睡中，丝毫没有察觉。很快，整个厨房火光冲天，浓烟四起。瓦德西仍然是呼噜震天。火势迅速蔓延到前殿、后殿及周围房屋，大火中燃烧的木头"噼啪"作响。

"起火啦！起火啦！"第一个被浓烟熏醒的是马尔尚上校。惊慌失措的他迅速跑出房间，他一边大喊，一边跑向瓦德西的房间。

瓦德西从睡梦中惊醒，卧室内烟雾弥漫，他在慌乱中打开门冲向外厅，但外厅已经被大火包围，根本无法出去。瓦德西迅速返回卧室，抓起一把椅子，用力砸向窗户。窗户被砸开一个大洞，瓦德西钻洞逃出。瓦德西被烟呛得一个劲儿地咳嗽，惊魂未定，瘫倒在地。

马尔尚见瓦德西已经逃出，立即将他搀扶到安全的地方。

仪鸾殿周围兵营的士兵也全部醒来，马尔尚立即命令法军与日军展开救援。两国士兵迅速行动，通力合作，纷纷用水桶挑水、灭火，还有士兵跑进各个房间抢救财物、生活用品。马尔尚带领几名士兵，用湿毛巾捂住口鼻，冒险冲入未完全引燃的房间，寻找幸存者。

马尔尚发现，施瓦茨科普夫将军一直没有出来。大火使得施瓦茨科普夫的房间根本进不去人。

仪鸾殿的房间木质结构比较多，被大火吞噬后，没过多久便全部倒塌。

三个小时后，大火被扑灭。仪鸾殿的所有房间几乎全部化作灰烬。在废墟的瓦砾中，人们找到了被烧焦的施瓦茨科普夫将军遗体，还有另外3名军官的遗体。

瓦德西命令现场所有军官与士兵列队，向施瓦茨科普夫将军等4名遇难官兵集体默哀。

这次大火让瓦德西陷入一场巨大的绯闻中。北京百姓纷纷传言，在半夜着火时，瓦德西与名妓赛金花两人光着身子逃出室外。对于这个八卦故事，人们津津乐道。

不过，瓦德西并不在乎这些。他反复思考的是，不管按照中国文化还是西方文化，这场灾难似乎都是上天的一种预警。

1900年10月17日，瓦德西进入北京，入住仪鸾殿，到发生火灾时，整整半年时间。之所以选择住在慈禧曾居住的仪鸾殿，瓦德西希望以这种形式来羞辱中国，以此在心理上征服中国。

"难道我们做错了吗？难道我们进入中国的都城是不义之举吗？"这种怀疑一直笼罩在瓦德西的心头。他意识到这场大火似乎在警告联军，应该撤军了。

自1900年8月14日攻进北京后，在北京驻扎的各国联军多达3万余人。联军驻扎在大清帝国的京城，对清廷形成了强大的压力，也是与清廷进行谈判的重要砝码。

按照列强的要求，1900年春节后，对于祸乱的"高级匪首"基本已经惩治完毕，赔款工作也在有序推进中。联军撤兵的计划随之被提上日程。

最早提出撤兵的是美军。联军占领北京后，各项秩序逐渐恢复正常。和平的声音迅速成为主流。美军率先提出占领北京不是长久之计，应尽快撤军。

其他各国则各有盘算，如日本人认为，不能这么快就撤兵，要加强日本在这次博弈中的地位，提升大国权威。英国人认为，既要保住东南地区的利益，还要向北方扩展。法国人提出一个条件，如果要撤兵，必须先解除印度支那人的武装。意大利人认为，谈判远没有结束，仍有保护的义务。德国人还在盼着瓦德西大元帅的到来，要行使"强国之中的强国"权利。

八国联军虽目标一致，但利益不同。就像一伙强盗去村里打劫，其实也是各怀心思，强盗与强盗之间也会互相看不起，互相起纷争，甚至大打出手。八国联军同样如此。

侵华后，各国急于抢粮抢钱抢地盘，盗贼分赃不均，火并的事常有。

比如英国人与俄国人就曾多次动刀动枪。在天津郊区，英国人与俄国人同时到了一座村庄，在争抢家禽、粮食、蔬菜时，双方大打出手，多人受伤。

一次因为要借用铁路运兵，英国人说要多运英军，俄国人说要多运俄军，双方一言不合，再次动手，连军官都上阵了。双方参与的有上百人，幸亏联军统帅及时制止，否则非闹出人命不可。

联军在与清军交战时也并不是很团结。法国人盘算的是，先让英国人去送死，再让美国人尸体铺路，然后才是法国人跟进，最终让法国成为胜利者。也正因为此，在攻北京城时，法国人并不积极，是最晚攻城的一个国家。

由于忌恨德军与俄军的强大，法国人就与他们对着干。德国人要斩杀义和拳民，法国人就坚决不给。凭什么我们抓住的要交给你们？整得德国人也没脾气。

在撤兵问题上，俄国人喜欢玩花样。1900年10月，李鸿章到达北京后，俄军经常出入李鸿章居住的贤良寺。为了体现对李鸿章的尊重、对皇太后的支持，俄军称，可以将部分军队撤出北京。

实际上，俄国人将撤出的军队全部藏到了东北各地。此举引发了日本人的愤怒，因为东北也是日本人眼里的一块"肥肉"。1902年4月8日，英国与日本联合向俄国施压，俄国被迫与中国签订《交收东三省条约》，计划在一年半内分三期撤兵。但俄军在东北还是各种赖着不走，这为后来的日俄战争冲突埋下了伏笔。1904年，日俄在东北大打出手，中国只能表示中立。

俄军要赖，日本愤怒。其实，其他国家也担心日本要赖，因为日军在八国联军中人数最多。在攻陷大沽口后，联军急切需要大规模快速增兵。在这种情况下，只有从日本快速调兵才能满足需求。各国普遍担心，日军势力过大后，会赖在中国不走。英国果断出面，向各国保证，若日军要赖，可与各国一起联合对日本动武。

真正的行动还要看美国人。1901年5月5日，美军开始从北京撤兵。美国大兵要走了，再次出现了不可思议的一幕。据《美国人治下的北京》一书记载：大约1.3万名市民联名上书，向美军总指挥查菲将军请愿，希望美军继续留守。

在列强中，美国人似乎是一个另类。攻打大沽口时，美军认为没有政府的指令，不能参战。在商讨赔款时，美国人认为列强索要赔款过多，竟然上告到海牙国际仲裁法庭。再到后来，美国人又是第一个提出退还庚子赔款。

5月12日晚，西苑的皇家花园内，一场盛大的晚宴正在举行。晚宴的组织者是法国人。法军华伦将军盛装出席，奕劻与李鸿章也应邀出席。法国人热情周到，华伦将军志得意满。唯有奕劻与李鸿章两人比较沉默，李鸿章更是显得有气无力。在华伦向奕劻与李鸿章敬酒时，李鸿章差点没有站起来。

华伦对奕劻说："京城局势恢复，完全有赖于西方各国的团结努力。亲王大人，您是否愿意法国撤兵呢？"

奕劻没有直接回答，他说："感谢联军对清政府的帮助，让中国避免陷入动荡的局面。感谢各位将军与使节为此做出的努力。"

华伦哈哈大笑起来，他的笑是那样狂浪。李鸿章紧闭双眼，一言不发。

法国人爱玩虚的，而德国人说走就走，行动力最强。

5月15日，德皇威廉二世发来电报，命令瓦德西缩减远征军，撤回大部分德军。26日，德皇通电各国，要求撤回联军统帅部。31日，德国铁甲舰率先离开大沽口回国。

6月3日清晨7点30分，德军各部队全体集合，列队，等待检阅。德军撤兵正式开始。

在雄壮的军乐声中，瓦德西离开仪鸾殿，骑上战马，率先检阅了总司令部的官兵、宫廷卫成部队官兵、第一步兵联队官兵，然后是猎兵连、骑兵联军第二骑兵连。瓦德西向全体官兵致辞，对大家的工作表示感谢。

随后，瓦德西坐上马车离开西苑。孟加拉枪骑兵团护卫连与骑兵官兵在前面开道，其他总司令部的军官紧随瓦德西其后。全体官兵均着崭新的军服，战马也显得格外精神。联军持续不断的浩大马蹄声继续在皇城响起。

车队首先穿过元帅街，这是德军兵营的驻扎地。街道两旁居民全体出动，不停高喊"乌拉"。"乌拉"为德语"hurra"音译，"万岁"之意。口号整齐一致，显然是经过德军特殊训练过。

车队穿过紫禁城三座大门，一直抵达天坛旁的一座大型广场处。瓦德西穿过日本的步兵连、骑兵连与意大利的步兵连，进入德军卫戍营。卫戍营全体官兵列队而立，接受瓦德西的检阅。

随即，瓦德西登上天坛火车站的站台。站台上，德军、印军各一个连的官兵在此迎候。全体外交使团、德军将校团及英军、日军、意军、奥军、法军和俄军部分军官前来送别。直隶布政使周馥代表奕劻与李鸿章送别德军。

瓦德西与德军一起，登上火车。火车开动后，全体仪仗队鸣枪致敬，日本炮兵鸣放礼炮。其他军官高喊："乌拉！乌拉！"

德军的火车一路驶向天津，中途下起了雨，但依然没有阻止印度士兵在沿途车站列队致敬。

下午2时，瓦德西抵达天津。德军、英军、法军的将校团为其举行了盛大的欢迎仪式。在天津休息一晚后，6月4日11时，瓦德西在天津车站向联军道别，同样的仪式、同样的欢送。华伦将军亲自送别。

下午1点30分，瓦德西到达塘沽，又是一番欢迎仪式。下午2点，瓦德西登上轮船，换乘"赫塔"号巡洋舰。停泊在大沽口附近的战舰，瞬间礼炮齐鸣，水手全体出动，站到甲板上，高喊"乌拉"！

下午5点30分，一声汽笛长鸣后，"赫塔"号巡洋舰正式起航。望着大海不断起伏的波涛，瓦德西回望大沽口，似有依依不舍之情。在中国工作了9个月后，这位八国联军的第二任统帅与他的部分德军彻底告别了大清帝国。

联军统帅的撤走对其他各国军队示范作用明显，各国纷纷开始撤兵。7月25日，李鸿章电奏西安行在称，各国对北京地面已经基本交出，除保留使馆卫队外，美军、俄军已经全部撤离。英军、德军、日军也已经撤离过半，法军只有保定一支未撤。很快，联军还将撤走三分之一。待两宫从西安启跸后，联军再撤二分之一。当回銮至河南时，联军将全部撤走。

8月4日，距离《辛丑条约》签订还有33天的时间，奕劻与李鸿章同各国公使再次会商，称公约可以定稿画押。希望各国在8月15日前，除保留使馆卫队外，其他联军全部撤离。

天津的联军也相继撤离，但天津的都统衙门一直存在。直到1902年5月，原山东巡抚、继任直隶总督袁世凯才奉命与列强会商，要求收回都统衙门。

8月15日，在八国联军攻破天津25个月后，中外双方举行天津都统衙门交接仪式。出席交接仪式的外国代表有法军雷福里将军、德军罗赫什德特少将、英军克莱格少将、日军秋山将军和意军亚美格利奥中校，中方代表有袁世凯、唐绍仪、杨宗濂、张莲芳和曹嘉祥等人。

在交接仪式上，联军任命的天津都统衙门委员会主任乌沙利文将一个红封套交给袁世凯，红封套内既有官方的文件，还有18.5万两白银的支票。18.5万两银子是剩余财政。袁世凯也没打开看，直接将红封套塞进了长靴里。

交接仪式结束后，袁世凯命令天津第一任警察局长王庆年率队接受检阅。联军的军官不明就里，当3000名全副武装的警察部队迈着整齐的步伐，出现在外国人面前时，他们完全惊呆了。因为按照《辛丑条约》规定，大清国军队不能在天津驻军。

袁世凯微微一笑，向外国军官解释，这是大清国的第一支警察部队，是仿照西方国家学习而来，主要职能是维护城市治安。

原来，因为天津不准驻军的限制，袁世凯一直比较郁闷。最后，采纳唐绍仪的建议，学习西方，建立警察部队。袁世凯在自己的武卫中军里挑选了3000名士兵，改编成警察。中国警察制度由此在天津诞生。

是警察不是军队，列强们无话可说。

综合来看，唯一赖在中国的只有俄军，俄军并没有撤干净，始终在东北问题上扯来扯去，因为这个问题，还直接逼死了李鸿章。

# 六

# 西总布胡同的哭声

1900年12月，北京的风又冷又硬，偶尔还有风沙夹杂着雪花。77岁的李鸿章病倒了，他只能躺在贤良寺内听着外面的野风嘶吼。

来到北京后，与列强的各种周旋让李鸿章心力交瘁、身心俱疲。他就像一个传话筒，在清廷与列强之间反复递话；他又像一个夹心饼干，在清廷与列强之间两头受气。如何惩办祸首、如何赔偿，如何为清廷争取面子，如何维护慈禧的统治，这些都是李鸿章思考的主要问题。为此，他耗费了大量脑汁。毕竟年事已高，垂垂老矣，根本经不起这样的折腾。

议和，最终就要与列强签订协议，在签订正式协议前要先定一个议和大纲。在拿到议和大纲的草稿时，李鸿章就在床上哭了。他知道，根本没有商量的余地。

1月12日上午，正在发烧的李鸿章连续大声咳嗽。一直在身边伺候的仆人李立迅速上前查看。"大人，您怎么样？"李立关切地问。

"头晕，难受，心里憋闷。"李鸿章说话有气无力。

李立忙喊来医生。李鸿章的医生是一位外国人，是在瓦德西的建议下为李鸿章专门配备的。

洋医生迅速赶到，用手摸了摸李鸿章的额头，立即拿出体温计，让李鸿章夹在腋下。同时，解开李鸿章的上衣，用听诊器进行听诊。

几分钟后，洋医生取出体温计一看，高烧39度。他为李鸿章开了几片西药，同时嘱咐李立，用冷毛巾给李鸿章降温，同时让其服药静养。

李立不敢怠慢，均按医嘱照做。

下午1点30分，躺在床上的李鸿章慢慢坐了起来，李立忙上前搀扶。

"我下去走走，你准备点吃的。"李鸿章的病情似乎好转了一些。

按照以往的习惯，李鸿章喜欢在院子里散步。由于天气太冷，他只能在屋子里活动活动。很快，午饭准备好了，热粥、鸡汤，还有人参和黄芩配制的一种中药饮料。这些都是李鸿章爱吃的。

李鸿章吃得很慢，自生病以来，他一直没有什么胃口。

正在李鸿章吃饭的时候，贤良寺外响起一阵骤蹄声。

三辆气派的大骡车停在了门口，从车上下来几位洋人，领头的是英国公使萨道义。

萨道义的手下工作人员向门卫通报，大英帝国公使来探望大清帝国的全权大臣李鸿章。

守卫的清兵立即进去禀报。很快，李立出来，面见萨道义。

"公使大人，中堂大人近日身体欠佳，闭门谢客，非常抱歉！"李立微笑中表示着歉意。

萨道义有些不满，他说："中堂大人很久没有露面，我们非常关心，一定要前来看望，当面表达我大英帝国的深切关怀。"

李立忙说："贵国好意，我定会转告中堂大人，还望公使大人能理解。"

萨道义突然发起火来，他大声说："中堂大人身为大清国的全权大臣，为何总是躲起来，不愿意见我们？"

李立连忙解释道："中堂大人哪敢躲着各位公使，近期突感风寒，卧病在床，实在是身体不允许。"

萨道义大吼起来："我一定要见中堂！"

李立吓得不敢再说话，立即跑回去向李鸿章禀报。

李鸿章轻轻回了一句："可以见。"

萨道义等人被请进会客厅等候，不一会儿，在李立的搀扶下，李鸿章拄着拐杖来到会客厅。

萨道义立即起身，笑脸相迎，说："多日不见，中堂大人，身体可好？"

李鸿章勉强挤出一点笑容，说："老朽老迈年高，实不中用矣。"

"哪里哪里，作为大清国的第一枢臣，还望您主持大局。"萨道义恭维道。

"公使大人，此次造访，恐是为议和大纲而来吧？"李鸿章开门见山。

萨道义再次笑了起来，说："大纲之事，还是及早签订画押为妙。"

李鸿章没有说话，沉默了半分钟。他对萨道义说："大纲十二款，未免有些仗势欺人，太后与皇帝颇有难处，恐怕无法通过。"

李鸿章刚说完，萨道义的脸色突然变了。他左手重重地拍了一下桌子，迅速站起，厉声说道："议和大纲双方都进行了妥协，欺人之说根本无从谈起。如今京城联军数万，若贵国始终拖延，甚至毁约，那么，新的战争随时会爆发。"

李鸿章双目紧闭，一言不发。

"中堂大人，如果您记性不错的话，应该知道两广总督叶名琛吧。若不想成为叶名琛第二，那就最好尽快签了议和大纲。"萨道义又说。

李鸿章的身体颤抖了两下，很快便镇定下来。

萨道义明显在威胁李鸿章。叶名琛是第二次鸦片战争时期的两广总督，因中英战争失败被俘。后被英军押往印度进行囚禁，当成猴子被展览，因不堪羞辱，绝食而死。

李鸿章突然用拐杖使劲笃了一下地，大声说道："送客！"

萨道义在临走时还不忘"叮嘱"李鸿章，冷笑着说："中堂大人，中国有句古话，叫'顺势者昌，逆势者亡'。希望大清国不要自取灭亡！"

送走萨道义，李鸿章继续躺在床上。突然，他浑身颤抖，放声大哭。

李鸿章的哭声吓坏了身边的仆人，李立忙进行安慰。

此时，李鸿章的好友辜鸿铭赶来。看到痛哭的李鸿章，辜鸿铭坐在床边，握着他的手，久久不愿松开。他知道，李鸿章心中始终压抑着一口郁结之气，此时，大哭是缓解的最好办法。

列强那里已经没有回旋余地，慈禧对议和大纲全部应允。留给李鸿章的只有签字一条路。

1901年1月15日，李鸿章拖着虚弱之

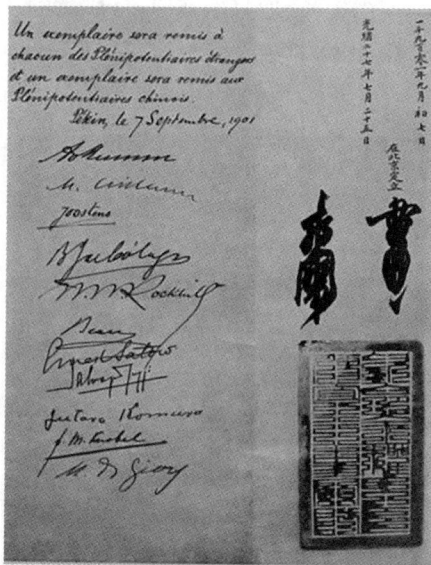

《辛丑条约》上李鸿章的签章

躯，与奕劻一起在议和大纲上正式签字。

得知签字后，辜鸿铭反倒来了脾气，质问李鸿章："纯粹一个卖国条约，你为什么要签字？"

李鸿章反问道："你难道说我是秦桧？"

辜鸿铭说："保全载漪一伙人有何意义？如此丧权辱国，就是卖国贼，你要被骂千秋万代。"

"卖国贼？好啊，能卖国也很了不起。问题是，我不卖国，洋人随时可发动战争，那样中华大地将再次陷入万劫不复。这样的灾难，谁能承受？"李鸿章道。

"哼！卖国者秦桧，误国者李鸿章也。"辜鸿铭说完，便拂袖而去。

李鸿章忙抬手挽留，谁知，刚抬起胳膊，就僵在了那里。突然，他手捂胸口倒在地上，口吐鲜血。顿时，全家上下一片慌乱。李立一边大喊医生来救治，一边与众人将李鸿章抬到床上。

1901年的春节，大清帝国没有一丝喜庆祥和的气氛。毓贤在兰州被处死，载勋在山西自尽，英年、赵舒翘在北京菜市口被执行斩首。帝国上下到处弥漫着一股血腥之气。

李鸿章依旧身体羸弱，每晚时常在梦中惊醒。他清楚地知道，自己的时日不多了。他经常独坐窗前，一边抽着烟，一边思考着自己的命运与帝国的未来。

李鸿章，安徽人，1823年生。少年的他勤奋苦读、聪慧异常。从小便拜合肥当地的名师，攻读经史。李鸿章经常回忆起年少的自己在书斋前苦苦求学的情景。

由于李鸿章的父亲在京城做官，为了能在顺天府参加乡试，李鸿章毅然进京。23岁时，意气风发的他挥笔写下了一首豪迈的诗作：

丈夫只手把吴钩，意气高于百尺楼。

一万年来谁著史，三千里外欲封侯。

定将捷足随途骥，那有闲情逐水鸥。

笑指泸沟桥畔月，几人从此到瀛洲？

在京读书期间，李鸿章依靠父亲的关系，遍访京城安徽同乡，备受提携与赏识。1847年，24岁的李鸿章高中进士。同时，拜在曾国藩的门下，学习经世之学。

太平天国骤起，朝廷大震。曾国藩创建湘军，李鸿章作为曾国藩的幕僚，开始接受战争的历练。1861年，38岁的李鸿章获准独自组建淮军。在保卫上海的战役中，淮军表现出色，随之，声名远播，迅速崛起。三年后，淮军攻克苏州等地，彻底将太平天国剿灭。随后，李鸿章几乎又以同样的战绩平定了捻军。

因镇压平叛有功，李鸿章的官也越做越大，视野格局同时也在快速提升。自署理两江总督开始，李鸿章便把工作的重心偏向了洋务工作。在他的主持下，江南制造局、金陵机器局、天津机器局相继成立。在很多领域，李鸿章创下了第一，如第一家民营轮船公司——轮船招商局；第一条铁路——唐胥铁路；第一所近代化海军舰队——北洋舰队。

1894年，甲午战争爆发。遗憾的是，李鸿章创办的北洋舰队几乎全军覆没。清廷一怒之下，将李鸿章革职。

李鸿章的一生，不仅是戎马倥偬的一生，还是四处灭火的一生。自1870年成功办理"天津教案"后，李鸿章升任直隶总督兼北洋通商大臣。从此，他与外交结缘，在与列强的不断周旋中，为大清帝国赢取喘息、续命的机会。

1876年2月，英国公使翻译马嘉理在云南被打死，李鸿章代表清政府被迫与英国签订《中英烟台条约》。外界认为，这是李鸿章签订的第一个"卖国"条约。从此，李鸿章在签约的路上不断背负着各种"卖国贼""汉奸"的罪名。

最难忘的一次签约，当属甲午战败后，在日本签订的《马关条约》。1895年3月，李鸿章临危受命，东渡日本，在下关春帆楼与日方进行谈判。

艰苦的谈判进行了一轮又一轮，让李鸿章甚是疲惫。中途，李鸿章遭遇日本浪人的刺杀，子弹打在了左眼下，李鸿章的精神备受打击。最终，李鸿章与日方签订《马关条约》。中国割让台湾等岛屿给日本，并赔偿日本两亿两白银，由此创下了当时对外赔款最多的纪录。李鸿章回国后，再次遭到舆论的猛烈抨击。

《马关条约》的签约，是李鸿章从政以来感到最屈辱的一次。既有日本的咄咄逼人，又有国内的大加讨伐。

1896年3月，李鸿章奉命出访欧美。在历时半年的考察中，李鸿章走访了俄国、英国、法国、德国、荷兰和美国等列强。每到一个国家，他都强烈地感受到，中国现实与西方文明的巨大落差。无论走到哪里，都有一口棺材始终跟随着李鸿章。73岁的他，担心死在中途，无法落叶归根，毅然抬棺出访。无疑，为这次历史性的出访增添了几分悲壮与苍凉。

1900年1月，在焦急的等待中，清廷命李鸿章南下，任两广总督。李鸿章再次执掌权柄。当他在广东轰轰烈烈地扫黑时，华北的义和团愈演愈烈。李鸿章虽身在广东，但一直密切关注着京城的局势。

义和团大举进入天津、北京，疯狂攻击教堂、传教士与教民，清廷上下一片混乱。慈禧宣战后，载漪等人煽动义和团与清军攻击西什库教堂与使馆区，八国联军不断发出威胁，扬言进攻北京。大乱在即，李鸿章毅然对朝廷的旨意发出"此乱命也，粤不奉诏"的有力回应。

在李鸿章的积极参与下，东南互保形成，稳定了中国的南方。

谁知，他又成了灭火队长。清廷命李鸿章北上议和，并授全权大臣。

李鸿章不愿意接这个烫手的山芋，但没办法，朝廷上下已经没有人可用。

或许是长途的奔波，也或许是长期的忧心，从那时起，李鸿章就开始病了。在上海期间，李鸿章感冒、腹泻，夜不能寐，元气大伤，生命就此进入了倒计时。

身在北京的李鸿章，虽为全权大臣，但他感到了刻骨的孤独与无助。与列强的长期拉锯战让他苦不堪言。为什么总是自己受这份罪？李鸿章不明白。

阿历克亚在《李鸿章传》一书中称："每当清政府把这个巨大的帝国带到毁灭的边缘，他们唯一必须启用的人就是李鸿章。"

大清帝国再次面临毁灭，又一次签约摆在了面前。

列强狮子大开口，一次次地加码，让赔偿金额已经达到了4.5亿两，年息4厘，连本带息高达9.8亿两，相当于清政府10年的财政收入。

李鸿章不敢想象，未来的大清帝国会面临怎样的灾难。他痛恨列强，也痛恨载漪等人擅权专政，甚至痛恨慈禧的任性妄为、痛恨光绪的软弱无能。但他又能怎样？

躲在西安的慈禧显然没有李鸿章那样的忧虑，只要不让她放弃权力，一切照准，《辛丑条约》恰恰没有涉及这个问题。"量中华之物力，结与国之欢心"，慈禧在《罪己诏》中特别使用了这句话。后来，这句话广为流传，虽然有争议，但是也坐实了慈禧卖国的一面。

1901年9月7日，《辛丑条约》正式签订。这个仪式，作为全权大臣，李鸿章无论如何是躲不掉的。面对眼前的各国洋人，虚弱不堪的他，意识应该是模糊的。签字现场，他只不过是一个图章而已、一个机器罢了。因为对于条约内容，慈禧全部答应了。李鸿章就是代替清廷签个字、画个押。

在返回的路上，李鸿章泪流不止。在他手里再次诞生了一个创造纪录的丧权辱国的不平等条约。这意味着后世骂名他是背定了。尽管有人搀扶，在进入卧房的一刻，李鸿章突然大口吐血，差点跌倒在地。紫黑的血块弄脏了一地。

家人慌乱不已，忙将李鸿章抬到床上，洋医生立刻进行诊治，最终得出结果，胃血管已经破裂，暂时不能再进食。实际上，李鸿章已经吃不下去东西。

经过多天调理后，李鸿章逐渐意识清醒。他要做的第一件事，就是上奏西安行在。仆人准备好笔墨后，李鸿章被搀扶起来，他颤颤巍巍地拿起了笔。

他写道："臣等伏查近数十年内，每有一次构衅，必多一次吃亏。上年事变之来尤为仓促，创深痛钜，薄海惊心。今议和已成，大局少定，仍望朝廷坚持定见，外修和好，内图富强，或可渐有转机，譬诸多病之人，善自医调，犹恐或伤元气，若再好勇斗狠，必有性命之忧矣。"

这段话既是李鸿章多年外交工作的一个总结，也是对慈禧等人的一个忠告，也可说是警告。"外修和好"也被外界认为李鸿章是软弱的。

尽管与各国的条约已经签字，但俄国的事情并没有完。在李鸿章到达北京后，俄国人踏破了门槛，不断到贤良寺来探望。都知道李鸿章是亲俄派，与俄国走得非常近。事实上也的确如此，李鸿章更希望联合俄国来抵抗其他列强，正所谓"以夷制夷"。

在八国联军侵略天津、北京之际，俄军在中俄边界地区制造了海兰泡惨案与江东六十四屯大屠杀，并占领了东北大部地区。俄国要交出东北，需要与清廷单独签约。

李鸿章已经没有力气再与俄国谈判，但此时奕劻又不在北京。原来，慈禧回銮，奕劻出京去迎驾了。李鸿章立即电奏行在："臣病十分危笃，京师根本重地，非庆亲王回京，不足以资震慑。敬乞天恩，电饬庆亲王奕劻，无论行抵何处，迅速折回，大局幸甚！"

李鸿章病危，慈禧大惊，特别进行安慰："览奏深为廑念……该大学士为国宣劳。忧勤致疾，著赏假十日，安心调理，以期早日就痊。荣庸懋赏，有厚望焉！"

李鸿章的病情越来越重，多日无法进食，高烧不退。

11月7日上午10时，俄国公使雷萨尔来到西总布胡同27号，这里是李鸿章的私邸，距离贤良寺并不远。在李鸿章的床前，雷萨尔俯下身，不停地叫着"中堂大人"。

很久，李鸿章才睁开眼睛。看见俄国人在身边，李鸿章的身体不由自主地抖动了两下。雷萨尔大喜，立即掏出一沓文件，念给李鸿章听。这是俄国拟与中国签署的一份《交收东三省条约》。雷萨尔希望，李鸿章尽快代表清廷签字。

此时的李鸿章已经根本说不了话，眼角流泪，双唇微动。雷萨尔一看，感觉不妙，立即唤来李立，询问李鸿章的印章在何处。李立不知有诈，忙找来印章。雷萨尔拿着印章就要往文件上盖，李鸿章的身体突然激烈地抖动起来。

这时，李鸿章昔日的老部下周馥赶了过来，从雷萨尔手中夺回印章，怒斥道："堂堂一国使臣，竟然如此卑劣！我中堂大人重病在身，无法行使全权之权力，今日由我代为接管！"

雷萨尔尴尬退下。李鸿章双眼紧闭，似乎安静了下来。

周馥与李鸿章的家人全部跪地大哭，以为李鸿章真的死了。此时，李鸿章又突然睁开了眼睛，周馥忙爬到床前，哭着说："俄国人说了，中堂走了以后，绝不为难中国！还有，两宫不久就能抵京了！"李鸿章两眼大睁，一动不动。

周馥说："中堂有何放心不下，不忍去耶，未了之事，我辈可了，请公放心去吧！"周馥边说，边用手合上了李鸿章的双眼。

上午11时，李鸿章逝世，终年78岁。

这一天，慈禧回銮至河南荥阳。也许是上天的冥冥安排，荥阳至省城开封的电报线刚刚架好，就接到一封京城传来的加急电报：李鸿章病逝！

李鸿章的死犹如晴天霹雳，把慈禧劈了一个跟头。大清国的顶梁柱塌了，这个消息震惊了整个回銮队伍。慈禧在外流亡，京城主持大局、与洋人议和全靠李鸿章，如今刚刚完成议和就驾鹤西去，实在让人难以接受。

有人形容慈禧惊闻噩耗后，是号啕痛哭，这个说法不为过。吴永在《庚子西狩丛谈》中记载："旋得京师来电：合肥相国，已于今日午刻逝世。得此噩耗，猛的如片石压入心坎之中，觉得眼前的百花，立时都颜色惨淡。听说两宫震惊痛悼得失去了常态，随驾人员，乃至于太监、卫士，无不相顾错愕，如同大梁和柱子倒塌下来，骤然间失去了倚恃一样。到了这样的关键时刻，才开始知道元老大臣对于国家安危的分量。"

李鸿章的死，可谓山河鸣咽，天地黯淡，慈禧亦为之痛哭。李鸿章主持外交工作30年，没有李鸿章在外苦撑危局，哪有慈禧稳坐权力之巅？李鸿章的死，是清廷的重大损失，从此朝中再无李中堂。慈禧为失去肱股之臣而哭，更重要的是，没有李鸿章，谁还给自己背锅？慈禧痛哭，也是在惜别"背锅侠"。

11月8日，美国使馆为李鸿章降了半旗。京城一片庄严、肃穆，主要大街上悬挂了招魂幡。各部衙门的官员全部穿上了刺绣装饰的丧服。

贤良寺内，哀乐不断低回。灵堂已经搭好，院中停着一口上了漆的柚木棺材，这就是跟着李鸿章环游世界的那口棺材。

京城的官员陆续赶来吊唁。庭院里堆满了各种祭祀用品，如纸做的轿子、马车、马匹。11月9日，各国公使开始吊唁李鸿章。他们在李鸿章遗像前脱帽鞠躬致敬的那一刻，应该非常清楚，李鸿章是为大清帝国操劳而死。

在整理遗物时，家人发现了李鸿章一封遗折与一首遗诗，可算作他的遗言。遗折是这样写的：

全权大臣直隶总督李鸿章奏，为臣病垂危，自知不起，口占遗疏，仰求圣鉴事：

窃臣体气素健，向能耐劳。服官四十余年，未尝因病请假。前在马关受伤，流血过久，遂成眩晕。去夏冒暑北上，复患泄泻，元气大伤。入都后，又以事机不顺，朝夕焦思，往往彻夜不眠，胃纳日减，触发旧疾，时作时止。迭蒙圣慈垂询，特赏假期，慰谕周详，感激零涕。和约幸得竣事，俄约仍无定期，上贻宵旰之忧。臣未终心事，每一念及，忧灼五中。本月十九夜，忽咯血碗余，数日之间，遂成沉笃，群医束手，知难久延。谨口占遗疏，授臣子经述恭校写成，固封以俟。

伏念臣受知最早，蒙恩最深，每念时局艰危，不敢自称衰病。惟冀稍延余息，重睹中兴，赍志以终，殁身难瞑。现值京师初复，銮辂未归，和议新成，东事尚棘，根本至计，处处可虞。窃念多难兴邦，殷忧启圣。伏读迭次谕旨，举行新政，力图自强。庆亲王等，皆臣久经共事之人，此次复同更患难，定能一心勰力，翼赞讦谟。臣在九原，庶无遗憾。至臣子孙，皆受国厚恩，惟有勖其守身读书，勉图报效。属纩在即，瞻望无时，长辞圣明，无任依恋之至。谨叩谢天恩，伏乞皇太后、皇上圣鉴。谨奏。

相比之下，李鸿章的遗诗则流传甚广，全诗如下：

> 劳劳车马未离鞍，临事方知一死难。
> 三百年来伤国步，八千里外吊民残。
> 秋风宝剑孤臣泪，落日旌旗大将坛。
> 海外尘氛犹未息，请君莫作等闲看。

"秋风宝剑孤臣泪"，正是李鸿章对自己为官的真实写照，悲凉之情溢于言表。

对于李鸿章的评价，众说纷纭。11月16日，法国的《法国画报》发表文章称："他虽然对试图支配清朝的西方国家心怀怨恨，但也会根据具体情势选择妥协退让。无论如何，李鸿章都不是一个平凡之人，注定会有一番大作为，被人们称为'东方的俾斯麦'。"

不过，该报在积极评价李鸿章的同时，也透露了李鸿章坐拥30亿财富的消息。"东方俾斯麦"的评价其实最早出自德国海军大臣柯纳德，是李鸿章访问德国时获得的美誉。

11月17日，美国的《呼声晨报》发表评论，称李鸿章是黄皮肤的拿破仑："中国在吊唁它伟大的政治家。它的那位'黄皮肤的拿破仑'去世了。不仅对于他的人民，对于所有认识他的人来说，李鸿章都是伟大的。他高明的外交手段、开明的思想，以及对那些在很多方面落后了他一个世纪的人民的智慧和耐心，都使他在相当长的一段时间里非常著名。"

美国国内对李鸿章的评价是：以文人来说，他是卓越的；以军人来说，他在重要的战役中为国家做了有价值的贡献；以从政来说，他为这个地球上最古老、人口最多的国家的人民提供了公认的优良设施；以一个外交家来说，他的成就使他成为外交史上名列前茅的人。

日本首相伊藤博文则认为李鸿章是"大清帝国中唯一有能耐可和世界列强一争长短之人"。

日本国内对李鸿章的评价也非常高："知西来大势，识外国文明，想效法自强，有卓越的眼光和敏捷的手腕。"

1901年12月，李鸿章的死敌，梁启超为李鸿章作传。他认为："四十年来，中国大事，几无一不与李鸿章有关系。故为李鸿章作传，不可不以作近世之笔力行之。"

梁启超拿军事、内政、外交三个方面进行了对比："以兵事论，俾斯麦所胜者敌国也，李鸿章所夷者同胞也；以内政论，俾斯麦能合向来散漫之列国而为一大联邦，李鸿章乃使庞然硕大之支那降为二等国；以外交论，俾斯麦联奥意而使为我用，李鸿章联俄而反堕彼谋。三者相较，其霄壤何如也！"

梁启超的评价很犀利，李鸿章与俾斯麦，一个地一个天，差得太远。"李鸿章之学问、智术、胆力，无一能如俾斯麦者，其成就不能如彼，实优胜劣败之公例然也。"

李鸿章注定是一个备受争议的人，但慈禧太后视李鸿章为"再造玄黄之人"。所谓"再造玄黄"，就是重塑天地，改天换地。

倒是李鸿章的自我评价还比较谦虚，他认为自己就是一个"裱糊匠"。晚清的中国，风雨飘摇，自己只能修修补补而已。

李鸿章曾说："我办了一辈子的事，练兵也，海军也，都是纸糊的老虎，何尝能实在放手办理，不过勉强涂饰，虚有其表，不揭破，犹可敷衍一时……但裱糊匠又何术能负其责？"

这里既涉及自我评价，又有抱怨与不甘。所抱怨之人，自然就是慈禧。

李鸿章一死，慈禧自然会压力山大。不过还算幸运的是，议和大事已经谈成，协议也签了字，慈禧回銮便轻松了很多。

# 七

# 回銮

1901年10月6日凌晨，西安城内的万盏彩灯鲜艳夺目。天还没有亮，四处便开始喧哗起来。巡抚衙门外，清兵与仪仗队在迅速集合、站位中。西安大小官员陆续到此集中，城内的百姓纷纷涌过来看热闹。通往巡抚衙门的几条大街拥挤不堪，人山人海。

此时的西安，如过节一般。沿街人家张灯结彩，大摆香案，有些地方还摆满了茶尖台子，水果、干点一应俱全。重要路段有黄缎扎成的高大彩棚，沿途街道，全部黄土垫道。

这是西安不同寻常的一天，两宫要回銮了。

早上7点，各处号手吹响号筒，传令兵高喊：预备！西安城门全部打开，车马走卒各就各位。

7点30分，一支马兵步队率先而出，手持兵器，沿途驱赶闲人，维持秩序。15分钟后，一支先锋马队打头，旌旗飘荡，很是威武。马队后面跟着的是太监队伍，有200余人。太监们都是徒步而行，速度很快。接下来是身披马褂的御前侍卫队伍，每人腰间悬挂一把刀，表情冷峻，眼神犀利。紧跟着的是几乘御用銮舆，銮舆里装的不是人，而是各种朝廷的机密奏折与文件。

御前顶马卫队鱼贯而出，领头军官向道路两边的官员与百姓传令下跪。顿时，街道两旁跪倒一片，且全部低头，不允许抬头。

光绪的銮舆出现了，黄缎绣龙、镶嵌着珠宝，16人抬轿、20人手扶。后面是三乘备用銮舆，无人乘坐，但与光绪的銮舆一模一样。

接下来便是慈禧的銮舆。慈禧的轿子，门帘是打开的。但跪倒在地的官员与百姓是不允许抬头看的，只有远处的记者才有幸看到慈禧的尊容。

皇驾队伍非常浩大，慈禧的后面是皇后，皇后的后面是嫔妃，然后是大阿哥，再后面就是各位亲王、军机大臣，及众多随行官员。

两宫回銮正式启行。这场欢送仪式盛大无比，史载是"仪卫甚盛，发率数万人"。其实，在浩浩荡荡的回銮队伍中，还有大量运载财物的马车，"金银、绸缎、古董、玩器，尚不胜载"。不过，整个队伍并没有数万人，更多还是当地的官兵，实际上只有3000余人。

这场送别仪式，民间讽刺为送"瘟神"，意指两宫在西安并不得人心。

在送别队伍中，有一群人哭得特别伤心。这些人本应可以跟随太后与皇上回到紫禁城，但他们被抛弃了，只能留在西安。如庄亲王载勋被赐令自裁后，家属就成了无人照顾、无人过问的对象。如今，两宫一走，他们就彻底没有了依靠。还有一类人哭得非常伤心，如原来的西安知府胡延，一直为两宫忙前忙后，得到了慈禧的最高嘉奖，升官加薪，大加赏赐。胡延的哭是感恩，是发自心底的感激。

回銮不是一件小事，慈禧比较迷信。对于出城的路线也是精心设计好的，本来，回銮路线是出东门奔河南方向，但慈禧认为"南方旺气向明而治"，便决定由南门出城，再绕到东门。

在西安东郊，有一座道教全真派寺庙八仙庵。为了祈求回銮顺利，慈禧等人特地到八仙庵拈香进膳、上香拜神。稍事休息后，再次启行。临走时，慈禧赏给八仙庵千余两银子，准其扩建，并另赐两面匾额，同时封道长为"玉冠紫袍真人"。

从1900年10月26日西逃至西安，到1901年10月6日启程回銮，慈禧与光绪在西安待了将近一年的时间。事实上，这一年的时间，西安则成了大清帝国真正的京城。

告别西安，慈禧的心情是轻松的。在西安的一年，对慈禧来说，更多是煎熬，害怕八国联军进攻陕西，害怕列强追究自己的责任，害怕自己失去权力。

如今，列强的要求已经全部答应，并开始撤兵，此时回銮正是最佳时期。

或许是不走回头路的原因，两宫回銮没有按西逃路线原路返回，而是选择走河南开封，从直隶南部，经正定、保定回北京。

与西逃时的仓促不同，回銮是计划内的行动，各地都开始大规模建造行宫。

因此，两宫在回銮期间，大多在行宫住宿。

回銮的第一天，走了约40里路，慈禧一行人驻跸在骊山行宫，这里有著名的华清池。谁知道，第二天他们就遇到了意外。

出了骊山行宫继续走，又走了40多里，进入临潼县临口镇后竟然没有人前来接待。太监报告说，临潼知县夏良才跑路了。据吴永的记载："王公大臣多至枵腹，内膳及大他坦（满语音译，意为太监住所）均不得饱食，大他坦且无烟火，夜间殿上竟不具灯烛。"

王公大臣没有吃的，住宿的地方没有照明，知县不见踪影，这是万万没有料到的。更想不到的是，慈禧竟然没有发火，赏银200两，让太监去采买。

慈禧不发火，不代表知县可以逃避。夏良才被抓回，经审问得知，不是夏良才故意跑路，而是打前站的太监向其索要"宫门费"1200两，夏良才不愿意给。太监一怒之下，将接待物品全给砸了，水缸也给砸破了，甚至还要殴打他。无奈，夏良才逃到乡间躲避。但太监根本不承认，反而污蔑夏良才，说他私吞了2.7万金。

如果这事发生在西逃的路上，不管是知县还是太监，必须有人会掉脑袋。但在回銮的这个时候，慈禧选择了原谅，没有再追究。有人据此认为，经历了太多的磨难，让慈禧更加宽容。

但很多媒体并不认同此说法，如《字林西报》《杭州白话报》。后者在《回銮纪事》的报道中认为，是李莲英唆使太监索贿，然后又暗中指示虎神营的官兵冒充劫匪，在知县外出迎驾之时打砸了厨房。因没有接待，慈禧大发雷霆，要将知县正法。幸亏光绪在旁好言相劝，才免了知县一死。

不过，巧的是，慈禧在不经意间躲过了一场刺杀。一个叫夏思痛的革命党人一直试图刺杀慈禧。在得知慈禧西逃后，他曾秘密潜入西安，伪装成回民，住在回民街，试图行刺慈禧。但由于行在护卫森严，夏思痛根本没有机会。

在得知慈禧回銮要经过临潼县后，夏思痛找到了夏良才。夏良才十分敬佩他的革命精神，便收留了他。但太监索贿一事发生后，夏良才跑到了乡间，夏思痛也就失去了接近慈禧的机会，只好放弃。

在陕西的几天，常遇风雨，秋风秋雨秋景，慈禧借机多停留了几天，她登临华山，拜谒西岳庙，游览玉泉院、青柯坪。当地民间有个"千里驮水"的传说，说慈禧看到醴泉的泉水不错，就命人装了几十大桶，运回北京。结果，走到半路，水就变质了，根本没法喝。

10月16日，出潼关，正式进入河南境内。河南巡抚锡良率主要官员在交界道路两旁跪地迎接，高呼"万岁"。在河南的第一晚，驻跸阌乡县行宫。河南的接待比陕西好很多，可谓相当豪华。行宫地面上铺设着芦席，芦席上还有红毡，红毡上还有绒毯。庭院里有奇花异草，门廊上有华灯异彩，卧榻上有锦绣绸缎，墙上有名家字画，书案上有文房四宝，连厕所都铺上了地毯。

行宫虽豪华，但河南的路却崎岖难行。在进入灵宝县时，只能走悬崖峭壁中间的羊肠小道，虽已进行拓宽，但仍然较窄。因此，皇驾队伍行进非常缓慢。

10月27日，慈禧一行抵达河南府洛阳。河南知府文悌将接待规格又提高了一级。吴永回忆说："次日往瞻行宫，则局势宏丽，陈设皆备极精好。"

不仅行宫建得豪华，而且文悌还非常会来事。慈禧在洛阳停留了八天，文悌上下奔忙，日夜在宫内巡查，事无巨细，非常严密。为了讨好李莲英，一次性就奉上了一万两银子。夸张的是，为了让自己的脸色好看一些，文悌开始"美颜"，在脸上抹了粉。

文悌接驾有功，慈禧离开洛阳时将其升为贵西道台。谁知，慈禧前脚刚走，文悌或因为操劳过度，一病不起，最终病重不治，一命呜呼。

皇驾经过的黄河沿岸，满目荒凉，民生凋敝。坐在銮舆内的慈禧不知道，为了迎接皇驾，沿途各县广征民众，大兴土木，耗尽了民财。为了讨好太后与皇上，各级官员层层加码，沿途道路全部要重建、翻修，从潼关到灵宝，途经的山谷山间小路，比较难行，为此要大幅扩宽，修成平整大路。

在巩县，原本建好的行宫，因为洪水被冲毁，遂又重建，致使当地财政枯竭，幸好当地富商捐资才得以完工。巩县洛河，没有桥梁，于是大量征调民用船只，建造浮桥。桥上铺上木板，再铺上黄土。沿途所有道路，全部要细软的黄土铺道。既可以减少马蹄的声音，还可以起到减震的效果。

英国《泰晤士报》认为，这样的道路，每英里造价大约需要1000英镑。我们按此计算下，一英里约等于3.2里，按1910年的汇率，一英镑等于7.43两白银，1000英镑就是7430两白银，再用7430除以3.2，每里的成本约为2321.88两白银。从西安到直隶正定府（正定到北京，改乘火车），按2200里计算，需要花费白银

510.8万两。

有了"五星级"道路还是不够的，沿途的风景也要"五星级"。沿途村庄、街市都要整修，破败的地方不能让老佛爷看到。街市要换门面，全部装修一新。所过之处，还要净水泼街。虽然时间紧急，搞一些临时设施还是可以的。这又是一笔数百万的巨资。

11月7日，回銮队伍抵达开封府治下的荥阳县。下属有人报喜，说荥阳到省城开封的电报线刚刚架好，以后再也不用费时费力了。谁知，下午时分，慈禧便收到京城电报，得知李鸿章病逝。

李鸿章的死震惊了整个回銮队伍，犹如天塌地陷一般。慈禧痛哭不止，这是她回銮以来最难过的一天。

肱股之臣虽死，但回銮不能停。在巨大的悲痛中，11月12日，慈禧抵达省城开封，并在此停留了33天，也是她中途停留最久的时间。

刚到开封，奕劻赶来迎驾。本是全权大臣的奕劻与李鸿章出席完《辛丑条约》签字仪式后，就寻思要出京迎驾。慈禧见到奕劻，倍感亲切，多次召见他，就京城的事情进行询问。

在开封期间，正值慈禧的67岁生日。十月初十定为万寿节。慈禧要求"概行停止"。表面上说不办，但地方官员都已经准备好了，这么好的表现机会怎能错失。于是，一场盛大的"生日派对"仍如期举行。

万寿节的开封，全城上下，装饰一新，当地官员恨不得把整座城市重新装修一遍，节日氛围浓郁。开封地处中原，交通方便，各省给慈禧祝寿的官员蜂拥至开封。在庆典上，开封大小官员皆"蟒袍补服，诣宫外排班，行朝贺礼"。

开封城内，彩旗招展、锣鼓喧天，老佛爷门前唱大戏。大小戏班，名角不断，始终洋溢在喜庆、祥和的氛围中。

慈禧祝寿大会所用的很多用品都是专门订制的，如桌椅、餐具、茶具等用品。仅此一项，花费白银3万两。为了筹备"万寿庆典宴"，从河南各地请来众多名厨，为慈禧烹饪佳肴美味，如套四宝、烧臆子、凤踏莲、扒象鼻、好烧麒麟面；从山东请来糕点师傅，做出的小点心不仅玲珑好看，而且还跟京城做的完全一样。

冬天的开封，草木凋谢。没有花草装点是不行的，当地官员从南方购买了众多菊花、牡丹、海棠等花草，仅仅菊花就有1000多盒。为了能保鲜，还挖了几个特别大的地窖，将花草放入地窖中贮藏。

袁世凯为了向慈禧祝寿，特向慈禧献礼进口汽车一辆。据说袁世凯到德国驻天津领事馆时，德国领事向他展示了一种先进的玩意，不用拉、不用推，就能走的车。袁世凯看后大喜，用1万两白银买下，送给慈禧。

这辆汽车一直被外界认为是"奔驰"牌汽车。其实，这辆车至今还在颐和园里展览，德国奔驰公司曾专门派人来调查，发现并不是自己公司的汽车，而是属于美国图利亚公司，因为在汽车的脚踏板上有英文"DURYEA"（图利亚）的字样。

慈禧自然也是陶醉的，盛大的万寿节让慈禧忘掉了得知李鸿章之死时的悲伤，同样忘掉了去年刚刚出逃时的不堪与狼狈。

慈禧在开封除了享受奢靡外，也在思考着大清帝国的未来。为此，清廷推出了一系列的教育改革措施。如命各省开办学堂，为改革建学储才。对于1900年耽误的乡试，顺延至1902年。1900年的会试，顺延至1903年。将顺天府乡试改为河南贡院举行。1904年的全国会试，同样定在河南贡院。

11月30日，慈禧在开封再做重大决定：将溥儁的大阿哥的名号撤除，命其立即出宫。命令一出，溥儁顿时哭成泪人。

溥儁被扫地出门，除了自己不争气外，主要原因还是慈禧已经认识到自己的错误。1900年的己亥建储正是庚子祸乱的一个根源。

其实，溥儁早就应该知道，当他老爹端王被流放新疆的时候也就意味自己政治生命的终结。被废黜后的溥儁，被封为宗室中最低等级的八分辅国公衔，在两名侍卫的护送下，骑马返回北京。至此，历时两年的"己亥建储"闹剧彻底结束。

关于后来的溥儁，据说到北京后，居住在醇亲王王府，又赴内蒙古阿拉善与父亲载漪团聚，并与自己的表妹结婚。再后来，有人说看到他在北京地安门与鼓楼附近卖王致和臭豆腐，吆喝声抑扬顿挫。卖臭豆腐的事情如果为真，应该也是辛亥革命以后，那时的溥儁已经穷困潦倒。

12月14日，隆冬时节，黄河很快结冰，回銮队伍开始北上。河南大小官员全部跪倒在城北的黄河柳园渡口为两宫送行。原本乌云密布的天气突然放晴，或许这是一种吉兆，銮驾果然顺利过河。

《杭州白话报》及时揭露了回銮队伍的豪奢程度："由河南开封到北京，一路上修造跸路桥梁的小工有上万之多，凡是有河港处，必要搭桥梁三座。跸路旁边，更添造小路两条，行在各位大官，恐怕有人要在路上谋杀皇太后，特地格外谨慎小心，防范甚严。由开封到北京，一路都派人看守。"

正如夏思痛这样的刺客还是有的，因此皇驾的安全是第一要素。皇驾的安全防范一定会骚扰到地方百姓，在河南，"鸡入笼，狗上绳，牛羊入圈人禁行"成为铁规。

12月22日，慈禧一行进入直隶境内，新任直隶总督袁世凯接驾。袁世凯是聪明人，在皇驾等人还在河南的时候，袁世凯就派出了手下周馥去河南学习先进的接待经验。袁世凯与周馥反复制定接待方案，确保详细而周密。

慈禧刚踏入直隶磁州，就遇到了一件大事。袁世凯派手下段祺瑞武卫右军进行迎接护驾。在其他地方，无论什么人，遇到太后与皇上，都要下跪。但这支武卫右军是新军，段祺瑞是德国留学归来，军队学习德国"将不下马、枪不离手"的制度，只向皇驾行军礼，拒绝下跪。其他宗室贵族大为恼火，慈禧反倒是看得开，并没有责怪袁世凯。

慈禧等人或许都没有想到，未来的袁世凯依靠这支新军，逐渐登上权力顶峰，成为决定大清帝国命运的实权人物。

不过，袁世凯与段祺瑞也不会想到，在护驾队伍中有一位任右翼第一营统领的军官，后来成长为发动复辟的辫子军领袖，他就是张勋。

12月31日，1901年的最后一天，回銮队伍北上到达正定县。按照计划，全体人员要乘坐火车进京。

此时的皇驾队伍规模已经到了最大，从北京来办理皇差的车辆、人马源源不断，整座正定府内拥挤不堪，大小客栈根本住不下。

在正定停留的三天时间里，慈禧又有了新想法，她特别提出，要"安不忘危，痛除粉饰，君臣上下，同心共济"，并计划到北京后第一项工作就是接见各国公使与夫人。

眼看京城在望，慈禧的心情必是比较急迫的，像一个久未归家的游子。

1月3日上午9点，回銮队伍由正定乘火车至保定，并在保定停留4天。这是慈禧第一次真正乘坐火车。这一天，来得太迟了。

1865年，英国商人杜兰德为了宣传西方火车，在北京宣武门外，沿护城河修建了一条长约500米的铁路，然后让火车头在铁轨上往返奔驰。当时的火车都是烧煤的，车顶冒着剧烈白烟，跑起来时声音很大。京城百姓看后，大骇，惊散而逃。因为这火车看起来非常像怪物，冒着白烟，不断嘶吼，很吓人。此时，慈禧还没有见过火车，不知道火车是什么样子。只是听闻奏报，便以"失我险阻，害我田庐，妨碍我风水"为由，下令步军统领衙门将其拆除。

1881年，李鸿章主持修建的唐胥铁路竣工通车，为了防止火车头惊扰清东陵，最初只能用骡马牵引机车。为了让慈禧切实体验火车的便利性，李鸿章与奕譞商议，决定在西苑专门给慈禧修建一条火车专列。为此，李鸿章从法国购买了1节火车头与6节精美的车厢。

1889年，长度为1.5千米的西苑铁路建成通车。起点为仪銮殿，终点为镜清斋。应该说，此时的慈禧是真正第一次见到火车，也真实目睹了"怒吼"又冒烟的火车头风采。但慈禧怕这样的火车头破坏风水，便决定用太监拖拽，"每车以内监四人贯绳曳之"，6节车厢，就需要24个太监。就这样，火车变成了人力火车。作为一种全新的代步工具，坐火车比坐轿可舒适多了，慈禧心情很爽，一坐便是10年。但由人拖拽的火车不算真正的火车，慈禧也没有真正体会到火车的便利。

1月7日10点25分，慈禧的回銮专列自保定启程，官员全体跪倒欢送。袁世凯专门从天津请来西洋乐队，用西洋乐器为慈禧演奏《马赛曲》。慈禧的眼睛都看直了。

慈禧的回銮专列可谓豪华至极，车厢内部装饰有欧洲进口的地毯，壁毯、沙发。外部车体还装饰有皇家专用的五爪龙纹饰。总之，各种皇家气派与奢华。此专列共21节车厢，不仅有众多王公大臣，还有一路运来的金银珠宝等大量财物。

火车快速行驶在华北平原上，慈禧坐在舒适的车厢内，似乎再也不会顾忌这个"怒吼"的火车头怪物了。离开紫禁城已经一年多的慈禧，坐在火车上的她，或许归心似箭，也或许内心还隐约有一些尴尬。尴尬的是，一直排斥的洋人，竟然会有如此方便、快捷、舒适的交通工具。

从此，慈禧似乎坐火车上了瘾。1903年，为了满足慈禧拜谒清西陵的需要，袁世凯曾派詹天佑为慈禧专门修建了一条46.42千米的铁路直达西陵。

当天中午12点整，回銮专列抵达北京南城的马家堡火车站。在此下车，慈禧换乘轿辇，经安定门，一路向北进京。

为了迎接慈禧一行，北京城沿途街道同样进行了豪华装饰，从马家堡火车站、到永定门，再到正阳门、午门。沿街店面全部粉刷一遍，大清门、天安门等关键地方，进行重新翻修。被烧毁的正阳门城楼上还搭建了彩绸牌楼，既是迎接皇帝回宫，也是掩盖被八国联军毁坏的痕迹。据统计，仅正阳门到午门这一段，内务府就花费了13万两银子。

不巧的是，抵达北京的这天，风沙很大，但慈禧的心情则格外舒爽，总是面带微笑。在正阳门的关帝庙，等待在那里的外国记者看到了慈禧与光绪。

英国《泰晤士报》记者莫理循在文章中写道："她独自站在那里，用奇怪的目光看着我们。她衣着华丽，戴着满族的头饰，牙齿脱落，显得苍老，没有给人留下好印象。"

《字林西报》报道："皇上经过跸道时端坐舆中并不回顾，即有洋人在旁亦若无视尔。皇太后则不忍，所至之处，见有洋人，即命去帘，含笑拱手。"

正是在关帝庙，外国记者居高临下拍到了慈禧仰头向洋人微笑致意的瞬间。这在以往是难以想象的。同时，外国人还拍到了光绪低头出轿的宝贵历史瞬间。据考证，这是光绪唯一的一张真实照片。

慈禧从关帝庙继续向紫禁城行进，一路前呼后拥，两旁跪满官兵与百姓。经过大清门后，光绪由天安门、端门、午门、乾清门，直接进入乾清宫。慈禧则由天安门、端门，出东阙门，经南池子、东华门，过太和门，直接进入宁寿宫。

自两宫西逃后，一直守候在紫禁城内的太监、宫女等人跪倒迎驾，个个涕泪交加。

至此，自1901年10月6日从西安回銮，至1902年1月7日回到紫禁城，回銮用时共124天。从西安到北京，一路3000里。自1900年8月15日西逃，阔别近18个月后，流亡的两宫终于重返紫禁城。

那晚，慈禧在紫禁城睡了一个踏实觉。她终于如愿以偿，能继续统治中国。

1902年1月18日，慈禧与光绪在紫禁城接见外国驻华使节。2月1日，二人又共同接见外国使团的夫人。清廷破例允许外国人从正门进入紫禁城。当然，活动的主角仍是慈禧。

美国公使康格夫人回忆："她（慈禧）握着我的手，百感交集。当她能控制着自己的声音时，她说：'我非常抱歉，为发生了这些不该发生的事感到痛心。这是一个沉痛的教训。大清国从今以后，会成为外国人的朋友。同样的事情将来不会再发生。大清国会保护外国人，我希望将来我们会成为朋友的。'"

此时，慈禧体现出罕见的平易近人与亲和力，与各位公使夫人拉着家常，谈论彼此的服饰，气氛非常轻松。

宴会进行时，慈禧与外国人边吃边欣赏京剧，大家聚精会神，观赏兴致都很高。人们都没有注意到，坐在一旁的光绪皇帝一言不发，表情冷漠。

"帝既久失爱于太后，当逃乱及在西安时，尚时询帝意。回銮后，乃渐恶如前。公使夫人入宫，有欲见帝者，召帝至，但侍立不得发一言。帝不得问朝政，例折则自批之，盖借庸暗以图自全也。"

这位统治着4.5亿人、拥有广阔疆土的大清帝国的年轻皇帝，再次进入人生的黑暗时期，帝国的命运仍然掌握在慈禧的手中。

庚子事变过去了，紫禁城逐渐恢复了往日的荣光，高大的宫殿内继续上演着一幕幕故事。

中国会好起来吗？当时的人不知道。但中国的出路，始终不乏后继的仁人志士去探索，不过这又是他们的故事了。

# 参考文献

[1] 邢超.义和团和八国联军真相[M].北京：中国青年出版社，2015.

[2] 狄德满.华北的暴力和恐慌[M].南京：江苏人民出版社，2011.

[3] 张建伟.流放紫禁城：庚子国变[M].北京：新世界出版社，1997.

[4] 王树增.1901年：一个帝国的背影[M].海口：海南出版社，2004.

[5] 普特南·威尔 著 张启耀 译.庚子使馆被围记[M].北京：电子工业出版社，2012.

[6] 黎仁凯.义和团时期中外关系研究[M].济南：齐鲁书社，2000.

[7] 鹤阑珊.天朝的狂欢：义和团运动兴衰史[M].桂林：广西师范大学出版社，2010.

[8] 故宫博物院明清档案部.义和团档案史料[G].北京：中华书局，1959.

[9] 毕耶尔·洛谛.撕裂北京的那一年[M].允若，译.北京：九州出版社，2009.

[10] 阿德里亚诺·马达罗.1900年的北京[M].项佳谷，译.北京：东方出版社，2006.

[11] 马勇.1900年中国尴尬[M].北京：中华书局，2010.

[12] 孙丽萍，陕劲松.流亡日志：慈禧在山西的53天[M].太原：北岳文艺出版社，2011.

[13] 杨红林.慈禧回銮：1901年的一次特殊旅行[M].北京：三联书店，2017年.

[14] 吴永，口述，刘治襄，记.庚子西狩丛谈[M].桂林：广西师范大学出版社，2008.

[15] 中国社会科学院近代史所.庚子记事[G].北京：知识产权出版社，2013.

[16] 佐藤公彦.义和团的起源及其运动[M].北京：中国社会科学出版社，2007.

[17] 天津社会科学院历史研究所.八国联军在天津[M].济南：齐鲁书社，1980.

[18] 马忠文.荣禄与晚清政局[M].北京：社会科学文献出版社，2016.

[19] 陈澄之.慈禧西幸记[M].珠海：珠海出版社，1994.

[20] 中国历史研究社.庚子国变记[M].上海：上海书店印行，1982.

[21] 佚名.西巡回銮始末记[M].上海：神州国光社，1947.

[22] 宝夏礼.八国联军侵华战争回忆录[M].宋美盈，李茜茜，何彩琴，译.北京：东方出版社，2015.

[23] 马勇.晚清二十年[M].北京：人民文学出版社，2011.

[24] 汤伏祥.袁来如此：袁世凯与晚清三十年[M].北京：当代中国出版社，2011.

[25] 瓦德西.瓦德西庚子回忆录[M].秦俊峰，译.福州：福建教育出版社，2013.

[26] 桑兵.庚子勤王与晚清政局[M].2版.北京：北京大学出版社，2004.

[27] 房德邻.封疆大吏与晚清变局[M].合肥/北京：安徽人民出版社，北京时代华文书局，2013.

[28] 雷颐.李鸿章与晚清四十年[M].太原：山西人民出版社，2008.

[29] 全国政协文化文史和学习委员会.京津蒙难记·八国联军侵华纪实[G].北京：中国文史出版社，2018.

[30] 南开大学历史系.天津义和团调查[M].天津：天津古籍出版社，1990.

[31] 齐鲁书社编辑部.义和团运动史讨论文集[G].济南：齐鲁书社 1983.

[32] 雪珥.李鸿章政改笔记[M].北京：线装书局，2013.

[33] 杨智友.晚清海关[M].南京：江苏人民出版社，2017.

[34] 李细珠.地方督抚与清末新政[M].北京：社会科学文献出版社，2018.

[35] 马士.中华帝国对外关系史[M].北京：商务印书馆，1963.

[36] 马勇.中国近代通史（第四卷）[M].南京：江苏人民出版社，2006.

[37] 乔志强.义和团在山西地区史料[G].太原：山西人民出版社，1980.

[38] 王树槐.庚子赔款[M].台北：精华印书馆，1974.

[39] 恽毓鼎.崇陵传信录[M].北京：中华书局，2007.

[40] 佚名.筹笔偶存[M].北京：中国第一历史档案馆、中国社会科学出版社，1983.

[41] 杜春和.荣禄存扎[M].济南：齐鲁书社，1986.

[42] 岳超.辛丑回銮纪实[M].北京：文史资料出版社，1985.

[43] 相蓝欣.义和团战争的起源[M].上海：华东师范大学出版社，2003.

[44] 中国第一历史档案馆.义和团档案史料续编[G].北京：中华书局，1990.

[45] 爱德华兹.义和团运动时期的山西传教士[M].天津：南开大学出版社，1986.

[46] 陈夔龙.梦蕉亭杂记[M].上海：上海古籍书店，1983.

[47] 金易，沈义羚.宫女谈往录[M].北京：紫禁城出版社，2001.

[48] 北京档案馆编.那桐日记[G].北京：新华出版社，2006.

[49] 胡滨.英国蓝皮书有关义和团运动资料选译[M].北京：中华书局，1980.

[50] 黎仁凯等.直隶义和团调查资料选编[G].石家庄：河北教育出版社，2001.

[51] 康格.北京信札：特别是关于慈禧太后和中国妇女[M].南京：南京出版社，2006.

[52] 廖一中.袁世凯奏议[M].天津：天津古籍出版社，1987.

[53] 倪瑞英整理.天津临时政府会议纪要[G].天津：天津社会科学院出版社，2004.

[54] 中国第一历史档案馆.庚子事变清宫档案汇编[G].北京：中国人民大学出版社，2003.

[55] 中国第一历史档案馆.光绪朝上谕档（第26册）[G].桂林：广西师范大学出版社，2008.

[56] 孙瑞芹.德国外交文件有关中国交涉资料选译[G].北京：商务印书馆，1960.

[57] 吕海寰，沈云龙.庚子海外纪事，近代史中国史料正刊第二辑[G].台北：文海出版社，1966.

[58] 陈旭麓.近代史思辨录[M].广州：广东人民出版社，1984.

[59] 天津社会科学院历史研究所编.1901年美国对华档案：有关义和团暨辛丑条约谈判的文件[G].济南：齐鲁书社，1983.

[60] 赵省伟.遗失在西方的中国史：海外史料看庚子事变（上）（下）[M].侯芙瑶，邱丽君，译.重庆：重庆出版社，2018.

[61] 赵省伟.西洋镜：海外史料看李鸿章（上）（下）[M].许媚媚，王猛，邱丽嫒，译.广州：广东人民出版社，2019.

[62] 阿诺德·亨利·萨维奇·兰道尔.中国和八国联军（上卷）（下卷）[M].李国庆，邱葵，周珞，译.北京：国家图书馆出版社，2014.

[63] 弗雷德里克·A·沙夫，彼德·哈林顿.1900年：西方人的叙述[M].顾明，译注.天津：天津人民出版社，2010.

[64] 何亚伟.英国的课业：19世纪中国的帝国主义教程[M].北京：社会科学文献出版社，2007.

[65] 柯文.历史三调：作为事件、经历和神话的义和团[M].杜继东，译.北京：社会科学文献出版社，2015.

[66] 姜文英.关于庚子大沽之战中的几个问题[J].河北大学学报(哲学社会科学版)，1998（4）.

[67] 罗应祥口述，周文光整理.抗击八国联军的总兵罗荣光[J].文史精华，1999（10）.

[68] 窦军鹏.裕禄对义和团的政策及其原因[J].濮阳职业技术学院学报，2013（3）.

[69] 喻大华.东直督抚与义和团运动的兴起[J].清史研究，2000（4）.

[70] 董丛林.毓贤抚鲁、晋两省期间的"涉教"态度比较[J].晋阳学刊，2011（2）.

[71] 宋永林.毓贤与袁世凯对义和团认识政策的比较研究[J].昆明学院学报，2017（5）.

[72] 戴海滨."东南互保"究竟有没有"议定"约款[J].学术月刊，2013（11）.

[73] 秦文平."东南互保"前后张之洞应对时局的策略研究[J].忻州师范学院学报，2018（3）.

[74] 戴海滨."东南互保"之另面：1900年英军登陆上海事件考释[J].史林，2010（4）.

[75] 郑大发."井上雅二日记"与中国国会史实考[J].江汉论坛，1987（1）.

[76] 庄和灏.猜忌与威慑：近代中外交涉的常态化研究：基于英、法档案有关"东南互保"的解读[J].云南档案，2016（12）.

[77] 苏全有、黄亚楠.从庚子自立军起义看清政府的危机应对[J].遵义师范学院

学报，2012（1）.

[78] 史斌、王玲.电报通讯与清末"东南互保"研究：兼论晚清电报技术的政治影响[J].自然辩论法通讯，2018（1）.

[79] 游巧萍.对赵凤昌"谋士"身份的解读[J].西部学刊，2019（2）.

[80] 何敏.改良与革命之间：唐才常的自立与反清思想[J].江西社会科学，2003（3）.

[81] 叶波.庚子铜陵大通自立军起义[J].安徽史学，1986（2）.

[82] 刘芳.核心与外围："东南互保"的范围探析[J].江苏社会科学，2016（4）.

[83] 孙桃丽.近二十年唐才常及自立军起义研究述评[J].伊犁教学学院学报，2006（1）.

[84] 彭淑庆.空间·结构·心态：区域社会史视角下的"东南互保"运动[J].东岳论丛，2009（2）.

[85] 董丛林.李鸿章对"两广独立"的态度与庚子政局[J].河北师院学报（社会科学版），1994（2）.

[86] 梁复生.论"东南互保"中的地方督抚与西方列强：晚清地方政权与列强的一种关系[J].安徽电气工程职业技术学院学报，2011（4）.

[87] 陈勇勤.论1900年庚子事变中的李鸿章[J].安徽史学，1991（3）.

[88] 桑兵.论庚子中国议会[J].近代史研究，1997（2）.

[89] 王德召.东南互保和几种政治势力[J].铜仁学院学报，2008（5）.

[90] 高心湛.荣禄与庚子事变[J].许昌师专学报（社会科学版），1993（4）.

[91] 贾琳.庚子事变中的北京城[J].历史档案，2014（2）.

[92] 李华文.庚子事变前后的晚清君臣博弈[J].佳木斯大学社会科学学报，2016（2）.

[93] 徐笑运.庚子事变中权臣"矫诏"说辨析[J].安庆师范学院学报（社会科学版），2015（4）.

[94] 迺荃.评1900年长江中游地区自立军起义[J].荆州师专学报，1990（4）.

[95] 蒋凡.赛（金花）瓦（德西）公案辨正[J].深圳大学学报（人文社会科学版），2012（2）.

[96] 方勇.光绪帝与美国总统的"赔款"交往[J].文史天地，2008（3）.

[97] 叶秀云，叶志加.慈禧西逃后的腐朽生活[J].历史档案，1982（1）.

[98] 张宝瑞.慈禧西逃记：八国联军血洗京城时的清皇室[J].炎黄春秋，1992（6）.

[99] 陈海鹏.慈禧、光绪"庚子西狩"对河南民间的骚扰[J].天中学刊，2016（1）.

[100] 张功臣.初识中国：侵华八国联军随行记者的报道活动[J].现代传播，北京广播学院学报，1996（1）.

[101] 秦文平."东南互保"前后张之洞应对时局的策略研究[J].忻州师范学院学报，2018（3）.

[102] 孙红旗.八国联军侵华战争中的毒气弹问题[J].兰台世界，2009（13）.

[103] 李诚.从清宫档案看义和团在京期间的社会秩序[J].北京档案，2018（8）.

[104] 腾德永.安民公所与北京近代环卫事业的起步[J].北京社会科学，2012（2）.

[105] 董丛林.庚子事变中廷雍的表现及遭遇考察[J].河北广播电视大学学报，2014（6）.

[106] 孙洪军.论廷雍与义和团运动[J].淮海工学院学报（人文社会科学版），2008（8）.

[107] 戴海滨.外国驻沪领事与"东南互保"：侧重英、日、美三国[J].史林，2011（4）.

[108] 彭淑庆、孟英莲.晚清东南督抚的地方自治思想探究：以李鸿章、张之洞和刘坤一为中心[J].上海大学学报（社会科学版），2011（6）.

[109] 王敦琴、羌建.张謇："东南互保"之中的"官民之邮"[J].南通大学学报（社会科学版），2018（2）.

[110] 孔祥吉.张之洞在庚子年的帝王梦：以宇都宫太郎的日记为线索[J].学术月刊，2005（8）.

[111] 张小强.自立军事件中唐才常与张之洞关系考[J].史学月刊，2007（4）.

[112] 戴海滨."无主之国"：庚子北京城陷后的失序与重建：以京官动向为

中心[J].清史研究，2016（2）.

[113] 张建斌.庚子赔款中央与地方争论补议[J].中国经济史研究，2018（3）.

[114] 侯中军.庚子赔款筹议方式比较研究[J].清史研究，2014（2）.

[115] 薛鹏志.中国海关与庚子赔款谈判[J].近代史研究，1998（1）.

[116] 雷亚妮.庚子大旱对陕西的影响及应灾成效的探讨[J].西安文理学院学报（社会科学版），2011（3）.

[117] 简玉祥.庚子—辛丑年间惩办载漪之论争[J].安庆师范学院学报，2015（1）.

[118] 刘克祥.庚子赔款与清政府的捐税剥削[J].历史教学，1962（6）.

[119] 陈忠海.庚子赔款的数额究竟是如何确定的[J].文史天地，2017（2）.

[120] 宓汝成.庚子赔款的债务化及其清偿、"退还"和总清算[J].近代史研究，1997（5）.

[121] 于进军.慈禧西逃时漕粮京饷转输史料[J].历史档案，1986（3）.

[122] 胡一华.那拉氏在西安[J].教学与研究，1981（1）.

[123] 潘存娟.慈禧与西安八仙宫[J].宗教学研究，2012（2）.

[124] 徐锋华.中外激荡下李鸿章的北上心态与庚子政情[J].社会科学，2016（12）.

[125] 董丛林.李鸿章对"两广独立"的态度与庚子政局[J].河北师院学报（社会科学版），1994（2）.

[126] 陆玉芹.庚子事变中被杀五大臣研究[D].上海：华东师范大学，2005.

[127] 腾德永.庚辛年间西安与慈禧的银器供应[J].唐都学刊，2018（3）.

[128] 王刚.从枢臣、全权大臣、东南督抚的互动看《辛丑条约》的形成[J].历史教学（下半月刊），2017（11）.

[129] 刘强，李文儒.浅论庚子之变后的"母子一心"[J].中国社会科学院研究生学报，2017（3）.

[130] 刘芳.庚子京城陷落后官绅之权力争夺：以美国占领区为例[J].安徽史学，2019（1）.

[131] 黎俊祥.清末新政启动前慈禧心态的变化[J].安徽师范大学学报（人文社会科学版），2006（4）.

[132] 郭卫东."己亥建储"若干问题考析[J].北京大学学报（哲学社会科学版），1990（5）.

[133] 李国瑞，苦命天子：浅谈庚子事变中的光绪皇帝[J].晋城职业技术学院学报，2011（5）.

[134] 戴海滨.《辛丑条约》谈判前后的中方"全权"问题[J].历史研究，2018（4）.

[135] 孙昉，孙向群.己亥建储与晚清政治危机[J].北方论丛，2009（5）.

[136] 郭卫东.光绪帝位危机与外国干预[J].故宫博物院院刊，1993（4）.

[137] 戚其章.论庚子事变中的和战之争[J].东岳论丛，1986（6）.

[138] 陈玉杰.1900政治漩涡中的光绪皇帝[D].石家庄：河北师范大学，2009.

[139] 吴仁安.晚清光绪季年的"己亥建储"丑剧和爱新觉罗·溥儁的"大阿哥"之"立"与"废"[J].江南大学学报（人文社会科学版），2014（1）.

[140] 赵虎.政务处与辛丑回銮前的新政举措[J].清史研究，2017（1）.

[141] 郭卫东.载漪与慈禧关系考：兼与廖一中先生商榷[J].天津师大学报（社会科学版），1989（6）.

[142] 戴海滨.庚子事变期间的"南"与"北"：从南北函电往来看奕劻、荣禄的政治作用[J].历史教学问题，2018（1）.

[143] 朱文哲.庚子前后的"南北"意识与时局变化[J].唐都学刊，2015（5）.

[144] 张晓宇.庚子事变后"惩凶"问题的国际法分析[J].暨南学报（哲学社会科学版），2015（4）.

[145] 高志军.庚辛之际的回銮之争[J].广播电视大学学报（哲学社会科学版），2018（4）.

[146] 周增光.庚子事变前后北京的社会救济与政府行为[J].北京历史文化研究，2012（12）.

[147] 刘芳.核心与外围："东南互保"的范围探析[J].江苏社会科学，2016（4）.

[148] 娄华."火"：庚子事变再研究[D].济宁：曲阜师范大学，2018.

[149] 雷瑶.庚子议和中的大吏因应[D].上海：东华大学，2010.

[150] 高丽丽."西巡"时期清政府施政状况考察[D].石家庄：河北师范大学，

2011.

    [151] 陈庆生."东南互保"中的盛宣怀[D].杭州：浙江大学，2008.

    [152] 邵帅.庚子事变对晚清国民心态的影响研究[D].大连：东北财经大学，

2017.

    [153] 郭媛.慈禧"西狩"与清末新政的肇始[D].西安：陕西师范大学，2014.

# 附录

## 1900 年前后大事记

### 1900年前

1898年10月，赵三多领导的义和拳首次打出"扶清灭洋"旗帜。

1899年5月，朱红灯将义和拳改为义和团。

1899年12月，山东巡抚毓贤遭免职，袁世凯接任。

1899年12月31日，英国传教士卜克斯在山东肥城县被杀。

### 1900年

1月20日，李鸿章任两广总督。

1月24日，慈禧立端王载漪的儿子溥儁为"大阿哥"，史称"己亥建储"。

1月26日，经元善联合上海1231名绅商通电清廷，反对立储。

3月14日，毓贤被清廷任命为山西巡抚。

5月22日，清兵第一个高级将领杨福同在直隶涞水被义和团杀害。

5月25日，清政府多部门联合发布《严禁拳匪章程十条》，严禁各种拳会组织。

5月27日，义和团破坏铁路、烧毁车站和铁路桥，并占领涿州城。

5月31日，第一批联军卫队士兵349人乘火车进入北京。

6月7日，首批义和团进入北京。

6月10日，慈禧任命载漪为领班总理事务衙门大臣。

6月10日，联军在塘沽登陆，西摩尔率领2053名联军士兵从天津前往北京。

6月11日，日本使馆书记官杉山彬出城时被甘军杀害。

6月13日，京城电报线遭到义和团破坏，对外通信中断。

6月14日，京津铁路被北京、天津两地义和团联手破坏，两地铁路交通中断。

6月15日，载漪率领义和团开始攻打西什库教堂。

6月16日，清廷命令李鸿章北上。

6月16日，义和团火烧北京正阳门、前门商业街。

6月16日，慈禧召开御前会议，紧急商讨对策。

6月17日，联军攻陷大沽口。

6月18日，西摩尔联军在廊坊遭到清军阻击，史称"廊坊大捷"。

6月20日，德国公使克林德在东单被巡逻清兵枪杀。

6月20日，清军正式攻打外国驻京使馆，使馆区开始长达八周的围困。

6月21日，清廷发布"宣战"诏书。

6月25日，载漪率领义和团闯入紫禁城，欲杀害光绪。

6月26日，上海道余联元与外国驻沪领事达成《保护东南章程九款》。

7月8日，清廷授李鸿章为直隶总督兼北洋大臣。

7月9日，毓贤在山西巡抚衙门前诱杀外国传教士。

7月9日，聂士成率领清军与联军在天津八里台展开决战，聂士成战死。

7月14日，联军攻占天津。

7月19日，光绪致信美国总统麦金利，希望美国帮助中国解决困境。

7月26日，唐才常在上海发起成立"中国国会"。

7月28日，主张议和的吏部侍郎许景澄、太常寺卿袁昶被清廷杀害。

7月30日，天津临时政府成立，后改为天津都统衙门。

8月4日，两万名联军士兵分三路从天津出发，向北京进攻。

8月5日，直隶总督裕禄在直隶武清县蔡村战败自杀。

8月7日，清廷任命李鸿章为全权大臣。

8月9日，自立军在安徽铜陵县大通镇起义。

8月11日，兵部尚书徐用仪、大学士联元、户部尚书立山被清廷处决。

8月11日，清军统帅李秉衡兵败通州张家湾，吞金自杀。

8月14日，北京沦陷。

8月15日，慈禧与光绪西逃。

8月28日，联军在紫禁城举行阅兵。

9月3日，庆亲王奕劻返回北京，代表清政府处理议和问题。

9月7日，慈禧在山西原平颁布上谕，全面剿杀义和团。

10月11日，李鸿章抵达北京。

10月14日，刚毅患痢疾死于西逃途中。

10月16日，联军入侵保定，护理直隶总督廷雍等人被杀。

10月17日，联军第二任统帅瓦德西抵达北京，入住西苑仪鸾殿。

10月26日，两宫抵达西安。

12月10日，"管理北京委员会"成立。

12月24日，11国向清政府提交"议和大纲"。

12月27日，清廷同意列强提出的"议和大纲"，与列强展开具体谈判。

## 1900年后

1901年1月29日，光绪发布上谕，标志着清末新政开始。

1901年2月14日，光绪在西安发布《罪己诏》，向列强正式道歉。

1901年2月21日，载勋在山西蒲州被赐自尽。

1901年2月22日，毓贤在兰州被正法。

1901年2月24日，赐英年、赵舒翘自尽。

1901年2月26日，启秀、徐承煜被联军处决于北京菜市口。

1901年5月5日，美军开始从北京撤兵，美国成为列强中第一个撤兵的国家。

1901年9月7日，奕劻、李鸿章代表清政府与11国在北京签订《辛丑条约》。

1901年10月6日，两宫从西安启程回銮。

1901年11月7日，李鸿章病逝于北京西塔布胡同。

1901年11月20日，慈禧在开封隆重庆祝67岁大寿。

1901年11月30日，慈禧在开封宣布，废除"大阿哥"名号。

1902年1月7日，慈禧与光绪回到北京。

1902年1月18日，慈禧与光绪在紫禁城接见外国驻华使节。

1902年2月1日，慈禧与光绪接见外国使团的夫人。

1902年8月15日，天津都统衙门交接，直隶总督袁世凯接管。